# 执教中国女垒
## ——从缝补垒球到奥运摘银

▲ 1979年5月，中国女子垒球队与美国职业女子垒球冠军猎鹰队首次交锋展现出不畏强手的勇气

▲ 1982年，第五届全国人大常委会副委员长廖承志到北京先农坛体育训练基地为中国女垒指导

执教中国女垒
——从缝补垒球到奥运摘银

▲1984年，中国垒球协会在昆明海埂体育训练基地召开首次全国会议

▲1985年第2届中日美女子垒球锦标赛，中国队获得冠军

# 执教中国女垒
## ——从缝补垒球到奥运摘银

▲ 1986年，中国女子垒球队在第6届世界女子垒球锦标赛夺得亚军

▲ 1990年，中国女子垒球队在第7届世界女子垒球锦标赛获得季军

## 执教中国女垒
### ——从缝补垒球到奥运摘银

▲北京1990年亚运会，第七届全国人大常委会副委员长荣毅仁先生为夺冠的中国女子垒球队颁奖

▲1994年第8届世界女子垒球锦标赛，中国队获得亚军并取得亚特兰大1996年奥运会入场券

执教中国女垒
——从缝补垒球到奥运摘银

▲ 中国女子垒球队在亚特兰大1996年奥运会夺得银牌归来参加庆功会

▲ 1996年8月，李敏宽接受中央电视台《东方之子》栏目记者白岩松的专访

执教中国女垒
——从缝补垒球到奥运摘银

▲ 1996年全国高级教练员训练班邀请世界知名教练员授课，垒球项目由亚洲垒球联合会副主席兼教练委员会主任李敏宽授课

▲ 2000年，国际垒球联合会主席唐·波特为李敏宽颁发"名人堂"证书和戒指

# 执教中国女垒

## 从缝补垒球到奥运摘银

李敏宽——著

人民体育出版社

### 图书在版编目（CIP）数据

执教中国女垒：从缝补垒球到奥运摘银 / 李敏宽著.
北京：人民体育出版社，2025. -- ISBN 978-7-5009
-6533-6

Ⅰ. G848.292

中国国家版本馆CIP数据核字第2025T9A095号

---

执教中国女垒——从缝补垒球到奥运摘银
---

李敏宽　著
出版发行：人民体育出版社
印　　装：北京中科印刷有限公司

开　本：710×1000　16开本　　印　张：22.75　　字　数：349千字
版　次：2025年6月第1版　　印　次：2025年6月第1次印刷
书　号：ISBN 978-7-5009-6533-6
定　价：86.00元

版权所有·侵权必究
购买本社图书，如遇有缺损页可与发行与市场营销部联系
联系电话：（010）67151482
社　　址：北京市东城区体育馆路8号（100061）
网　　址：https://books.sports.cn/

# 序

1953年我16岁时，离别双亲和兄妹，只身回到祖国的怀抱，从此我有幸融入中国发展壮大的伟大时代，亲历了多彩难忘的人生事件和场面。对体育运动的爱好，特别是对棒球、垒球运动的热爱与执着，贯穿了我从求学、从事专业技术工作，到投身垒球事业的整个人生阶段，为我留下了珍贵而深刻的生命轨迹。我曾在日本就读大阪丰中高等学校，那是百余年前举办第1届日本全国高等学校棒球选手权大会（甲子园全日本高中棒球选拔赛）的发源地。或许那时就给我埋下了与棒垒球结缘的种子。

回首过往，我有幸赶上了中国垒球运动恢复、发展和攀高峰的特殊年代，我与同行及年轻的棒球和垒球运动员共同为棒垒球事业、为祖国的荣誉拼搏的那段岁月，至今历历在目，难以忘怀。我从暂时担任区和市里的业余棒球教练起步，到担任北京市垒球队、中国国家女子垒球队的主教练，抓住了千载难逢的机遇。

1959年，我在北京钢铁学院（现为北京科技大学）读大学时，作为北京棒球队的一员获得了第1届全运会棒球赛的冠军，这不仅是我大学时代最为出彩的经历之一，也成为推动我日后专业从事垒球事业的一个契机。

1974年，中断了15年的中国棒球和垒球项目恢复发展，面对与世界垒球发展的巨大差距，我们接过了老一代棒垒球人的接力棒，立志要迎头赶上。建队初期，北京女子垒球队和其他省市队一样，条件艰苦，设备简陋，球棒折了就用钉子钉、胶布缠，球破了就自己缝补，借用的场地自己平整、浇水和划线。中国的垒球就是在这样的条件下，自力更生，克服种种困难，艰难起步的。

1979年，在"艰苦奋斗，顽强拼搏，不惧强手"精神的支持下，经历4年埋头苦练之后，我率领北京女子垒球队接受了第4届全运会垒球比赛的大考，荣获了冠军。同年5月，我们还迎来了初次与世界强手过招的机会，号称世界职业女子垒球冠军的美国猎鹰队来华比赛，大有在中国一展风采的意味。中国国家女子垒球集训队、北京队和各省市队与其展开鏖战，面对人高马大的美国队员，中国姑娘毫无惧色，展现了初生牛犊不怕虎的勇气与信心。首次与世界强队对战的体验，点燃了中国女垒征战世界垒坛、勇攀高峰的斗志。

此后，我们陆续获得了1983年第2届香港国际女子垒球邀请赛冠军、1985年第2届中日美女子垒球锦标赛冠军、1986年第6届世界女子垒球锦标赛亚军、1990年第7届世界女子垒球锦标赛季军、1994年第8届世界女子垒球锦标赛亚军、北京1990年亚运会冠军、广岛1994年亚运会冠军及亚特兰大1996年奥运会亚军等，这一系列的荣誉，凝结着中国垒球人日复一日不懈拼搏的汗水与泪水，其间涌现出的扣人心弦的感人事迹，数不胜数。

1999年，我成为中国入选国际垒球联合会（现为世界棒垒球联合会）"名人堂"的第一人，近年，刘雅明、阎仿（曾用名阎芳）、李念敏、王丽红和刘国业等教练员和运动员也都获得了此项荣誉。他们是中国垒球人的代表和榜样。我回到祖国时，从没有想过一个普普通通的归侨学生日后会成长为威震世界垒坛的中国国家女子垒球队的主教练。这一切全靠党和国家的培养，靠中国体育人、垒球人的鼎力相助。执教国家女子垒球队的岁月，让我切身体会到，没有我国集中力量办体育的助力，基础薄弱的中国垒球是不可能仅用数年就进入国际垒坛前列的。

对比垒坛强国的发展，虽然当时我们从近乎"小米加步枪"的状态下起步，但我和每一位垒球人的心里都怀着为祖国争光的斗志，这一信念也是支持我们在困境中克服困难、砥砺奋发的力量源泉。20世纪末期，中国女垒创造了曾让世界垒坛惊诧的逆袭与辉煌，在这一过程中积累的精神财富和经验，值得珍惜传承和发扬光大。

北京2008年奥运会开幕前，肩负着中国棒垒球人的嘱托和希望，我参加了奥运火炬传递，这使我感到无上的荣耀和自豪。我举着火炬每跨一步脑海中都会闪现出我与大家一起拼搏的一个个场景。从1975年我被聘为北京女子垒球队教练，到1997年离开垒球界的20年间，我以主教练或垒球协会人员的身份几乎参与了所有国内、国际的相关赛事及活动，这让我成为中国垒球发展历史的见证者。我全情投入中国垒球事业的这段独特而宝贵的经历，不仅是我个人的宝贵财富，也是中国垒球人奋勇拼搏的一个缩影。因此，给有幸相遇相知的中国垒球人留下一份记录，为中国垒球事业发展留下一份见证，把1974年恢复垒球项目后艰难拼搏的历程和经验记录下来，把自己执教中国女垒的感悟和心得分享出来，我责无旁贷。

1997年我加入台湾民主自治同盟，担任台盟中央委员会秘书长，自此离开了垒球专业岗位。2003年临近退休时，我开始构思如何以自述亲身经历和思考的方式将执教生涯记述下来。但将从事垒球事业多年的专业经历和回忆浓缩成一本书，做到既全面又详略得当，既真实严谨又兼具可读性，对我来说并不是一件容易的事情。在写作的过程中，内心满是与垒球人相处奋斗的画面和回忆，让我感到无比充实和富有，让我由衷地感受到桃李满天下的幸福，感受到因结缘垒球在各界拥有知音和朋友的幸运。但因为此书从执教的视角撰写，描述赛事和技战术的内容偏多，且不免有主观偏颇和遗漏的地方，望读者海涵。

谨以此书献给为中国棒垒球事业发展默默奉献的每一位中国棒垒球人。我坚信有我们强大的祖国做后盾，中国垒球人将再接再厉、奋发前行，中国的垒球事业一定会谱写出更加光明的新篇章。

最后，向为本书的出版给予大力支持的中国垒球协会、人民体育出版社表达衷心的感谢。对朱童女士和李奕女士给予本书的支持表达真诚的谢意。

# 目　录

## 第一部分　与垒球的缘分，从童年开始

**第一章　侨居海外** ......... 2
　　我的孩童时代 // 2
　　小学有缘接触到垒球 // 5
　　初中手球校队的斯巴达式训练 // 6

**第二章　独自归国** ......... 8
　　少年的抉择 // 8
　　奔向祖国的怀抱 // 10
　　五星红旗比生命还珍贵 // 11

**第三章　回到祖国奋发读书** ......... 14
　　华侨补校，充满希望的清苦岁月 // 14
　　天津四中的学业拼搏 // 19
　　棒球高人引我迈向专业体育之路 // 20
　　学业打球两不误 // 22

全国运动会棒球赛夺冠 // 25

当技术员的专业历练无比珍贵 // 28

# 第二部分　我的垒球执教生涯

## 第四章　从打棒球到教垒球　32

垒球运动的复苏 // 32

兼职棒球教练 // 33

入选台湾省体育代表团出战全运会 // 34

调任北京女子垒球队教练员 // 36

逆袭之路从缝补垒球开始 // 39

难忘的永安冬训 // 41

## 第五章　开启与国际棒垒球界的交流　47

与日本棒垒球界的友好交流 // 47

与美国女垒劲旅首次交手 // 49

第4届全运会垒球赛争先 // 50

中国女垒惊艳东瀛 // 52

## 第六章　与世界垒坛强手过招　56

首届中日美垒球锦标赛初证实力 // 56

一篇采访续上日本同窗情谊 // 59

意大利回访比赛招待规格高 // 60

海峡对岸那么遥远 // 63

家门口迎战世界冠军新西兰队 // 65

香港国际垒球邀请赛强队齐聚 // 66

香港热，对手悍，我们斗 // 68

与新西兰队正式较量 // 69
双败淘汰赛制中杀出重围 // 70
要夺冠，就不能按常理出牌 // 75
"无冕之王"有了底气 // 78

## 第七章　向国际垒坛发起全线冲击　82

垒球发源地再显身手 // 82
冬训大集结迎接新挑战 // 86
在墨尔本的雨夜中拼搏 // 87
国家青年队首夺国际大赛桂冠 // 89
第 2 届中日美锦标赛打服名投手 // 90
第 6 届垒球世锦赛前厉兵秣马 // 92
首次出征世界垒球锦标赛 // 94
积极防守的"中国旋风"席卷赛场 // 99
"挑战杯"赛艰难逆袭 // 100
出国潮中惜别强将 // 102

## 第八章　中国女垒再次奋起　105

暂回北京队执教，全运会夺金 // 105
首次参加亚洲垒球锦标赛登顶 // 107
中国女垒重扬风帆 // 109
投手新星异军突起 // 111
意大利洲际杯赛决赛前跑出士气 // 113
第 7 届垒球世锦赛落到季军 // 115
北京亚运会摘金 // 116
远赴意大利执教 // 120
与家人久违的相聚与放松 // 126

大局为重应召归队 // 128

## 第九章　奥运会垒球赛的银牌之路　131

首次在自家的标准垒球场训练 // 131
冬训备战累倒在训练场 // 133
第 8 届世锦赛行程一波三折 // 134
世锦赛夺下奥运入场券 // 136
广岛亚运会实现两连冠 // 139
奥运备战关键年"放养"四大主力 // 141
奥运会预演赛放手一搏 // 145
开启亚特兰大奥运之旅 // 146
开幕战打蒙对手 // 150
对战日本队，小河沟里翻船 // 153
关键时刻拼尽全力 // 155
凝心聚力鏖战复赛 // 158
决战亚特兰大奥运会摘得银牌 // 160
入选国际垒球联合会"名人堂" // 167

## 第十章　令我难忘的棒垒球人　169

中国国家女子垒球队第一任队长赵杰 // 170
中国垒球队优秀的投手们 // 172
中国垒球队的接手 // 180
中国垒球队的内场手和外场手 // 181
共同战斗过的教练员和领队们 // 187
心怀大局的领队王明晨 // 191
中国垒球队高参司徒壁双 // 191
中国的棒球元老梁扶初 // 193

球技超群的棒球宿将刘濑章 // 194

全力推广棒垒球的前辈梁友德 // 196

活跃在国际垒坛的女垒队员 // 197

印度讲课结下友情 // 198

新加坡慢投垒球受欢迎 // 199

与印尼垒球界的深厚情谊 // 200

打卡菲律宾棒球文化名胜 // 201

## 第三部分　中国垒球运动的发展与未来

### 第十一章　对中国垒球成绩下滑的反思　　206

中国垒球发展的优势与瓶颈 // 206

投手人才培养的困境与期待 // 209

从观众席看世锦赛的别样感受 // 211

女垒主帅位置面临外教挑战 // 212

选定北京奥运会主帅的动荡与失落 // 215

### 第十二章　中国垒球的生存与发展　　221

中国垒球运动的传承与发扬 // 221

弯道超越要靠发挥体制优势 // 224

棒垒球携手发展共谋未来 // 226

探索江苏垒球发展模式 // 229

中国垒协对垒球发展的巨大推动 // 231

重视国际竞赛规则修订的发言权 // 233

急需能参与国际体育事务的人才 // 235

队员退役走上垒球启蒙岗位 // 237

对内行领导心悦诚服 // 238

新闻媒体的关注和支持 // 239

来自社会的肯定和鼓励 // 240

积聚战斗力的港湾——秦皇岛训练基地 // 241

用温暖给队伍锻造战甲——云南昆明海埂体育训练基地 // 243

## 第十三章　从外行到专业教练　　246

逆袭成功的秘籍 // 246

要重视队员素养和文化的提高 // 249

为祖国的荣誉而战 // 255

进国家队，思想、技战术都需整编 // 256

塑造中国垒球的技战术风格 // 259

实现大目标从小节做起 // 262

狠抓守时，加强管理 // 265

出奇制胜功在平时 // 266

带好队伍，智慧与坚韧缺一不可 // 269

捉襟见肘中选拔好苗子 // 271

新老队员的运动量要适配 // 273

怎样带好、用好主力队员 // 274

比赛场外也有收获 // 279

居安思危，埋头苦干 // 281

吐故纳新，从困境中再燃希望 // 283

怎样面对赛场的不公正裁决 // 287

## 第十四章　科学巧练才能实现超越　　291

垒球中国风的光彩与价值 // 291

我的垒球技战术思路 // 292

好队员身心素质都要过关 // 295

练基本技术要有理论支持 // 296

垒球关键技战术的几个认识误区 // 304

投手的重要性与专项练习 // 307

投手就要磨炼关键一球 // 314

进攻最重要、最难的环节——击球 // 316

赛少练多,设定实战情境很重要 // 319

教练棒里有学问 // 320

技术借鉴也要务实巧思 // 323

合理训练避免伤病 // 326

外国队的一些优势值得借鉴 // 327

知己知彼,科研情报很重要 // 330

北京和各地的垒球训练场地 // 336

参与奥运会垒球场设计方案审查 // 340

# 相关大事记 343

# 第一部分
## 与垒球的缘分，从童年开始

PART 01

# 第一章

# 侨居海外

## 我的孩童时代

棒球运动，19世纪30年代起源并风行于美国、日本、韩国、菲律宾及拉丁美洲的一些国家，棒球的起源早于垒球，垒球是在棒球之后发展起来的，竞赛形式和规则很相近。但这两项运动，在中国了解的人不多也不普及。这样一项起源于海外的运动，我是怎样与它结缘，且能执教中国国家女子垒球队，最终夺取亚特兰大1996年奥运会银牌的呢？这还要从我的童年时代讲起。

我的父亲李尾吉1906年出生于台湾省台北市郊外，是北投山里茶农家的老六，自小过继给台北市的一户李姓茶商家才得以上学念书。16岁时，我父亲别离他的养父母，拎着一只皮箱远赴日本，闯荡天下。他少年时代学习很努力，梦想是做一名汽车技师，到了日本之后，举目无亲的他从学徒做起，最终遂愿干起了汽车维修行当。父亲偶尔提起那段打拼的艰难经历，虽话语不多但实际上经历过很多事情。1957年父亲回到祖国之前，一直都是从事汽车行业的专业技术工人。他虽然学历不高，但写得一手刚劲有力的钢笔字，言语修辞上也格外用心。他对汽车装配相关的车工、钳工、铆焊、钣金等技术和装配维修都很在行。

父亲通过多年的努力,在日本站住了脚,娶了日本爱知县一个农家女子做妻子,她也当过纺织工,这就是我慈祥的母亲。

1937年10月,我在日本大阪出生。1937年,对于中国人来说是必须牢记的年份,日本帝国主义侵略者全面侵略中国,在中国犯下累累罪行。在那物资匮乏的年代,我们家里小到厨房用具、大到孩子用的洗澡盆,都是父亲在假日里亲手用锤子敲打制作出来的作品,非常实用。在幼小的我看来,父亲的钣金技术尤为精湛。记得我和兄弟姐妹小时候每天再晚都等父亲下班回家,因为他一定会买些吃的或应季水果给我们吃,生活再苦,父亲也努力工作喂饱我们8个子女。

闲暇时父亲也经常给我们讲他家乡宝岛台湾的事情。1942年我5岁时,父亲带着我和兄弟回台湾小住了一段时间。让我印象最深的就是故乡绿油油的树林和吃不完的新奇水果,还有叫不出名字的各种食物,让年幼的我觉得好奇又解馋。

我回到祖国的第4年,父亲带着全家人也回到祖国。他回国后被分配到天津汽车运输公司工作,工作之余,他热心于单位的技术革新,每年都获得先进工作者的称号。1959年开始,大家的生活遇到很大的困难。父亲是南方人,本来肠胃不太好,不习惯吃北方杂粮,因而胃病日益加重,但在这种情况下还坚持工作,1960年底父亲因工作劳累导致胃穿孔吐血被送到医院。我请假从北京赶到天津的医院看望父亲,进门看到父亲脸色苍白,身形消瘦,他那支撑起一家十口人生活的有力双手已经干瘪,他看到我点点头,已无力说话。那个寒冷的夜晚,我一直守在父亲的病床旁,我多么想让他在温暖的台北家乡的床上躺一会啊!第二天夜里父亲静静地离开了我们,他才55岁!

小学时代的纪念照

父亲坚毅不服输的品格，对我的人生产生了深远的影响。

日本的神户有唐人街，还有华文学校，但大阪市区南部虽有中国人居住的街区和中国人经营的商店和饭馆，但未形成唐人街。由于我们住在大阪郊外，所以除了我们一家，我从小几乎没机会见到其他中国人，也很难有机会接触中国文化，因此我不会讲中文。直到有一次父亲带我去和华侨同胞一起聚会，我听到一拨又一拨的老乡们大声地聊着天，才知道他们都是中国同胞，讲的是各自的家乡话，而我一点也听不懂，这让我感到既陌生又好奇，使我幼小的心灵产生了一定的触动。

1945年4月，我7岁时入读小学。学校就在我家所在的大阪丰中市柴原镇的北边，春天开学我们穿过学校前一段长长的樱花树洞才到学校门口。我们家的兄弟姊妹小学上的是大阪的樱井谷小学，中学上的是丰中第二中学。学校附近有两个小湖泊，一个叫二尾池，另一个叫萤池。

刚入小学这一年的夏天，第二次世界大战即将结束，伊丹机场离我家不算太远，那是美军B-29轰炸机攻击的重要目标之一，轰炸机扔下的炸弹炸出的弹坑又大又深，轰炸声每次都会把附近牧场的乳牛吓得到处乱跑。我们上学路上也曾因穿的白色短袖衫太显眼而遭受美军战斗机的扫射，甚至有时上着课就会从校舍屋顶突然传来飞机扫射的噼啪声，这让刚上小学的我深深感受到战争的可怕与残酷。

1945年8月15日，日本帝国主义侵略者投降，日本的收音机里传来日本天皇有气无力的投降讲话。因为我们一家是中国人，从那时起我们成为战胜国的侨民。父亲偶尔带我们去大阪华侨联合会聚会，我渐渐了解到原来在日本还生活着几万名华侨同胞。

作为中国人，侨居异国他乡，尤其是在尚武的日本，我自小就明白弱者会被欺辱，所以自然也特别注重强身健体，什么体育项目都积极去尝试。日本的学校也十分重视体育，我就读的小学、中学，春秋两季都会举办运动会。如果能取得好成绩，班里的同学就会对你高看一眼。我们家的兄弟姐妹多，而且在运动会上都能拿到好名次，所以不太会受欺负，我的父母也因此比较放心。我们班的男同学在学校课间活动时，会在地上画个圈当擂台玩相扑，谁赢了就等着下个挑战者上来摔。我靠着不服输的拼劲，当擂主守擂台的时候多，因此在班级和学校里有一定的威慑力。

我从小寡言又好强，一放学我就爱带着从小养大的褐色土狗在竹林或树林里奔跑。因为日本自古以来受中国文化影响很深，《论语》《孙子兵法》《三国演义》《水浒传》等很多中国古典名著都被翻译成日文版。那时候我很爱看日文版的《三国演义》，对书中描写的三国时代在中华大地上奋勇征战的各路英雄——刘备、关羽、张飞、诸葛亮、赵云等佩服得五体投地，也为自己身上流淌着的中华血脉而深感自豪。我也爱看日本的武侠小说，当看到小说中描写忍者每天练习在芝麻枝上跳来跳去，从而练就一身翻墙越岭的本领，就信以为真并热衷地模仿，走路时专门找陡坡走，甚至练习从石崖上往下跳，还每一天都给自己加高一点练习目标。我的举动常常引来过路人异样的目光，但我却乐此不疲。

日本的住宅门口一般都挂着写有户主姓名的门牌，我们家写的是父亲的中国姓名"李尾吉"。日本姓氏中没有"李"姓，我的日本同学觉得与他们的不同，所以总会问我："你家这个门牌怎么跟我们不一样？"我就回答："我父亲姓李，这是我父亲的中国名字。"他们不太熟悉李字的写法，经常把"李"字写成"季"字。当时的日本社会，一提到中国人就常用歧视和污蔑的称呼。因为我是中国人，所以有时也会受到挑衅，但我自小顽皮倔强不服输，遇到挑衅就跟对方秀肌肉，才得以免受欺负。

## 小学有缘接触到垒球

第二次世界大战结束后，日本整个社会的生活很艰难，大人们整天都为让家人吃上饭而奔忙。我每天带上二米饭或玉米糕的便当上学，午饭时只能以羡慕的眼光瞥一眼有钱人家孩子带的白米饭便当。好在当时学校还艰难地恪守着老传统，坚持每年春秋开两次运动会并举办毕业旅行等例行活动。我初中毕业时学校发给每位学生记录着校园生活的影集，每当翻开变黄的相册时，我还能回忆起懵懂的少年时期的那些往事。可以说日本重视教育，是其维系社会经济和科技发展的一个关键要素。但是当我回到祖国后，经过学习，才深刻地认识并看清日本帝国主义靠侵略和掠夺中国积累财富的真面目。

第二次世界大战日本投降后，美军进驻日本耀武扬威，日本老百姓体味着社会风气的巨变。驻日美军最高司令麦克阿瑟明白教育的重要性和影响力，因此对日本的教育进行了变革，不仅对日本学校的主科进行修改，而且对体育课的内容都予以检查修改。原先日本的教学大纲中的柔道、剑道等都被废除，改为集体舞、垒球等和平的科目。因此我在小学的体育课上，就有了打垒球的机会。我还记得第一次触摸那种缝线凸起的球时，感觉怪怪的。当时哪会想到手里握着的这个小小的垒球，将在我未来的人生中与我结下不解之缘。

一起打棒球的小伙伴

## 初中手球校队的斯巴达式训练

起源于美国的棒球，很早就传到了日本，并逐步成为日本最受欢迎的运动项目。

我上小学时，左邻右舍的孩子都会组织起来打棒球，一般在男孩圈里，如果不会打棒球就不太有面子。若谁能当上校队队员，大家都会投以羡慕的眼光。由于垒球用的球比棒球用的球大且相对软些，所以即使不用手套去接，手也不会太疼。那个时候若哪个孩子能拥有一副牛皮棒球手套简直是一种奢侈。所以小时候我们用的球和手套都是自己用帆布缝制的，但只要有一块空地，大家就会兴高采烈地玩起来，直到家里人来叫着回家吃晚饭。我小时候生活学习的大阪丰中市，周边有山有河，树茂竹青，是大阪名校较集中的文化区。

1950年4月上初中后，原本我也和大多数男孩一样有进校队打棒球的想法，但未能如愿。一是因为进棒球队要自备一套正规的棒球用具，比较贵，当时我们家子女多，没有经济能力购置；二是因为我所在的中学的棒球队实力不强，对我没有多大吸引力。初中体育老师马濑曾是日本国家手球队的队员，他热心地招募体育上有潜力的学生去打手球。我们这支手球队在他的调教之后称霸日本大阪地区，那会儿我们手球队的队员在学校里走路都个个昂首挺胸，很自豪。但是，当校队队员所付出的艰辛也是一言难尽的。当时我们打室外大场地的手球，场地、球门和足球是一样的，活动起来运动量很大，技术战术也和今天的室内手球有很大差异。马濑老师的训练非常严格，有一阵我都训练到有肺浸润初期症状的程度，但即便这样，训练也不能停下来，每天中午我都去医院里打针，课后马濑老师仍然让我坚持训练，不让请假。几十年后我当国家女子垒球队教练体检时，医生说我的肺有小黑点，也许是与中学时得的肺浸润有关。那时父亲听台湾老乡说猪肝对身体好，于是专门到很远的唐人街买猪肝炒给我吃，在父亲和家人的爱与呵护下，我的身体渐渐恢复了。在马濑教练的严格训练下，我的身体逐渐变得更加强健，并打下了较好的体能基础，锻炼了顽强拼搏的意志品质。这段中学时期校手球队的经历，我铭记在心。

1953年3月，16岁的我通过刻苦努力考上了离家不算远的名校——大阪府立丰中高等学校，它是大阪乃至全日本都知名的一所高中。学校位于丰中市东部叫东丰中的地方，我每天要穿过农田和高级住宅区花上近一个小时徒步上学。说来也巧，这个地区在日本的棒垒球运动历史上意义非凡。棒球爱好者心目中最重要的赛事之一，俗称"甲子园"的日本全国高等学校棒球选手权大会的首届比赛，100多年前就是在丰中高等学校的棒球场举行的。

# 第二章

# 独自归国

## 少年的抉择

从小学到高中我的学习成绩一直不错，因此我心里有个上大学的志向。我进这所高中后，该校著名手球教练马场老师知道我在初中校队曾任副队长，表现优异，所以力劝我参加手球队，但我并没有同意。我觉得学业对人生更重要，加之对初中校手球队的斯巴达式残酷训练的深刻记忆，还因为初中3年所有课余时间都在校队训练比赛，大量占用了我与父母和兄弟姐妹相处沟通的时间，因此我拒绝了入队的邀请，下决心将心思和精力放在好好读书上。但是因为我家里有8个兄弟姊妹，经济状况不太好，大学梦实现起来很有难度。当时我的父亲经营着一间小汽车修理厂，我大哥白天在厂里帮我父亲工作，下班后还要拖着劳累的身体去夜校苦读；我的二哥不但学习好，还很有艺术才华，但由于家境制约，只能选择上了中专，他们都很想继续求学，但为减轻家里的经济负担不得已选择早出来工作。因此对于如何实现心中的大学梦，我也很迷茫。然而就在这个时期，发生了一件触动我心灵的事，对我的人生走向产生了巨大影响。

1953年的一天，我在电影院里看到了让我终生难忘的一幕。日本的电影院一般在正片开演前会放一个新闻纪录片加片。那时正值我国抗美援朝时期，这天加片放映的是当时美国人宣扬在朝鲜战场取得胜利的一个新闻纪录片。黑白影像中的美军都戴着钢盔，全副武装，装备精良，他们为守住一个高地，用机关枪进行猛烈的扫射，而高地下方是中国人民志愿军战士，他们为夺取高地发起勇猛的冲锋。画面里的志愿军战士都很年轻，他们戴着棉帽，穿着鼓鼓囊囊的棉衣，在机枪扫射下接连中弹倒下，但是没有一个人往后退一步，战士们一拨又一拨地往前发起顽强的冲锋，场面极其壮烈。在那一刻，身为中国人，我坐在黑暗的电影院中，看着屏幕上一个个英勇无畏、士气高昂的志愿军战士浴血战斗的情形，激动得浑身颤抖，为战士们为国家和民族不惜牺牲生命的精神所震撼。

作为中国人，我的爸爸经常提起家乡，我从小就喜欢《三国演义》等名著，爸爸也时常会带我们一起与华侨同胞聚会，抗日战争胜利后虽然侨居日本却体会到中国人作为战胜国侨民的自豪感，加之日本社会常发生歧视中国人的各种事件，这一切，潜移默化地积聚成一股巨大的力量深藏在我的心底。而这个抗美援朝的纪录片，带给我巨大震撼的同时也点燃了多年来埋藏在我内心深处的对于民族和祖国的归属感与向往。回想起来，从那一刻开始，我的心里对人生方向的选择发生了巨大的改变。

1953年中国实施了第一个五年计划，各行各业的建设需要大量人才，国家非常欢迎侨居海外的华侨发挥所长，归国参加建设。中国政府相关部门以及东京华侨总会、日中友好协会等组织积极争取和努力，为广大的旅日侨胞搭建了归国通道，在日本掀起了留学生和华侨集体回国的高潮。大阪华侨总会也发布了回国参加新中国建设的相关消息。父亲将这个消息带回家，我听到后非常激动，立刻萌生了独自回国的想法。虽然我回国的想法得到了父母和家人的支持，但一个年仅16岁的少年只身一人离开家人和熟悉的环境，是非常需要勇气的。也许是年轻人的意气风发和冲动，我从下决心回国到办理回国手续，整个过程历时很短，没有想太多。可一到真的离开从小长大的地方，别离双亲、兄弟姐妹和朋友们时，千愁万绪涌上心头，内心时常被莫名的寂寞萦绕。毕竟这里是我与亲人相爱、与友人相知、度过青少年时代的地方。

当时，我决心回祖国的事情只向初中的3个好朋友透露过。1953年4月到7月底，我上完高中第一学期（日本的高中一年分3个学期），7月学校就放暑假了。正是在这个暑假，我做出了改变命运的决定。除了我的家人，我离开的时候没惊动更多的人，只有3个特别好的同学知道我的计划。就这样，我悄悄地离开了学校、同学和我熟悉的地方。几十年后我担任国家女子垒球队教练赴日比赛，有机会与日本老同学再聚时，他们说那一年秋季开学，同学们没见到我的人影，都很纳闷，等到大家都知道我为什么不再到校学习时，我已回到了遥远的祖国。

我与这3位老友的同窗情、队友情，超越了国界。如今我的这3个初中好友已经走了两个。其中一个同学姓八木，当年他的母亲靠开小店维系生活并供他上学，最终他以优异的成绩考上京都大学，前几年因病过世了，据说他的哥哥还是日本共产党员。我的另一个好友姓崛井，长得高大英俊，体育和艺术才华都很棒，当时在初中的手球校队里打中锋且是队长。临别时他素描了大阪市名胜中之岛的景色，并在画册上用清秀的毛笔字写上深情的临别赠言送给我，这本册子至今我仍然保留着。前几年我听说好友崛井在海边小镇离世了。我的3个好友中现在只剩下一个长得又壮又黑、歌喉很棒的山本同学，他在校手球队里打后卫，从外贸公司退休后住在日本历史名城镰仓市。

## 奔向祖国的怀抱

1953年8月26日，我作为学生群体的一员，登上了回归祖国的轮船，同行的归侨大约有1000人，其中包括博士、医生、技术人员、留学生和大中学生。这在中日两国尚未建立外交关系的情况下，可谓是划时代的大事件。踏上回国之路的这一年我不满16岁，而这个年龄也正是我的父亲李尾吉从中国台湾到日本打拼的年龄。临别时，寡言的父亲给我买了一块新手表和一辆崭新的自行车，还意味深长地将他当年随身东渡日本的那只褪了色的旧皮箱交给了我。虽然我不信命，但我们父子都在16岁的年龄，以巨大的勇气，做出了人生的重大抉择，我相信这也许有着命运的安排。

我们搭乘第二批回国的客轮兴安丸号从日本京都最北边的舞鹤港起航。从在港口集合到出发只有那么几天，但我却觉得时间过得那么漫长。在出航前的两天，对未来的憧憬、对家人朋友的不舍，让我内心沉重，不知如何是好，于是我就到碧蓝的海水里尽情地游泳。当我仰身浮在海面上，望着初秋蓝天，想到这片宁静的海和无际的天空那一头将是我的归宿时，我既期待又有一丝不安。

就这样，兴安丸号终于启程，一路驶向祖国。船上归侨来自日本各地，操着不同的日本方言和口音。其中我只认识从大阪来的几位学长和前辈，在船上我们几个单身学生相处在一起，在同一个船舱起居。回国后，因为我们同船归国，且在归国的船上吃过同一锅饭的缘分，所以一提起第二批同船归国的一群归侨，就感到格外亲切。

## 五星红旗比生命还珍贵

在归国航船的3天航程中，发生了一件让我心潮澎湃的事情。航行到第3天，早上醒来以后到上甲板眺望，这时大家纷纷疑惑："怎么海水变黄了？"原来是船已经驶入黄海海域，快到祖国了，一下子大家都激动起来，纷纷从船舱涌到甲板上，不少人高兴地挥舞着五星红旗。忽然间，其中一面五星红旗脱手飘到了海里。说时迟那时快，一位年轻人推开人群，一个箭步冲到轮船的围栏边，毫不犹豫地翻过围栏，从高高的甲板上纵身一跃到了大海里，他奋力向飘落海面的五星红旗游去，好不容易游到了那面五星红旗的边上，他将五星红旗衔在嘴里，开始拼命往回游。但这艘5000吨级的兴安丸号客轮依然在全速向前行驶，它的螺旋桨在海里翻卷起滚滚白浪，瞬时就把舍身护旗的青年落下了很远。那个青年在海浪间艰难地游着追赶着客轮。此刻甲板上的人都被这位爱国青年的义举惊住了，大家猛然回过神来，赶紧叫来了船员，请求船长下令停船，放下救生圈去把那位青年救上来。那一幕实在太震撼，太令人感动了，永远地铭刻在我脑海里。等那位青年带着国旗回到甲板时，我才看清他是我刚认识的来自大阪的学长，名字叫颜平安。他回到船上后，没有说任何话，就默默地回到了船舱，以至于同船的侨胞都不知道这位热血青年是谁，他本人也从未提起这事。在海外赤子的心里，国旗就是高于生命的至高存在。这份爱国的热情，深深地激励着我，从此我对这位学长钦佩不已。

1953年登上兴安九号奔向祖国怀抱（右一为颜平安，左一为作者）

颜平安大我几岁，后来他在北京体育学院（现为北京体育大学）念书时，我有缘和他在北京棒球队一起战斗。第1届全运会棒球赛场上，我和他一起进入北京棒球队打棒球，并夺得了全运会的棒球冠军，他作为主力投手是有功之臣。后来在我打棒球、从事垒球教练工作的过程中，我一直和他保持着联系。他毕业后到沈阳体育学院工作，后来因工作需要被分配到中华医学会工作。他因曾是棒球名宿，所以常被邀请到北京棒球队、北京垒球队等做教练或翻译工作。2015年初他在北京离世。时光飞逝，当年一同乘船归国的老战友，一个个驾鹤西去，让念旧的我感到无比惆怅。

1953年8月31日，兴安丸号缓缓驶入天津塘沽港，在离岸很远的地方停下来，之后有一些小艇来回穿梭办理相关的海关、检疫等手续，在手续齐备后我们乘坐的客轮才能靠岸。我已经忘记当时下船和乘大巴到天津市里的具体情形了。

9月初，回国后的我们暂时被安顿在天津，国家对我们归侨的接待非常用心，我们每天享用宾馆的美食，等待"分配"。中华人民共和国成立初期百废待兴，不久后赶上抗美援朝，志愿军奔赴朝鲜抛洒鲜血保家卫国。1953年抗美援朝还没结束，各条战线的建设刚刚恢复。在这种情况下，国家能把归侨工作摆到日程上，极其不容易。但我们归侨学生当时疏于了解国内外形势，等真正明白这些道理时，已是很久之后的事情了。

我只记得当时我们一行人住进了一所位于天津市解放北路的招待所，隔着马路的西边就是天津市委所在地——一栋欧式建筑物和漂亮的花园。我们所在宾馆东边是静静地流淌着的天津著名的海河。

天津这个北方城市让我感到样样陌生和新奇。我归国前居住在日本大阪近郊，那里没有什么高楼大厦，而天津的解放北路一带有很多高大庄重的建筑、漂亮的公园和曾作为租界的五大道的各式洋房，让人感觉很新鲜。

# 第三章

# 回到祖国奋发读书

## 华侨补校，充满希望的清苦岁月

在天津等待分配期间，很多专业人才不久就被陆续请走了，其中还有不少人就在天津当地就业了，一部分不会中文的学生被分配到北京华侨补习学校（以下简称"华侨补校"）。后来我和大多数日本归侨学生一起被分配到华侨补校。华侨补校位于北京西城区甘家口，在这里，为了学习中文，我们又当起了小学生。在日本，只有横滨和神户两地各有一所华侨学校可以学习中文和中国文化。我在日本所居住的大阪近郊没有学习汉语的语言环境，从小很少接触华侨同胞，所以回国前一句中文都不会讲。为了不被别人误认为是哑巴，我在回国船上突击学会说"不懂""谢谢""再见"这三句汉语。当时在日本华侨中，除了祖籍浙江、福建、山东等地的第一代华侨和上过日本的华侨学校的中国人以外，日本华侨第二代大多不会讲中文，估计从日本回国的华侨有七成人要从头学习中文。

华侨补校根据学生的基本需要，设置了几栋宿舍楼和教学楼，还有一个大食堂、洗澡堂和一个操场，宿舍附近还有一个空间很小但人气颇高的小卖部。虽然在世界各国的学校待过的华侨学生的眼里，这个小卖部显得很简陋，但没有它还真不行。

作为一名 16 岁的刚回到祖国的归侨学生，我对一切都感觉很新鲜，但是面对全新的环境和生活，也有不少困难和问题。第一是语言障碍，第二是生活不习惯，第三是思念家人和朋友。除了家信外，我还和初中的几个要好的日本同学有书信来往。隔一两个月，我就能接到家人和朋友的来信，我特别珍惜。我那时候还写日记，后来拿出来再看，描述的满满都是当时孤独无助的感觉和情绪。

1953 年我们回国时，中国和日本还没有建立正常邦交，我无法让家里从日本给我汇款，而我随身带的那一点钱很快就花完了，生活变得很拮据。我在华侨补校的学费和生活费都靠国家提供的助学金。申请助学金填写表格可把我们难住了，好不容易填好表交上去，助学金批下来后，我赶紧给家里写信告诉父母让他们放心。那时候，国家建设各处都需要资金，经济非常紧张，但对包括我们这些华侨学生在内的贫困学生给予了巨大的关怀和恩惠。这让我对祖国满怀感恩，并树立起一心报效祖国的纯真觉悟和信念。

当时面值 1 万元的纸币相当于现在的 1 元，我对于发到手里的那点生活费花得很精细，连 5 分钱一块的桃酥、3 分钱一根的冰棍都不舍得买。那可真是"计划经济"的年代。我虽然有国家发的助学金，但实际生活中生活必需品的花销总是超支，比如，当时我不知道北京会这么冷，从日本带来的衣服太薄，顶不住北京的严冬，但添棉衣需要花钱，最后我实在没辙了，就先忍痛变卖了父亲送给我作纪念的手表。那时西四和西单有很多当铺。可是卖表这笔钱很快就用完了，再后来我只好把父亲给我买的大家当——自行车骑到天桥集市上去卖。日本产的自行车在当时可以卖很高的价钱，但我不知道行情，遇到的车贩子故意把价格压得很低，等我卖完回到学校才知道被诓了，后悔莫及，大家都说应该卖两倍的价钱才对。

当时我一个不会讲中文的 16 岁少年，是怎么一个人从西城区的甘家口跑到南城的天桥集市，怎样跟那些奸猾贪利的小贩周旋的，我都想不起来了，也觉得有些不可思议，但人就是那样被逼着胆子变大、不断成长的吧。日后当我带领垒球队到世界各国四处拼搏，遇到各种困境时，每每回想起我归国后这些成长经历，内心都会生出莫大的勇气和力量。

刚进华侨补校时，我们这些不懂中文的归侨学生，不管年龄大小，都要从小学课本学起。我的第一位中文老师是一位温和文雅的女老师，她教我们念小学一年级语文课本，后来听说她原来是学俄语的。我们学到小学三年级语文课本后，就不再每天只学中文课，开始根据在侨居国的学业水平被相应地编入高中补习班，我被编入了高一补习班。等到学高中语文时，语文老师换成了一位中年的女老师，她的纯正北京口音太好听了，立马激发了我学中文的兴趣。

对于我们生活的安排，校方为增加大家用中文交流的机会，分配宿舍时8人住一间，每间宿舍都安排了从世界各地回国的华侨学生，但是因为语言和习惯问题，课后大家还是愿意找来自相同侨居国的人来往，还是习惯用熟悉的语言交流，所以大部分同学的中文进步实在有限。

到了华侨补校后，我才第一次见到这么多从世界各地回来的华侨。除印尼、马来西亚和泰国等国家外，不少国家的华侨和侨居地的人通婚，所以一些欧美国家的归侨及子女的相貌看起来完全就是外国人的模样。记得有一次我用中文写作文时，我把华侨补校称作"世界各民族集中学习中文的地方"，被老师画了个大红叉。老师说："这里的学生都是曾侨居国外的中国人，你的说法有原则性错误！"这让我意识到自己有很多需要学习和调整的地方。虽然听说后来也有一些从世界各地怀抱理想回国的华侨由于水土不服或其他各种原因又返回了他们的侨居地，但华侨补校培养了很多优秀的华侨学生，很多人日后成为建设祖国的有用之才。

男孩子天性不愿服输，加上我小时候性格特别犟，遇到块头大的同学想来欺负我，虽然我的个头儿不大，但总会让他知道我不好欺负，这时不是比块头，而是比意志，比不怕死的劲头儿。在我居住的华侨补校的宿舍里，有两位苏联归侨学生，一位叫廖福卡（俄语为"狮子"之意），块头很大，还长着一脸胡子，另一位是从莫斯科回来的，睡在我的下铺，没事就拿把匕首在床顶乱戳一气，耀武扬威。晚上他俩嗑瓜子聊天一直到半夜，第二天早上起来看到地上一地的瓜子皮也不打扫。我就对他俩说："你俩把地搞得这么脏，怎么不扫啊？"结果他们反而跟我无理取闹，我实在气不过就和廖福卡扭打在一起，虽然他块头比我大很多，但我最终把他压在身子底下让他无法翻身，这时室友赶紧冲上来把我们拉开了。从此以后，他们知道我虽然个子小、岁数不大，但拼起来是不要命的，再也不敢跟我作对了。我这种不服输的劲头儿，日后在体育事业拼搏时也有所表露。后来不少新闻记者采访我、写我带队征战的报道，因为听说我在家里排行老三，他们不约而同地以"拼命三郎"来描述我。

当时在华侨补校里一天就那么几节中文课，对于我们这些精力旺盛的年轻人来说，有精力没地方发泄。岁数大一些的学生比较懂事，知道努力学习，想早点考上大学，我们岁数小点的比较贪玩，而我们课余时间没地方可去，就想办法自己找乐子，比如我们从日本回来的华侨学生，常凑合着在不规整的操场自己组织棒球比赛，活动一下解解闷。从日本回来的华侨学生里还有擅长打乒乓球的，他们当时还会到北京少年宫与年龄相仿的北京东城体校的乒乓球队队员打乒乓球，听说比赛各有胜负，当时庄则栋就在其中。除了棒球、乒乓球，还有从新西兰回国的华侨学生带着大家打橄榄球，从加拿大回来的学生带着大家打冰球。我记得当时印尼华侨组成的篮球队还专门到北京和专业队进行过切磋交流。所以归国华侨的到来，给北京的体育界带来了一股劲风。

每到课余和周末，我的顽童劲儿就显露出来。出了华侨补校的校门往东走土路到阜成门需要30分钟，再从阜成门到西四牌楼还要走一刻钟。那时根本就没有公共汽车，晚上我们饿极了就徒步到西四牌楼夜摊吃1毛钱一碗的馄饨解馋，大家为此来回走两小时都心甘情愿。另外，因为我从小在日本大阪近郊生活，对郊野的山山水水比较熟悉，所以华侨补校里比我小的同学都愿意跟着我玩。一开春，我就领着他们到玉渊潭钓鱼；夏天的傍晚，我们就去钓鱼台附近抓萤火虫，本来到了晚上有门禁不许学生出校门，但每次我们都排着队整齐地走出大门，传达室看门的大爷也无可奈何。等晚上回到宿舍，我们就比谁装萤火虫的小瓶子最亮。

每到周末，我就和伙伴们开始谋划到哪里去玩。那个时候根本不知道从哪里能找到地图，也不知道北京的哪里有名胜。一到星期天，早上从食堂拿几个馒头，我就向伙伴们发出号令："咱们今天往西走！"去哪里都是我说了算。这天，我们沿着现在的白石桥那条路往西走。早些时候，那里的路两边都没什么建筑，路又宽又好，两边都是大杨树。一路往北就能看见西山，几个比我小的开始喊累了，但是我既然已经发号施令，再累也不能往后退。我们好不容易到了西山，强行往上爬，似乎是从鬼见愁一带爬上去的，然后沿着山脊往西走，走着走着，突然冒出来一位扛枪的士兵喝令我们停步，后来才知道我们得意忘形不小心闯入禁区了。我们这帮学生吓坏了，又听不懂士兵在喊什么。幸亏我们当中有一位满族的华侨学生小佟会讲北京话，他赶紧跟士兵解释说："我们是华侨补习学校的学生，迷路了！"然后还给士兵看了学生证，士兵这才给我们指了指路，叫我们赶快离开。我们望着眼前树木茂盛的山峰，怀着惋惜的心情下了山。回来的路上，没有一个人吱声，水壶里没水了，馒头也吃光了，大家又渴又饿，筋疲力尽。但没过两个星期，精力旺盛又充满好奇心的我们又开始企图发现"新大陆"，琢磨向哪个方向进发了。前几年，我在日本大阪遇见那时一起在华侨补校学习的小伙伴（现在他也80多岁了），他回忆说："我们当时跟着你走啊走，真累呀，但也不敢吭声……"

这年冬天，有一天大家决定往北向十三陵的方向进发，我们听说那里有皇帝的陵园。一早我们从德胜门出城向东走，路上没有什么风景，只能看到一些土坯房。我们走了很远，看到路东喧闹不堪，只见一群头戴搭耳皮帽、穿着黑棉大褂的人们，把自己的手伸到别人袖子里鼓捣，他们的周围有马、驴和高大的骡子，到处都是马粪的味道，臭烘烘的。这个情形对我们这些学生来说太怪异了。过了一段时间，我们才知道那里是马甸，是北京交易牲口的地方，冬天老百姓会到这个集市买卖牲口。他们把手互相伸到对方的袖子里，是一种讨价还价的方式。

就这样，我们借着新发现的兴奋劲儿接着往前走，看到了用砖砌的锥形物，大家不由得好奇："这个是什么啊？是不是这儿也有像金字塔一样的坟墓啊？"后来我们发现从锥形物的顶上冒出了烟，才知道这是砖窑。这一路上都是田地，偶尔能见土坯做的房子，荒凉得很。我们走啊走，走不到头，有的学生无知地说："咱们到内蒙古了吗？"实际上我们还没走到十三陵，还差得远呢。我们一大早带着馒头从华侨补校出门，晚饭前要赶回来，要不大家就吃不上饭了。我从小就是孩子头。我从来不打人也不骂人，但我的小哥们儿再苦再累也跟着我，可能我从小就有点统率能力吧。我日后能从事体育教练工作，整日带领着一群年轻的运动员为垒球事业拼搏，多少跟我从小当"孩子头"练就的能力有一点关系吧。

## 天津四中的学业拼搏

1956年8月，经过在北京华侨补校两年的中文补习和1年的高一班共3年的努力，我最终考到了天津四中念高二。在北京华侨补校学习时，我就期盼能早日到正规的高中学习。1953年回国前，我在日本已经读了一学期的高一课程，在华侨补校又念了1年的高一班，所以进入天津四中后，我被分配读高二。刚从北京到天津读书时，我印象最深的是天津话和北京话差别太大了。这让原本一直学习成绩不错的我陷入了困境。我为了补习中文在华侨补校学习了将近3年，初步掌握了听、说北京话，面对天津方言，这下又需要适应一阵子了。读完高二和高三，想报考大学，无论选什么专业，都要考政治课和语文课，这对当时中文水平只能勉强听懂课的我来说，心理负担可想而知。但我从小就是不服输的性格，让自己不能退缩。我在思想上积极要求进步，加入了共青团。在学业上我首先遇到俄语学习的新难关。那时全国高中的外语课学的都是俄语，而我这个插班生在日本读书时只学过3年半的英语，一点儿俄语基础都没有，而我的同学们已经学了一年的俄语。教俄语的是一位富态的女老师，她教得很好，我也非常刻苦，所以没多久我的俄语就赶上了同学们的水平。等我日后考进大学——北京钢铁学院，到了高年级时，我的俄语已经达到能翻译俄语技术资料的水平了，还能靠俄语挣点翻译费。那时大学的助学金一个月最高15元，对我来说，这凭自己的能力挣来的10元翻译费，分量很重，也特别有成就感。

天津四中位于天津市区东南的佟楼，教室和宿舍都被围在红墙里，墙外西侧是大操场，那时整个校区西南边是大水洼，水面一直连到天津大学和南开大学。天津四中的文体活动开展得很好，一到午休，大家吹拉弹唱，各显身手。四中的体育活动开展得也很棒，学校原本有篮球队和水球队。四中的住校生中有不少华侨学生，其中有4位是从日本神户回来的华侨学生。李良是其中的一位，后来成为我的挚友。我和这几位小伙伴一起组建了垒球队，我们不仅和天津各个高中的垒球队打比赛交流，还和天津大学、南开大学的垒球队交过手。到了冬天，校园西南边的大水洼就变成了一片绝好的溜冰场，我常和李良一起，穿着买来的二手冰鞋去滑冰，到后来还自制了棍子，比画着打冰球。这滑冰的能力，日后也在我读北京钢铁学院打冰球时派上了大用场。

## 棒球高人引我迈向专业体育之路

我真正走上专业体育道路，幸得多位棒球高人的指引与鞭策。早在1953年回国的轮船上，我就听日本神户同文华侨学校的学生说他们学校的体育老师与我们同船，这位体育老师会打棒球，但当时我还不知道他们说的就是著名归侨投手陈相山先生。直到后来在北京先农坛棒球比赛场上，我才见到他。

1956年在北京先农坛体育场首次举行全国棒球、男子垒球表演赛。这是中华人民共和国成立后举办的首次全国性棒球、垒球比赛。在北京先农坛体育场，不少当年同船归国后分散在各地的旅日华侨又以棒球爱好者的身份再次相聚了。

1956年在天津四中读高二的我19岁，被选入天津市棒球队，参加了在北京先农坛体育场举办的全国棒球、垒球的表演赛，是队中最年轻的棒球队员。我在小学打过垒球，除了投手外，什么位置都打，但没有参加过正式的棒球和垒球比赛。在天津棒球队和天津高中垒球队时，我打二垒位置。

在比赛场上，当陈相山先生作为上海棒球队的投手出场后，我第一次见识了这位棒球高人精湛的投球技术。陈相山先生比我大十余岁，在我看来，他有近乎职业棒球投手的水准，对初出茅庐的我来说，怎样避免吃三振就是最大的难题。在棒球和垒球项目中，投手的水平高低对一个队的输赢起决定性的作用。上海队因为有陈先生当主力投手，冠军在握。而我们天津棒球队的成绩则不甚理想，没有进入前3名。男子垒球比赛冠军最终被以清华、北大等学校大学生为主力的北京队获得。但是这次我只是从旁观者的角度知道陈相山投手身手不凡。

1957年，我在天津四中上高三时，正好赶上在沈阳举行的全国14城市中学生垒球赛，就是这个机缘，我有幸受教于刘濑章教练。刘濑章教练把会打棒球、垒球的高中生召集起来进行短期集训。那个夏天，我下午一下课就赶往天津大学的操场参加集训。在棒球运动员眼里，垒球往往低棒球一等，所以曾经是日本棒球职业队明星高手、在日本棒球界叱咤风云的刘濑章先生，来指导一个高中垒球队，真有些大材小用。但刘教练甘为人梯，心甘情愿地带着我们这些年轻人，耐心地从基本动作开始教授，在他专业高效的调教下，我们天津高中男子垒球队很快就成长为一支具有较好技战术水准、战斗力旺盛的队伍。在刘教练的带领下，我们击败了呼声最高的上海、北京和广东3支强队，一举拿下了全国14城市中学生垒球赛的冠军。参加这次比赛的不少队员，后来成为1959年的第1届全运会棒球赛上的主力队员。

因为上海队实力颇强，我们与上海队的决战取胜属实不易。早在20世纪30年代，垒球就在上海开展并被推广，当时一提上海梁扶初老先生带领的著名的熊猫棒球队，海内外人士都会竖起大拇指。这次与我们比赛时，上海男子垒球队有张国伟、黎冠雄、荣智健等名将参赛。也正是这次比赛经历，让我体会到教练员在一支队伍中的重要作用。

当全运会我作为北京棒球队队员与上海棒球队比赛时，面对真正对阵的投手陈相山先生的那一刻，我才真正切身尝到了这位第一投手的厉害。后来1975年底，我被调到北京市体委，在北京和国家女子垒球队执教时，和陈先生的来往就多了起来。

1975年底，我开始当垒球教练后，陆续执教北京女子垒球队和国家女子垒球队。1981年，为了在第1届世界青年女子垒球锦标赛中取得好成绩，中国棒垒球协会专门从上海聘请陈相山老前辈到国家青年女子垒球队执教，陈老前辈和俞昌和教练合作带队，中国青年女子垒球队取得了第3名的佳绩。

## 学业打球两不误

1957年是高考最难的年份之一，老天让我赶上了。我的数理化成绩还凑合，但语文、政治两科拿不了多少分，所以选择自己理想的专业注定不可能了，但幸好考上了北京钢铁学院的采矿系。进大学后，我渐渐悟到上大学无论考到什么专业，都要学最基础的知识，就看你努不努力。当年"以钢为纲""超英赶美"的口号震天响，我身为北京钢铁学院的学生自我感觉很不错。当时在北京学院路的八大学院里，北京钢铁学院校舍的建筑风格算是最威严的，我们为此很是自豪。一走进主楼，便能看到"钢铁摇篮"四个大字的浮雕，庄重气派，而北京钢铁学院"求真鼎新"的校训会让我很自然地意识到自己只不过是刚走进摇篮的学子，需要把握时光拼命地吸吮知识的乳汁才能成长为有用之才，这激发了我奋发学习的劲头儿。

《钢院画册》上有一张周恩来总理来北京钢铁学院视察的老照片。周恩来总理来的时候，我们曾在校园列队欢迎。毕业的时候，各学校的毕业生到人民大会堂听周总理讲话。那时比较优秀的学生离周总理近些，我们就坐在离周总理比较远的地方聆听他的讲话。

我与老师和同学的关系非常融洽。那个年代，我们的辅导老师、教授都和学生关系密切。低年级时，老师对我们的影响是非常大的。我学习采矿系机电专业基础课的时候，知名地质学教授于学馥给我们授课，夏天，还亲自带我们到野外去实习。当时我们沿着门头沟那一带走了好几天，夜里搭帐篷，被蚊子叮。但于教授没有一点教授的架子，路上捡一块石头，就开始讲这块石头是什么成分，怎么形成的。直到现在，我到山里游览，对四周的山体岩层的成分还能说出一二。

当年北京各大学之间有浓厚的竞争意识，其中表现最为直观的就是每年一次的大学生运动会。各校的学生对本校的体育运动战绩特别关注，有一年大学生运动会的田径项目在北京钢铁学院的操场举行，比赛到最后成了清华大学和北京钢铁学院之争，那真是一场令整个北京钢铁学院的学生热血沸腾的田径比赛。北京钢铁学院还出了楼大鹏、韩菊元等多名品学兼优的田径运动健将。

当年北京钢铁学院校园里学生最密集的地方，除去食堂还有两处，一是下午下课后的操场，二是晚自习的教室。同学们都很纯朴，不太注重外表的穿戴，一般都是一身蓝色棉布衣服，但大家都有精神追求。有些南方来的同学初冬时节还穿着单衣、光着脚，这些同学学习都特别刻苦，成绩也非常优秀。

1960年，三年严重困难和其他因素的影响急剧显露，作为大学生，我最直接的体会是食堂的伙食发生了变化。一到就餐时间，大批的学生就会急不可耐地涌向大食堂，用学生卡领取薄皮窝头和浮着一点油星的水叽叽的菜肴。我和其他7位学生在第1届全运会上获得了中国首批"运动健将"的称号，为北京钢铁学院争得了荣誉，所以我们几个人在伙食方面受到了学校的一些特殊照顾。那时每位学生每月定量18千克粮食，但有"运动健将"称号的同学可以到小食堂吃饭，不用排队和打卡，还能吃上带一点油的菜窝头和菜。那几年大家都填不饱肚子，但同学们都很纯朴向上，从没听说谁对我们的特殊待遇嫉妒抱怨。学子们的内心里仍不失艰苦奋斗、为国贡献的理想和情怀，真是可敬！

1958年6月，我上大学后

至今珍藏着的全运会奖章

首次被选入北京棒球集训队，在当时的北京官园体育场集训了两周，之后参加了在旅大赛区（当时的旅大即现在的旅顺、大连）举行的全国棒球分区对抗赛。大连原来有两个棒球场，当年算是全国最正规的、蛮有历史的棒球场，可惜现在已不复存在，改为中山公园的普通景观了。如果能保留下来这些能象征体育文化的建筑物，这应该说是很有历史意义的事情。通过在大连的比赛，我认识了不少东北地区的棒球运动员，其中包括由朝鲜族运动员组成的延边队的棒球老手，他们岁数偏大，但技术有模有样。我还认识了河北棒球队（实际是唐山队）的队员，河北队由当地来自解放军运动队的队员和旅日归侨队员组成，其中有好几位归侨队员是曾和我一起漂洋过海乘一条轮船归国的朋友，时隔4年再次相见，大家觉得分外亲热。

在这次棒球分区对抗赛中，北京棒球队捧回冠军奖杯，但拼搏的过程很不容易。我记得当时从大连回北京的路上又累又困，但因为没有卧铺，最后只好钻到火车座椅下的地板上睡着回到北京。回到学校后，我马上要自己补上参赛两周期间缺的课程，深深体会到一个大学生

我和龚先生在北京钢铁学院的合影
（左二为龚明信先生，左三为作者）

兼顾体育与学业之难，但这也是对自己的磨炼。北京钢铁学院设有棒球队和女子垒球队，都由体育教研室的龚明信教授担任教练员，但棒球队的事基本上推给我干，有时还让我去垒球队看看训练。满头银发、讲究仪容的龚先生是北京著名的老体育人，当时还兼管着院足球队。

我本应1962年从大学毕业，但为参加1959年第1届全国运动会棒球项目的比赛，大学二年级被抽调到北京体育学院集训了一学年，因此延迟了一

年毕业，成为 1963 届毕业生。但大家都很羡慕我跨了两届，同学比别人多一倍。我的同级同学韩菊元也参加了第 1 届全国运动会女子标枪和手榴弹比赛并夺得了标枪全国冠军。她跨了更多届，为学校赢得了很多荣誉。后来她到北京市体育科学研究所工作，成为体育科研方面的专家。一个人有专长，在哪里都能发光发热。

1986 年秋天，我作为杰出校友被邀请回母校北京钢铁学院给新入学的学生作励志演讲，看着眼前这些年轻稚嫩、朝气蓬勃的大学生，脑海中不由得浮现出当年同样年轻的垒球姑娘们刻苦训练、比赛中不畏强手的画面。那些年女排精神鼓舞着全国人民力争上游，女垒坚持拼搏，异军突起，中国女子垒球队首次参加 1986 年垒球世锦赛就获得了亚军。原本不善言辞的我，对着坐满大礼堂的年轻稚嫩、朝气蓬勃的新生，绘声绘色地脱稿讲了起来。中国女子垒球队的姑娘们大多与这些大学生同龄，她们不讲条件、艰苦奋斗、冲出亚洲、征战高强度的国际大赛，为祖国的荣誉奋勇拼搏的励志故事，深深地吸引了在场的同学们，大家听得聚精会神，当演讲结束时，全场爆发出热烈的掌声。

## 全国运动会棒球赛夺冠

1958 年 6 月，为准备全运会需要组建北京棒球集训队，因此从 1958 年秋天就开始从北京体育学院、北京地质学院［现为中国地质大学（北京）］、清华大学、北京钢铁学院等各大学的学生中选拔运动员进行集训。因为我在天津四中上高中时就曾代表天津打过全国性的棒球比赛，所以就被从北京钢铁学院抽调到北京棒球集训队。各个学校被抽调准备参加全运会棒球赛的学生将保留学籍，离开学校进行全天候集训。当时棒球项目的集训地点在北京体育学院和北京体育师范学院（现为首都体育学院）。北京棒球集训队的首任教练是从香港来的北京大学张汉裳教授，他温文尔雅，颇受队员好评和拥戴。后来由北京体育学院小球教研室的曹岳钟任主教练。由于当时棒垒球在各大院校开展得较好，因此北京棒球集训队队员多由从各高校选拔出来的大学生组成。其中从日本归国的华侨学生有9名，占了很大比例。尽管他们的身材都不是很高大，但由于从小打球，他们球感好、动作机敏、头脑清醒，技战术素养也相对较高。

1959年，为庆祝中华人民共和国成立10周年，在北京举办了首届全国运动会。当时除了足篮排等项目外，各省市一般都没有设置专业队。但当时大学系统的各项竞赛制度都很正规，北京、上海等地的大学生棒球联赛也颇有水平，北京地质学院因为有热爱棒垒球的传统，所以是北京开展和普及棒球、垒球最好的大学，并经常获得全国大学生棒球赛的冠军。

经过选拔，我正式成为全运会北京棒球队的一员。

1959年春天，北京棒球集训队经过一段集训后，远赴上海热身，分别在上海江湾体育场和上海市内的一个草皮场与上海棒球队打了两场友谊赛。这是我首次从古都北京来到上海这个洋气的大城市，感觉到了它不一样的海派城市氛围。

这一年的5月在我身上发生了一个小插曲。5月1日这天，我和队友李良在北京体育学院的室外篮球场补练接地滚球时，棒球碰到小石头后变向弹起，一下把我的3颗上门牙和1颗半下牙打碎，我满嘴流血扎心地疼，用手捂着嘴被送到海淀医院。因为那天是五一劳动节，海淀医院的口腔科只有一位值班的女医生，打断的牙齿要被拔掉，但她怎么也拔不掉牙根，只好临时打电话让一位男医生从家里赶过来。由于处理的时间很长，到后来麻醉药效早过了，而那位男医生还在一点一点地剔牙根，我疼得如同上刑一般。因为牙床痊愈后才能镶牙，所以1959年6月参加全运会棒球武汉分区赛时我还来不及装假牙，只好缺着门牙就上阵了，想必那模样也让大家觉得有点特别，以至于比赛时我一上垒，对手就会大喊："看住那个没牙的！别让他偷垒。"别人只能看到缺牙的外观，但我一个多月来一直喝稀粥、吃软饭练球拼赛的煎熬，外人不可能体会。

我虽然在体格上不占优势，但打球时爱动脑子，追求智勇双全和具备技术特点，进攻、跑垒都还算不错，滑垒、扑垒也机智勇猛。在竞技体育世界里，即便体格上有劣势，但只要有个性和技术亮点，就有可能生存下来。经过全队的拼搏，北京棒球队夺得了参加全运会棒球半决赛的入场券。我在北京棒球队打二垒位置。这个位置要求球员灵活机敏，但不要求像游击手那样有很强的臂力，这对初中因打手球而肩臂受过伤的我来说还能胜任。

之后在全国4个分区赛夺得决赛权的8支棒球队在北京又相遇了。我们有机会再次与上海棒球队的名投手陈相山、游击手张国伟、三垒手梁友文等名将交手。我们通过比赛相互了解和学习。张国伟的游击防守潇洒，进攻也很犀利。十多年后的1976年，我和张国伟又分别作为北京垒球队和上海垒球队的教练员在垒球场上率队相遇。1979年国家女子垒球集训队成立后，我当主教练，张国伟当副教练。张国伟人很帅气，球技也很不错，是一位很开朗、有激情的好教练。他退休后还为推广棒球发挥余热，积极培养青少年棒球人才，做得有声有色。张国伟教练虽然比我年轻，但因病去世较早，令人惋惜。

最终北京棒球队击败了强悍的八一棒球队和老练的上海棒球队等劲旅，荣获全运会棒球赛的冠军。身为一个大学生能参加首届全运会，这对我来说是至高的荣耀，而且作为主力队员，我个人还因此荣获了中国首批"运动健将"的称号。北京棒球队和北京垒球队，各有12名运动员荣获首批"运动健将"的称号，我们悉数被邀请到刚建成不久的人民大会堂宴会厅，参加为全运会北京代表团举办的庆功会，我感到无比自豪。我们怀着崇敬的心情步入新建的人民大会堂，宴会厅圆桌上的大铜盘里，盛满了西餐肉食等丰盛菜肴，那时我们都年轻，正是吃嘛嘛香的年龄，但那时我们还不懂茅台、西湖龙井的价值和意义。

值得一提的是，第1届全运会北京棒球队、垒球队双双获得冠军，两支队伍都是由大学生组成的，这从侧面证明了这是需要高智商、偏重技战术的运动项目，是非常适合在各级学校中开展的、有价值的体育项目。

1960年原计划分别在荆州、旅大、西安和青岛4个赛区举行全国男女垒球对抗赛，北京选拔出男女队在北京政法学院（现为中国政法大学）集训。后来由于全国的经济形势急速恶化，虽有一些赛区还是按原计划进行了比赛，但我们赛区的比赛被取消了。这次集训成了北京棒垒球爱好者最后一次聚会，之后大部分队员大学毕业后各奔东西，到现在我还非常怀念北京棒球队队长、清华大学的孙有㦤大哥。那时我们万万没有想到，此后14年里我们再也没有机会参加正规的棒垒球比赛和活动了。

## 当技术员的专业历练无比珍贵

1963年9月，我从北京钢铁学院毕业后被分配到北京矿冶研究院，成为采矿室机电组的一名技术员。当年能留在北京工作是一件很幸运的事情。棒垒球对我来说虽是业余爱好，可一有空我就喜欢和老球友打打球、交流相关的信息。

我们已经很习惯只在有全国性比赛时临时进行选拔和短期集训，然后参加比赛的方式。但棒垒球项目因为1960年后没有被列入各级体委主导的赛事项目计划，所以没有了举行正规赛事的机会，几乎处于自生自灭的状态，还好在这种境遇下，大家尽可能地以各种方式维系着联系，保持曾经的同壕战友情。

出于对这项运动的热爱和执着，在这种很困难的情况下，我们依然坚持自主组织活动。大家虽然工作岗位不同，且年岁渐长，但一到节假日，我们就不约而同地集中到北京体育师范学院，打打球，出出汗，过过瘾，即便只是传球、打轻打，也觉得兴高采烈。我们能经常在北京体育师范学院相聚，得益于我们的伙伴孙柏庆和王国军老师，他们从北京体育学院毕业后到北京体育师范学院任职。所以我们年年都聚在那里坚持活动，直到棒垒球运动再现曙光。后来我听说上海、广州等地的爱好者也都和我们一样，有着在夹缝中求生存的经历。就这样，棒垒球运动的血脉哪怕细弱也一直没有断过。

和我一起分配到北京矿冶研究院的几位北京钢铁学院的同窗，有一位和我在同一专题组工作并任组长，他还和我同住一间宿舍。他16岁就考入大学，一直想学核物理，但那个年代考大学选专业都要看家庭出身，最后他只能服从分配。他虽未能如愿选择向往的专业，但工作之余经常看喜欢的核物理的书籍。后来我们跟着这位专题组组长做"井下液压凿岩台车""大型风动破碎机"等科研课题，在研发过程中的所有流体力学和机械效率、强度等计算都由这位组长带头完成。在大家的共同努力下，专题做得很不错，有的还被拍成了科研的科教片，里面还出现了我们现场试验的镜头。虽然当时我们所研发设计的产品并不是国际首创，但在 20 世纪 70 年代我国很多产品只能靠进口的情况下，我们发扬自力更生精神取得的科研成果有很好的实用价值。工业应用技术的研究与推广使用，是从理论到实践的系统性工作，既要求个人能力，更需要团队精神。

从 1963 年到 1975 年，在北京矿冶研究院工作的十余年间，我从一名大学生成长为一名社会人。在那个艰苦的年代，为把我们的设计变成适用于生产第一线的设备，我们常常要从科研办公室深入地方的工厂、矿山。这些实践着实锻炼了我的综合能力，尤其是培养了我艰苦奋斗、锲而不舍的钻研精神。这一段工作经历也让我养成了以工程技术人员的眼光分析事物，同时做事精益求精的习惯。如果做事情没有理论依据和支撑，我就会觉得心里不踏实。回想起来，那真是一段艰苦而励志的经历，让我受益匪浅。

我在大连复县一个矿山搞试验时，有一次周一早上听师傅们聊到头天在海边钓鱼的事："没想到昨晚的潮水涨到没过岩礁直到齐腰深，我们哥儿几个手挽手唱国际歌壮胆坚持到天亮。"那时的东北工人在生活中就是这样有气概。后来我们在兰州白银露天矿试验时，我和组长高祖伟每天从兰州市的住处走到白银市，再坐火车到露天矿。我们研制的破碎机需架到履带推土机上开进很深的工作面进行破碎大块岩石的试验。有一次试验时，大家过于专注，没注意到快到中午了，12 点是露天矿爆破的时间，所有人员和机动设备都要撤出。而我们的推土机无法在限定时间内撤退。师傅说："我们只好在车身下履带之间躲避，小心碎石击中头！"轰隆的爆破声在几平方千米的锤形露天矿依次响起，烟砂、大小碎石漫天飞，不停地击中履带车。在此期间，大个儿东北师傅一直用身体挡着我。当硝烟散去时，师傅们说："哈哈，躲过一劫了！"他们遇事沉着不惊，在危险时刻以身保护他人，凡事显得那么自然随意。这些都使我深感中国工人阶级的崇高与可敬。

1970年初，我和同事深入兰州白银露天矿进行试验

这一段当工程技术人员的经历，磨炼了我的毅力和品质，锻炼了我的理论素养和科研功底，提高了我分析问题、解决问题的能力，为我日后执教垒球队伍打下了良好的基础，也在我日后分析国际垒球变化趋势、制订比赛方略、钻研垒球最新技战术、思考人才管理模式时，发挥出潜移默化的积极作用。

# 第二部分 我的垒球执教生涯

# 第四章

# 从打棒球到教垒球

## 垒球运动的复苏

前面提到从 20 世纪 50 年代开始，中国曾举办多次全国性的棒球和垒球比赛，这两个项目呈现出不错的发展态势。但棒球和垒球项目由于当时在国内认知度不高而未被正式列入国家体委的竞赛和训练计划，因此在 1960 年以后就没再组织国家和省市级的正式比赛，导致其发展受到了一定限制。

1974 年，一些城市运动会开始增设棒球和垒球项目，这就意味着将有可能举办全国性的赛事。一晃十多年，曾参加过 1959 年第 1 届全运会棒球和垒球赛的人都已到中年，而且这些人一般都不在体育部门工作，对体育界的消息不灵通。后来我才了解到，这些城市是为在 1975 年举行的第 3 届全运会的棒球和垒球比赛取得好成绩做准备。这十几年间，我除了偶尔在外国杂志上看到棒球消息外，几乎与棒球、垒球绝缘。实际上像天津和其他一些有棒球和垒球基础的地方，1973 年就开始着手组队训练，培养新一代的棒球、垒球运动员，目的就是一旦举行全国运动会就能占得先机。

1974 年春天，终于等来了棒球和垒球各 13 支队伍将于 1974 年夏天在西安举行全国性公开赛的喜讯。全国的棒垒球爱好者们奔走相告，兴奋不已。我们已苦苦盼了整整 14 年的漫长时日啊！

我当时在北京矿冶研究院上班，每天从甘家口商场西边的集体宿舍穿过建工部的大院，再走 3 站地到坐落在北京天文馆南边的单位，一点儿都不觉得远。而那一年我所在的技术专题组要在春节前赶制近千张新设计的图纸，准备在当年年底之前发表成果，为此专题组的人员天天开夜车，困了就在办公室里眯一会儿，饿了就去动物园公共汽车站附近的小摊买个油饼吃了接着干。由于生活不规律、抵抗力差，我开始觉得浑身不得劲，到医院一查竟然得了急性黄疸型肝炎，医生命令我就地住院，家都没让我回一趟。那时国家还很不富裕，但对公共卫生极其重视。就这样我立刻被关在医院的单间病房住了一个多月，家属来了也只能隔着玻璃窗用手势交流。负责看护的护士长管得严，照顾得好，伙食也跟得上，加上我从小爱运动体质也不错，所以我恢复得很快。出院后第 3 天，我就和北京棒球爱好者凑了一支队，和天津、陕西等年轻队伍打比赛，我们老球友熟门熟路，轮番上场，打得不亦乐乎。我还打出了一记中外场过顶的本垒打，感觉格外爽，更庆幸这场病没击垮我。

## 兼职棒球教练

大病初愈，单位准了我 6 个月的病假。这期间正好赶上了北京市运动会，我和德胜门中学的邵老师临时被借去当北京市西城区棒球队的教练，队员都来自北京市的中学，有热情、有朝气、爱学习，很快就把棒球的基本技术动作学得有模有样了。记得队里的白超英、刘雅明、芦学明、王玉虎、朱山等小队员，满脸稚气。我一上任，就看到白超英正在练投球，他的胳膊和腿都长，球性好，是个好苗子。我在正常训练之外还抽空到北京玉渊潭公园的八一湖畔陪他练习接球。每次练完球，我还要赶忙跑到北京矿冶研究院的幼儿园接女儿，常因为接得晚，整个幼儿园就剩我的女儿一个人！那些日子我真的很投入。欣慰的是这位有天赋的学生白超英，在几年之后成为八一棒球队和国家棒球队的主力投手，我教的很多队员后来都当上了北京棒球队和国家棒球队的主力队员。

1974年夏天在西安举行棒球和垒球全国比赛，这么重大的比赛，北京市当然派队参加。北京棒球队教练的重任不知怎的就落在了我的身上。我们从刚参加过北京市运动会棒球比赛的运动员中选拔出优秀队员，在北京地质学院进行了集训。那时一所大学承担一支队伍的起居和训练着实不易，这真是得益于北京地质学院上下都十分重视棒球、垒球项目，从体育教研室到后勤部门都给我们创造了很好的条件。20世纪五六十年代，北京地质学院的棒球校队年年获得高校冠军，第1届全运会有不少北京棒球、垒球优秀队员也来自该校，这真是一所有着棒球运动传统的大学。

　　西安棒球、垒球比赛的日期就在眼前，我的病假也休满了，单位让我回去上班，不得已我在前门火车站把队伍托付给西长福教练，队员们依依不舍地向我挥手，我目送着西去的火车，不知为什么心酸得就像和亲人离别一样，毕竟我和这些大男孩一起在运动场流过那么多汗水。这个队的队长叫石杰，是当时北京体育师范学院的学生，担任游击手，攻守都不错，颇有威信。其他队员都是来自北京各区的中学生。石杰毕业后，到北方工业大学当了体育教师并着力在校内推广棒球和垒球。在学校领导的大力支持下，石杰和老教师们一起组建起棒球和垒球的校队，他们这一举动对棒球和垒球在高校的发展起到很大的推动作用。北方工业大学现在已设有棒球和垒球特长班。石杰没有像其他多数队员那样走专业队的道路，而是扎根高校，为引领高校棒垒球发展作出了贡献。我退休后被聘为中国大学生体育协会棒垒球分会的名誉会长，因此我经常应邀去参观北京和全国高校的棒垒球比赛，也常在研讨会上和大家交流看法。我一贯认为体育运动普及和发展的据点就在学校，为棒垒球的普及和发展尽微薄之力，是我应尽的义务。

## 入选台湾省体育代表团出战全运会

　　1959年、1965年举行了两届全运会，而1965年的第2届全运会棒球和垒球都没有设项。1975年在北京举行了第3届全运会，首次组织台湾省代表团参赛，这成了全运会上引起各方高度关注的一件大事。

那个年代，海峡两岸关系微妙，即使在文化、体育的交流方面，也鲜有大动作。在这种情势下，成立台湾省体育代表团，从海内外召集台湾同胞参与我国规模最大的体育盛会，以体育为媒介加深两岸情谊，实现促进祖国统一的共同目标，真是祖国统一事业的一个大手笔，意义重大，影响深远。就棒球项目来说，最终选拔上来的是各地的台湾同胞，其中包括曾侨居日本的台湾同胞。遗憾的是，虽然世界各地都有台湾同胞运动员踊跃报名参加，但唯独没有从宝岛台湾那边过来的运动员。若当年真能从台湾过来几名投手和强攻手，那他们在棒球项目上很有可能为台湾省代表团贡献一枚奖牌。

棒球队组队前的选拔很隆重，来了不少我未曾见过面的国内棒球界官员和评选委员。通过选拔，我也荣幸地成为球队一员。台湾省棒球队的主力队员都是参加过第1届全运会棒球赛的三十七八岁的棒球老将，投手有来自上海的陈相山和北京的颜平安，他们都是当年全运会时的著名投手。侨居日本的洪顺丰的投球和进攻都不错，还有黄朝晖打游击手位置。北京第二外国语学院教师卢友络也是该队主力之一，既是队长又是队中的攻守核心，担任第四棒和接手，同在北京第二外国语学院教书的杨达夫，技术精良细腻，也是个好手。此外，还有陈成华、周国民、苏诚符等老将和陈昭华、张治成和陈军三位年轻人。

卢友络为人谦虚诚恳，深受大家拥戴。第1届全运会他曾在天津棒球队，这次我们又在台湾省棒球队共同作战。苏诚符是台湾高山族同胞，曾在解放军某军区打过棒球。说来也巧，20世纪80年代后期，苏诚符先后被聘为甘肃省和湖南省垒球队教练，在国内垒球比赛上成了我所带的北京市垒球队的强劲对手。一项体育运动把爱好者吸引到一起，不管是队友或是对手，都能成为球友，最终织成了棒垒球项目的网络，传承着对棒垒球运动的热爱。

1975年举行第3届全运会棒球比赛时，我在北京矿冶研究院的工作也很繁忙，但从选拔开始到参加完比赛，我调出了近半年时间。在第3届全运会棒球比赛中，大家对台湾省棒球队的期望值较高，我们代表团中其他队的队员只要当天没有比赛任务，大家就都来为棒球队加油助威，这也反映出台湾同胞们团结一致、为荣誉而战的精神面貌。

1975年8月，所有参赛人员在北京友谊宾馆集结。由于在祖国大陆的台湾同胞总人数不多，各项目竞技水平也无法与其他各省市相比，所以国家派来国家队的优秀教练员耐心指导。棒球教练员是陈相山和从部队调来的蔡姓台湾同胞，我之前参加过近20年国内棒球比赛，从没听说和见过这位戴眼镜的蔡教练。时任国家体委领导和对台工作部门的领导林丽韫也专程接见代表团，我们全体团员在友谊宾馆的院子里早早列队等候。领导们对于台湾省代表团组团的重要性和长远意义的讲话，更让我们认识到体育对于祖国统一大业有着重要的意义。

全运会前各省棒球队都愿意和台湾省棒球队打比赛热身，我们凭着相对老到的经验和熟练的技术，跟哪个队打比赛都能赢。但一进入正式比赛，因比赛场次多、日程紧，而我们队员普遍岁数偏大、体力不足，单靠技术和经验也不顶用了，弱点很快显露出来，毕竟我们比不过年轻力壮、进步飞快的各省市专业队队员了。最后在关键比赛台湾省棒球队负于上海队，只拿了第5名。虽然比赛成绩不理想，但我们这些老棒球运动员亲身传授了技术，还认识了很多在祖国各地居住的和旅居国外的台湾同胞，亲身感受到体育交流是文化交流的重要组成部分，是促进两岸交流和改善关系的良好渠道。从此，我这个专注工程专业技术、不怎么关心窗外事的人，开始特别关注海峡两岸关系的发展。第3届全运会成立台湾省体育代表团这种形式是那个时代的历史产物，可能不会再出现第二次。然而我深信海峡对岸的台湾同胞和从世界各地归来的台湾同胞组成台湾省体育代表团，昂首挺胸迈着整齐的步伐参加全运会入场式的那一天必将到来。

## 调任北京女子垒球队教练员

1975年9月3日，我住在友谊宾馆正在为备战第3届全运会进行集训时，突然接到单位打来的电话，告知我爱人去世的噩耗。当时的报纸还报道了我参加台湾省棒球队备战时发生的这场悲剧,说我如何坚守岗位。由于我是归侨,当时工作单位好不容易刚给我和爱人解决了两地分居的大难题,还给我爱人在同一单位安排了工作。我们在甘家口由筒子楼实验室改成的集体宿舍里分得了一间16平方米的房间,开始过上那个时代科技人员标准而简朴的生活——房间里有一个立柜和一张双人床。我爱人下班后在家附近的甘家口商场买一点儿肉馅,在楼道用蜂窝煤炉煮一锅面等我回家,那是简单而美满的小日子。但人生的悲欢离合是不以人的意志为转移的,我突然间又变成了一个单身汉并自己带着幼小的女儿。

北京女子垒球队短暂集训后参加第3届全运会垒球比赛,最终没能蝉联全国冠军,只得了亚军。由于棒球和垒球项目原本是北京传统的优势体育项目,再考虑到首都体育运动在国内和国际上的影响和交流的需要,北京市体委很看重棒球和垒球这两个优势项目。那时京津沪等大省市也很重视棒球和垒球项目,不管多困难都想办法保留这两个项目,竞争也相对激烈。实际上参加第3届全运会时北京女子垒球队的队员都是高中生,她们都是在全运会的前一年参加北京市运动会时才开始学习打垒球,是从1974年为参加北京市运动会从北京市各区的各高中选拔出来的队伍中挑选的。北京女子垒球队的主教练由1959年第1届全运会时在北京女子垒球队担任游击手的郭琴生担任,张海潮、曹策庸等教练员当助手。虽然这一拨运动员集训的时间很短,但仍获得了全运会垒球比赛的亚军,实为难得,而冠军队天津女子垒球队则经过较长时间的训练磨合,练就了"短平快"的打法,因此她们夺冠实至名归。

1975年全运会结束后,不承想已经人到中年的我,被调到北京女子垒球队当主教练。这一纸调令改变了我的人生轨迹,可谓命运的转身。我估摸着北京市体委把我调到北京女子垒球队的目的就是希望在4年后的1979年第4届全运会上夺回全国垒球冠军。当年我对调我到体委的军代表提出:希望在下届全运会拿了冠军以后,仍然让我回北京矿冶研究院继续搞自己的科研老本行,当时军代表也答应了。

1976年发生了唐山大地震,震后为防止余震危害,各个单位都搭建了临时地震棚，因为我已正式属于北京市体委的编制，我和女儿在原单位地震棚里已经没有了安置的床位，所以就要回到筒子楼的家，但那间小屋因为爱人去世变得格外空寂，我在里面感到没着没落的。我当了北京女子垒球队的教练后，由于工作关系更无法照顾孩子，有时就把女儿放队里"散养"，女儿受到垒球队里大姐姐们的疼爱，成了她终身难忘的记忆。之后还有一段时间为了不耽误工作，我把女儿寄养到天津的姥姥家，我女儿至今还常到天津看望幼时疼爱过她的几个姨和小舅。后来女儿到了上小学的年龄，我只好把她从天津的姥姥家接回北京，寄养在大哥家。大哥大嫂、他们的两个女儿和我的女儿一共五口人，挤住在一间小房里颇为不便，但大哥大嫂从无怨言，他们房窄心宽，让我的孩子在大爱之中平安成长，我内心对大哥大嫂充满感激。

1978年，经老前辈介绍，我重新组建了家庭，由于工作关系，我在家的时间很有限，但我的女儿和新来的弟弟相处得很融洽，这都是新妈妈的功劳。

从1975年底调任北京女子垒球队教练员，到1986年初正式担任国家女子垒球队主教练的9年间，我作为北京女子垒球队的主教练带出了几拨队员。第一拨就是北京女子垒球队建队之初的老队员，有十余人，有邓小娟、吕燕萍、李士英、李春凤、任京生、贾凤霞、赵杰、白莉、李群、李艺红、王彩霞、肖国英等。她们之前在郭琴生等教练的带领下，经过一年的集训后参加了第3届全运会并取得了全国垒球亚军，因此有一定的水平。我的责任就是努力让她们成为更优秀的专业垒球运动员。

其实，我本来很想当棒球队的教练员。因为我从小是孩子头，从学生时代打的就是棒球，对带男孩子很有信心，觉得男孩子性格干脆，没有那么多事儿，所以这一年多时间里虽然带的都是区队、北京棒球集训队等业余队，但都还算顺手，队员也都给了我不错的评价。可这下要带女子垒球队，我心里确实没底，真不知道怎么能带好这些女孩子，什么都要从头学起。1975年底我到北京女子垒球队报到时，首批队员已经集结完毕，这对不了解队员情况的我来说的确省去了不少的工作。

1975年底的一个寒冷冬日的下午，在北京先农坛体育场东边的篮球场上，杨祖武领队把我介绍给了北京女子垒球队的队员，他说："这是李敏宽指导，以后他就是你们的教练，你们要在他的指导下训练。"然后杨领队让我给整整齐齐列成一队的队员们讲话。我之前很少在公开场合讲话，北京矿冶研究院是部属科研单位，我平时在众人面前说话的时候不多，只有研究成果需要审核和推介时才当众发言。在那种场合，因为我对自己研制的设备心里有底，工程技术上的术语也能说得很顺畅，所以即便在对方提出各种问题甚至有意刁难的情况下，我也能说得清楚。但这次我站在一排女垒队员面前讲话，还是有些紧张。我都不记得当时自己说了什么。后来听说队员们对我一通评头品足，总的评论就是："他说的是什么呀？没听懂，这么小个，哪像个教练啊？"于是我首先面对的挑战就是怎样才能树立起教练员的威信。我当时没有当专业队教练员的经验，对体委这类官方体育机构的行事方法更不了解，事事要从头学起。我一有空就到图书馆找相关的书来看，还积极观察其他运动队教练员的训练情况。那时的先农坛，各个运动项目的名教头比比皆是，对我来说，他们都是带队、训练方面的名师。那段时间我一门心思钻研怎样带好队伍，甚至路过小学的运动场时都会认真地观察他们的体育老师如何教学生。我就是这么一点儿一点儿地摸索着，走到了女垒教练员的岗位上。

## 逆袭之路从缝补垒球开始

我到北京先农坛体育训练基地不久，建队工作初步结束，当要开始训练的时候，我真犯了难，垒球专业训练需要的设备要什么没什么，手套、垒球棒更是异常珍贵。训练处的陈处长好不容易从仓库里翻出一根美制泰·科普型的木质垒球棒给我们队，我拿到时真是如获至宝。但幸亏北京体工队有完整、有经验、能办事的竞赛管理和后勤部门提供支持，加上垒球队的姑娘们肯吃苦，敢于拼搏，我们总算迈出了专业队训练的第一步。

随着专业训练的开展，场地和器材等后勤保障的问题越来越凸显。供应的垒球棒木质差，一打就折。后来采购的一些用水曲柳制作的垒球棒轻重不均，不好用。随着队员技术水平的提高，对垒球棒的轻重、重心配置、握点粗细和手套的形状与质量，开始有所要求，但也只能因陋就简。建队初期，木棒折了我们就用钉子钉、用胶布缠，球破了就自己缝补，场地也自己浇水、画线，在这样艰苦的条件下养成了自力更生、克服困难的习惯。1977年中国青年女子垒球队和1979年中国女子垒球队出访日本时，我们看到日本已普遍使用金属棒，而我们还在用木棒。我们回来后就联系厂家用航空铝材试制金属棒，但因产品太重没成功。这时提高队员技术与器材供应的矛盾开始凸显。供给方由于需求量太少、没有利润，不愿意制作，我们再着急也无法解决。所以那时北京女子垒球队的领队、教练员就像采购员一样，亲自跑厂家购买垒球和配套的手套，对此大家也都习以为常了。

练习用的垒球，软硬大小都不均匀，当时如果能用上上海制造的协兴牌垒球就已属上等了。记得当年北京女子垒球队给每位队员发手套时都很庄重，要求每位队员像战士爱护枪一样爱护自己的手套。如果教练员看到哪个队员的手套没被细心保护，那个队员就要挨批评。队员们为了保护手套，从家里拿来牛油擦，但如果温度低了用牛油擦的手套的皮会变硬，因此鸡油成了抢手货，后来才有了进口的手套专用护理油。

在北京先农坛体育场时，每次训练完队员都会用铁耙子平整场地。训练前画线浇场地是教练员的活儿。训练间隙我还要在场地拔杂草，因为我担心杂草会导致球落地后反弹得不规律而碰伤队员的脸。

那时我就特别强调队伍的风气要与社会上的有所区别。我们理直气壮地坚持搞半军事化管理，在作风上严格要求，对体能和基础训练常抓不懈。如果那个阶段在体育专业队伍与社会之间不设置一定的思想堤坝和管理措施，体育队伍就容易被社会中的一些浊流淹没而失去战斗力。

建队伊始，北京已是冬季，球队只能练练体能和专项基本功，我偶尔带着全队去北海公园滑冰，我就让她们在冰面上摔，体会滑垒的感觉。

在严冬，队员们在室外练接地滚球练到出汗，脱下厚衣，薄薄的单衣上面都结成白霜。练习滑垒时没有合适的地方，我就叫队员穿着绒裤、套上护膝到有大理石地板的先农坛体育场门厅去练习。她们很害怕这么硬的花岗岩地面会把膝盖弄伤。我鼓励她们说，这个地板比土场更好滑，只要保护好后脑勺就行。我先给她们做示范，见我滑得溜溜的就像飞机着陆一样，她们也放心了许多。在这之前队员只学过勾式滑垒，这一回教跪式滑垒，她们很快就学得有模样了。在学会滑垒以后就放上垒垫，学习到了垒垫起身往下一个垒起动的动作，把滑垒和起动动作连起来，这么一练大家就有了一点儿成就感，这堂课就成功了。我在一本 20 世纪 50 年代出版的英文棒球技术书中看到跪式滑垒的照片和记述，我很适合这个技术，第 1 届全运会时我就用过它，滑到垒马上起身窥视下个垒的感觉很爽。将跪式滑垒的动作拓展到外场防守，防守范围和速度也能提高不少。如果飞身扑球，接到球先爬起来再传球比较费时间。而我的扑球招数较为独特，是扑球后一打滚，能正对着传球方向，可以直接传球，动作快速而连贯。

## 难忘的永安冬训

1976 年 1 月 3 日，北京女子垒球队远赴福建永安冬训。出发的那天晚上，除了十几位老队员外，在冬训前补招的两名新成员也都到了，看到绿皮火车硬座车厢里兴高采烈的姑娘们和欢送的家长们，我心中掠过一丝不安，我这个半路出家的门外汉教练员，首次遇到冬训这样的新课题自然会有些犯难。渐渐地，火车车轮与铁轨有节奏的振动声反而让我从忐忑的思绪中解脱出来，我开始定下心神来思考冬训的计划。

在我心里，近期目标是练好体能，练好垒球基本功，并通过冬训建立良好的队风，也要树立起我作为教练的威信，团结好队伍；远期目标是参加 1979 年全运会垒球比赛，夺取全国冠军，继承垒球是北京队优势项目的老传统。

永安地处闽西和闽中大山带之间，周围都是连绵青翠的山峰，按现在的观点来说是山清水秀、绿色环保的好环境。让我印象深刻的是在那山窝中建起来的一块田径场和灯光篮球场。永安体委主任是个精干的人，个子不高，很敬业，他亲自安排我们垒球队的训练场地、住房和伙食。垒球队大多是北方姑娘，不习惯福建的饮食，更受不了潮湿阴冷的气候，但她们把这些都当作冬训的一部分来承受了，我很少听到有人叫苦、发牢骚，这拨队员很能吃苦，作风简朴，没那么多事儿，由此也能反映那个时代家长和学校的教育水准。

冬训期间，我们北京女子垒球队和北京棒球队做伴，并不孤单，但没有那么多场地供两队训练。于是我们在附近找了一所学校，每天上下午都徒步到学校操场训练，路上要过小河、爬小坡，风雨无阻。想来当年那些个子高高的北方姑娘排着整齐的队伍走在乡间小路上，成为偏僻山区绝无仅有的一道风景。

我们找的那所学校很正规，铺满草皮的操场也不错，周围种满了法国梧桐。北京正是寒风凛冽的时节，而这里天气晴好温暖，我们在这里感觉太舒心了，训练起来不知有多痛快！由于做基础训练时垒球被打得满场飞，所以场地上需要挡网，我们就买来渔网替代。有一次我爬到高高的梧桐树上挂网时，抓着的树枝突然折断了，我一下从两米多高的树上生生地摔了下来，我下意识地来个近似柔道的保护动作，可把周围的队员都吓坏了。虽然我生性顽皮，很爱登高爬树，但我那时已到中年，摔这一下还真够受的，幸好没摔出大毛病。为了不让队员们担心，我硬装出没事的样子，但身体很痛，深呼吸了许久才缓过劲儿来，也着实让大家虚惊了一场。

福建冬季多雨，逼得我们常在操场的角落找能避雨的地方练基本功，练起来一点儿都不轻松，北京女子垒球队的基本功就是这么一点点磨炼出来的。

北京女子垒球队的第一拨队员的体格一般，平均身高在1.65米左右，像王彩霞、贾凤霞、杨岱进、肖国英差不多1.70米的算是个高的，但体能上不算有太大优势。在艰苦训练挖潜后，队员们的身体素质有了很大提升。很多年后，这些老队员们一提起永安冬训，必定会想起露天的灯光篮球场里陡陡的看台。我每周安排体能训练时，就利用灯光篮球场边的 50 多级台阶，要求队员们练到在 7 秒内冲刺到看台最上面，连冲几十次，这真是需要极大的毅力啊！永安没有太多的训练设备，队员练手臂力量就举砖头，练腿部力量就背人下蹲，接着还要跑山路，我美其名曰"放松肌肉"。我带着队员们在山林中边找路，边鼓励她们向前冲。队里有几位练过中长跑，如王彩霞、肖国英、任京生等，她们早就憋着跟我较劲儿。她们的方向感像飞鸽一样优秀，一到平地放开脚步就往驻地狂奔，想把我落在后面。我那年已近四十，又搞了十余年的科研工作，加上来队之前大病了一场，已没有太多体力，可是作为男子汉，关键时刻就要咬牙，我也拼命地紧跟着第一军团冲到了终点，总算没丢份。这样一来，这次冬训整体的训练强度也达到了目标。整个冬训期间，我和队员们都互相较着一股劲儿，互相激发，按现在流行的说法就是做到了双赢。

带运动队一个教练一种风格。队员们之前的教练郭琴生快人快语，要求严格，北京女子垒球队建队后她基本上把整支队伍交给了我。我不善言辞，态度和缓，行严言和，以身作则。若看到哪位队员有问题，我就会慢慢跟她讲道理，说不通也不放弃。我努力让队员们理解我的带队理念和技战术风格，就是希望大家在精神和技术层面达成共识，打下牢固的基础，但这比较难，需要时间。因为我从小喜欢棒球，回国后从高中就开始参加各种棒垒球比赛，特别是通过参加全运会的棒球赛，练就了较扎实的基本功并积累了比赛经验。担任北京女子垒球队教练后，我更是通过各种渠道搜集所有能搜集到的资料，认真分析琢磨。因此我对棒垒球的技战术理论、技术和训练实践还算心里有数，也有些带队经验。除了投手技术我不能亲自示范外，棒垒球相关的各项技术问题都难不到我，包括进攻、防守的一些高难度动作，击球的各种方法，滑垒、扑垒、扑球，我都能亲自给队员做示范。渐渐地，队员们的脚步也跟了上来，训练也慢慢步入正轨。

很多年之后，曾在永安一起训练的队员对我说："永安冬训的时候，我们真恨您，练得太苦了，我们真想跑回北京，但是我们自己也跑不出那个大山沟啊！"

要把体校选拔的学生练成专业运动员，是综合性的大转型。我觉得自己仿佛是将皱皱巴巴的画布摊平，从打底色开始，每个队员都是一抹鲜艳且独特的颜色，最终要运用好这五彩的颜色，描绘出我们垒球队的图画。比如，树立队伍风气绝非易事，需用上浓重的颜色。私下评头品足是女孩们的拿手好戏，我慢慢察觉到我被十几双眼睛观察和评价着，当然我也在拼命学习，努力进入角色。没过多久我似乎得到了她们的认可——这教练还行啊！师生之间，建立信任关系是最重要的。

我看到过队员在训练后盖着被子坐在潮湿阴冷的宿舍里茫然无助的眼神，我也听到过冲刺着跑上篮球场旁的陡斜台阶后姑娘们粗重又急促的喘息声……这一年冬天，我和她们一起吃了苦，憋足了劲儿，练成了队伍。

永安冬训结束后，载着队员们的列车从遥远的福建驶入北京站的场面，我有些记不太清了，但我相信当时家长热烈地拥抱自己孩子时，一定会察觉到她们的孩子已经强壮了一大圈。车站里没有亲人来接我，我独自回到空无一人的家，感觉到春寒袭人。回到北京的第二天，我就赶去看寄养在大哥家的女儿。大哥夫妇在中国国际广播电台工作。当年住房条件很差，但哥嫂家有两个年龄相仿的孩子，我女儿有堂姐妹做伴也过得热热闹闹的。平时五口人挤住在一间小屋子里，哥嫂毫无怨言，我至今都对他们抱有感恩之情。

从永安冬训回京后，北京女子垒球队已具雏形。由于1976年7月唐山大地震来袭，我们北京女子垒球队移师上海进行训练和比赛。但这年的夏天，有人说我违反体工队规定，叫我暂时离队，我不得已暂时离队，被安排在北京市体委训练科工作，科里的领导和同事待我很好，我每天骑车到先农坛体育训练基地院子上班，在那里度过了整个冬季，体验到从未体验过的清闲的科员生活。其间我也没有找过任何人为自己辩解或讨个说法。1976年底，北京女子垒球队终于也有机会到昆明海埂冬训，这是提升队伍的极好机会，但我没能和队员们一起前往，很是遗憾。

昆明冬训，北京女子垒球队请来魏宇恩担任教练，他是个憨厚的山东大汉，原来在八一棒球队当接手，我们俩20世纪50年代就相识，还曾在第1届全运会交过手，当听说队伍托付给魏教练时，我就放心了。冬训期间，魏教练带队伍非常努力，冬训后，北京女子垒球队参加了1977年初举行的比赛，但成绩并不如意。因此1977年初夏，驻体委的军代表找我谈话，叫我重回垒球队当主教练，我请他说明为什么叫我离队，现在又叫我回队当主教练。当时叫我回队的目的就是要我先完成当年10月将在湖南湘潭举行的全国女子垒球比赛夺冠的任务，但1977年8月底，队里的主力投手李念敏随中国青年队出访日本时小腿骨折，导致她回国后较长一段时间不能参加训练和比赛。当我重新回到北京女子垒球队时，有些人幸灾乐祸地说："主力投手伤了，这回李敏宽栽了。"一般情况下，垒球比赛在主力投手不能上场的情况下，确实是很难取得好名次。

因为北京女子垒球队的主力投手李念敏受伤不能上场，我们鼓励第二投手吕秋菊顶上去，并动员全体队员做她的坚强后盾，努力弥补主力投手不能参赛的损失。经过一段时间的特训，吕秋菊的进步很大，信心也很足。她不但出色完成了在全国女子垒球比赛所承担的投球任务，进攻中的安打率也名列前茅。就这样在全队队员的齐心努力下，北京女子垒球队拿下1977年在湖南湘潭举行的全国女子垒球比赛的冠军。这次夺冠，给队员们带来很多启示：如何在主力投手受伤的情况下依靠集体力量取得胜利，如何培养能投能攻的投手，不受别人冷言冷语的影响坚持做好自己，等等。

调任北京女子垒球队教练后所经历的一些事情，让我慢慢地明白了当好一个教练员的各种难处，我不但要从专业技术和管理的方面带好队伍，还要提防一些来路不明的干扰，而且遇到干扰时，我只能用实力说话。我明白体育运动就是竞争的文化，在夺取胜利的激烈竞争中，队员之间、教练员之间的竞争都是正常现象，存在暗地里的幸灾乐祸等消极因素，也没什么可大惊小怪的。从1977年起经过两年的周全备战，经全队上下踏实艰苦的努力，在1979年北京举行的第4届全国运动会上，北京女子垒球队赢得了冠军。全运会后，我又去找军代表，想兑现离开体育岗位回到科研岗位的承诺，但没有获得批准。我索性下定决心，从此就在体坛一直耕耘下去。我坚信只要心中热爱自己所从事的事业，踏踏实实做自己认定的事，路就在自己的脚下。

从1979年我开始兼任国家女子垒球集训队教练到1986年正式任国家队

教练期间，我要兼顾北京队和国家集训队的工作。当时北京队已扩充到近30人，教练员只魏宇恩一人，工作量太大。当时在北京队当领队的王明晨请来梁友德先生到北京队帮忙了一段时间。梁先生虽已年近花甲，但认真负责，耐心指导。1982年还请来张健康老师到队里当教练，他在理论、教学和管理方面都很有一套，我作为北京队主教练，希望教练员能文能武，可惜由于编制方面的原因没有留住这位很受队员拥戴的教练。随着形势的发展，北京女子垒球队吸收了优秀的棒球退役运动员，如王纯新等，到队里当教练员。北京女子垒球队的老队员里第一个留队当教练的是赵杰。后来李念敏、杨岱进、贾凤霞等都带过二队。还有一些老队员，如王彩霞和白莉（留学归国后）也去了市体委机关工作。邓小娟各方面能力都很强，她选择了到体校执教的道路并培养了很多垒球运动员。李群、董玉萍和何迎春等队员去了什刹海体校工作。还有的队员，如贾阿丽，在训练基地工作，并在垒球裁判工作中发挥才干。随着形势发展，很多队员退役后自寻出路，也有的队员到国外发展，不管她们到哪里，都很珍惜在宝贵的青春时代共同奋斗过的队友情谊，深怀着对战斗集体的眷恋。

第五章

# 开启与国际棒垒球界的交流

## 与日本棒垒球界的友好交流

1972年中国和日本邦交正常化后，日本社会各界开始对中国的发展异常关注，商业、艺术、体育等各界人士来华交流成为热潮。

1976年日本著名棒球明星长嶋茂雄（中间戴白帽者）到北京女子垒球队交流

1975 年 8 月，日本东京女子体育大学的垒球队来华交流，这算是中华人民共和国成立后第一次国际垒球赛事交往。那时我正为备战全运会在台湾省体育代表团棒球队进行集训，抽空去看了北京女子垒球队和东京女子体育大学垒球队的比赛。我当时看到日本投手采用弓式投法投球感到既惊讶又新鲜。东京女子体育大学的垒球队在上海、兰州、沈阳、武汉、北京和天津分别进行比赛，只输给天津垒球队一场。

1976 年 8 月，日本神田女学园垒球队应邀来华比赛。日本神田女学园的校长御喜正先生是日本垒球协会（以下简称"日本垒协"）秘书长，具体管辖日本国内和国际的垒球交流相关事务，他在促进中日垒球交流中起了重要作用。

这一年夏天，日本职业棒球的著名教练别当勋、大友功及日本巨人队的棒球明星长嶋茂雄等纷纷来华授课。别当勋当职业球员时以强攻著称，他开了外国教练来华交流的先河，在他之后，日本职业棒球界的著名教练和明星球员也纷纷来华进行体育交流。日本职业棒球的代表人物日本巨人队（又称"读卖巨人队"）的长嶋茂雄，是日本家喻户晓的体育巨星，他当年在巨人队当队员时，进攻锐不可当，防守华丽洒脱，加上他长相英俊，被称为"棒球先生"。他退役后在巨人队当主教练，退休后仍保持着巨人队终身教练的头衔。1976 年他亲自率领一个棒球教练代表团队访华，与中国棒球界进行了交流，这成为当时中日棒球界的特大新闻。当时在先农坛体育训练基地，北京女子垒球队就在与北京棒球队相邻的场地训练，所以日本访华的教练员们在与北京棒球队交流后，也都顺便到在旁边场地训练的北京女子垒球队来观摩授课，我因为会日文，所以能直接流畅地与这些日本职业棒球专家交流技术和训练方法，这让我非常受益。

巨人队的老板《读卖新闻》董事长正力亨先生对中国很友好，只要有中国棒球、垒球的代表团访日，他都会亲自接待。时任中国棒垒球协会（1983 年棒球运动单独分立为中国棒球协会）主席魏明和正力亨先生算是老朋友了，这是当时两国友好的政治气氛使然。那段时间来华访问的日本著名棒球教练和运动员中有不少人日后在日本的职业棒球队担任教练员或职业棒球比赛评论员。

## 与美国女垒劲旅首次交手

20世纪80年代，随着与日本棒垒球界交流的开启，在国家体委领导和中国棒垒球协会的重视和积极推动下，除了日本外，意大利、菲律宾、澳大利亚、新西兰和加拿大等国的国家垒球队，以及美国的垒球俱乐部队也都先后来华进行赛事交流。与国际强队的比赛交流，让中国垒球人有机会看到美式和日式流派垒球的技术和战法，开阔了视野，也认识到走向国际的路艰难漫长。

1979年5月，号称世界职业女子垒球冠军的美国猎鹰队访华，为了对战猎鹰队，从全国各地仓促选拔了十多名女子垒球运动员组成了暂时的中国国家集训队。猎鹰队到中国比赛期间，与刚成立的中国国家集训队和5个地方队一共打了6场比赛，中国的球队虽然没胜过，但每场的比分都比较接近。这是我们首次与美国垒球队同场竞技，亲身体会到垒球发源地美国的垒球运动员是怎么打垒球的。猎鹰队的队员体格普遍高大，年龄偏大，经验丰富。她们身经百战，霸气十足，确实有职业球员的风范。美国人习惯把每个项目的全美冠军说成世界冠军，这次来华比赛也大有一种来布道的架势。

初见猎鹰队的女教练，她摆出一副我是世界职业冠军队教头的姿态，正是她那旁若无人的样子激起我强烈的斗志。猎鹰队主力投手琼·乔伊斯是美国最著名的投手，当年已经38岁，采用后摆式投球法，是国际垒球界的传奇式人物，是世界棒垒球联合会名人堂成员，据说琼·乔伊斯也是出色的职业高尔夫运动员。我们当时很诧异她年龄这么大还能上场投球，没想到后来在参加大型国际比赛时发现好几个美国队员年龄都在35岁开外，才知道在美国不谈年老年少，只讲有无实力。

首场比赛安排在北京先农坛足球场，让号称世界职业女子垒球冠军的猎鹰队和中国强队北京女子垒球队打第一场比赛。我们的队员年轻、个头小、经验少，但表现得机智勇猛。我早就想好了应对这场遭遇战的策略，我们不能硬碰硬，只能巧取。一开局我就叫担任第一棒的队长赵杰来了个出其不意的上垒触击球，这让以强攻为主的美国人感到十分意外，轮到第二棒贾凤霞进击球箱，我让她避开容易打高飞球的上升球，把好坏球数算好以后，我发了"跑而触"的暗号。垒球的"跑而触"是从棒球的"跑而打"演变过来的，国内最早用此打法并命名的就是北京女子垒球队。美国投手的球一出手，赵杰就必须起动，她绕过二垒冲向三垒，贾凤霞的触击球必须打进场，果然她打得恰到好处，防守队员一看来不及封杀跑向二垒的赵杰，只好传杀一垒，就在这个空当，赵杰绕过二垒直奔三垒，快到三垒来一个飞身猛扑。虽然对方一垒手把球急速传到三垒，但裁判已举双手喊"安全"。猎鹰队心高气傲，哪里能想到北京女子垒球队的运动员面对世界冠军队敢用这么强硬的奇袭战术，所以她们毫无防备，首局我们就攻下了1分，这让美国人出了一身冷汗。中国队第一投手李念敏以舒展律动的8字投法投出来的球，唯美中含着杀气，在她疾速噎人的控点快球面前，这些见过世面的职业球员也无计可施，猎鹰队击球员吃三振连连出局。北京女子垒球队是先攻队，一直到第7局后半局开打前还以1:0领先，这让猎鹰队始料不及。但最后半局猎鹰队进攻，在一垒有人的情况下我们在防守上过于着急，经验丰富的美国人借我们防守上的失误趁机得了两分反败为胜。猎鹰队在进攻的关键时刻击出安打立功的还是能投能攻的老将琼·乔伊斯。那时垒球还没有引入指定击球员的规则，投手还要打棒，而且往往是强打手。后来回想起来，如果这一场比赛北京女子垒球队战胜了号称世界职业女子垒球冠军的猎鹰队，也许中国垒球史又是另一种写法。之后猎鹰队还转战甘肃等地，最终以不败的纪录回国。她们除了看到巍峨雄壮的长城，还参观了丝绸之路上的兰州等地并留下了美好回忆。我想通过这次交流，她们一定亲身体会到了年轻的中国垒球姑娘们准备走向世界的志气。

## 第4届全运会垒球赛争先

1979年第4届全运会垒球项目设置了分区赛，有15支球队分别在齐齐哈尔赛区和兰州赛区进行选拔赛，前6名进北京打决赛。参加决赛的有北京、天津、上海、陕西、甘肃和四川的球队，第 7～16 名的球队在西安角逐后面的名次。

1975 年参加第 3 届全运会垒球比赛时，各队都还不是专业队，大都是暂时集结的集训队。其中天津队比较特殊，在 1972 年已在汉沽成立，由刘天广教练带领着集中训练，因此天津队在 3 年后第 3 届全运会上，能非常熟练地应用被称为"短平快"的技术并夺取了冠军。1975 第 3 届全运会之后，各地纷纷成立了专业的垒球队，经过正规的训练，到第 4 届全运会时各队都有了很大的进步，垒球的比赛难度也水涨船高，而专业队之间的较量，教练员的水准就起到了关键的作用。天津队由俞昌和挂帅后，技战术水平提高了很多。上海队来了张国伟教练，北京队由我执教，甘肃队由北京体育学院毕业的邱惠群任教练员，但听说甘肃队原先的教练员曾是一位数学老师，队伍带得颇有特色。

除了京津沪的垒球队是传统的强队，甘肃队也曾拿过 1976 年全国女子垒球比赛的冠军，陕西队曾取得第 3 届全运会的季军，实力也很强。杀入决赛的 6 支队伍都特点鲜明，实力相近，相互较劲，哪支队伍稍有不慎就会输掉比赛。北京队胜甘肃队并不轻松。像全运会垒球赛这样的国家级大赛，比的是综合实力，综合实力比较强的队成绩更好。提高综合实力，是非常考验教练员带队、训练的水平及临场指挥水平的。那时候垒球界的风气正，打比赛靠实力，教练员也很有成就感。甘肃队有个投手叫张梅兰，和李念敏的投法相似而风格却有所不同，此外，甘肃队除了拥有王云凤和绕环式投手陆琪等很强的投手群，还有魏家莲、锁澄丽等几位强攻型击球员，攻守都实力不凡。

1979 年第 4 届全运会垒球比赛上，拥有主力投手李念敏且攻守兼备的北京队，最终力压群雄勇夺冠军。

全运会期间，时任国际垒球联合会（以下简称"国际垒联"）秘书长唐·波特先生专程到位于北京体育师范学院的全运会垒球赛场观看北京队和甘肃队的决赛，他赛后进到场地与两队队员一一握手，并说："我真没有想到你们打得这么好。"记得当时我还用蹩脚的英语和波特先生说："我们中国队希望将来到国际上比试比试。"他还给我指出了我英文用词上的错误。

## 中国女垒惊艳东瀛

20 世纪 70 年代，由于当时的日本首相田中角荣采取对华友好的政策，两国的政治、经济和文化交流很热络，其中两国的乒乓球、排球、游泳、体操等体育项目的国际交流走在了前面。但因我国的垒球国际交流起步比较晚，出国比赛对于中国垒球队来说还是稀罕事。1977 年，我国首次组织中国青年女子垒球队访日比赛，教练是魏宇恩和陈相山，队长是北京女子垒球队游击手白莉，投手阵容中有李念敏、许桂香、王云凤等，此次访问在日本引起轰动。

当时日本垒协秘书长御喜正先生看过中国青年女子垒球队员的表现，他认为中国青年女子垒球队已经与世界青年女子垒球锦标赛前几名的实力相当。

继 1977 年中国青年女子垒球队访问日本成功试水后，1979 年 10 月底，国家体委决定让中国女子垒球队赴日进行垒球比赛交流，这是一次很重要的出访。为此，1979 年 10 月第 4 届全国运动会结束以后，从获得前几名的队里选拔出一批优秀运动员，正式组成了国家女子垒球集训队。我由于率领北京女子垒球队取得了全运会的冠军，所以被推选为国家队的主教练。我们在北京工人体育场集训了一段时间后，开始了征战东瀛的旅程。

日本垒协主席和秘书长都对中国很友好，我们所到之处都受到热情的欢迎和周到的接待。这次访日比赛是队员们首次出国，她们还不大习惯国外的生活和节奏。到日本东京后，中国队被安排住在品川王子饭店，我们在东京的活动一般都是坐电车。东京的电车和地下铁等交通系统非常复杂，当年中国队的队员们还从来没体验过坐环线电车，再加上语言不通，很容易迷路。到东京后，我第一次带队员在东京坐了环线电车，下车时发现魏家莲和许桂香不见了，可能是她们聊天、看沿途风景坐过了站。我马上到站长办公室寻求帮助，站长马上给各个站打电话询问，大概过了 1 小时把她们送了回来，这让大家都紧张了一把。此外还出现过到了比赛场发现忘带比赛服这样不应有的纰漏。这些使我意识到仅仅靠出国前教练的千叮咛万嘱咐是不够的,一定要加强培养队员的自我管理能力。

在访日比赛的十几天里,我们从东京转战到大阪的各个城市。乘坐日本新干线列车时,需要在有限时间里将盛满垒球比赛器材的大皮箱搬上搬下,这是个不小的"战斗"。而当乘坐大轿车时,车的密闭性和减震性好反而让有些队员不习惯,每次车一晃悠她们就晕。日本少肉多鱼的伙食也把习惯吃肉的队员们折腾得够呛,还好日本的白米饭能填饱肚子。到了就餐时间,习惯吃生冷食物的日本队员在场地边吃个凉便当、喝杯茶就能继续打比赛,而我们的部分队员对吃冷便当无法适应。中国队员在外的饮食问题非常让教练操心,当年队员们的生活习惯还远不能适应国外的情况。比如,到欧美国家访问比赛时,欧美运动员一顿饭吃几个热狗就来了精神,而有的中国队员早餐时甚至一进咖啡店的门就马上冲到门外喊:"我闻不了这个奶油味!"到了餐厅的自助餐区也是直奔摆放水果的地方,不习惯吃牛排等食品,甚至还有运动员因为怕饮食不适应自带半皮箱方便面。估计20世纪七八十年代带运动队出国比赛的教练们都碰到过类似的问题。为此,之后中国女子垒球队在选队员时,也开始考虑在外综合适应能力的问题,因为即使运动员技术再好,若在饮食起居这些细节上出现问题,也会影响到竞技状态。好在中国姑娘们一到比赛场就来精神,能出色地完成比赛任务。

中国女子垒球队首次出访前名不见经传,而在此之前,日本垒球队在亚洲垒坛声名显赫,不仅是亚锦赛的冠军,而且获得过世锦赛冠军。我们这次在日本一共打了9场比赛,取得了6胜3平的战果。9场比赛中有一场是挑战日本国家垒球队,一场对战全日本队(由日本国家队以外的优秀队员组成),还有一场是对全日本企业冠军队,这些都是有分量的比赛。所以,这次中国女子垒球队的优异战绩,震动了日本垒球界,他们对寂寂无名的中国女子垒球队的异军突起充满了惊讶和好奇。

因为棒垒球在日本家喻户晓,所以日本各大报纸纷纷报道,有一篇报道的标题还用上了日本国技"相扑"运动的专有名词"没沾地"——《中国垒球队没沾地凯旋》。"没沾地"的意思就是没三点着地,没被摔在地上。

当时的比赛气氛很友好,虽然日本垒协官员和日本国家垒球队的教练员多次更迭,但直到1997年我退休前,中日垒球界一直保持着频繁与良好的交流关系。

这次访日比赛,也是我1953年归国后时隔26年再次来到日本。我的母亲当时住在大阪,当中国女子垒球队到日本大阪比赛时,我66岁的母亲独自赶来观战,她从大阪一直跟着中国女子垒球队到爱知县各地,每场比赛都静静地坐在队员席的角落看着我们打比赛。我们母子分别已有很长时间,有很多话想要倾诉。但由于比赛日程安排得很紧,我又要兼任垒球队的翻译,事无巨细都要兼顾,完全没有时间去看望母亲。当时国内媒体还善意地描述我是"三过家门而不入",其实我内心充满了对母亲的歉疚。

由于组队仓促,加上那时的垒球服装器材订货都很困难,出国用的队服只缝上一枚国徽,连中国队的胸徽都没有配上,这种情况在现在来说是不可想象的。

这次赴日比赛的队员都是20世纪70年代恢复垒球项目后,各地的老棒垒球工作者培养出来的第一拨队员。她们大多数人在1955年后出生,十几岁前都在中华人民共和国成立后的正规教育模式下成长,虽然文化课方面受到"文化大革命"的影响,但她们的家庭教育都比较传统,所以她们守纪律、作风好、爱学习、有进取心,也懂得艰苦奋斗,自然进步很快。

那时的裁判员中还有不少打过棒垒球的高校教师。教练员的技战术水平也不低,40岁左右的教练员中有不少人参加过1959年第1届全运会棒球和垒球比赛,其中不乏大中学校的教师。他们的优势在于有较高的文化水准并具备较好的棒垒球理念。

中国女子垒球队6胜3平的战绩,连同1977年中国青年女子垒球队的不俗表现,让日本垒球界从此对中国垒球的实力刮目相看,尤其对投手李念敏评价极高。

李念敏投球动作（北京先农坛体育训练基地，1978年）

到了20世纪80年代，日本企业的垒球队也经常派队伍来华进行比赛交流。日本精工队来华交流时，还提出想要选一位有实力的中国投手签约。现役的中国女子垒球队的所有投手是不可能去日本的，但考虑到友好关系，推荐了甘肃队的张延萍，她一米六的小个儿，看上去性格不张扬但很有韧劲，球速不快但很适于实战。日本精工队的教练员和日本精工公司驻京办事处的负责人还专程约见了张延萍。张延萍加盟日本精工队后，在日本联赛中取得了不俗的战绩，很受精工队的器重。她退役后在日本定居下来，现在住在四国的香川县。上次我去日本时，她还电话邀请我到她那边看看。中国女子垒球队在亚洲异军突起，那个时期，中国女子垒球队的队员因为技术好、表现不俗，"身价"很高，所以不少队员退役后应邀与日本企业队和意大利俱乐部队签约继续打球。

# 第六章

# 与世界垒坛强手过招

## 首届中日美垒球锦标赛初证实力

在国家体委各级领导的关心和推动下,特别是在主管垒球的姜霙处长的积极促进和努力下,国家和地方垒球队伍开始有机会参与国际交流。当时因为国家体育事业的经费还不宽裕,垒球项目每年只能保证"邀请一个队,出访一个队",所以尽量让全国比赛中取得好成绩的队伍出国比赛,以提高水平。每当邀请国外的垒球队来访时,也尽量多安排到各个地方打比赛进行交流。无论是来访还是出访,各地垒球队的领导和队员都很重视这些来之不易的交流机会。当时国家体委还曾安排甘肃队远征南非、津巴布韦,以及湖南队访问印度等交流任务。

1979年第4届全运会后,选拔出来的中国女子垒球队征战日本时,在日本垒球最兴盛的本州中部连战9场,取得了不俗的战绩,经日本国内外媒体报道,国际垒坛惊讶地发现亚洲除了有实力夺得世界冠军的日本队外,还潜藏着一支能击败日本队的中国队。中国、日本和美国三国的垒协(当时为中国棒垒球协会)商定1981年9月在日本举办第1届中日美女子垒球锦标赛。这让中国女子垒球队真正获得了开阔视野并与国际垒坛强手过招的机会。我们中国女子垒球队决心借此机会向国际垒坛展示自己的实力。

当时美国的垒球水平世界第一，日本位列第二，这次中国女子垒球队决心通过挑战这两强，以实力来证明我们的队伍在国际垒坛的地位。在此前举行的4届垒球世锦赛中，美国队拿过两次冠军，日本队和澳大利亚队各拿过一次冠军。因此，这次中日美女子垒球锦标赛，若中国队只取得第3名的话，无法证明具有与世界前3名相当的水平，只有拿下冠军或取得第2名，揳入美国队与日本队中间，才能证明中国女子垒球队已跻身世界女子垒球强队之列。根据我们的实力并立足于当时极其缺乏国际比赛经验等客观事实，我认为"揳入策略"是现实的。而与1965年第1届女子垒球世锦赛冠军澳大利亚队相比较，实力谁上谁下，那要等之后真正与之碰面再论。

为征战这届中日美垒球锦标赛，在之前组队的基础上，我们对出战队员再次进行了筛选。国家体委对此次出征高度重视，中国棒垒球协会主席魏明担任代表团团长。开幕式和第一场比赛在东京后乐园的棒球场举行，这里也是日本最知名的职业棒球队巨人队的主场，场地拥有职业棒球队享有的最好条件。别说中国女子垒球队的姑娘们，连美国女子垒球队、日本女子垒球队平时也没有过在人工草皮的棒球场打比赛的厚遇，所以日本队的队员也异常兴奋。听说将在巨人队主场举行世界垒球三强的比赛，观众异常踊跃。赛

第1届中日美女子垒球锦标赛中国队入场

前巨人队著名教练长嶋茂雄先生专门给我说明了场地的结构、特点和注意事项，他告诉我："场地的人工草皮下面是带有弹性的特殊混凝土结构，因此球落在上面与落在土地场或自然草皮的反弹情况不同，球的滞空时间会更长。若对方击出大蹦球，内场手应尽量向前迎着接球，才能给传球留下足够时间，而平直的滚球在人工草皮落地后弹得很快，球会"噌"地弹过来，所以防守队员要快速移动做好用身体挡球的准备，防止球后逸。总之，人工草皮棒球场要求队员采用相应的技术。因为垒球场的很多细节要求与棒球场不同，所以在棒球场打垒球还存在视觉和距离感觉等诸多问题，这些都需要我们及时去调整适应。

简而言之，这次比赛的最大收获就是让我们知晓了国际垒球的山有多高，水有多深。我们第一次在比赛中看见了高大的美国投手易如反掌地投出很难对付的各种变化球。中国队对美国队的3场比赛，最终分别以0:1、0:2和0:0负于美国，取得第2名。与美国队的比分看起来很接近，但实际上美国队主投凯西·艾丽逊的上飘球、下垂球基本封住了我队的进攻火力，从3场吃三振而出局的记录和低于10%的安打率，不难看出中国队很不适应美国主投以上升和下坠为主的变化球的攻势。当然美国队对中国主力投手李念敏和张梅兰的8字投法的控点快球也束手无策。赛后中国和美国两队最出色的两名投手紧紧拥抱，互相称赞，那情景令人难忘。

虽然我们的防守

中国垒球队投手张梅兰与美国主投凯西·艾丽逊

率每场接近100%，但我们也看到了日本队在中国队的强攻下仍保持着规范而严密的防守，这也给我们上了一堂印象深刻的防守示范课。

这次比赛，对中国女子垒球队了解国际垒球的竞赛组织、竞赛方法、裁判执法和国际技战术趋势大有益处。原来国际赛事的竞赛难度，不仅来自对手的技战术水平，还来自专业技术之外的很多不公正的待遇和安排，类似情况在之后的国际征战中屡见不鲜。赛后，巨人队长嶋教练的夫人邀请中国女子垒球队的全体队员聚餐，卸下戎装的姑娘们个个青春动人。

长嶋教练夫人宴请中国女子垒球队队员

除了比赛，这次中国队再次赴日比赛之余的各种适应，比 1979 年首次赴日比赛时从容了一些，但还是遇到了一些问题，如在转移赛场时乘坐日本的新干线，在当时对我们来说还是比较新奇的体验。但新干线上像我们队员这样带着这么多大皮箱的情况很少见，而且那时候的旅行箱都不带轱辘，携带搬运极其不便，而新干线的停车时间很短，所以搬运整个队的器材和箱包的动作要很迅速才能来得及。有了这次经历，以后出国前就会要求队员尽量使用携带方便的装备，既要带足，还不能太累赘。

## 一篇采访续上日本同窗情谊

我在日本读初中时有个关系不错的同学姓涌永，我们一起在丰中第二中学手球校队打过手球。涌永继承了他父亲创办的日本涌永制药公司，并将公司发展壮大，还在美国、欧洲都开了分公司。他担任公司董事长后，因心中的手球情结，特意在他的公司里组建了一支手球队，每年在日本国内及世界范围内招募优秀队员，他的公司手球队的成绩在日本总是名列前茅。我回中国后，这位涌永同学还记挂着同学情谊，通过各方打听我的消息，但一直没联系上。

1981年9月，我带中国女子垒球队参加第1届中日美女子垒球锦标赛时，日本知名大报《朝日新闻》的记者对我进行了采访，并刊登了我和初中手球队教练马濑先生见面时的报道及合影。涌永通过这篇报道才知道我回到中国后在北京工作。于是涌永几经周折，通过日本奥委会的官员找到了我。有一天，他突然来北京找我叙旧，我们分别后各自的经历真是几天几夜也聊不完。

1990年，我去探望居住在日本大阪的母亲时，涌永同学派专车接我到他在广岛的药厂参观，他的制药公司的研究所里还有来自昆明植物研究所的研究人员。他的制药公司对中药非常重视，常派人到中国学习交流。他还带我到他自家山地公园里的中心部位，据说这是专门研究植物遗传工程的地方。他说1994年将在广岛举办亚运会，他相信中国女子垒球队会拿冠军，比赛结束后他将邀请中国女垒全队来这个公园聚会庆祝。但世事难料，未曾想他因病英年早逝，未能看到1994年中国女子垒球队蝉联亚运会冠军后的庆祝场面。

## 意大利回访比赛招待规格高

提到欧洲垒球，意大利队和荷兰队是传统两强。1980年欧洲的垒球冠军队意大利女子垒球队访华，与中国国家女子垒球集训队和京津沪等地女子垒球队进行了比赛。她们万万没想到不仅打不过中国国家队，而且与北京、天津和上海的地方队对垒时，也只胜了地方队一场，她们很惊讶自己作为欧洲垒球冠军竟然赢不了中国国家队和地方队，身为欧洲霸主的意大利队显然很不甘心。

体育竞赛的特点决定了弱者会不断向强者挑战，你越强，别人就越愿意和你多交流切磋。这场访华比赛之后，1981年意大利垒球协会（以下简称"意大利垒协"）邀请中国队进行回访比赛。此时意大利各方做了周密的迎战准备。

由于当时中国和意大利的关系很好，中国女子垒球队是首次访问意大利，所以每到一座城市，当地的政府官员都会在市政厅接待我们。到米兰访问比赛时，我们还被邀请到米兰市政厅参加了专门为我们举办的欢迎招待会。市政厅的办公室墙上挂着文艺复兴时期的画作，有着浓浓的艺术气息。我们还被邀请去报社和著名景点参观，我觉得除了因为历史上马可·波罗的中国游记引起的他们对中国的好奇和亲切感，更主要的是因为中国女子垒球队的球技和成绩都比她们好。你的水平高，人家才愿意和你交流，你才有话语权，体育竞技的世界更是如此。

意大利国家队陪着中国女子垒球队从米兰开始往南巡回比赛，维罗纳、帕尔马、博洛尼亚、罗马和那不勒斯，连西西里首府巴勒莫都去了。意大利队的打法很像美国，只是技术和体能都没达到美国的水平。但如果遇到在美国投过球的意大利投手上场，我们的进攻难度就会变大一些。

他们的竞赛规程模仿足球联赛，正规严密。之后在1991年，我到意大利俱乐部执教的时候，有一次到了比赛场才发现忘了带教练证，结果就不让我临场指挥。裁判员由意大利垒协统一派遣，每周日赛两场，下一个周二会准时传真给我翔实正规的比赛记录。

意大利垒球联赛，甲级和乙级都各设24个俱乐部队，一共48支垒球俱乐部队，教练员和队员都是业余的垒球爱好者，除个别队员之外，水平不算太高。后来意大利各队为争取好名次，不少俱乐部从中国、新西兰、加拿大等国引进了不少外援球员。

我们这次访问比赛的成绩都很好，倒是吃饭成了问题。虽然出国前向队员提醒过到国外吃住上可能会遇到的困难，但意大利饭店的早餐很简单，队员常常吃不饱，除早餐之外，队员们都要到餐馆吃饭。午餐和晚餐时，餐前面包会预先被放在桌上，端出来的首盘是蔬菜沙拉，但没有沙拉酱，桌上只放着盐、胡椒、橄榄油和果醋。第二道一般是意大利面，但要了面条就没有汤。接着会上主菜，一般是牛肉或鸡肉。因为我们被当作贵客，所以让我们吃牛肉，但很多中国队员吃不惯牛肉而选鸡肉，意大利人很不解中国人为什么不吃上好的牛肉却偏要选便宜的鸡肉。有时候餐馆只准备了牛排，这让大部分队员很不适应。

一次比赛间隙在街上参观时，正好遇到从教堂里走出来一对穿着婚纱和礼服的新婚夫妇，意大利人站在出口两边对着这对刚刚结束结婚仪式走出教堂的新人撒米表示祝贺。中国女子垒球队的队员们第一次看到这种场面，觉得很新鲜，大家都不由得凑上去合影，新娘新郎也很友好，高兴地和远道而来的中国朋友同框拍照。我记得这是继1979年访日比赛后的第二次出国，而且是第一次访问欧洲。从这次偶遇婚礼场面时队员们憧憬的表情里，我察觉到中国女子垒球队这些平时刻苦训练、力争上游的年轻姑娘们对自己未来的憧憬，我也由衷地祝福她们将来都有这样幸福美满的时刻。

意大利城市街道古老，私人汽车经常斜着停在路边，车主比较守规矩，都会给过路车预留空间，大巴司机竟然能熟练地在狭窄的路间穿梭、拐弯。

意大利能接国际比赛的垒球场不多，米兰、维罗纳、罗马等地有属于俱乐部的垒球赛场。访问比赛时，有些地方只好借用足球甲级联赛的草场，用线网围成扇形的垒球场用来比赛。我们用的是金属钉鞋，打完比赛后足球场草坪的细草被踩得翻出了草根。那不勒斯足球场和看台之间还设有水泥砌成的沟状隔离带，因为那里的足球球迷以狂热出名，据说设置水泥隔离带是为防止有些球迷冲进场地。

看过佛罗伦萨、比萨、威尼斯等著名古城，我更喜欢西西里首府巴勒莫，真正被这个城市的艺术氛围迷倒，那里的人骄傲地说："我们的艺术瑰宝不输佛罗伦萨。"当时我们住在海滨的饭店里，夜晚在海水拍打岩礁的海浪声中渐渐入睡。除了名胜古迹外，西西里的厨师、招待员很著名，在意大利罗马、米兰的饭店端盘子的多是西西里人，黑发鹰钩鼻，以快速的碎步把盘子端到你的桌子上。我们还专程参观了当地一家厨艺学校，在那里领略了西西里厨师的手艺。

我们还曾路过意大利的美军基地，远远地看到了有人在打男女混合慢投垒球比赛，那是我第一次看到慢投垒球。美国人在促进意大利棒垒球发展方面起了很大作用。意大利人习惯美式打法，意大利国家队中常有意美双重国籍的垒球队员，但由于后来意大利队经常被中国队打败，中国的技术、教练员和球员在意大利也很受欢迎。

这次之后，意大利垒球队还两次邀请中国女子垒球队去意大利交流，我个人也两次应意大利垒协之邀前往意大利，当时我与意大利国家队主教练季比利安和意大利各地垒球队的教练员都成了朋友，对这个美丽国度有了特殊的情感。

巴勒莫有不错的垒球队，后来李素萍、王珠辉等队员到那里的俱乐部打过球。王来娣也在退役并在上海著名医院工作了很久后请年假去意大利巴勒莫当了一年的教练，实现了在国外打球的夙愿。

## 海峡对岸那么遥远

1982年在中国台北举行第5届世界女子垒球锦标赛，为备战这一赛事，1979年组建了集训队，我们对这次世锦赛取得好成绩充满信心。1979年9月，时任国际垒联秘书长的唐·波特来北京观看第4届全运会垒球的决赛，他也对中国的垒球水平给予了较高评价。

当时中国女子垒球队的队员斗志昂扬，大有初生牛犊不怕虎的气势，而且第一拨队员正好二十五六岁，对于垒球项目来说可谓正当年。她们作风顽强，技术稳定，经验也有所积累，唯一的不足就是参加的国际比赛少，应变能力有所欠缺。

以主力投手来说，北京队李念敏、上海队邹仁英、甘肃队张梅兰和天津队许桂香等各有特点。李念敏投出的球路上升角度大，贼而快；邹仁英好学，是我国第一个采用绕环式投法的投手，球快而重，她们的击球也属上乘；张梅兰和李念敏一样采用 8 字投法，这个消瘦文静的兰州姑娘，意志坚韧，头脑清醒，在国内外比赛中屡屡建功；许桂香采用后摆式投法，是反应机敏、成熟老练的好投手。正是因为有这几位好投手，所以在防守上我心里很有底，可以抽出更多的时间去思考进攻的问题。当时教练班子除我之外，还有张国伟、俞昌和、姜圣男等，这些教练员各有招数，特点鲜明。我比较沉稳全面；张国伟脑子灵，教进攻是特长；俞昌和技战术点子多；姜圣男善当红脸，治队有方。

但是当时的国际形势和海峡两岸的关系复杂多变，临近比赛时出现了问题。当时《人民日报》报道说："我们坚决反对国际垒联一些人搞'两个中国'的阴谋……"因此为了国家的利益，我们不可能去台北参加比赛。

1982 年 7 月，第 5 届世界女子垒球锦标赛开赛的那一天，第五届全国人大常委会副委员长廖承志、国家体委主任李梦华和北京市体委主任、中国棒球垒球协会主席魏明等领导专程到北京先农坛体育训练基地，正式宣布了我们将不派队参加此次世锦赛的消息，同时勉励垒球队的队员们不懈努力，时刻做好准备。这天中国国家女子垒球集训队和天津垒球队打了一场表演赛，比赛结束后，早年在日本早稻田大学读书时也曾打过棒球的廖承志副委员长，亲自来到垒球场地和我们交流，还亲自给我们讲解了技术动作体会。北京市体委的摄影师拍下了这个值得纪念的场面，这张摄影作品现在已成为中国垒球史上弥足珍贵的资料。

我们这批老队员已经苦练了近 10 年，却没能实现参加世锦赛的夙愿，大家不由得有些惋惜和落寞。在那之后，一些老队员退役了，其中想继续从事垒球运动的队员有部分当上了省市或业余体校的教练员，还有些后来陆续走出国门继续打球。

像北京队的李念敏和上海队的王来娣这样的优秀垒球运动员，一直坚持到 1986 年的第 6 届垒球世锦赛。这些坚持拼搏的老队员所起到的引领和传承作用不可估量。她们俩带着新队员孙月芬、任彦丽、华杰、史闽越、李红和李春兰等，与各地的年轻队员组成一支老中青结合的队伍重新出发。1983 年开始，中国垒球走向了一个黄金时代。

## 家门口迎战世界冠军新西兰队

为了弥补中国女子垒球队未能参加1982年在台北举行的第5届女子垒球世锦赛的遗憾，1983年中国香港垒球总会决定举办第2届香港国际女子垒球邀请赛。为备战这次邀请赛，1983年5月1日，中国国家女子垒球集训队在位于北京宣武区南菜园附近的青年湖游泳场集结，这是宣武区体委所在地。那里的垒球场是在太平湖的干涸湖底垫土后开辟成的一块场地，当时我坚持要求在场地周围设排水沟，以保证雨后能尽快恢复训练。时任宣武区体委主任的郭琴生，是第1届全运会垒球冠军队北京队的游击手，曾任第3届全运会北京女子垒球队主教练，还有办公室主任张海潮，都是铁杆垒球人，她们举宣武区体委之力，克服种种困难，全力保障集训队的训练和生活。那个排水沟虽然工程有点儿大，但在多雨的夏季起到了应有的作用。

由于条件限制，我们教练员和队员都住在朝西、低矮且老旧的平房里，那个时候没有空调，一个小屋子住4个人，又闷又热，还不停地受蚊子袭扰。虽然生活上很艰苦，但有地方接受我们备战就已经很不错了。我们老一代垒球运动员已经习惯了在艰苦条件下训练和比赛。后来我们比赛总结时有一条感触就是"种什么种子结什么果"：到香港后，当我们的队伍能忍受酷暑战斗时，就明白了之前那几个月的苦没有白受。

1983年6月21日，也正是在我们备战期间，曾在上一年第5届世界女子垒球锦标赛获得冠军的新西兰垒球队来到北京，这是该队首次到我国进行访问比赛。当时我们还没有像样的垒球场地，我们就在北京理工学院（现为北京理工大学）的田径场迎战新西兰队，中国姑娘们从世界冠军队的主力投手麦金德手里夺下了制胜的一分，最终以1∶0获胜。这个消息不但震惊了垒球界，也惊动了整个中国体育界，因为我们打败的是刚刚夺得垒球世锦赛冠军的强队。

赛后，国家体委领导为我们召开了庆功茶话会，会上，国家体委副主任徐寅生讲话，他勉励我们要继续努力，让我们把"希望之球"变成"胜利之球"，不要老是希望而见不到胜利之果。一个不为人们熟悉的体育项目由于一场与强队比赛的胜利而引起国家体委领导的高度重视，实属罕见。这也说明当年国家体委领导对各运动项目的发展都很关心，工作作风很接地气。但说实话，我们棒垒球人对1983年第5届全运会没设棒球和垒球项目是很不理解的。我觉得我们垒球姑娘击败世界冠军之举，以实际行动改变了一些人对棒垒球运动的认知。

国家集训队打完比赛的第二天，北京女子垒球队也和新西兰女子垒球队进行了比赛，我观看这场比赛时收到两封信，一封是国家体委主任李梦华和副主任徐寅生给国家女子垒球队的祝贺信，另一封是北京体育学院家属的4位小姑娘用稚气未脱的字写的信。4位小姑娘还送了一束颜色各异的玫瑰花，小姑娘们信的内容是："亲爱的国家女子垒球队的叔叔阿姨们，听说你们打败了世界冠军新西兰女子垒球队，我们高兴得跳了起来，热烈祝贺你们为国家赢得了荣誉。我们盼望有一天看到在国际垒坛上五星红旗冉冉升起。送上这束玫瑰花，表达我们的心意。"落款是"四位小垒球爱好者"。当天回到宣武区的驻地，我把这封信念给队员们听，我说："这封信是4名小女孩写的，她们讲的都是将来的事情，将来五星红旗高高升起，将来取得好成绩，她们着眼未来，给我们指明了努力的方向，我们有什么理由不去奋斗呢？"

1983年6月24日，中国女子垒球队和新西兰女子垒球队移师天津，继续进行比赛，新西兰的裁判格外苛刻，打到延长期11局不见胜负，最终由于天黑了看不清球，比赛无法进行下去，所以两队1∶1言和。这两场比赛真是及时雨，对缺少国际比赛经验的我们来说是一场极好的实战演练和考验。另外，这两场对战也让世界冠军新西兰队知道了东方还潜伏着一支强队——中国女子垒球队。从这时候开始，我们和新西兰女子垒球队就开始较上劲了。

## 香港国际垒球邀请赛强队齐聚

1983年中国女子垒球队应中国香港垒球总会翁绍辉会长盛情邀请，参加了第2届香港国际女子垒球邀请赛，这给中国女子垒球队提供了在更大的舞台上一试身手的机会，给我们这支不熟悉国际比赛的队伍上了一次极其宝贵的国际比赛入门课。我至今仍对当年中国香港垒球总会这个仗义的安排心存感激并表示赞赏。

这场邀请赛的画面至今仍历历在目，实在是值得以浓墨重彩来描画。在此之前要先提一下第1届香港国际女子垒球邀请赛，那是在1981年12月举办的，由俞昌和教练和刘刚教练带队参加。由于那个年代参加国际垒球比赛的机会很难得，而1981年9月中国女子垒球队刚刚赴日参加了第1届中日美女子垒球锦标赛，为了让其他队员也有机会出去试炼，因此在为这届香港国际女子垒球邀请赛选拔队员时就没有派李念敏等主力队员，所以这次邀请赛中国女子垒球队只获得了第3名，排在日本、菲律宾之后。

1983年7月5日，第2届香港国际女子垒球邀请赛在香港拉开战幕。中国香港垒球总会特意把第5届女子垒球世锦赛获得第1、3、5名的球队及日本队请来，是为了给中国女子垒球队提供证明实力的机会。美国队在第5届女子垒球世锦赛时只拿了第4名。日本垒协为支持中国，反对国际垒联和举办方借机搞"两个中国"的阴谋，没有派日本队去台北参加比赛。我也很想在垒球世锦赛的舞台上和中国台北队比试比试，看海峡两岸垒球队的水平谁高谁低，但20世纪80年代两岸关系比较复杂，体育要服从国家根本利益的要求。

由于以上诸多因素，这次香港国际女子垒球邀请赛的参赛队伍都很有来头，包括第5届世界女子垒球锦标赛的冠军新西兰队、第3名澳大利亚队、第5名加拿大队，以及曾获1970年第2届世界女子垒球锦标赛冠军的日本队等垒坛劲旅，加上从未参加过世界性大赛的中国队和东道主中国香港队。但这次美国未派队参加，曾在第2届女子垒球世锦赛获得第2名的中国台北队也没参赛。

此次参赛的中国代表团团长是王亦洲，翻译是李雅佩，教练是李敏宽、张国伟。这次组队的特点是新老结合，老队员只有李念敏、张梅兰、王来娣、方萌、彭陵虹和杨岱进等，刘艳、付妍娜、王宏欣、董玉萍、蒋双玲、华杰、任彦丽、史闽越、李红和窦淑云等都是20世纪60年代初出生的年轻队员，她们都是20岁左右、有战斗力的新面孔。整支队伍以老带新，队伍有潜能、有爆发力。1979年访日比赛和1980年访问意大利比赛时的老队员大都已不在队里，新来的队员没有在国家队集训过，但这些新人劲头很足，在较短的时间内取得了长足的进步。

## 香港热，对手悍，我们斗

为参加第2届香港国际女子垒球邀请赛，1983年7月3日我们经过深圳到了香港，一下火车，中国香港垒球总会的官员和球迷举着"热烈欢迎中国垒球队！"的大横幅迎接我们，并把我们带到在新界的体育中心。我们第一次看到有保安人员拿着对讲机巡逻，那戒备森严的架势让人觉得很新鲜。中国香港垒球总会把我们安排在远离香港闹市的地方，给我们创造了让队员能

参加第2届香港国际女子垒球邀请赛的中国队阵容

集中精力打比赛的条件。体育中心规模宏大、设施齐全，一般只供训练和比赛用，所以参赛队伍的住房是临时准备的。我们16名队员挤在一间房里住，洗澡间只有两个喷头，住宿条件不尽如人意，确实不符合国际比赛的住宿标准。我们让年纪小的队员住上铺，老队员住下铺。上铺的队员可能回忆起他们的学校生活，在上铺乱蹦乱跳，很是兴奋。当时国内的运动员还没住过空调房间，当晚就有个睡上铺的年轻投手被空调吹得感冒了。说来我们也是艰苦惯了，看到队员相互谦让床位的情形，我觉得很可爱。我们与日本队和加拿大队按赛会的安排住在体育中心，新西兰队和澳大利亚队觉得体育中心的条件太差又远离赛场，就搬到城里的饭店去了。

　　1983年7月5日上下午都安排了比赛，当晚举行了开幕式。开幕式之后马上举行了中国队和加拿大队的比赛。当时我们很羡慕香港有这么专业的灯光垒球场。这是我们首次打夜场比赛，除了稍微凉爽一些外，不熟悉灯光场比赛中的特殊技术要求等对我们是不太有利的因素。加拿大队是这次比赛夺冠呼声最高的队伍，技术水平和战术素养都很高。她们抵达香港后与澳大利亚队进行了3场比赛，场场取胜。这场比赛是我们和加拿大队的首次交锋，双方都想通过这场比赛试探一下对方的水平。果然加拿大队不好打，中国队先抓住了对方的一个失误取得1分，奠定了胜局。李念敏的投球又快又刁，基本上没让对方进攻得手，除了投了一个中身球、保送一个球员到一垒外，就没让对方队员上过垒。如果没有这次投球击中身体的话，她就创下"完全比赛"的纪录了。香港《南华早报》评价说："这基本是一场无安打、无得分、无四坏球的完全比赛。"中国女子垒球队投手李念敏就这样闪亮地登上国际大赛的舞台，并又一次证明了她在亚洲顶尖的投球实力。

## 与新西兰队正式较量

　　这次比赛采用单循环加双败淘汰制复赛来确定最终名次，一般一天安排两场比赛，到复赛阶段采用双败淘汰制，有可能一天打3场比赛，而且进入复赛的都是强队，比赛难度和强度都很大。这一天，我们要连续对战新西兰队和澳大利亚队，这两场硬战不但考验队员的训练水平，而且考验教练的用人部署和指挥能力。来香港之前，投手李念敏已经在北京和新西兰队对战过两次，对方已经知道了她的球路，所以我决定先上年轻投手刘艳来试探对方，如果可行的话，就让她投完整场。刘艳这位出身湖南的女队员才19岁，她有天不怕地不怕的湖南妹子性格，很有冲劲儿。她在这场比赛中发挥稳定，没让对方进攻得手，双方打得难分难解，到了第6局，比分还僵持在0∶0。到了第7局，中国队进攻时，在两人出局的情况下，彭陵虹和李红各取1分，最终以2∶0获胜。到这时，我们已啃下了曾在第5届国际女子垒球世锦赛获得季军和冠军的两块"硬骨头"。

## 双败淘汰赛制中杀出重围

对阵新西兰队的比赛结束后一个多小时，中国队马上投入与澳大利亚队的比赛。为确保胜利，我决定派主投李念敏开局，对两队来说这是遭遇战，澳大利亚队没见识过8字投法投手的厉害。澳大利亚队的投手和防守都不错，打到最后一局轮到中国队进攻，这时轮到第三棒强打手任彦丽击球，对方以为她会强攻，但她出其不意地用隐蔽式触击球安打上垒，可是她在上垒后在一、二垒间遭遇夹杀，幸好她在垒间巧妙周旋才幸免出局。紧接着第四棒蒋双玲上场击球，对方投手投球小心翼翼，蒋双玲耐心选球，精准判断，以四坏球被保送到一垒，形成一、二垒有人的局面，这个时候轮到指定击球员王宏欣，她是天津女子垒球队的主力接手，因为队里有老队员王来娣当主力接手，就只能发挥她的进攻特长，只打不守。果然她打了一个游击身后的安打，二垒的任彦丽全速地跑回本垒，赢得了1分。我们最后一局后攻时就靠这支"再见安打"取得了1分，以1∶0险胜。这场比赛让我们都很揪心：我们得意的进攻怎么哑了呢？赛前接受记者采访时，我挺着胸脯说："我们队以进攻见长。"但由于这场比赛中国队进攻受阻，报上评论："中国队防守突出，进攻一般。"我心里有点儿不服气，琢磨着如何在复赛中爆发一下，发挥出中国女子垒球队应有的实力。

此时，中国队3战3胜，场外观众兴高采烈，纷纷找中国队的队员要签名。接下来，中国队又接连战胜了日本队、中国香港队，所以在单循环赛结束时，我们5战5胜，排名第一，确保了以好名次进入复赛阶段的预案。复赛采用双败淘汰赛制，这种赛制比较残酷，只允许输一场，打起来既难又累，但又留出了绝处逢生的希望——即便是输一场的情况下，球队只要有实力坚持拼搏，还有可能赢得冠军。中国队从来没打过这种赛制，我们要在同时面对国际强队、新赛制和酷暑的三重考验下艰难前行。

7月8日开始进入双败淘汰制复赛阶段，由于我们单循环赛获得了第1名，所以这一天可以轮空以逸待劳。在赛事中遇到轮空的情况时特别需要谨慎处理，因为虽然获得了喘息机会，但若处理不当，反而会导致原有的竞技状态和节奏中断或落得先松后紧的局面。

原本7月8日晚8点，中国香港垒球总会计划宴请参赛各队，中国香港垒球总会的会长、副会长，港协暨奥委会主席和当地的许多头面人物将悉数出席。但8点30分传来消息，日本队和新西兰队的比赛打到了延长局，第13局下半局日本队取得了关键的一分获胜。为此宴会临时推迟到9点才开始。比赛结束赶到宴会现场的日本队盐田教练跟我说，日本队与新西兰队比赛时，他感觉新西兰队背着世界冠军的包袱。日本国家女子垒球队没派队到中国台湾参加1982年的第5届国际女子垒球世锦赛，而是派企业联赛冠军队——尤尼奇卡队（宇津木妙子担任该队的队长，且后来成为日本国家垒球队教练）代表日本参赛，所以这次日本队对战新西兰队时丝毫没有包袱，愈战愈勇，最终取胜。在单循环阶段，日本队打谁输谁，他们在打败新西兰队之后士气大振，势如破竹，从预赛第5名升到了复赛中与中国队打决赛的有利位置。

7月9日这一天的比赛，中国队首战就要面对澳大利亚队，澳大利亚队认为对战中国队的比赛很重要，所以她们拼得很凶，我们打得非常艰难，中国女垒姑娘们的拼搏精神在此战中表现得淋漓尽致。前几局双方都没有得分，第 7 局中国队防守时，澳大利亚队在一个队员出局时连续打出两棒安打，出现一、二垒有人的局面，而二垒跑垒员突然偷三垒，跑到三垒时，她抬起脚采用凶狠的跪式滑垒，她脚上运动鞋底的铁钉刺穿了任彦丽的球袜并刺破了她的小腿，血一下就流了出来，任彦丽包扎了一下立刻忍着剧痛继续坚守三垒。比赛进入延长局第 9 局，我队第一棒李红上场击球，李红击球好、跑得快，对澳大利亚队的威胁很大。对方身形高大的投手朗达·威尔斯此时有些黔驴技穷，就用了个狠招想以贴身快球逼迫李红后撤，而投出来的球"扑哧"一声击中李红头盔的太阳穴位置，李红应声倒下。我凭经验判断出事了，一般垒球打到头盔会弹出去，若没有反弹起来就是有大问题。被击中的李红疼得抱着头在地上打滚儿，大家拥上去护理。我马上考虑怎么换人，突然场上掌声雷动，只见这个坚强的湖南姑娘摇摇晃晃地走到一垒要继续比赛。她坚持打完比赛才被抬上救护车，她走前还嘱咐住同屋的队员杨岱进晚上到医院看她时，一定要把她第二天用的比赛服和用具带过去，她说："明天上午我还要上场拼！"这场比赛打得异常艰难惨烈。垒球比赛有个规则，延长局从第 8 局开始，但若打到第 9 局双方仍然平局，从第 10 局开始就要在二垒上放跑垒员，以便尽快决出胜负。因为二垒跑垒员只要有一支安打就有可能跑回本垒得分，还可以组织其他的进攻战术得分，故二垒俗称"得分垒"。多年后为缩短比赛时间，规则被修改为在第 7 局平局后，一进入延长局即第 8 局，进攻方就开始在二垒放跑垒员。因为这场比赛打得棋逢对手且异常艰苦，我在打到第 6 局时已开始考虑进入延长局该安排谁到二垒当跑垒员，轮到的击球员应该是谁等对策。因为规则规定二垒跑垒员是前一局最后一个进攻的队员。所以教练员在后半场出现僵持局面且有可能打成平局的情况下，要在紧张、激烈、僵持的比赛中提前做好谋划，要在上场指挥每一步棋的同时，提前做好后续几局的部署，这绝非易事。谁能沉着、机智、果断地应变，谁就有可能抢占先机。

打到延长局在无人出局、二垒放跑垒员的情况下，一般是击球员先打触击球，让跑垒员跑到三垒后开始组织攻势取得 1 分，然后在防守时尽全力不让对方得分以取胜，这也是我们经常采用的较为可靠的战术。这场比赛按击球顺序，二垒跑垒员是任彦丽，击球员轮到第四棒蒋双玲进攻。因为各队的第三、四棒都是强打手，所以澳大利亚队以为我们轮到第三、四棒也自然会采用强攻策略，会用安打甚至本垒打来强行夺分。美国和欧洲的垒球队有时不是一步一步地组织进攻，而是习惯采取这种强攻方式。此刻我出暗号让蒋双玲打牺牲触击球，送任彦丽跑到三垒，形成一个出局、三垒有人的局面。接着我指示第五棒王宏欣打一个牺牲高飞球以一个出局换1分，我看王宏欣的表情就很有信心，她也确实打出了外场牺牲高飞球，拿到了关键一分。教练员和运动员有默契，战术的成功率就会高。王宏欣之后，老将杨岱进上一垒，顺利地偷到二垒，场上变成两人出局、二垒有人的局面，此时准备击球的是刚从中国青年女子垒球队选拔上来的大连姑娘华杰。华杰在对方投手投了一个好球、三个坏球的情况下打出了一支安打，杨岱进全速跑回本垒得到1分，这一分给了对方致命的一击。第10局后半局对方的进攻一筹莫展，女垒姑娘们凭着不畏强手的士气和平时踏实训练积累起来的实力，最终以2：0拿下这场比赛。就这样，第一次参加国际大赛的中国女子垒球队的队员们，经受住了考验，树立了信心。

国家体委副主任徐寅生出发前对我们说，这次香港国际女子垒球邀请赛只要拿下第3名就算完成任务。中国队在复赛中战胜了澳大利亚队，已确保了第3名，完成了任务，但此时我们已经不满足于第3名的目标，而是怀着满满的斗志要拼下这次邀请赛的冠军。

按比赛日程，7月10日这一天要决出冠军，我们一大早起来做好行前准备，8点就离开了驻地，一上车发现座位热得烫屁股，看来这一天首先要斗酷暑。双败淘汰这种赛制，复杂熬人且惊险难打，复赛阶段有可能一个队一天比赛4场。没想到上午第一场比赛，我们就出了问题，以1：0输给了日本队，在通往冠军的道路上给自己设了个障碍。在高水平的比赛中，一个失误就会导致整个大赛的比赛失利，甚至还可能拿不到名次。这次和日本队的比赛，我们的进攻哑火了，还出现了传杀和防守意识上的失误。

根据双败淘汰的赛制，队伍复赛负一场尚有可能继续打上去，但一旦输第二场即遭淘汰。因此中国队在此后的比赛中必须每场都赢，形势异常严峻。7月10日第一场就"阴沟里翻了船",大家很懊悔。领队和教练马上给队员们分析形势并鼓励她们重振士气。

7月10日香港热得出奇,午饭叫队员们吃盒饭,竟然没一个人伸手拿,香港朋友买来当时在内地少见的冰冻矿泉水,大家拿了冰水抿了两口后就把冰水往头上浇,午饭实在吃不下去只能吃一点儿西瓜。下午1点30分,中国队对加拿大队的比赛就要开始了,我给全队开了一个简短的赛前会,问队员:"准备怎么打?"队员说:"我们一定要打败日本队!"看似答非所问,其实她们的决心已经越过当天对加拿大队的比赛,只想着要在后续比赛上击败日本队了。虽然这个想法有积极的方面,但我提醒队员,只有打赢加拿大队,才有机会再次对战日本队,比赛一定要一场一场打,一步一个脚印。加拿大垒球队也是世界强队,队员人高马大,士气旺盛。我预计她们会派变化球投手对付我们,听说这位主力投手能投出"七色彩虹球",这说明她的球变化多、种类多,很多垒球相关书籍中都有对这位投手的介绍,我曾看过一本垒球技术书中以彩页展示了她的各种投球动作。

比赛开始后,加拿大队投手的变化球着实厉害,打到第3局我们还没打出像样的进攻。实际比赛中,若是遭遇战,3局之内1～9棒打完一轮,可视为适应阶段,第二轮时击球员有所适应,心态就会产生变化,投手就要小心挨打。击球队员也会有两种不同心态:一种是第一轮打棒没打好,但觉得这个投手我还能打;另一种是认为投手确实厉害,觉得不好对付而不由得产生心理压力。因此教练员在打完第一轮后,要给队员分析对方投手的投球并指导本方进攻的方向,在引导并鼓励队员的同时,更重要的是指出具体的应对办法。打到第4局两个击球手出局后,核心击球员任彦丽一记长打打到中外场的挡板,香港垒球场挡板有点儿斜,加拿大队员很快抓到了球。如果在一般的场地打出这种球,击球员可以跑到三垒,但这次任彦丽只跑到了二垒。紧接着蒋双玲在两击(2好球)之后打出左外场安打,把二垒的任彦丽送回了本垒,取得1分。第6局,李红、华杰各打出了安打,又得1分,以2分领先。第7局,再次轮到任彦丽击球,她击出左外场过头的安打,把两个垒上队员送回本垒。接着蒋双玲的安打又把任彦丽送回本垒。此时加拿大队已经接连换了3个投手，都被中国队击垮，中国队的队员们找回了信心。这场比赛张梅兰任开局投手，第3局以后加拿大队击球员有点儿摸出了投手的特点，出现了发起强攻的苗头，我适时换李念敏上场接力投球。最终年轻的中国队以强攻之势6∶0大胜加拿大队。场上观众反响非常热烈，兴奋无比。通过这场比赛，我们感觉到北美、欧洲的投手并没有什么可怕的，只要踏踏实实地练好正确的技术动作，变速、上飘、下坠、快球都能打好。通过这场比赛，我们在技战术上最大的收获就是进攻有了办法，增强了应对欧美投手的信心。

曾经在1930年远东运动会上为我国争得好成绩的司徒先生专程来道贺，说中国队打得真好，这场比赛长了中国人的志气。

## 要夺冠，就不能按常理出牌

7月10日这一天，中国队着着实实地领受了香港的酷热和双败淘汰赛制的考验。以6∶0战胜加拿大队的比赛结束半个小时之后的下午4点，中国队还要和以逸待劳的日本队进行决赛。利用短短30分钟的宝贵休息时间，我和队员们坐在木制的看台上稍稍喘了口气。经过上一场对加拿大队的艰苦比赛，队员们的身体出现了各种状况，有的队员胃痉挛，有的队员抽筋，虽然有好心的香港朋友送来了可口的食物，但疲劳加上酷暑让队员们只能看着食物但就是咽不下去。看着眼前疲惫不堪的队员，我的对策只能是酝酿斗志，先在心态上战胜对手。在与日本队的决赛开始前20分钟，我让队长李念敏集合队伍，王亦洲领队、我和张国伟教练做了赛前动员。虽然队员们已经很疲劳，但她们依然目光坚定，斗志满满。我们两位教练提前商量好了，这时不讲任何技战术问题，这种比赛要取得胜利最核心要靠什么，我们都很清楚。这时，一般不挑头发言的19岁的华杰开了腔，她说："前两天就在香港，中国女排第5局在10∶14落后的局面下反败为胜，击败了美国队，她们如果没有不服输的坚韧精神，就拿不到超级比赛的冠军。我们现在就要以女排精神去拼才能拿冠军！"如果在平时的会上说这些话，并不一定有很大分量，但在这种特殊情况下，这句话在大家心中引起强烈的共鸣。此时不用我多说话，队员们自己就把自己发动起来了。这次邀请赛，每场比赛前，日本队资深主教练盐田都亲自操刀进行赛前的防守练习，这是日本队的拿手好戏，演练得确实漂亮。这一方面是为了让队员热身，另一方面则是为了向我们展示实力，给对手增加心理压力。之前对战日本队前，我们曾吃过她们的亏。当时中国队有的队员看她们赛前练习看呆了，对自己的防守不自信起来，影响了技术发挥。但这次与日本队决赛前，再次看到她们的展示，队员们却说："又来下马威了，你们表演你们的，我们自有办法。"大家都自信而冷静。

　　关于这场决赛我有个战略性思路，因为我们在前面所有比赛中，整体的防守表现得比较稳健，而日本队的特点就是防守好，所以在这场决赛中我们一定要发挥出进攻优势来攻破日本队的防守特长。以中国队的强攻攻克日本队的稳守，只要进攻的棒子打得开，就能胜券在握。承袭垒球的传统，一般在重要的垒球比赛中，教练员若拿到挑边权都会争先挑选先守后攻，即挑主队的位置（在三垒队员席一边），因为先守后攻的队伍即使比分落后，也有希望在最后半局扳回来，有可能反败为胜。挑边以裁判员抛硬币的方式进行，我拿到了优先挑选权，果断地选择了先攻后守，队员们作为客队坐在一垒一侧的队员席。日本队盐田教练对于我的选择很诧异，他先愣了一下，因为我的做法不合常规，出乎他的意料，他不明白这么重要的决赛我为什么会一反常态选择先攻。这就是我的心理战，我方自信，让对方迷惑。对于这场决赛，我的主导思想就是占据进攻优势，开局就展开猛攻，先发制人。这个策略不合常规，是非常需要勇气的决断。我敢于这样决断是因为当时的中国队拥有好几位非常优秀的强攻击球员，进攻优势明显，而且之前输给日本队一次，大家都憋着一股劲儿要赢回来，加之在决赛的赛前动员会上，大家士气高昂，想一鼓作气把冠军杯拿下来。果然第1局李红、任彦丽、蒋双玲相继击出外场强力安打，连得3分，第7局又是我们先攻，连续拿下3分，以6：0遥遥领先。但是日本垒球队的厉害在于她们有每球必争、绝不放弃任何机会的顽强作风，最后一局的后半局，在 6∶0 如此悬殊的比分，由于我们大比分领先，大家心里有所松懈，队员防守接连出现了失误，一下子给了对方 4 分，被追到了 6∶4。在 6∶0 的时候，我已经和队员们说过这场比赛我们已领先 6 分，若以一分换一个出局的假设，最多只能丢 3 分，所以我们的底线就是守住 6∶3，而日本队突破了我们的底线，追到了 6∶4。这时我果断叫了暂停，要让队员调整状态冷静下来。暂停之后，队员们的状态好转了很多，最终中国队守住了 6∶4，险胜日本队。日本队主教练盐田昭三、队长宇津木妙子等是日本企业冠军队尤尼奇卡队的全班人马。可以说日本队这个教练和队员建制反而易于发挥出技战术水平。值得一提的是，日本队 20 岁的投手山越，一人连续投了全部 8 场比赛，其技术精湛且作风极其顽强。

由于复赛第一场我们曾负于日本队，按双败淘汰制的竞赛规程，日本队输了这一次还可以打一场，两队最后还要拼个高低。为完成复赛前 3 场，大家坚守场地已有 11 个小时。太阳落山，天幕趋暗，夜场灯光以斑斓彩云作为背景渐渐亮了起来，这对我们来说是无声的冲锋号。因为将要打决赛了，看台密密麻麻地坐满了观众，鹿死谁手，大家等着看个究竟。这些观众顶着香港 7 月的酷暑闷湿，从上午到晚上都和我们在一起，没有离开过这个气氛紧张得快让人窒息的垒球场。此刻，观众们静静地期待着最后决战的开始。

在赛前，我们对日本队的实力和技战术进行了充分评估。这次国际邀请赛，日本队在第一阶段单循环赛中只胜了一队，但在复赛中横扫各支劲旅拼到决赛，其顽强的作风、旺盛的斗志和充沛的体力受到各队的高度评价。一支企业冠军队能胜任高难度的国际赛事说明了这支队伍的实力，也彰显了该国的垒球水准。我们要正确估计对手，在此基础上充分发挥我们的优势，以高昂士气带动技术的正常发挥。

晚上 7 点比赛开始，中国队先攻，第 1 局李红、蒋双玲、华杰、王宏欣击出安打一举得 3 分，日本队在后半局也拿下 1 分，第 4 局中国队靠王来娣、李红的安打再添 1 分。因为这一天已经打了 3 场比赛，投手李念敏、张梅兰都很累，我叫年轻的刘艳先顶上去。四局过后比分打成 3∶1。因为前车之鉴，为确保冠军，我决定还是叫老将李念敏投球收网。其实此时李念敏已非常疲劳，腿已经有点儿抽筋，手指也有点儿不听使唤了。一般情况下，我叫李念敏当接力投手，她常会谦让地说："场上投手投得很好，让她继续投吧。"但这次她知道肩上的责任，二话不说直接上了投手板。身为主力投手的自豪感和责任心促使她越投越好，第5局连续拿下两个三振。第二个三振来自宇津木妙子，她作为日本队队长，既是该队的灵魂人物，也是位攻守兼备的资深老队员。在此前两队的比赛中，宇津木妙子从李念敏的手中打过两支安打，但这一次关键时刻李念敏让她吃了三振。随着最后一局日本队的最后一名击球员打出二垒地滚球被传杀，这场比赛就这样有惊无险地结束了。中国队所有的队员"哗"地一下涌到了李念敏那里，把她抱起来，姑娘们脸上的泪花和汗水在赛场的灯光下闪烁着钻石一样的光芒。这种激情只属于亲身拼搏、经历曲折、争得最后胜利的人们。队员们澎湃的激情也深深地感染着我们几位教练员，我独自回到队员席上，脑子里不由得想："这次邀请赛我已经完成了艰难的比赛任务，但以后该怎么办？"我们就像是部队里引领队伍前行的向导。我一直主张教练员要思维领先，仅仅和队员的思维同步是远远不够的，教练团队一定要有超前思维。

## "无冕之王"有了底气

决赛结束已经是晚上10点半了，但香港的观众都不愿意离场。中国女子垒球队终于捧得了冠军奖杯。年仅19岁的大连姑娘华杰获得了最佳击球员奖，观众为中国姑娘们热烈欢呼鼓掌。我在第1届全运会北京棒球队时的战友李良此时已移居香港，他特意为我们举办了盛大的宴会来庆祝胜利，在香港的老朋友都纷纷赶来祝贺。那时香港还没有回归，但香港朋友对祖国来的球队有着特殊的感情。中国香港垒球总会的翁绍辉主席一直都很关心中国女子垒球队的发展。最后一场决赛时，有的医生看到中国队的队员连续鏖战体力透支，非常担心，一直站在赛场旁默默地守候着不敢走远。可喜的是，中国队的姑娘们以精彩的表现和硬朗顽强的作风给香港同胞献上了一个完美的礼物，这深深地触动到他们的中国心。

中国队决赛夺冠的那一天，我穿的是白色的教练短袖衫，左胸上有个口袋。比赛结束后，我回到住处脱下衣服一看，身上竟然出现了3种颜色，首先胳膊是黑红色的，身上是比胳膊略浅一些的微红色，而我左胸口袋的位置竟然留下了一个长方形的白色方块，这是我们在酷暑烈日下顽强拼搏的印记。

那时候我们国家能派到国际比赛当裁判员的人不多，这次比赛中国棒垒球协会派出的裁判员是天津的白焕文老师，因为英语不熟练他吃了不少苦头，但其过硬的业务水准得到了同行的赞许。世界各队的教练员和裁判员都给予中国女子垒球队很高的评价。复赛阶段一天最多要连续和强队打4场，但9场比赛中，中国队只以0∶1输给日本队一次，最后又战胜了日本队，获得了冠军。日本队的盐田教练中肯地评价："中国女子垒球队若没有硬实力绝对拼不下这个冠军。"开始时，我们与加拿大队和澳大利亚队的教练员都不熟，但比赛结束后，他们都纷纷主动过来交换帽子和衣服留作纪念。新西兰队的主投麦金德专门来找任彦丽握手，表示很佩服他。在体育竞技场上，只有强者才能得到认可。

这次香港国际女子垒球邀请赛，中国女子垒球队以过硬的专业技能和顽强的斗志夺得了冠军，威震国际垒坛。虽然这次邀请赛的名头不如正式的世界女子垒球锦标赛那么有分量，但从参赛阵容、赛制和竞赛强度等来看，其对抗的激烈程度毫不逊色于世锦赛。但由于中国队还没参加过世锦赛，所以当时亲临赛场督战的国家体委主管垒球的姜霙处长，在中国队夺冠后激动地称中国女子垒球队是"无冕之王"。当时体育界的思想还比较保守，有些人觉得不该用这样的称呼，但因为姜霙处长在赛场目睹了年轻的中国姑娘们在香港炙热的七月天首次面对那么多世界强队，奋勇拼搏、顽强鏖战的每个场面，看过她们淌过的汗、流过的血，亲眼见证了姑娘们用壮实的手臂高高举起的首座国际邀请赛的冠军奖杯时自豪的笑脸，所以她的感受、感动与感慨是发自内心且难以用言语尽述的。

香港多家报纸都对本次邀请赛上中国女子垒球队的表现予以很高的

评价。

《香港晨报》：中日比赛决战最后一场，中国队斗日本，体力表现惊人。

《大公报》：中国姑娘十二小时连战四场……

《香港文汇报》：勇夺冠军，除了纯熟球技外，意志是赢球的主要因素。

《香港财经日报》：内地女垒一鸣惊人。参加这次比赛的队伍都非等闲之辈，全是世界一流强队，中国香港队除外。这些强队一一败在内地队员的球棒下，可见中国女垒已跻身世界垒坛强手之林……

国内各媒体的记者们也都非常敬业，他们对棒球、垒球很在行，新华社、《人民日报》《体育报》(现为《中国体育报》)、《北京日报》《北京晚报》《新民晚报》、中央人民广播电台和中央电视台等媒体的记者都对我们的比赛和成绩予以关注。其中有些记者长期跟着垒球队采访，与我们很熟络，他们对比赛的分析十分内行到位，这些都有力地推动了垒球的普及和发展。虽然垒球在中国还属于冷门项目，但有了这样好的氛围和广泛的支持，我们有了更多的底气，谋划着如何脚踏实地地迈上更大的国际舞台。

还需要提到的是，在这次参加第2届香港国际女子垒球邀请赛之前，中国女子垒球队曾备战1982年在中国台北举行的第5届女子垒球世锦赛，当时的团队由第一拨老队员组成，以李念敏为首，队员们作风过硬、技术优秀，如果当年能参加第5届世锦赛，很有可能提前改变垒球世锦赛的势力版图。但由于没能在这次世锦赛上显露身手，大家都憋着一股劲儿。所以这次赴香港比赛前，姜霁处长提出："誓当无冕之王。"中国女子垒球队的姑娘们奋勇拼搏完成了这个使命，又迈出了走向世界的坚实而豪迈的一步。

赛后凯旋，国家体委为中国女子垒球队召开了庆功茶话会，李梦华主任、徐寅生副主任都出席并肯定了我们的成绩。李梦华主任说："祝贺你们的胜利，大家要戒骄戒躁，团结一致，努力在即将于1986年举行的第6届女子垒球世锦赛上争取冠军。"话虽然很少，但是分量很重。

后来我和年轻队员讲："给我们压了这么重的任务，谁来完成？恐怕不能光靠李念敏了，她已经26岁了，这个岁数已经算是老队员了，希望大家尽快成长，顶上来。"

中国女子垒球队在第2届香港国际女子垒球邀请赛的表现，从各方面的技术指标来看，都达到了相当高的水准。第一阶段单循环赛没有失分，说明我们的进攻和防守是比较均衡的，我们在这个基础上发挥了强攻的威力，把各路强队甩在了后面。可以骄傲地说，在香港的这次国际大赛，我们中国女子垒球队经受住了作风和技战术的考验，无愧于"无冕之王"的赞誉。

7月的第2届香港国际女子垒球邀请赛结束后，8月大连工学院（现为大连理工大学）举办了全国少年女子垒球夏训，活动邀请我和张国伟教练介绍刚结束的第2届香港国际女子垒球邀请赛的情况。当时台下坐着王颖、柳絮青、阎仿、陶桦等后来成长为我国垒坛名将的年轻运动员，我们感受着她们期待的目光，慷慨激昂地描述了这场不同寻常的赛事的精彩场面："我现在在台上看到台下坐着这么多年轻的垒球运动员，特别想讲讲香港比赛的情形。我要给大家宣讲的愿望很强烈，因为垒球要攀高峰，想取得更好的成绩，正希望你们快快成长，未来靠你们进一步提高我们中国垒球的士气，把我国垒球水平推上新的台阶。同时我们也要冷静下来，分析还有哪些问题，大家一起想办法，共同努力，让中国垒球冲向世界！"

# 第七章

# 向国际垒坛发起全线冲击

## 垒球发源地再显身手

1984年夏天，洛杉矶奥运会前夕，中国女子垒球队首次踏上了北美大陆，参加6月29日至7月4日在洛杉矶举行的国际杯女子垒球锦标赛。比赛场地离洛杉矶奥运会会场不远，我们去热身时看到设在空旷公园里的场地还没有看台，觉得很纳闷。但在比赛开始前两天，卡车运来所需设备，整块场地很快成形，看台也装好了。

本次大赛由国际垒联秘书长唐·波特亲自筹备并主持，因为7月4日正好是美国独立日，美国总统里根还专门发电预祝这次比赛成功举办。这次是我和俞昌和教练带队，翻译是李雅佩，队员中只剩下李念敏、王来娣、彭陵虹3位老队员，其他都是20岁出头的年轻队员，是一支朝气蓬勃、积极向上的队伍。投手李念敏、孙月芬、刘艳、付妍娜，接手王来娣、唐永红，内场彭陵虹、董玉萍、龙美英、赵丽、任彦丽、华杰、蒋双玲，外场李红、王美英、刘娟、曹桂芳，一共17人。中国女子垒球队的投手有特点、有实力，攻守均衡，而国际比赛的历练不足则是明显短板。

这次比赛是中国女子垒球队在太平洋彼岸垒球圣地洛杉矶的首次亮相，在最终对战美国队的决赛中，我们奋力拼到延长局第10局，最终以0∶1惜败，获亚军。但比赛中有很多亮点，有一局美国队满垒只有一人出局，形势严峻，双方都没得分，美国队改强攻打法，突然打了个触击球到三垒方向，任彦丽守三垒，若她拿到球以后再传给接手，之后再传到一垒，如果顺利就有可能双杀，但两次传接球需要时间，最终很有可能只能封杀一人。而就在这千钧一发之际，她来了个跪滑，像足球铲球一样，身体触到本垒后迅速站起转身再将球传到一垒。因为她的机智应对，三垒跑垒员在本垒被封杀，击跑员被传杀在一垒，她一人独自拿下两个出局。任彦丽的基本功好，臂力又强，但若没有好的意识也真做不到这一点。当时美国队都看呆了，美国观众也从没见过这样的场面，赛场上顿时响起了热烈的掌声。我们队员有这样的战术意识，有这样的能力，能做如此高难度的技术动作，让人感到自豪。而且这样的场面出现在关键时刻，说明我们用各种手段弥补和克服实战少、经验不足的努力，取得了实际效果。我很早就主张推动女垒队员的技战术男性化，把跳传、扑球等技术作为必练技术，为此我们的女垒姑娘吃了不少苦。

这次垒球比赛正值洛杉矶1984年奥运会开幕前夕，刚满20岁的孙月芬力压号称"投手王国"的美国投手们，被评为最佳投手，成为这次比赛的一大亮点。中国奥运代表团领导也来到我们的驻地表扬我们说："国际杯女垒锦标赛中国队的战绩是对中国奥运代表团的极大鼓舞。"许海峰零的突破、中国女排夺冠等振奋人心的喜报在我们完成比赛任务后陆续传来，我国在走向体育强国的征途上迈出了强有力的一步，其中中国女子垒球队也没有缺席。

值得回忆的是，在这次比赛中海峡两岸的垒球人首次相聚和交流的情形。中国台北队技战术熟稔，国际比赛经验丰富，她们在预赛的一场比赛中抓住我们的失误先得1分。我们丢了1分后，越着急越无法从对方主投张简金铃手中打出有效安打，最终告负。那时海峡两岸形势还很紧张，在洛杉矶给中国台北队加油的啦啦队着实厉害，给首次在美国参加比赛的中国姑娘造成较大压力。我们队员没有在满看台观众喝倒彩的异常氛围中打比赛的历练，缺少应付赛场以外综合性因素的经验。虽然国际杯女垒锦标赛组委会的负责人答应一切都按奥运会的模式处理两队的关系，如不许观众带旗子，但他们的观众进场时故意反穿运动衫，到了看台就把运动衫正过来露出统一印制的Logo。个别人还对我们队员说了一些不该说的话。但就在那种形势下，还是有台湾同胞给予我们特别的关心和照顾。在美国洛杉矶生活的沈先生夫妇知道我们的运动员头一次到美国，不习惯西餐，所以比赛的那些天他们夫妇俩每天都在家炖好肉、卤好鸡蛋等并送到赛场来，让队员在异国他乡感受到了家长般的贴心和温暖。赛后，全队队员还应邀到沈先生家做客，了解到在美华人家庭的生活环境，美美地饱餐了一顿丰盛的中餐。

复赛对战中国台北队，比赛前我的主要任务是让队员恢复自信，正常发挥。经过调整后，队员们果然凭实力以2：0获胜。这次比赛的最终排名依次为美国队、中国队、中国台北队、日本队……

由于这次的驻地安排在大学校园里，赛场外两队之间多有交往。我和中国台北队的资深教练员林家乃先生是初次见面，我们在黄昏的校园草坪上围坐聊天，一见如故，谈得很投机。中国台北队的体能教练庄先生是台湾大学的毕业生，很专业，他在体能训练中引进瑜伽等的创意让我们耳目一新，言谈里听得出他是"喝过很多墨水"的人。从高雄来的陈教练训练水准颇高，随队裁判员王富雄先生平时在大学里教书，他在国际垒坛裁判界已很有威望。同为中华民族，队员之间的交流更是亲切融洽，李念敏和张简金铃这两位著名投手的相处，真实地展现了场上是对手、场下是姐妹的动人情景。

两岸运动员打完比赛回到校园休息时，很自然地聚在一起，情不自禁地唱起

李念敏和张简金铃（左一）两位著名投手在他乡遇故知

了曾在春节联欢晚会上大受欢迎的歌曲《三百六十五里路》。

睡意朦胧的星辰

阻挡不了我行程

多年漂泊日夜餐风露宿

为了理想我宁愿忍受寂寞

饮尽那份孤独

抖落异地的尘土

踏上遥远的路途

满怀赤情追求我的梦想

三百六十五日年年地度过

过一日行一程

三百六十五里路呀

越过春夏秋冬

三百六十五里路呀

岂能让它虚度

那年万丈的雄心

从来没有消失过

即使时光渐去依然执着

自从离乡背井已过了多少

三百六十五日

三百六十五里路呀

越过春夏秋冬

…………

两岸运动员深情悠扬的歌声在宁静的校园里回荡，让人别有一番感慨。我相信两岸女垒姑娘们的相遇相知、文体交流等民间来往必将为润泽两岸人心、实现祖国统一大业作出贡献。临别，我还收到一套邓丽君歌曲的CD作为礼物，但按当时形势，教练员不好收这样的礼物，我就转送给了记者，媒体人的思想较开放，他们已懂得这个专辑的价值，高兴地收下了。

这次比赛整个赛程让我感受到美国人办比赛的简约务实。我们一到机场，接站的人就对我们说："如果你们自己会开车，我就给你们一辆面包车用。如果不会开车，我就帮着雇司机，你们掏费用。"组委会两三个人再加裁判员就把比赛给办了，效率较高。

安排我们住宿的地方是加州大学，校园很大，当时大学生放假了，我们住学生宿舍，吃10美元一天的学生食堂，一些高水平田径运动员、少年足球训练营的孩子们也在这里用餐。傍晚很凉爽，校园里有大片的绿草皮。

比赛结束后取道纽约回国，我们有幸在中国驻纽约总领事馆住了一天。在外奔波多日，能吃上一顿中国厨师做的中餐对队员来说是很惬意的事情。这天在领事馆工作人员的左嘱咐右叮咛之后放了半天假，姑娘们可以到纽约街上走走。我到哈德逊河边看到了自由女神像，也到曼哈顿走了走，到了双子塔，仰头望了望没上去参观。因为20多美元的参观券等于我2/3的外汇补贴。那时哪里想到这个纽约地标建筑日后会消失呢？回领事馆的路有一段有点儿僻静，到了晚上确实渗人。领事馆的人提醒过我们一定要在兜里放一点儿零钱，如果有人讨钱不要舍不得，不要为三五美元惹麻烦。走到这段路时，我前面有个白人，突然冒出来两个黑影，一下就把白人嘴里叼的烟抢走了，那人看都不敢看抢烟的人，我也赶紧加快脚步回到了领事馆。

## 冬训大集结迎接新挑战

1984年冬季，在国家体委的关心和安排下，和往年一样，国家女子垒球队、国家青年女子垒球队和各省市的垒球队等各路队伍，在昆明海埂体育训练基地大集结，在统一的冬训大计划框架下进行各自的冬训并通过冬训比赛检验训练效果。这一年的冬训筹备、计划和组织更为完善，日常体能测验、训练课观摩和冬训比赛已经有序地开展起来。

冬训对国家女子垒球队来说有特殊的意义，只有在这里，来自各队的优秀队员才有条件集结较长时间，按国际比赛的要求进行基础训练并和各省市队进行实战比赛演练。要知道让队员适应国际比赛的技战术要求并非易事。由于昆明海埂体育训练基地也是足球训练基地，垒球场地只能开辟在基地边角的位置。如果垒球队伍想借用足球场地训练，还要排出时间与足球队轮流使用。很多省市垒球队的训练时间被安排在午睡时间，队员们午餐一结束就得直奔场地。即便如此，各队仍努力克服困难，刻苦训练。中国女子垒球队由于在国际上已打出了一定名声，故受到更多的关注。国家女子垒球队也和国家足球队一样住进了新建的运动员公寓。窗外就是在基地东北角湿地上开辟出来的一小块刚刚够用的新垒球场地。西边是国家足球队的专用场地和一连片足球场。

这一年的12月8日至19日，还举办了垒球教练员训练班，我负责讲解技战术理论部分，这次的讲课内容后来由第1届全运会北京队的老队员精心编写后登载在《垒球科技资料》（1985年第33期）上。

1985年2月，因带领中国女垒努力拼搏并取得了一定成绩，我被授予了1984年度"北京市劳动模范"和"北京市机关优秀党员"的称号。

获得北京市劳动模范荣誉

## 在墨尔本的雨夜中拼搏

1985年3月，第1届南太平洋女子垒球精英赛在墨尔本举行。参加这次精英赛的是一水儿的强队，欧美运动员人高马大，比赛难度和强度兼有。

这次比赛我是领队兼主教练，李雅佩是副领队兼翻译，教练员有刘雅明和陈昭华，裁判员是庞毅，还请来了国家体委训练局资深医生郑保安。这次大赛上，孙月芬被评为赛会最佳投手。参赛队员有李念敏、孙月芬、刘艳、何迎春、王来娣、王宏欣、史闽越、彭陵虹、董玉萍、蒋双玲、赵丽、任彦丽、华杰、李培英、李红、陈文华、张秀兰共17人。

参赛之前，我们去了不少地方热身。西澳洲垒球队和我们比赛时要求先签赛前协议，约定这次比赛中若出现受伤等问题对方概不负责。我赞成这种契约精神。最后打完比赛回到悉尼时，经费不够用了，副领队兼翻译李雅佩女士很能干，好不容易找到14澳元一晚的简易旅店，这是囊中羞涩的过客住宿的地方，但因经费不足没办法，这也算是一种体验。简易旅店里面很干净，一人一条毛巾、一块香皂，有共用淋浴间。出门一拐弯就是悉尼的唐人街。到那儿可以吃到中国、马来西亚、泰国风味的快餐，大家爱吃什么就选什么。有心的队员还省着钱在街上买了一些可心的小礼物送给队友。

正式比赛开赛后，有一场对战美国队的比赛打到了夜里12点，结果天公不作美，下起了瓢泼大雨，组委会要求在雨中继续比赛。轮到我们防守时，要不停地用浴巾擦球才不至于因球滑而失误。到了第二天上午，队员们累得昏昏欲睡，但还要强打精神去参加接下来的比赛，艰难至极。回想1983年夏天的第2届香港国际女子垒球邀请赛，酷暑下一天要进行4场高强度比赛，队员中午根本吃不下饭，只能用冰水往头上浇来降温。本以为那样的酷热和劳累我们都顶过来了，再也不会有更艰难的比赛了，却没有料到在氛围悠闲的墨尔本，中国女子垒球队除了面对林立的劲敌外，还体会了在瓢泼大雨中夜战的寒冷与艰苦，这再次让我们领悟到体育竞赛的艰难攀登是永无止境的。这也预示着未来还会有更大的困难在等着我们去克服，中国女垒注定将迈步在艰难挑战的征程上。

这次南太平洋女子垒球精英赛，我们在单循环比赛时以1∶0打败了美国队，在进入双败淘汰制复赛时以3∶1胜加拿大队，0∶1负于美国队，2∶0胜新西兰二队，最终以2∶3负于美国队而止步于亚军。这次比赛的排名依次为美国队、中国队、新西兰二队、澳大利亚队、加拿大队、新西兰队、澳大利亚青年队。对于中国队，初尝战胜美国队的滋味，对于队员们也是宝贵的经验和信心的提升。

## 国家青年队首夺国际大赛桂冠

1985年7月，中国青年女子垒球队在美国法戈市拿下第2届世界青年女子垒球锦标赛冠军。1981年第1届世界青年女子垒球锦标赛时，她们是季军。国家青年女子垒球队在俞教练的带领下进步很快，这次女子垒球世青赛中，单循环赛首场比赛中国队以0:2不敌美国队，而在佩奇制复赛中，中国队以1:0击败了美国；对战日本队时以0:2遇挫，最后在决赛再战日本，最终以1:0的比分夺冠。俞教练和国家青年女子垒球队的姑娘们开创了中国女子垒球在世界青年女子垒球锦标赛夺冠的辉煌历史！

此次出征的体育代表团由姜霙处长率领，主教练俞昌和，助理教练牛志勇，工作人员郭琴生；队长孙瑞霞，投手杨卓慧、李素萍，接手王颖、唐会喜，内场手陈俊、李金霞、程红、柳絮青、房秀芬，外场手和指定击球员刘娟、钱飚、李春兰、阎仿。青年队凯旋后，王颖、柳絮青、李素萍、李春兰、孙瑞霞被补充到国家队参加了第2届中日美锦标赛。此外，王颖、柳絮青、房秀芬、李素萍、李春兰等，参加了世界最高级别的第6届世界女子垒球锦标赛。

当年中国棒垒球协会颇有远见，很重视青年队的建设和年轻人的培养，在经费拮据的情况下尽可能创造青年队出国打比赛的机会，她们出国比赛的次数甚至不比国家队少，目的是培养出一批能打国际硬仗的年轻队员，随后将她们输送到国家队。当年地方队也不断地培养和输送人才，保证了国家队的人才库较为充足。由于当时进国家队的竞争很是激烈，刚刚载誉而归的青年队主力队员杨卓慧、房秀芬、阎仿、刘娟等优秀队员，竟然都没入选1985年在北京举行的第2届中日美赛的国家队阵容，可见竞争的激烈程度。

## 第 2 届中日美锦标赛打服名投手

1985 年 7 月 20 日，第 2 届中日美女子垒球锦标赛在北京举行。对战日本队的 3 场比赛，中国队以压倒优势分别以 9∶1、8∶1 和 3∶1 大胜对手。对战美国队的前两场比赛，中国队都以 0∶1 告负，但到了关键的最后一轮，中国队吸取教训，重整旗鼓，比赛中，无论是以球速快著称的投手凯波顿还是以变化为主的范维克，中国队都以锐利的攻势让她们无法招架，最终以 6∶0 的绝对优势击溃了美国队这个垒坛霸主。在中美各胜 3 场的情况下，中国垒球队以得分率 5.5，高于美国队 0.73 的优势获得了冠军。中国队的王来娣、孙月芬和史闽越分别获得最佳球员奖、最佳投手奖和本垒打奖。

1985 年第 2 届中日美女子垒球锦标赛中国队夺冠
（后排中间 3 位男士左起分别是中国垒协顾问林朝权、国家体委球类司司长夏朗、中国垒协主席魏明）

第 2 届中日美女子垒球锦标赛结束后，中国队和美国队在中国各地进行了巡回赛，中国队在兰州比赛时，以 11∶3 击溃美国队，核心进攻棒次第三棒任彦丽、第四棒华杰、第五棒史闽越在同一局里打出三连本垒打。平时这3位强打手就是谁都不服谁，击球的距离一个比一个远。在这场比赛中，三人从获得过"全美最佳投手"荣誉的范维克手里夺得了三连本垒打，近乎奇迹。当时兰州七里河体育场的看台坐满了观众，大家高兴得手舞足蹈，无比兴奋。世界强队之间的赛事上出现这么惊人的三连本垒打的局面实属罕见，这样的场面恐怕很难重现了。这场比赛把美国队高傲的投手范维克彻底击溃了。1989年意大利洲际杯女子垒球锦标赛，中美再次相遇时，范维克的态度明显谦恭了很多，主动地和我们打招呼，我们再次深刻体会到在体育竞技场上只有足够强大才能得到对手的尊重。中国女子垒球队在1985年一系列国际赛事的强势亮相不但增加了我们自己的信心，也提升了中国队在国际垒坛的地位。

第2届中日美女子垒球锦标赛中国代表队成员：领队姜霙，副领队兼主教练李敏宽，教练员刘雅明、陈昭华，医生郑保安，队员李念敏、孙月芬、刘艳、李素萍、王来娣、王宏欣、王颖、史闽越、赵丽、任彦丽、华杰、李红、陈文华、蒋双玲、孙瑞霞、李春兰、董玉萍、柳絮青，共18人。

值得一提的是，这次比赛中国女子垒球队表现优异，中央电视台直播了整个比赛过程，精彩纷呈的赛事通过知名体育解说员宋世雄高亢的解说声传向全国。从他的解说中，我感觉他在上学时应该是打过棒垒球的，韩乔生的快嘴解说也很好地向观众介绍了垒球比赛场上多变的局面。因为中国女子垒球队这些年来成绩好、作风硬朗，越来越多的媒体开始争相报道，一些队员还成为体育杂志的封面人物。也多亏了媒体的宣传和介绍，女垒的动向受到更多人的关注，吸引了不少新老粉丝。

1985年真是赛事满满，7月中国女子垒球队还参加了在日本举办的国际杯女子垒球锦标赛，尽管这次比赛取得了第2名，但大家对此都不大满意。可让人欣慰的是李念敏获得了最佳投手奖，任彦丽也入选了最佳阵容。

1985年，还坚持在队里拼搏的第一批老队员已经快到30岁了，国家队又面临人才梯队建设和稳定的问题，而这时在俞昌和、牛志勇等教练的带领下，各省市垒球队分别培养出来的孙瑞霞、杨卓慧、李素萍、王颖、唐会喜、陈俊、李金霞、程红、柳絮青、房秀芬、刘娟、钱飚、李春兰、阎仿等一批年轻队员已经经历了世界青年女子垒球锦标赛等多次国际比赛的历练，快速地成长起来。我欣喜地感觉到这些生力军将会与在国家队的李念敏、孙月芬、任彦丽、华杰、史闽越、蒋双玲、李红、刘艳、董玉萍汇合，成为一支比以往更加强大的队伍。

## 第 6 届垒球世锦赛前厉兵秣马

为备战 1986 年 1 月在新西兰奥克兰举办的第 6 届女子垒球世锦赛，1985 年 11 月底，国家女子垒球集训队召集了优秀的老中青队员进驻昆明海埂体育训练基地进行冬训，一直训练到 1986 年 1 月中旬。

1985 年 11 月，大家从北京坐硬卧火车到昆明的漫长旅途中，每到大站队员们都会下车买好吃的，家长给她们带的食物既丰富又有特色。车上有个男乘客看到我们年轻的队员想寻开心，任彦丽和杨卓慧几位大个子站出来冲他一瞪眼，那个男的吓得跑得比兔子还快，还把一只鞋掉在我们车厢不敢来拿。三天两夜奔赴昆明海埂体育训练基地的车程丝毫不觉得辛苦，主要是这次队员们心里都有参加这次世锦赛的目标。

到了海埂体育训练基地，队员们不顾高原反应，立刻投入艰苦、高强度的冬训中。有些队员在长跑测验时就知道自己会有较大的高原反应，但还是努力争先，以至于跑到终点后因高原反应头疼得在地上打滚儿。昆明早晨 6 点，天还没亮，草皮带着露水，晚上 8 点还有夕阳的余晖，而场地上一直能看到垒球队姑娘们自主训练的身影，每个人都起早贪黑，生怕自己被落下。1986 年 1 月初进入赛前准备阶段，这时除了实战练习外，也要讨论一些比赛中的技战术运用、心理调节等问题，还要大家表表决心、提提士气。

有一天晚上开会，我启发大家都来谈一谈大赛前的想法和技战术方面需要加强的问题，不知道是因为白天太累了还是不愿意带头开腔，竟然没一个人主动发言。我觉得气氛过于沉闷，想借此提振大家的状态就说："请你们谈想法，你们却都不发言，那咱们先到外面活动一下，放松放松，换换脑子。"我叫大家立刻换上运动服下楼，这时已经是晚上9点半了，我让队员围着垒球场跑圈，平时我们垒球队的集体跑步训练是有一定要求和规范的，队伍要齐心，步调要一致，齐声喊号，节奏要明快，目的是团结一致、提升斗志。开始跑的时候大家的步点有些乱，感觉得出队员们是憋着怨气在跑。我叫她们好好地跑，什么时候我叫停，队伍才能停下来。队员们没想到我始终不叫停，她们只能跑了一圈又一圈，而我自己则到旁边的国家足球队专用场来回跑，开始我能听得出来有些队员的口号声中带着点赌气的意味，跑了几圈以后全体队员迈着整齐的步伐齐喊口号，我感觉队员较上劲了，10圈、20圈……唰唰的跑步声、"加油，嘿嘿"的口号声回荡在绿茵场上，再被运动场四周高高的桉树反射回来，听起来甚至有种庄严感。渐渐地，全队步伐齐整均匀，踏实有底气，她们的气顺了，步子齐了，心自然也齐了。我想这时候队员们或许能体会到渺小的个人融入强大的团队是一种怎么样的感受。也许她们能明白不管在什么时候自己都是集体的一分子，不管哪方面都要按团队的需要而行动。

运动场一圈大概有300米，这个晚上队员们一共跑了70多圈，有2万多米，刘教练他们也和队员一起跑了下来。大家跑完步回到屋里重新开会，我说："你们跑得很好，出了汗了，爽了，说说想法吧。"于是大家就你一言我一语，这时其实我不大在乎她们讲什么，而是希望她们能记住这个夜晚。遇到问题或队里有不顺的事情，我一般都是讲道理，很少发怒，也不会骂人，吵架我更是话都跟不上。我教过的几拨运动员都有很多关于我的搞笑故事好讲，但她们应该都不会忘了提醒一句："你们不要跟这个不爱说话的教头较劲，他可不是好惹的。"第二天早晨，住在楼下的其他球队队员都好奇地跑来问我们队员："你们昨天晚上齐唰唰地下去，又齐唰唰地上来，干什么来着？"我们队员说："我们李教练怒了。"实际上这次是我看到她们的氛围和状态不够好，有点恨铁不成钢，帮她们调适一下而已。

因为此次世锦赛的举办地奥克兰的1月正值夏天，而我们的队员对那里的气候、环境和饮食都不大习惯，尤其还是在我们的冬训周期里打这么大的国际比赛，我们的生物钟总觉得有点儿别扭和不对劲儿。在昆明海埂体育训练基地，教练组为让队伍酝酿出好的竞技状态绞尽了脑汁。我们取消了午休，午餐也模拟欧美赛场的快餐，让队员在训练场地边的桉树荫下用简餐，基地食堂的厨师也想尽办法做出各种西餐。开始，队员们觉得西餐新鲜、诱人，但没过多久，队员们就对用鸡腿、牛肉、云南火腿、蘑菇、牛奶等材料烹饪的云南风味西餐感到腻了。加上午餐后不能像往常一样午睡，只在场地上歇一歇就要开练，这种午餐后即在骄阳下训练的效果也着实让人忧心。由于队员的训练欲望差了，量和强度都上不去，因此 1 月中旬，我们离开昆明海埂体育训练基地，但因准备出征而在北京短暂逗留期间，我们也不敢放松，想进行夜训却苦于没有灯光场地。因为北京的钓鱼台、甘家口一带，是我上学、工作和生活过的地方，我对这一带既熟悉又喜欢，觉得这里深夜无人无车，很适合夜跑锻炼。于是到了深夜，我们用大轿车把全体队员从位于体育馆路地下室的招待所拉到北京最安静的钓鱼台国宾馆前的大马路上。这群皮肤被晒得黝黑、体格壮实的年轻姑娘们在深夜钓鱼台国宾馆前的马路上静静地、齐刷刷地跑步训练。估计当时国宾馆门前严肃的卫兵们远远地看到这个场面可能也很惊诧。中国队赛前的艰苦训练和心理准备，甚至夜间跑步训练的土法尝试和各种备战细节，在奥克兰世锦赛上与世界 4 个垒球强豪苦斗拼争的过程中，真起到了作用。

总之，临近比赛，大家纷纷献计献策，把困难预估得足足的。不光是备战训练，管理和鼓动工作也进入了赛前倒计时的状态。

## 首次出征世界垒球锦标赛

我从小打棒球、垒球，作为运动员和教练员参加过各种等级的赛事，改行当垒球教练也有些年头了，这时我已经带领中国女子垒球队参加过两届中日美女子垒球锦标赛、两届香港国际女子垒球邀请赛、一次洛杉矶国际杯女子垒球锦标赛和一次南太平洋女子垒球精英赛。但当亲身经历了第 6 届世界垒球锦标赛这样最高级别的赛事，经历了各种复杂的场面并处理了诸多意想不到的突发事件后，我才觉得自己开始懂得什么叫垒球比赛，这是我当专业教练员第10年后的切身感悟。

世界女子垒球锦标赛已经举办过5届，而1986年的第6届世界女子垒球锦标赛则可以说是中国女子垒球队的首次赶考，也是我们第一次参加的真正意义上的最高等级的国际女子垒球大赛。

自1980年以来的5年间，中国垒球界共同努力，培养出不少优秀运动员，队员选拔的余地比较大。这次参加世锦赛，投手阵容有李念敏、孙月芬、李素萍和俞剑锋，李念敏的实力早已被国际认可，孙月芬在多次国际比赛中也表现得锐不可当，李素萍是以投上旋球为主、快慢交替控球的年轻投手。当时上海队还有一位高大威风的主力投手杨卓慧也很有实力，但因为国家队里已有了同类型的投手，所以选了年轻的俞剑锋入队。俞剑锋外柔内刚的做派和以下垂球为主的投球正是当时队里所需要的，这样中国女子垒球队就拥有了多彩的投手阵容。

场员除任彦丽、华杰、史闽越、李红之外，还有柳絮青、王颖、房秀芬、李春兰这些刚从青年队选拔上来的青年队员，多数人已经具备担当主力的实力。

1986年2月14日，决赛阶段中国垒球姑娘们连续26小时拼搏6场硬仗，《体育报》前方记者普石对此进行了报道并在头版头条登载了出来。

第6届女子垒球世锦赛参赛队中，亚洲有中国队、中国台北队、日本队、印尼队，非洲有津巴布韦队，美洲有加拿大队、波多黎各队、美国队，欧洲有荷兰队、意大利队，大洋洲有澳大利亚队和东道主新西兰队，共12支强队。预赛时，中国队以0∶2负于美国队，又以1∶3的比分输给新西兰队。但由于新西兰队以0∶2输给中国台北队，中国队和新西兰队在预赛中的胜率相当，所以还要加赛一场，但结果还是以1∶3输给了新西兰队，中国队的预赛战绩排在第3名，预赛前4名分别是美国队、新西兰队、中国队和加拿大队。因此复赛的任务异常复杂艰巨，预赛的前4名要在复赛打难度更大的佩奇制比赛来决定最终的名次。预赛共打11场，这个赛制迫使我们场场都要上主力投手，而李念敏、孙月芬在预赛阶段就已经拼得筋疲力尽了。

当时的情况是，中国队要先把高大强劲的加拿大队打下来才能进预赛前三，若输了就会被定格在赛会的第 4 名，那样预赛的拼争就前功尽弃了。连日的鏖战不免让一些没有经过磨炼的年轻队员出现畏难情绪，对即将到来的硬战显得信心不足。重要比赛前，我一般都让队员自己先开会交流，以免队员在正式准备会上因团长、领队在场而不敢发言。李念敏和王来娣是坚守下来的第一拨老队员，听说李念敏在队员预备会上含着眼泪激励年轻队员说："我们都这么大岁数了，还拼到这个份上，你们年轻人不跟上怎么行！后面的比赛再艰难，我们也要一拼到底！" 20 世纪 80 年代，30 岁还在比赛一线拼搏的女运动员可谓凤毛麟角，女队员一般到二十五六岁就考虑退役了。这一年李念敏已经 29 岁了。通过动员、自我发动和相互鼓励，进入佩奇制复赛时，队员们尽管都已经非常疲惫，但斗志重新被点燃了起来。

由于预赛最后一场比赛我们以 1：3 输给了上届世锦赛的冠军队新西兰队，中国队的预赛排名止于第 3 名，没有达到我们预定的预赛进入前 2 名的目标。担任新西兰队教练的伊德是一位很高傲的美国人，他带领新西兰队在上届世锦赛上拿了冠军，正处在不可一世的优越期。此外，这次世锦赛组委会和东道主也给我们出了很多意想不到的难题。

预赛结束休息一天后，佩奇制复赛第一场是由中国队和加拿大队比赛决出第 3、4 名，这场比赛很关键，赢得这场比赛后才有资格和新西兰队进行比赛，挺进复赛前三的位置。

东道主新西兰队的算盘打得很精明：这天我们刚到场地，竞赛组委会主任就过来通知我们说，今天我们不在这个主场比赛，要到另一个场地比赛，给我们来一个措手不及。于是我们只能立刻驱车赶到距离很远的一个人工草皮的垒球场。在人工草皮场上比赛，我们只在 1981 年参加第 1 届中日美女子垒球锦标赛时在东京后乐园棒球场体验过，之后就再也没有在这种场地比赛过，因此这对我们很不利。加上这个垒球场归私人所有，场地的主人竟然要求我们的队员换上人工草场专用的钉鞋才能入场打比赛，他强调修这个场地花了很多钱，不能让我们的铁钉鞋损坏人工草皮。我和他讲理："中国女子垒球队不是到你这里租场地来玩球的,我们是来打正规的国际比赛的,必须按国际比赛的规则打,你有什么问题就去跟大赛的组委会讲。我们就要穿合乎国际垒球比赛规则的鞋进行比赛。"争执过程中,观众起哄说:"我们借给你们鞋吧。"这一下大大地伤到了我们的自尊心,我们队员有自己的鞋,更有中国人的志气。在我们的据理力争之下,组委会自知理亏,才说服了场地主人让比赛得以开始。我们穿着自己的鞋战胜了加拿大队,争取到佩奇制复赛第三的位置。组委会让我们这番折腾,使我们的队员身心疲惫,这场比赛之后,我们还要赶到距离很远的主场和新西兰队拼争复赛第二的位置,只有打赢了才能有机会和美国队争冠军。

竞赛规则对连场比赛之间的休息时间也有规定。我们刚赶回主场时,组委会说时间到了,让我们马上和新西兰队比赛争夺谁进前两名。刚刚与加拿大队打完比赛,再加上往返路途劳顿,队员们都已经很疲劳了。于是,我又和组委会的官员进行周旋。我跟队员说:"你们找个地方歇一歇,活动活动,等歇好了就举手示意。"正好我的英文口语弱,翻译对规则也不大熟悉,我也不跟组委会的人硬顶,就和他们消磨时间。半个小时后当地时间 11 点 10 分,我等到了队员的示意,中国女子垒球队再次雄赳赳地上场,这可是 24 小时之内第三次与上届冠军新西兰队的较量,是一场要死拼的硬仗。

佩奇制复赛第一场新西兰队和美国队的比赛很有戏剧性,在比赛最后一局,美国队的一个击球员打了个投手地滚球,三垒跑垒员往本垒冲,新西兰投手接到球后传球失误,白白送了美国队 1 分,因此新西兰队以一分之差惜败于美国队。

预赛中我们两次同样以 1:3 的比分输给新西兰队,这第三场对垒,新西兰队又是主场,看台上坐满了新西兰观众,当新西兰队队员绕场一周并表演毛利族舞蹈时,观众对他们本国队员报以热烈的掌声。开场前列队双方握手时,新西兰队的美籍教练伊德对我说:"这次我还会赢你们。"下来后我立刻问队员:"新西兰教练说要打败我们,你们说怎么办?"前两场都输给了新西兰队,此时队员都已经憋足了劲儿,姑娘们决心以行动和实力说话。比赛一开场,新西兰队果然有备而来先得 1 分,这让她们的队员和观众兴奋异常。中国队第2局扳回1分。比赛进入后半段第4局，李春兰、李红两个队员已出局，情势非常紧张，这时第三棒任彦丽上场，击出一记穿过中左外场的本垒打，让中国队领先1分。

接下来的对战中，中国队势如破竹，叮叮咣咣一顿打，最后竟然以9∶1的悬殊比分击败了上届世锦赛的冠军新西兰队。整场比赛，新西兰队换了3个投手，先是该队的世界名投手麦金德开局，之后老将肯普和身高1.92米的高大名投手韦伯也都顶上来，但最终都被中国队打掉了。这时那位不可一世的伊德教练也蔫了，连开场时叫得很欢的观众也没了动静。坐在观众席观战的我国驻新西兰大使和华侨观众高兴得起身鼓掌叫好。在这次世锦赛上，中国女子垒球队分别与美国的艾丽逊、新西兰的麦金德、肯普和韦伯等世界顶尖投手过了招，让她们知道了中国姑娘的厉害。这几位投手之后都做了教练员，但每每谈起这届世锦赛上中国女子垒球队的表现，她们都十分佩服。

所以我的体会是作为教练员，只要把队员鼓动好、状态调整好，队员自己会主动发挥她们的潜力，而且常常会迸发出不可估量的能量。对战新西兰队的这场比赛，以及亚特兰大1996年奥运会垒球比赛第一场对战澳大利亚队以6∶0大胜的那场比赛，以双方的实力对比，中国队也许能以2∶1的比分赢得比赛，但不大可能以这么悬殊的比分击溃对方，可是一旦有队员带头奋起，在队中产生的共鸣和震荡往往会化为不可阻挡的力量，甚至激发队员的潜力超常发挥，从而创造出意想不到的精彩比分。因此我总结自己带队较成功的一点，就是平时训练中注意琢磨，想尽方法调整、调动她们的最佳状态，让她们能在实战中发挥出自身的特长和潜力。我虽然有时也会训队员，但讲道理的时候多，和队员的交流总体上以鼓励、启发和引导为主。

最后一场对美国队的决赛，投手还是由已连续投球多场的李念敏和孙月芬来担任，她们已经全力投了近10场比赛，到最后一场决赛时，虽然李念敏和孙月芬拼尽全力，但我们还是没能攻下以逸待劳的美国队投手，以0∶2输给了美国队，获得了亚军。在世锦赛的闭幕式上宣布了最佳球员的评选结果。左外场手李红入选世界明星队，柳絮青获得金手套奖（最佳防守奖），任彦丽获本垒打奖和得分打奖，李春兰获最佳偷垒奖，华杰和史闽越被评为"最具希望队员"，上述队员均被列为世界明星队替补，这次中国女子垒球队获奖者之多令其他各队刮目相看。

## 积极防守的"中国旋风"席卷赛场

首次参加世界垒球锦标赛，我们就在世界垒坛充分地展现出中国女子垒球队的风采，还有这么多运动员获得了优秀奖，是值得自豪的大收获。虽然这次我们止步亚军，但在本届世锦赛上中国女子垒球队的"积极防守"战术和强攻，给国际垒坛展示了一种清新又强劲的中国式技战打法，也让一直比较自负的垒球传统霸主和外国观众刮目相看。中国女子垒球队也因此赢得"中国旋风"的美称。可以说，中国"积极防守"的战术与思维，对欧美垒球历史久远的保守球风，形成了强有力的冲击和挑战。

一般像美国、日本等垒球水平较高的队伍，很注重防守的成功率，而中国队凭借高超的传接球技术和一垒、三垒的压前防守，在比赛中尽可能地通过传杀前位跑垒员，让对方的进攻处于被动状态，从而达到积极防守、抑制对方得分的目的。

"积极防守"的思维中，还包括投手的防守问题，对此我有自己的思路。引领国际垒球技战术的美国垒球，投手的任务单纯而明确，就是集中精力对付击球员而不注重防守。因此，在比赛中哪怕对方击球员打出的触击球是在投手方向的，投手也习惯让一垒手或三垒手去处理，这是保护投手的做法。但在我的"积极防守"思路中，是要把投手也加入防守体系中。因为投手的位置在场地中间，对方击球员击出来的很多球都要通过投手方向，而且她的位置离各垒最近，如果投手的防守好，可以打出很多防守战术。然而如果投手接不好，这个球就要到中外场变成安打。所以经过长时间的思考和实践，我认为应该以指定击球员承担原来应属于投手的进攻任务，但也要加强投手的防守能力和防守意识。投手在保证投球任务和避免受伤的前提下，也应专注于防守，减少对方击球员击出安打，尽可能增加传杀甚至双杀、三杀的可能性。投手加强防守能力后，还可弥补投球威力不足的缺陷，而且让投手加强防守意识还利于投手提升自我保护能力，让她在精神上更警醒、更主动、更强大，最终也有益于投手投球放得更开。

参加第6届女子垒球世锦赛的中国队是一支老中青结合的队伍，李念敏和王来娣两个老队员领头，跟着往前冲的是属于中间段的几位骨干队员，她们多在22岁到24岁，此外，队里还有王颖、柳絮青、房秀芬、李素萍和俞剑锋等20世纪60年代中后期出生的第三梯队的年轻队员。这支队伍新老结合，稳定性好，爆发力大，战斗力强。也正因如此，这支队伍首次在世界最高级别的垒球赛事亮相，就展示出了骄人表现并取得了不凡的战绩。

## "挑战杯"赛艰难逆袭

1986年第6届女子垒球世锦赛结束后，5月中国国家女子垒球队正式成立并在国家体委秦皇岛训练基地集结，经过大赛的历练，大家凭自己的实力成为中国国家女子垒球队的正式成员，队里唯有魏家莲是而立之年的老大姐，她作风硬朗，训练争先，大家给她个绰号叫"练不死"。在此之前，中国国家女子垒球队是以从各省市抽调优秀队员组成国家女子垒球集训队的形式存在的。中国国家女子垒球队转为正规军进驻国家体委秦皇岛训练基地后，还有一系列工作和手续需要完成。基地积极应对垒球项目的管理和训练需要，有关部门好心地在离运动员宿舍不远、离海滩比较近的地方为我们开辟了垒球场，但运动员在沙地上无法正常练习，将就着练习了一个多月后，中国国家女子垒球队奔赴加拿大参加1986年7月11日到20日在新威斯敏斯特市举行的第2届"挑战杯"国际女子垒球赛。这次的参赛队伍也实力超强。也许因为离得近，美国竟然派了3支队伍出战，分别是美国国家一队、二队和美国俱乐部冠军队布拉克茨队，担任布拉克茨队主教练的布莱恩在1月刚结束的第6届女子垒球世锦赛曾率领美国队夺冠，该队拥有美国第一投手凯西·艾丽逊等主力。加拿大派遣了国家队和加拿大俱乐部冠军队两支队伍，也不好对付。加上新西兰、澳大利亚、日本、中国台北，共 10 支队伍参赛，这可以说集齐了垒球盛行地域的强队。而中国队赛前就已被渲染成是能与美国队争冠的劲旅，让我们压力颇大。这场比赛的比拼难度甚至比世锦赛还大，我们一点儿也不敢怠慢。

在单循环比赛中，前 5 场我队怎么打怎么输，形势凶险，因为进不了前 7 名将没有资格打复赛。为了进入复赛前 7 名，那些日子我天天晚上去现场观看、研究竞争对手的比赛，搜集情报，思考对策。晚场比赛结束时已是深夜，参赛的队员和相关人员都已坐车回驻地了，只有我独自从场地跑回饭店。这次队里只有我和朱慕德两位教练员，朱教练要先带队回驻地安排队伍休息。就这样连着几天下来，我观赛到深夜，白天还要带队比赛，研判战术，体力透支得有点顶不住了，戒掉 10 年的烟又重新抽了起来。我养成抽烟的习惯是大学毕业后刚走上技术员工作岗位的时候，那时提倡知识分子要和工人同吃同住同劳动。我作为技术员，常在工厂或矿山工作，要和工人交流，学技术，研究方案。可是一开聊工人师傅就递给你自己卷的喇叭烟，你不抽就显得生分，无法拉近距离，于是我慢慢也学会了用报纸卷喇叭烟抽，但烟瘾不是很大，后来戒了一段时间，这次再次破戒了。加拿大的烟税高，万宝路在美国要 1 美元，在加拿大要 4 美元，那时出国比赛的个人津贴只有 30 美元，我很快就用完了。

亏得这次比赛也采用双败淘汰制，前 6 名有机会重新厮杀确定最后名次。接下来凭借队伍的信心并经过大家的拼杀，中国队以预赛第 6 名进入复赛，分别以 2∶0 胜日本队，2∶0 胜美国一队，1∶3 负美国布拉克茨队。在最后的一场关键决赛上，中国队又与美国布拉克茨队对垒，打到延长局，拼到 11 局，最后以 0∶2 输给对方，取得了亚军。中国女子垒球队从预赛第 6 名，艰难逆袭，最终证明了自身真正的实力。这一年我是第二次与美国老教头布莱恩博弈，他对中国姑娘的顽强精神很是佩服。我还与美国二队的教练戴维斯成了朋友。

## 出国潮中惜别强将

20世纪80年代，国家改革开放不久，中国的社会经济水平与垒球盛行的美国、日本及欧洲的发达国家相比仍有较大差距，因而和其他项目的运动员一样，我们一些队员对外面的世界产生了很强的好奇心和向往。在这样的形势下，社会上的出国潮愈演愈烈。因为垒球是国际比赛盛行的项目，那时中国女子垒球队每年都有一两次出国参加国际比赛的机会，队员们有机会较早地看到外面的世界。当时国外的生活日用电器等产品对我们很有吸引力。可能现在的年轻人觉得不可思议，但那时大家都很珍惜手里有限的外汇补贴，按照每人的限购指标，回国时给家里添置电视机、洗衣机等电器用品。

以1986年第6届女子垒球世锦赛获得银牌为标志，中国的垒球水平达到了一个高峰，但遗憾的是1986年底，国家女子垒球队在完成了第2届国际杯垒球赛任务后，一拨20世纪60年代中期出生、年龄22岁至24岁的强将纷纷提出离队，导致刚刚走到高峰的国家队，只剩下部分老队员和年轻队员。

这拨出国的队员大部分刚刚成熟起来，原本还可以继续在国家队参加训练和比赛。对于她们纷纷申请离开国家队的原因，我认真做了分析，主要有以下四点。

第一，当时女运动员对从事体育事业年龄期限的认识和对外界的认识存在局限，认为到25岁就是老运动员了。

第二，20世纪80年代末，中国的社会经济水平与世界发达国家有较大差距，外部社会环境等客观因素影响巨大。当时社会上和体育界都兴起出国热，各个体育项目都有不少著名运动员出国，而垒球项目本身是国内小众、国外热门的项目，外热内冷的大环境促使一些优秀队员将眼光投向国外。由于那个年代国外的待遇和竞技条件对她们具有较大的吸引力，中国女子垒球队队员在国际比赛中的出色表现又让外国球探看得眼馋，纷纷伸出橄榄枝。队员们也很想在自己实力鼎盛时期到国外展示自己的价值并争取好的待遇。

第三，我认为也是最重要的一个原因，与运动员个人的成长和发展相关。国外的运动员在从事体育运动的同时，一般都拥有自己的学业或工作，或有继续从事职业道路的机会和通路，但中国运动员从小被选拔进专业体育道路后，一直到退役之前都是针对所在的项目一门深入，不用也无暇顾及其他。因此，她们中的大部分人除了体育专业技能外，一无所长，自然会担心并思考吃完了青春饭退役后怎样才能体面地生活和工作，解决退役后生存发展的问题。因此，不少专业运动员会考虑在自己事业高峰期取得成绩和荣誉后，趁着精力和能力都在最佳的阶段时为将来做些打算。

第四，不少运动员通过多年的专业积累，从心里真正爱上了垒球运动，她们渴望从垒球专业队退役后能继续发挥自己的垒球特长，延长打垒球的职业生涯年限。可是就当时中国的垒球项目而言，退役后还能发挥自己专长的地方很有限，教练员岗位少且很少有业余时间打球的环境。

看着这一拨年龄、能力和技术都正当年的队员过早地离开国家女子垒球队，作为主教练的我内心有着难以言表的无奈、惋惜和不舍。但她们离开国家队出国打球的想法应该是很早就在心里酝酿了，身未动，心已远，即便强留，她们也早已志不在此了，而且这种游离消极的状态势必会给整个队伍的心理和战斗力带来负面影响。

每位运动员辛苦拼搏多年，考虑和描绘自己的人生和未来，希望在自己还有一定实力和名气的时候为自己找到较好出路，也是完全可以理解的事情。对此若从积极的角度看，中国优秀的球员能活跃在国际垒坛，有利于扩大中国垒球在国内和国外的影响，也是好事；而靠勉强圈住、堵住或硬加阻拦，不让她们走，亦非长久之计。

中国垒球人才培养的问题归根结底还取决于中国垒球的底盘够不够稳，也考验培养垒球新人的机制和可持续造血能力够不够强。面对无法逆转的整个社会和体育界的出国潮，我在反复分析了各方面因素后，最后下狠心满足那些队员出国打球的意愿。这在当时来说是一项非常艰难的选择，来自各方面的压力和阻力也非常大。为此我跟领导和各方面都做了沟通，也拍了胸脯，说我有能力带出新的强手去完成国家队的比赛任务。也许有些人认为我的想法不硬气，但我认为自己的思考是比较务实的，有一定的前瞻性和积极性，而最主要的是我坚信我们一定能培养出新的人才继续向上攀登。

前辈们练就了驰骋国际垒球大舞台的实力，后辈年轻队员从中能看到自己的未来，促使她们打球更有热情和信心。虽然有无奈与被动的因素，但以积极和发展的眼光看，国家女子垒球队顺应社会发展的新形势，吐故纳新，加强竞争机制，也给有志气、有实力的年轻队员提供了更多展现自我的机会，让更多的年轻队员脱颖而出，给队伍增添了活力，推动了项目的发展。这就是我对当时出国风盛行的务实思考。

中国垒球在1986年第6届女子垒球世锦赛上打出了名声，却有多位优秀队员提出要出国，这自然惊动了国家体委的领导。时任国家体委球类司司长吴寿章找我谈话时，我真实地汇报了现实的情况和自己的想法。吴司长曾任天津市体委主任，对基层体育工作和专业队工作很熟悉，是一位有魄力且接地气的领导。他很耐心地听完我的汇报后，最终认可了我的设想。但他强调有一个条件，就是"中国女垒成绩不能往下掉"。

当时垒球界不少人认为中国国家女子垒球队在李念敏、王来娣、孙月芬、任彦丽、华杰、史闽越、李红、李春兰等具有国际水准的主力纷纷离队后，再也拿不到过去那样的好成绩了。但我内心坚决不认同，我认为国家队主教练的任务中有两件事情很重要，一是培养人，二是拿成绩，虽然中国打垒球的人很少，但我们坚信只要时刻想着在有限的条件下努力寻找好苗子，培养接班人，用心浇灌，并做好引领人和安置人的工作，中国女垒一定能云开月明，再创新辉煌。

# 第八章

# 中国女垒再次奋起

## 暂回北京队执教，全运会夺金

1985年，我的工作关系正式转到了国家体委，1986年春，我正式到国家体委秦皇岛训练基地报到，成为基地编制的工作人员。

1987年11月20日至12月5日在广州举办第6届全运会，当时刘雅明教练从中国国家女子垒球队转到北京女子垒球队当主教练。那时北京队已经年轻化，没有了李念敏这样有实力又有经验的投手，蝉联全运会垒球比赛的冠军自然不是很有把握。于是有关方面和我商量，让我暂时回北京队带队参加第6届全运会。20世纪80年代后期，由于国家队的比赛任务安排不是很满，国家队的队员就临时回到各自所在的省市队备战全运会的比赛。我接受了带领北京队参加第6届全运会的任务，回队前，我郑重提出了自己的想法：希望协调好各方关系，我不看重全运会所得到的名分和荣誉，能有带队训练比赛的指挥权已足够了，一旦北京队拿下冠军，在荣誉、待遇等方面一定要妥善平衡处理好，不要留下后遗症。因为北京队的教练员已经为打好全运会辛辛苦苦地准备了多年，很不容易。加之这次是回到我初当垒球教练员的老家——北京女子垒球队效力，我内心怀着亲切又感恩的心情，决心要好好地完成任务。

由于有过1983年第5届全运会因省市垒球队伍过少和其他原因而取消

棒球和垒球项目的前车之鉴，这次全运会垒球赛没有设预赛，让仅剩的13支垒球队全部直接进军广州参加决赛。这样做的用意就是确保全国所有的垒球队伍能继续生存下去，为垒球项目争取生存空间。这一届全运会能否办好垒球赛，能否取得好成绩，真是事关全国垒球项目的生存和发展。我们作为国家队的教练员，深知只有地方的支持，才有国家队的强盛，而国家队在国际上扬名对地方队也是个有力的回馈。只有地方队兴旺了，国家队才更有基础、更有底气。

此时的北京队以李念敏为首的老队员已退役，只能以年轻的阵容参赛。当时的投手有付妍娜、李素萍、张文华、孙梅芳等，而场员方面有任彦丽、华杰、葛宇莉、王颖、王美英、房秀芬、孙瑞霞等，攻守实力还是相当厚实，于是我决定采用固防强攻的策略。全运会的垒球拼杀并不容易，一路打下来很是艰难。首先上海队的投手和进攻都很强，与她们的比赛打得很艰苦；天津队由刘天广和那履同教练带领，由于天津队有在国际比赛中屡获"最佳投手"的国家队主力投手孙月芬，所以胜利的天平明显向天津队倾斜。决赛是北京队与天津队对垒，经过思考，我决定出奇兵，派上了师从李念敏学习8字投法的年轻投手孙梅芳开场，由于北京队里还有3位师姐级的投手，所以有些人对让孙梅芳开局投球表示疑惑，但在关键的时刻，我一向坚持自己的意见，因为此刻的犹疑将招致失败。我相信孙梅芳在北京队强劲的进攻火力掩护下一定能顶得住。这个看上去大大咧咧的北京姑娘，身材比李念敏壮实一些，虽然技术尚显粗糙，但面对天津队这样强劲老练的对手，派像她这样什么都不论、有气场、敢作敢当的投手才对路。加上她的投球特点还不被对方熟知，因此孙梅芳上场后基本封住了对方的进攻，为北京队立了功。就这样，经过全队上下的齐心努力，北京队如愿赢得了第6届全运会垒球比赛的冠军。

这一届全运会，北京垒球队给了我"回家效力"的机会。带领北京队夺冠，是对培养我、锻炼我的母队的小小报恩，而北京队对我的信任更是给予我极大的鼓舞。如今想起那些曾经朝夕相处，一起流过汗、吃过苦的可爱的姑娘们，想起大力支持垒球事业的可敬的领导们，我依然感到无比的亲切和难忘。后来，北京女子垒球队队长也是国家女子垒球集训队第一任队长的赵杰，担任了北京队的主教练，在赵杰教练和其他优秀教练员的带领下，北京女子垒球队在中国垒坛长期保持着优势地位。

遗憾的是这次全运会后，还是有一些垒球队因成绩不理想而被解散，我们失去辽宁、吉林、山东、湖南、福建等姐妹队。北京、上海、广东等垒球队从这些解散的队伍里引进了部分队员，加强了实力，还有部分队员远赴异乡，找到自己热爱的垒球事业的归宿。

## 首次参加亚洲垒球锦标赛登顶

1987年11月15日，中国女子垒球队参加了在日本四国岛高知县举办的第4届亚洲女子垒球锦标赛。自从20世纪80年代初中国队开始参与国际赛事后，日本队在国际垒球大赛中的名次就一直被中国队压制，但这次是中国队第一次在亚锦赛亮相。中国垒球队与亚洲霸主日本垒球队早在1979年11月访日比赛时就交过手，随着中国垒球项目的成长壮大，我们走到了亚洲强队的行列，虽然在国际比赛上成绩亮眼，但中国垒球队一直没有机会参加亚锦赛。这次日本垒球队既是东道主，也是曾经蝉联前3届女子垒球亚锦赛冠军的亚洲垒球霸主，所以面对后来居上的中国垒球队，她们必须死守冠军宝座。而中国女子垒球队此次参加亚锦赛，目标也是要坐上亚洲垒球头把交椅，因此两队都铆足了劲儿。

刚刚结束了第6届全运会垒球激战的队员们，再次迅速集结组队。本次参赛的有中国队和中国台北队，日本队、菲律宾队和新加坡队等6支队伍。这届亚锦赛同样采用单循环加佩奇制赛制决定名次。在1981年和1985年两次的中日美女子垒球锦标赛，以及1984年在洛杉矶举行的国际杯女子垒球赛上，中国队都战胜过日本队。但这次日本队作为东道主是有备而来，日本高知县又是当时日本垒协弘濑会长的大本营，所以事情并不简单。在单循环赛时，中国队以1∶2负于日本队，到了佩奇制复赛头一场比赛，中国队再次以1∶2负于日本队。之后我们以3∶0胜中国台北队后，紧接着又要在决赛中与日本队一决高下。这次中国台北队、新加坡队和菲律宾队等队伍都带来了顶级的垒球裁判员。按避嫌的常规，中日之间的决赛派韩国的裁判员是合理的，可这位懂日语的韩国裁判员在决赛上又把我们整得很苦。中国队与日本队决赛时，日本垒协充分行使东道主的权限起用了这位韩国裁判员为司球裁判员（主裁），他生生地把滑进本垒先够到本垒的李春兰判为出局。稍微内行一点的人从照片上都能看出是李春兰的腿先够到了本垒的垒垫，韩国主裁执意进行了不公正的判决，从公开的照片上看得出他判罚的位置很不专业，因身处接手后面位置是无法看清局面的。中国队队员面对不公平的判决义愤填膺，我们后续的击球员含着眼泪展开了猛烈攻势，连续打长打，一举拿下了3分，最终夺冠，冲顶亚洲垒坛。那真是一场激动人心的比拼！原本我们以为中国女子垒球队已经在国际垒坛多次取得了佳绩，早就冲出亚洲了，但第一次来到亚锦赛的赛场，即深刻体会到事情的复杂性，亚洲垒坛的壁垒足够厚，水也甚是浑浊。

第4届女子垒球亚锦赛决赛李春兰冲进本垒却被韩国裁判员判出局

参加第 4 届女子垒球亚锦赛的中国女子垒球队

参加这次亚锦赛的队员有阎仿、李红、任彦丽、史闽越、王颖、华杰、李春兰、房秀芬、孙瑞霞、王美英、谢映梅、孙月芬、杨卓慧、李素萍、柳絮青共 15 人。杨卓慧被评为"最佳运动员",谢映梅被评为"优秀投手",杨卓慧、王颖、阎仿和华杰 4 人入选第 4 届女子垒球亚锦赛最佳阵容。

## 中国女垒重扬风帆

1987 年底,我们重新集结在广州体育学院(以下简称"广州体院")进行冬训。新班底以上海的柳絮青、陶桦,北京的王颖、阎仿、房秀芬等参加过世界青年锦标赛的队员为主。唯一例外就是后来从甘肃队调来的老将魏家莲,她在队中起到了半个教练员的作用,因她训练刻苦顽强,大家送了她一个外号"练不死"。

在广州体院的冬训得到广州体院领导和王祥茂、梁洪老师的大力支持。广州体院是教学单位,并不具备满足国家女子垒球队训练和生活需求的配套条件。但广州体院校园内有一块垒球场，实属难得，有时还需到隔壁的解放军体育学院借场地训练。生活条件就更谈不上了，运动员吃饭没有固定的食堂，只能在校内那些私人小餐馆订餐，若环境干净、味道可以就吃一段时间，不行就换一家，有时甚至要到校外的小餐馆订饭，就这样熬过了整个冬训。1988年的春天，"协鑫杯"国际女垒邀请赛在上海举行，邀请了美国大学选拔队和日本俱乐部队。来华参赛的美国大学队里有不少国家队队员，我们和她们打得很较劲，最后输了一分。总的来说，我们打得不差，年轻队员们也增强了信心。打完这次国际邀请赛大家觉得：哎，李敏宽带着这帮小队员，打得还可以嘛。而之前说李敏宽再也拉不起队伍来的人也不吱声了。

1988年7月，我们赴美国俄克拉荷马州参加第3届中日美女子垒球锦标赛，那时美国队派出了年仅17岁的快球左投的新星投手米歇尔·史密斯，而中国队里缺一位能压制对方进攻的压阵投手。杨卓慧、于杰、谢映梅等投手的条件不错，但还有待培养提高。这次上场队员阵容为接手王颖，一垒陈俊，二垒手阎仿，三垒手李春兰，游击手柳絮青，外场手张春芳、房秀芬、黄永红。其中不少队员很有特点，如黄永红是性格豪爽的强打手，只要击中球就很可能是本垒打，还有陈丽、欧敬柏、许建英等，她们都表现不错，进步成长迅速。

第3届中日美女子垒球锦标赛，中国队最终以0∶1、0∶3和0∶2输了美国队3场，只保住第2名。显然中国队第二拨猛将的退役，还是影响了中国队上升猛冲的势头，从而很难攻破美国队的壁垒。加上中国队当时没有独当一面的主投，能赢一场比赛都是难上加难，但中国队还是在国际垒坛中保持着前三的位置。此时我暗下决心：等着吧，我们还是要拼上去的！

主教练除了负责日常比赛训练和在各场大赛上运筹帷幄，其实也应是筑巢人，要有本事筑好巢，指导陪伴雏鹰茁壮成长。总有一天，她们翅膀长硬了，就能搏击长空。所以尽管长期处于垒球人才梯队交替、投手群体捉襟见肘的局面，但我觉得我们不能总被眼前的困境锁住，心胸要开阔一点，目标要放远一点。我坚信在国家体委领导的支持下，发挥我们的体制优势，留下来坚守的老队员和新接班的小将经过艰苦磨炼、团结进取，必将再次锻造出一支能让中国垒球界放心的实力过硬队伍，一定还会让凝聚着汗水和心血的中国国家女子垒球队这面光荣的旗帜高高飘扬在国际大赛的赛场上。

## 投手新星异军突起

早在 1987 年广州全运会垒球赛场上，吉林队的名投手于杰就带着年轻投手王丽红，把与之对垒的各省市队的进攻压得很苦。我和赵杰都看过王丽红在广州全运会时的投球，王丽红表现出了锐不可当的气势，球速很快，确实很有发展前途。

但因吉林队最终未能进入前 6 名，这支以延边朝鲜族队员为主要成员、具有传统优势的垒球队和其他几个成绩较弱的队一起遭到了解散的厄运，因此不少姑娘被迫中断了她们深爱并为之奋斗的垒球事业，惜别奋斗多年的垒球场，这对垒球项目和运动员个人来说，都是很大的损失。

当时北京女子垒球队成绩好，在北京市体委系统口碑也不错，但因为入京户口问题，对从外地调入运动员的要求很苛刻。当北京队准备调入吉林队的主投手于杰时，我建议赵杰教练把王丽红也一起调过来。于杰担任过国家队的投手，所以调她进京顺理成章，但要同时调入一名外地的无名的年轻球员，真是难上加难。为了调王丽红进北京队，赵杰做了很多争取工作。现在想起来如果当时没有调成，很可能就把一位天才投手埋没掉了。赵杰教练带队很有一套，既严格又有招，尖子队员在她手下都不敢耍脾气。王丽红调入北京队后，在严师赵杰教练的指导下，受到严格系统的训练，进步很快。

1988 年底，王丽红被选入国家队。1989 年，在新西兰南岛基督城举办的第 2 届南太平洋垒球精英赛上，中国队获得了亚军。这次国际大赛，刚满 19 岁的王丽红闪亮登场。她的快球球速达到 100 千米每小时以上，而她以同样动作投出来的慢球只有 68 千米每小时，因此让对手无从判断。她在这次投球首秀中显示出初生牛犊不怕虎的气势，各路强棒面对她以大跨步投出的变速球都不知所措。加上王丽红投球控点又很准，对方击球员很难把握击球节奏，很多场次的比赛都让对手击球员无计可施，连吃三振。首次代表中国女子垒球队出战，王丽红的优异表现让本届组委会破例将最优秀投手奖的名额由一名增设为两名。最终初出茅庐的王丽红与新西兰高大威猛、身高1.92米的毛利族名投手吉娜·韦伯并列获得最优秀投手奖。柳絮青被评为"最佳游击手"。身高1.69米的王丽红，与吉娜·韦伯一同站上领奖台时显得格外娇小，与吉娜·韦伯握手时还需要仰起头。但就是这位看着娇小的年轻投手，体内蕴含着巨大的能量，她面对垒坛强手毫不畏惧，从此开启了威震国际垒坛的中国主投生涯。此后很长一段时间里，拥有主力投手王丽红的中国女子垒球队，不曾让新西兰和澳大利亚两个南太平洋垒球强队翻过身。

王丽红（右二）初次代表中国队出战，面对强手毫不畏惧

## 意大利洲际杯赛决赛前跑出士气

1989年，在意大利维罗纳的卫星城布索林格举办了意大利洲际杯女子垒球锦标赛，意大利队、美国队、中国队和中国台北队、澳大利亚队、新西兰队6支劲旅前来参赛。维罗纳位于米兰和威尼斯之间，因著名的罗密欧和朱丽叶的爱情悲剧故事而闻名。

我们在与意大利队打比赛前，鉴于对意大利队实力的考量，我给全队下达了以10:0战胜对方的指标，即以10分之差取胜才算完成比赛任务。队员们很清楚凭自己的实力打赢意大利队没问题，因此打得稀稀松松的，最后只以5:0赢了东道主意大利队。

这显然是轻慢和懈怠的结果，这种关系到队风和态度的问题，绝不能姑息迁就。我认为不管第二天上午要和美国队争冠军的比赛有多重要、多艰巨，全队都要为精神松懈没有完成这次任务而受罚。我想让她们端正心态，清醒过来，所以赛后总结时，我问大家："今天这个意大利队，根据大家的能力是不是应该拿下10分？"队员们说："应该是可以的。"我说："那是什么原因把这场比赛打成这样呢？这种精神状态还能不能打好明天上午对美国队的决赛？！现在已经很晚了，对这个比赛我也不做技术小结了，大家先把运动装备都放到车上，让车先回宾馆。咱们不坐车，一起跑步回驻地，大家边跑边在路上好好想想。"

听了我的这番话，队员们面面相觑，看得出她们各有心思：我没有犯错啊，为什么罚我？我这场比赛打得可以啊，而且赢了，为什么还罚我？我继续讲最基本的道理："中国垒球队是一个团队，没打好比赛所有人都有责任。为什么你身为主力没在队里发挥更大的作用去完成教练团队布置的任务？我们的比赛只完成了打败对手的任务，但没有贯彻教练员的意图完成比赛的目标。"平日我常常告诫队员："参加国际大赛的机会很宝贵。苍鹰扑山羊和扑小兔子都一样凶狠，我们队员只要一上比赛场，就要用心地尽全力打，这样每次的付出和拼杀，才能最大限度地锻炼并提升你的能力。你无权私自调节自己使多大劲儿，要服从教练员对比赛的部署和安排。这次对手实力弱，咱们却没拿下 10 分，就是没有完成比赛任务。垒球是集体项目，比赛没打好，首先是教练员的责任，但每个队员和整个团队的每一位成员，也都要承担这个责任。"

当时已是深夜，还下着雨，队员们沿着崎岖的山路跑步回饭店。一路上其他乘大轿车回驻地的队伍不由得对我们惊呼起来："CRAZY！？（你们疯了吗！？）"路上看完比赛开车回家的意大利观众也放慢了车速频频地鸣喇叭，像是起哄，又像是对我的抗议，但我反倒把这当作激励。我不由得回想起 1976 年刚出道当教练员带队去福建永安冬训时，在山沟里和年轻的队员们一起穿山越岭赛跑比拼的情景。让我欣慰的是，后来那些老队员都理解了我的用意。

队员本来以为我不会跟着队伍跑，因为当时我已经 52 岁，当她们看见我在后面跟着跑，就突然加快了速度拼命想把我甩开，实际上我在后面是为了鼓励跑得慢的队员。快到山上的饭店时，我也来了一个冲刺，跟上了前面的队伍。我知道队员心里憋着一股气，我就是希望明天她们能把心里的这股气用在跟美国队的对决上。回到饭店已是半夜 12 点多了，我集合了队伍对大家说："大伙儿今晚出了一身汗，把对意大利队比赛时懒散的晦气也冲掉了，希望明天大家清清爽爽，以崭新的心态去打美国队！"我简短讲了几句话后，能感觉到队员心里的别扭和怒气消散了。我当然比谁都清楚队员都很累了，这样一来晚上睡不了几个小时就要出发去场地，我也很心疼她们，但是关键时刻比起累与不累，更需要一股心气儿。我可以原谅无意犯的一些技战术的错误，但不能姑息无斗志、不进取等比赛作风上的毛病。就这样，第二天中国队战胜了美国队，拿下了这次洲际杯赛的冠军。

说来也巧，谁能想到就在一年后，我还真的再次来到意大利的这个小城。当我特意骑着摩托重新考察我和队员从垒球场跑到山上饭店的这段环加尔达湖的山路时，才发现我们曾深夜跑过的山路真的是又陡又远啊！

因为这次洲际杯赛中国队连续打败了美国队、澳大利亚队、新西兰队、中国台北队和东道主意大利队取得了冠军，我被评为"优秀教练员"。正式比赛结束后，大会组织了一场红、蓝两队的对抗赛，我和美国队的教练员依次选择优秀队员组成了红、蓝两队。我任红队主帅，主要由中国队和澳大利亚队员组成，中国队的队员自不用说，澳大利亚队员也很服从我的指挥。因为我已经在国际各种垒球赛上和她们打了七八年的交道，不少老队员和我很熟络。但带外国队员打比赛还是首次，这次独特的体验让我很有新鲜感。

## 第 7 届垒球世锦赛落到季军

转眼到了 1990 年，这一年我们要完成两个重要的赛事任务，要"爬双高峰"——第 7 届世界女子垒球锦标赛和第 11 届亚运会垒球赛。单纯从垒球赛事的级别来说，世锦赛级别更高，但从任务的重要性上综合评估的话，首次在北京举办的亚运会的垒球比赛更重要。夏天先要参加在美国伊利诺伊州诺默尔举办的世锦赛，紧接着 9 月底就要参加亚运会，两个大赛间隔时间较短，调整好队伍的状态不太容易。

这次世锦赛的单循环赛开始阶段打得很正常，但在对战新西兰队的比赛时，中国队因在进攻中出现了跑垒失误而负于新西兰队，我们只拿到了单循环预赛第 3 名，没完成单循环赛必进前二的预定计划。

进入佩奇制复赛，第一场和澳大利亚队的比赛是季军之争，是在雨中进行的。中国队开始打得也不妙，若输了就进不了前 3 名。这时雨下得大起来，比赛被迫中止，中国队的比分落后。这时组委会竟然武断地宣布中国队第 4 名，我们提出申诉，据理力争，按照佩奇制比赛规则比赛没有完整赛完，应该按竞赛规则以单循环赛的成绩定最后名次。经过长时间的交涉，组委会受理了中国队的申诉，确认中国队是季军，这让澳大利亚队很不高兴。经过近 10 个年头的磨炼和在国际大赛中的角逐，尤其是经历了 1986 年第 6 届女子垒球世锦赛后，中国女子垒球队不但能打好一个战役，而且敢于在国际垒坛复杂艰险的竞赛中进行战略思考和周旋。我们经历的种种磨炼都让我们变得更加智慧和干练。

第 7 届女子垒球世锦赛的季军，是当时我们参加过的正规国际大赛中最差的名次，主要还是因为新组建的队伍还比较稚嫩，国际比赛经验不足。在关键比赛中出现了重大失误就是具体的表现。这让我们深深地铭记什么叫关键比赛的关键时刻。这次经历让我对影响比赛胜负的关键技术和战术抠得更加细致，因为关键的一次指挥、一个投球、一次防守、一次击球、一次跑垒的成功与否，都可能成为一场比赛胜负的分水岭。一个教练员的水平，就是要看他怎么认识和解决这个"关键"。

第 6 届女子垒球世锦赛中国队是亚军，这次得了季军，虽然成绩降了，但也有很多收获，特别是年轻投手王丽红经过大赛的历练已经顶上来了。她开始体会到作为中国女子垒球队的主力投手所要承担的重任和压力，开始懂得第一投手的责任，也逐渐理解了作为主投需要付出的努力与代价。但由于投手人才匮乏，我们没有能在国际大赛上轮番冲锋陷阵的投手团队，因此比赛中经常过于依赖主投王丽红，导致她极度疲劳而无法坚持拼杀到最后一场。这让我们更深刻地认识到培养强有力的投手群有多么重要。

## 北京亚运会摘金

北京 1990 年亚运会的最大看点是海峡对岸中国台北体育代表团的参赛。中国台北体育代表团最有实力的项目要数女子垒球。体育爱好者和媒体不管懂不懂垒球，都对亚运会首场且是海峡两岸间的垒球比赛特别关注。可意外的是，这次比赛我们出现了防守失误，丢了 1 分一直没能追回来，最终以 0∶1 输掉了比赛。在众人的关注下，首场比赛中国队竟然输给了中国台北队，这简直成了爆炸性的新闻。就当时的形势来说，海峡两岸之间发生的每个事件都很敏感，中国体育代表团也非常重视这场比赛的结果。这个结果着实对我也造成了不小的压力。

自从 1984 年在美国洛杉矶与中国台北队交手以来，我认为我们在投手和进攻两个关键环节上都具有较大优势，中国台北队队员管我们的队员叫姐姐，她们也是从心里服气。打正规战、阵地战，只要能正常发挥，我们一定能赢。这次运动会与中国台北队比赛前一天的准备会上，领导们都强调了这场比赛在政治上的重要性，加上关注这场赛事的人也特别多，让队员们背上了额外的压力。首场具有特殊意义的比赛输了，对此我负有很大责任。

再看中国台北队，整个过程中她们比我们放松得多。平日里她们到世界各地参加比赛的机会多，经验丰富，技战术运用熟稔，队员虽然个子都不是很高，但球性好，小战术打得鬼精，美国、日本、澳大利亚等强队都怕她们几分。近些年来她们在世界比赛上的名次总比我们低一档，因此她们心里觉得作为小妹输给大姐也不丢脸，所以能以轻松的心态向我们发起冲击。

当天晚上开总结会，队员进来后都争着找犄角旮旯坐，不敢大声说话，气氛凝重，尤其是那个防守失误的队员坐在角落抱着脑袋，不敢抬头。实际上，对此我有自己清醒的看法和分析，这一场比赛失利还不会影响赛事的最终结果。所以我作为主教练，绝对不能让队员背负着不必要的压力进行接下来的比赛。

我从容地跟队员们说："现在对大家来说最重要的是去想这次亚运会的大局——最后拿下冠军。今天跟中国台北队的比赛输了，还能不能夺冠军？照样能！这次赛制是以双循环的总胜负来定名次，每个赛制各有各的打法，后面7场每场都打好，拿下冠军不就完了吗！技战术要求很简单，但很苛刻，就是每场比赛都要在不丢分或少失分的情况下拿下来。输了一场，后面的比赛场场都要加强防守，防止在因胜负率相同而不得不查整场比赛的总负分的时候出问题。明天我们将和亚洲最强的对手日本队比赛，我们一起努力把这场比赛先拿下来，大家都提起精神！"

这时我的全部想法就是怎么让队员恢复到中国女子垒球队队员应有的风貌去面对比赛，要让队员带着荣誉感发挥出正常水平。

参加北京1990年亚运会的中国国家女子垒球队

第二天，我们坐大轿车从朝阳区奥体中心出发到丰台体育场，由于距离较远，我们从亚运村出发前向车队通报，要求赛前1小时准时到场。那时路上车辆少加上有摩托车开路，到丰台体育场只用了不到20分钟。日本队准备活动极其认真，花的时间也很长，至少1个半小时，但我们的准备活动40分钟就够了。头一天我做好了以分钟为单位的热身计划，连准备活动的项目、顺序都考虑得很周密。我先让队长分组玩抢球游戏，互相传球和抢球，大家一边跑一边传，相互呼应，气氛十分活跃，通过这个小游戏冲掉了昨天输掉比赛的晦气，大家的情绪明显好转了。今天对日本队的这场比赛技战术我已经布置好了，就这么打，没什么问题。我预感今天的比赛赢定了。

从输了首场对中国台北队的比赛到第二天迎接新的比赛这一段时间里，如何思考、如何布置策略和行动，最能考验教练员的经验和水平。除了训练、比赛指挥等水平外，能不能整体布局、运筹帷幄，把球队最好的竞技状态调整出来并使其发挥在最重要的比赛当中，就看教练员水平。平时练得再好，关键时刻状态出不来，教练员和队员就等于都白忙活了。所以第二天比赛前玩什么游戏，准备活动怎么做，我都和其他几位教练员交代好了，他们都很优秀，能很快领会主教练的意图，并一直细心观察着队员的情绪和状态。实际上，从20世纪80年代末，中国女子垒球队就已经可以很有信心地对阵日本队了。

比赛一开始，日本队第一投手上来投球，我们进攻火力非常猛烈，一下子得了好几分。中国队打得凌厉异常，让日本体育解说员深感惊讶。

一般在换场的时候，对方投手防守结束后，会把球放到投手位置。我们主教练的习惯是到场地投手圈去拿起地上的球，把球搓干净交给自己的投手，再说几句鼓励的话。我走上场去拿球时，与日本队下场的投手擦肩而过，她认识我，小声地嘟囔说："您不要打那么凶嘛，NHK直播这场球呢。"最终中国队以7∶2大胜，这个比分显示出两队不在一个档次上。我们再次证明了中国女子垒球队在亚洲的霸主地位。

那时我女儿大学毕业刚参加工作，因为会日文，单位派她到亚运会当志愿者，分配到日本广播协会（NHK）转播组做翻译。后来我女儿跟我说，看着场上运筹帷幄、指挥若定的父亲，她心里感到无比自豪。

中国女子垒球队击败日本女子垒球队，夺得北京1990年亚运会冠军

接下来的比赛，中国队乘胜追击，越打越好。按双循环赛制，第2场对战中国台北队时，我叮嘱队员不要以报一箭之仇的心理去比赛，要凭着我们艰苦磨炼出来的作风和过硬的本领去打球。我也再次体会到夺冠之路永不平坦，随时都有可能出现意外，身为教练员就要练就处理突发事件的本事。

亚运会决赛夺得了冠军，队员们都很激动，她们一拥而上，把我托举起来往上抛，抛得一次比一次高。《中国体育报》刊登了这个激动人心的场景的照片。似乎从此之后，夺冠后各项目队员把教练员举起来的庆祝方式渐渐流行开来。就这样，中国女子垒球队胜利完成了冲顶亚运会和世锦赛双高峰的任务。

## 远赴意大利执教

刚走过了繁忙的1990年，没想到在1991年初，我收到了居住在日本的老母亲癌症复发危在旦夕的消息。5年前母亲发病做手术时，我因忙于准备参加第6届女子垒球世锦赛未能去探望，那时医生就告知说手术后5年将是个关口，看能否挺过去。所以这次我没有犹豫立刻请假飞到日本大阪探望母亲，因为我心里隐隐预感到这是我最后一次尽孝的机会了。老母亲一人住在我妹妹家附近，我刚去时每天在家里朝阳的房间陪她聊天，有时还带她到附近走走，看看梅花，但没过多久母亲就住进了市里的医院。我每天早上坐电车从大阪堺市换乘地铁到医院看望，想想自己常年在外未能在老人身边尽孝，心情无比沉重低落。晚上从医院回家的末班车上，整个车厢空荡荡的，我的心情也一样是空落落的。这一年的初春，在樱花还没盛开的时节，母亲安详地走了，想到我再也没有机会和她坐在小区公园的木板凳上闲聊，也不可能再在樱花隧道里带着老人家散步，我内心满是悲哀、愧疚、迷茫。

在日本送走了母亲，我对亲情和家庭有了别样的体会。回到北京，我感到身心异常疲乏。多年来一直带队奔波拼搏，我和所有运动项目的教练员一样，欠家人太多了，尤其没能在家尽好父亲的职责，管教和辅导孩子学习的事全盘交给了在中国国际广播电台工作的妻子，很是愧疚。我也想通过让孩子们留学来弥补对他们缺失的关心和照顾。但当年因国内与国外经济水平差距大，我作为垒球项目教练员的薪资微薄，难以支撑孩子的留学费用。

于是，经过仔细思量，我给国家体委领导写了赴外执教的申请，我没写"通过体育交流加强友谊"之类冠冕堂皇的话，而是坦陈了我的实际情况：我在垒球队执教十几年，未能为家庭尽责，对孩子的学习也无暇关注，现在想让孩子留学，但经济能力有限，因此想暂时赴外执教，为家庭作一些补偿。

20世纪80年代中国女子垒球队在国际上声名鹊起，在国际赛场上也是屡战屡胜。我和加拿大队、澳大利亚队等队伍的教练员关系不错，他们经常和我探讨一些技战术问题。1989年意大利洲际杯中国队夺冠，举办这次洲际杯的组委会主席是维罗纳市布索林格垒球俱乐部主席安杰罗，通过这次赛事，他瞄上了我，想方设法邀请我去他的俱乐部做教练员。

当时国家体委的领导多是从一线晋升上来的，虽然平时对教练员们的要求很严格，但却能体察一线教练员的艰辛和实际困难。加之我已圆满完成了北京1990年亚运会夺冠的任务，1991年10月我的援外执教申请被批准了。只是国家体委领导不希望我去澳大利亚、加拿大等国家的垒球队执教，显然领

1991年10月，布索林格垒球俱乐部主席安杰罗（右一）陪我观摩欧洲垒球锦标赛

导不愿意让我执教和中国垒球队实力相近的队伍,避免养虎为患。正好意大利布索林格垒球俱乐部主席安杰罗很想将自己的垒球俱乐部队打造为意大利垒球的甲级强队,就这样我被邀请到罗密欧与朱丽叶的故乡——意大利维罗纳市,在布索林格垒球俱乐部执教。

1991年秋,我和意大利布索林格垒球俱乐部签了4年的执教合约。我原计划到1994年第8届世界女子垒球锦标赛前回国,备战亚特兰大1996年奥运会垒球比赛。

说起这次到意大利执教,还是有些因缘的。早在1984年春天,意大利垒协就曾经邀请我到意大利各地巡回讲课交流,并请我帮着参谋挑选意大利国家垒球队队员,对于意大利国家队教练员人选也想听我的建议,我觉得这也表示了他们对中国垒球水平的肯定。

当时在意大利讲课期间,意大利垒协派来一位曾参加过"二战"的60多岁的老先生,他带着我和国家体委小球处的西班牙语翻译孙先生走了13个城市。这位文静的老先生开着自家的欧宝车跑得飞快,还放着强节奏的音乐,每到高速公路休息站一定要喝一杯意式浓缩咖啡,我也跟着慢慢尝出了味道来。老先生能听懂一点英语,出发前他和我说:"从今天开始每顿饭都会让你吃上不重样的意大利面条。"我们从米兰出发到那不勒斯,13天下来每天午饭和晚饭,真的品尝到了20多种美味的意面。我每到一地都会进行现场交流,在这两周时间里结识了不少意大利垒球教练员和运动员。

这次讲学交流的最后一天,老先生在罗马郑重地邀请我们到他家做客,因为意大利人很注重个人隐私和空间,所以邀请异国的人到家里做客,在意大利是比较稀罕的事情,这也说明他已经把我们当作好朋友。但我这次赴意执教的垒球俱乐部在意大利北方的维罗纳附近,距离罗马很远,所以很遗憾没能再见到这位老先生。

1991年10月,意大利布索林格垒球俱乐部的安杰罗主席亲自到米兰机场迎接我。安杰罗先生很能干,也很有想法。1989年他筹划了在维罗纳布索林格镇垒球场举行的洲际杯女子垒球锦标赛,那次比赛中,中国队击败美国队、澳大利亚队等队伍夺取了冠军,引起热烈反响。我再次来到布索林格镇，小镇上还有人记得我。我去理发店时，店里的老板对我说："你是知识分子，比赛时很会动脑筋。"面包店的大嫂每次都特意把我爱吃的咸面包留给我。

意大利垒球甲级联赛的建制正规完善，竞争激烈，1989年举办洲际杯时，意大利方面的球探就一直在认真地观战。意大利共有24支甲级垒球队，分属4个区，每区6支队。每年年底南区的冠亚军和北区的冠亚军打决赛。我将执教的队伍之前在意大利全国排名在16～20名，实力较弱。布索林格垒球俱乐部邀我来意大利就是希望把这个俱乐部垒球队的水平提高上去。10月我来到这里时，当地的垒球赛季刚刚结束，于是俱乐部主席安杰罗先生就带我到罗马观看了欧洲垒球锦标赛。这次我亲眼看到了雄伟的罗马奥林匹克体育场。这座1937年竣工的体育场外排列着高大花岗岩雕刻的体育人物塑像，有很高的艺术观赏价值。欧洲垒球锦标赛冠军的争夺，主要在意大利队与荷兰两队之间，那时意大利队稍强一些，但荷兰队的队员身材尤为高大魁梧，比意大利队的队员更壮实有劲。

看完欧洲垒球锦标赛，回到布索林格垒球俱乐部，我正好看到一位年轻的叫卢奇欧的高个子教练员正在带队员练习。因为垒球的赛季刚结束，大家的练习有些稀松。这个俱乐部的队员，年岁大一点儿的平时都是职员，队员里还有年轻的高中生等，大约有20人在练习，打得好的不算太多，主力队员的年龄都在25岁到28岁。第二天傍晚，我再次来到训练场，算是正式就任。镇里的垒球爱好者一听说上次洲际杯冠军队中国队的主教练今晚要带队开练，都争相前来参观。准备活动和基本技术训练结束后，我给内场的球员打一些地滚球，有快有慢，她们没见识过运动量这么大的练习，于是看台上陪着的家长就开始叽里咕噜地议论开了。有的队员的家长看我的球打得又急又密，就心疼地叫起来。我问安杰罗先生，他们在叫喊什么？安杰罗说他们抱怨我练得太狠了。我心想我都已是50多岁的人了，在中国队都已经很少亲自打教练棒了，我一个人陪这么多年轻队员练，能狠到哪里去？但的确以前我常年面对的是中国国家队的专业队员，而一个俱乐部球队的队员与之比起来，各方面还是有不少差距的。

于是我对安杰罗先生说："你叫我来是哄她们玩儿，还是要拿好成绩？如果想拿好名次就要练得苦一点。那你就请看台上的人不要叫喊了。"安杰罗回答："我们是要拿好名次。""那就按我的节奏来。"我的回答也很干脆。安杰罗从1989年在这个场地举行洲际杯时就一直观察我，1990年他随意大利队去参加在美国伊利诺伊州举行的第7届世锦赛的时候又见到我，他确认了我的实力才决定聘请我，所以他也是真心想提升俱乐部球队的水平。于是他走过去对看台上的家长说了些什么，之后就再也没人喊叫了。

我虽然在一点一点提高训练要求，但运动员依然觉得压力大。有的队员还会迟到，我就对她要求："你既然是这个队的队员，就应该守时间。"后来我和安杰罗先生商量，请那些原本抱着到队里来练着玩儿的人就不要勉强跟着练习了。我还建议多选一些年轻的队员，改变队伍的年龄结构。当然这样做俱乐部还要配服装器材，需要增加投资，但为了加强实力，安杰罗先生最终也答应了。

1991年11月，意大利北部进入深秋后，因湿度高经常起雾下小雨，有时前面100米都看不清，场地也变得湿滑不适合训练了。之前他们遇到这种情况就会干脆停训一段时间。我和安杰罗先生商量需要找个地方继续练习基本功。我们找到镇里的篮球馆，商定了使用时间后就在馆里练基本技术。我有时让队员们不戴手套接传球，纠正传球动作和接球手型，而且力量必须适中；有时还拉上网练抛击球，如果投球不准或打偏了，球就会打到墙上。最终那个体育馆的墙被打得坑坑洼洼的。我组织的基础练习传接球，要求所有人都要动起来，她们情绪高涨，练得满身是汗。后来体育馆的负责人找到安杰罗先生，指着墙上的坑洼抱怨说："这体育馆是墨索里尼时代建的老宝贝啊！"我马上诚恳表态："我知道这个馆很有历史，所以练习时也一直提醒队员要爱护，但她们有时手头没准，请您多多包涵。"练习了一个冬天，队员们的基本技术提高很快。年轻人热情高，信心也跟着起来了。一个冬天的训练，培养出来四五个苗子，这样一来我就有本钱请占着位置不出活的队员靠边站了，也让这些只想来玩玩的队员明白请中国教练来这里是干什么的。

1992年春天，照常例要举办意大利杯垒球赛，这不属于能挣积分的联赛，只是各个俱乐部展示自己、提振士气的比赛。我谙熟对付意大利俱乐部这种水平球队的策略，主要就是基本功的对决，要在防守上减少失误，进攻多打地滚球，只要在接球和传球两个环节上让对手多一点失误就行了。果然我带的队一鸣惊人，打了个第3名，来了个开门红，安杰罗主席和队员们都高兴坏了。维罗纳市南边有个著名的帕尔马城，是盛产火腿和芝士的地方，也是著名男高音歌唱家帕瓦罗蒂的故乡。帕尔马垒球俱乐部队资金充足，是个垒球强队，她们的队员个个体格健壮。我们打败她们取得第3名后，意大利北部其他11支垒球队都开始对我们刮目相看了。她们惊叹："中国教练员来了，这个队伍就真的厉害起来了。"但她们不知道的是，这个冬天俱乐部的姑娘们的练习有多艰苦，每堂课都是一身汗，还把体育馆的墙都砸坏了。

1992年在意大利北半部打联赛，有时要乘大巴车到很远的乌迪内比赛。在赛季中每一个星期天要打两场比赛，大家一大早唱着歌出发，迷迷糊糊地睡着回来。到了9月份，俱乐部的战绩和初秋的天气一样明朗起来。在争夺第3名的比赛中，因为对手队里有一位原加拿大国家队的小个儿队员，跑得特别快，加上我们有个老队员在外场防守失误丢了1分，所以我们止步于第4名。但在我执教一年之后，布索林格垒球俱乐部就有了如此大的提升，这已经是相当棒的成果了。

虽然面对的队员的素质和技术水平无法与中国队的队员相比，但短短一年的执教训练，就能让她们有这么大的起色，也再次印证了我对于垒球训练管理和比赛指挥的思路是有效可行的。

俱乐部主席安杰罗待我很不错，上哪儿他都让我坐在他车的副驾驶位上。因为我来过意大利几次，和其他各队教练员都比较熟悉，我常跟其他队的教练员接触交流，每次安杰罗先生都紧紧地跟着我，生怕我被其他队挖走似的。在我来意大利之前，中国青年女子垒球队的俞教练已经在意大利执教多年，很受欢迎。因此意大利垒球圈很赏识中国女子垒球队的教练员和队员。

## 与家人久违的相聚与放松

因为在国内时常年在外奔波训练比赛,很少有着家的时候,我感觉对家人亏欠很多,所以在意大利执教期间,就想叫老伴过来散散心,也算是对她的小小补偿。1991年夏天,她来意大利探亲,这是她第一次到欧洲,需要从香港经罗马飞到米兰,因为语言不通,她一路上担惊受怕,一直到了我住的维罗纳布索林格镇,她才放下心来。我一周训练3次,都在晚上,白天有的是时间陪她到处观光。我们俩在意大利度过了难忘的3个月。我们到哪儿比赛,老伴也跟着我去加油,过足了看垒球比赛的瘾。从那以后看垒球比赛也成了她的爱好之一。没有训练安排的时间,我们就在镇里逛逛,稍远一点儿的地方还有大型超市,在那里我们也能过上大半天。

我在日本的两个弟弟和在香港的妹妹,知道了我在意大利执教,也约着来意大利旅游见面。大弟一家和妹妹来的时候,我带他们在维罗纳看了罗马竞技场、朱丽叶故居等名胜,我们还去了威尼斯,逛遍了各种假面具小店。我小弟的爱人曾在意大利留学学音乐,对意大利比较熟悉,他们来了之后就要去威尼斯,还带我们去了据说是美国前总统里根去过的餐厅,吃了带墨汁的墨斗鱼,其风味很独特。

意大利北部靠近瑞士等国,风景秀美,生活水平较高。我住的布索林格镇位于欧洲最大的湖泊加尔达湖东面的高坡上,人口约4万,是典型的意大利北方小镇,有颇具品位的一条商店街,通到位于街心的一座古朴典雅的教堂。镇广场经常举办各种活动,临近意大利的各种节日,马戏团一驻扎就是一个月。有一回我看到路边的墙角都被用草垛和麻袋包裹起来,原来是要办公路汽车赛。每周四,镇上还有集市,主要的街道两边停满商用面包车,车上鲜肉、海鲜、奶酪、水果、酒类等食品和衣物鞋类等日用品,应有尽有。白天我没有训练任务时,闲来无事,会逛上一大圈,每次只买点海鲜、奶酪和柠檬,主要为了解风俗民情,练练意大利语。

意大利、西班牙、葡萄牙和法国等国的人,仿佛缺了橄榄和西红柿就做不成菜肴,两公斤一大罐的西红柿酱眨眼就用没了。早年中国女子垒球队首次到意大利帕尔马比赛时，被专门邀请到帕尔马火腿厂的操作间参观，看到师傅们往火腿上抹香料、胡椒和盐，之后挂在香木上，标上生产日期。师傅用铁叉插进火腿中心部位后拔出来一闻，就知道这个火腿的成熟程度。那时只有我和上海来的张国伟教练爱吃意大利的帕尔马火腿。张国伟教练在家常用金华火腿做汤，所以对火腿情有独钟，他回国时还特意买了一大块帕尔马咸肉。我在意大利执教期间，还曾去见过在意执教多年的俞昌和教练，他特意给我做了炖猪手，那只帕尔马猪手大到我只能勉强吃完一只，俞昌和教练照例只喝啤酒不吃其他食物。

每周日打比赛队员们还是有一点动力的，因为打胜仗后俱乐部主席安杰罗先生会问队员："想吃什么？"队员总是异口同声地喊："披萨！"酒香不怕巷子深，于是我们就会开车到很远的乡村披萨店。队员对吃很执着，每人都要翻遍菜单，从几十种披萨中选出可心的一种。一张披萨大概5美元左右，我一般选被称为拿波里丹那的只放西红柿酱、奶酪和虾鱼酱的比萨，这种披萨最考验厨师手艺。

我的助手卢奇欧教练，为了有更多的时间拿来教队员垒球，辞掉了他在一家著名公司的工作，而到一所幼儿园当厨师，他们确实有自己的价值观和人生选择。卢奇欧教练有时会请我们到他郊区的家里聚会，他父亲把带地下室的3层楼分给了两个儿子，他哥哥要了1、2层，他要了地下室和3层，只是为了便于垒球队员聚会。这间地下室布置得像个一流餐馆，聚会时做菜方便，也不打扰附近的人家。卢奇欧还时不时给我送来极好吃的意式千层饼，到现在我都不知道那是怎么做出来的。

垒球俱乐部一周只练3个晚上，白天无事可做时，我就骑上小摩托到湖边钓鱼，要鱼饵就到外场墙外的马厩里翻捡马粪，而鲜红诱鱼的蚯蚓要多少就能挖出多少。还记得1992年6月30日那一天，我好不容易钓上了一条大鲤鱼，高兴坏了。可马上旁边的几个意大利人凑过来和我叨咕，看我听不懂他们就拿出一张卡片，我知道意大利钓鱼要执照所以早就花钱办了。但他们指给我看其中一条印有日期的地方。我这才明白鲤鱼要从7月1日才开禁可钓，我钓早了一天，于是我赶紧把钓上来的大家伙放回水里。在整个过程中，意大利人对我很友善耐心，给我上了一堂生动的自然保护课。意大利人的钓具精良，放上整排的细杆专钓湖里的小白条。我不可能置办那么好的竿，于是改变战术换到湖边小河专钓鲫鱼，钓得够我一周熬汤、炸鱼用的。后来鲫鱼钓腻了，我偶尔也到10美元半天的钓鱼塘过过瘾。意大利的大鱼塘的鳟鱼不像国内怀柔的鳟鱼那么好钓，还要赶在上午大罐车运来放鱼的时候去钓。有一次我钓上了一条5斤左右的家伙，这条鱼身上已泛红，旁边的人都围过来叫好，还帮我把鱼拉上岸。有时鳟鱼不好钓，我就换池钓鲇鱼，但我不喜欢这个鱼的味道，只为过过钓鱼瘾。因为鲇鱼没刺，所以欧美人很爱做炸鲇鱼。

在意大利执教的一年间，除训练比赛外，我与人接触的机会比较有限，感觉很孤单，有时我为找乐子就拿一张地图开着最高时速45千米的小摩托到处转，附近的小镇都给我转得差不多了。这些小镇的人口一般都在2万到4万，建筑格局也差不多，教堂和小广场各有特色。有时走得远了，我就靠看北斗星定方向摸黑回来，到了公寓累得吃点面包、喝点开水倒下就睡着了。

22年之后的2014年，我再次随旅游团从意大利南部到威尼斯观光，行程里原有到加尔达湖的安排，但后因行程更改没去成。那里离我曾执教垒球的布索林格镇很近。我一直很想再去那个镇看看，除了景色迷人，更想看看安杰罗、卢奇欧和每位队员，再向面包店大嫂、理发店大叔问个好，再到队员母亲开的咖啡馆，喝杯咖啡聊上一会儿。

## 大局为重应召归队

1992年，正当我经过努力将所在的俱乐部队从最差第20名的成绩拉拔到第4名，考虑是不是可以要求适当加薪时，接到了国家体委召我回国的急电。

原因是这样的，1992年我在意大利执教期间，刘雅明教练带领中国女子垒球队在日本举办的第4届中日美女子垒球锦标赛上获得了第1名的好成绩，这是相当不容易的事情。那时美中日这世界前3名的垒球队在各种国际赛事中，都极力想证明自己的实力。根据我的观察，1981年第1届中日美女子垒球锦标赛美国队派出的阵容最强大，这通过主教练拉尔夫·雷蒙德、主力投手凯西·艾丽逊、游击手德特·理查森等就能知道。1985年在中国举行的第2届中日美女子垒球锦标赛，美国主投是当时在美国球速最快的投手坎布顿和变化球最好的投手凯西·范维克，中国队取得第1名；1987年在美国俄克拉荷马举行第3届中日美女子垒球锦标赛，中国队取得第2名；1992年在日本举办的第4届中日美女子垒球锦标赛，刘雅明教练带队又争得了冠军。中国女子垒球队在这个强强对抗的重要赛事中，10年间稳居前二是相当不容易的事情。这个战绩证明了中国队长期保持着世界前三的稳定实力。

中国女子垒球队在刘教练的带领下参加完在日本举办的第4届中日美女子垒球锦标赛，回到北京不久，就要以东道主的身份参加世界杯女子垒球赛，赛前本就有很多事情要处理调整，这对刚当主教练不久的年轻教练员是个考验。刘雅明教练当过国家棒球队主力队员，转到垒球队也有近10年，工作尽心尽力，他还年轻，还要努力学习，需要不断提高和磨炼。教练工作是综合工程，主教练相当于总工程师，既要管全局，又要精通专业，其为人、能力和战绩铸成一种威信才能引领队伍，不管是谁，只要在这个重要岗位上，都要不停地学习，不断地提高。

刘教练刚刚带队夺冠凯旋，又要在家门口北京参加世界杯女子垒球赛，领导们都在主席台上观战，想必内心有一定的压力。可能由于队伍没做好调整等，最终这次世界杯赛中国队输给了美国、日本等队只取得了第4名。截至1991年，中国女子垒球队在国际大赛中的成绩从来没低于前3名。而风头正劲的中国女子垒球队此次却在家门口举行的国际大赛中掉到前3名以外，这自然会受到领导和舆论的关注。

那时国家体委的杨伯镛司长管球类项目，他在运动员时代是硬派球员，当教练员时也是说一不二，当了领导更是雷厉风行，看到中国女子垒球队成绩下滑，他立刻急电我马上回国。我跟杨司长建议说："刘教练一直当副手,刚刚执掌帅印不久,当副手和担任国家队主教练确实有一定的区别。这次刘教练初当主教练接连指挥两个大比赛,一次第 1 名、一次第 4 名的战绩已相当不易,比赛成绩出现波动也在情理之中,应该多给年轻教练员一些机会练一练,也就练出来了,您当过教练员熟知这点。"但杨司长坚持让我立刻归队执教。

因为我之前办理了正规援外教练手续,与意大利的布索林格垒球俱乐部签了 4 年的合约,原计划是 1994 年垒球世锦赛之前回国复职。这样一来,我不得不毁约。我带的俱乐部球队刚刚有了起色,突然毁约虽然有损中国教练员的信用,但大局为重,军令必须服从,我就先以合同里约定的一年一次的探亲假为借口,收拾了少量必需品,赶回了国。

1992 年 10 月我提前从意大利归国后,距离亚特兰大 1996 年奥运会有完整的 4 年一个周期的备战时间。我回来后着手确定亚特兰大 1996 年奥运会目标、制订计划、组建队伍,想要做的事情太多了。

回到北京后,我就投入备战训练中。安杰罗见我迟迟不回意大利,就三番五次来电话催我。因为时差关系,那一阵每到夜里三四点,准有来自意大利的国际电话打到我家里,催问我:"李,你什么时候回来呀?"我就只好告诉我老伴,让她来接这个时候来的电话,我教她用意大利语讲:"李敏宽不在家。"后来,国家体委正式致函俱乐部主席安杰罗先生,解释了为了备战奥运我回不去,这事才算告一段落。

# 第九章

# 奥运会垒球赛的银牌之路

## 首次在自家的标准垒球场训练

多年来春秋寒暑，我作为中国国家女子垒球队的领队兼主教练，率领队伍转战祖国南北和世界各地，有时感觉自己就像一只领头雁。当我觉得翅膀比较硬了，就想带着大家飞得更高更远一些。随着中国队实力的稳定和增强，20世纪90年代，我心中带领中国女垒的姑娘们在奥运会上夺取奖牌的目标，渐渐清晰起来。

1994年初春，中国国家女子垒球队照例在结束了漫长的昆明冬训后回到了北京奥体中心，马上着手准备到澳大利亚练兵。因为初春的北京早晚都很凉，垒球场上的草还没有生长出来，这对习惯了在春城昆明带着露水且有弹性的草皮上穿着短袖衫训练的队员来说，着实有点难以适应。队伍结束冬训回京后没练多久，4月就要到澳大利亚参加在悉尼举办的南太平洋女子垒球精英赛，这是四大国际垒球赛事之一。这次精英赛对夏天即将举行的第8届女子垒球世锦赛来说，算是最后一次高难度、高强度的热身机会，不但能检验中国国家女子垒球队冬训的效果，还能了解世界各强队的最新状况。在之前历届南太平洋女子垒球精英赛中，中国队都保持着第2名的好成绩，而这次各队也都是有备而来，尤其是澳大利亚队，为了提升实力，采取了组织黄绿两队竞争的模式参加本国和国际的各种比赛，进步很明显。

开赛伊始，中国队没能拿下关键比赛，一下子掉到了第 4 名，再次面临背水一战的困境。队员们从这次比赛中，已开始体会到即将到来的世锦赛和奥运会前浓重的硝烟味。完成南太平洋女子垒球精英赛回国召开总结会时，国家体委奥体中心的李孝生主任也亲自参会。我首先检讨并承担了失利的责任，主要是我没带好队伍。然后我也谈了训练方面的具体事情，还提出了希望改进训练条件、顺应国际比赛要求方面的问题。我们长期在国内很不规范的垒球场地训练和比赛，不夸张地说，20 世纪 90 年代，偌大的中国还没有一块能打国际比赛的正规垒球场地，各省市垒球队的场地就更不用提了。美国、日本、澳大利亚、加拿大的一般垒球场地在内场都铺有红土，外场草皮很平整。我们的内场没有红土，外场也没有草皮，即便是铺了草皮，草皮质量也差，影响训练，队员在坑坑洼洼的训练场训练有受伤的风险。

奥体中心的李主任听了以后认为是我为没打好比赛强调客观理由。但我继续争取说："正是因为没打好比赛，才需要总结各方面原因，才提出这个亟待解决的实际问题！"李主任可能没想到我这么一个平时少言寡语的教练员竟然敢当面反驳他这位体育界的权威，他瞪着我说："你这个教练还敢给我提意见！"但让我没想到的是，不久之后，我们竟然每天都看到有卡车往奥体中心运红土，最终竟然把垒球训练场的内场铺成了红土场。听说这些红土是从深山土层里一点一点抠出来的。再后来，垒球场周围还竖起了高高的金属柱子，架起了专业的 6 组夜场照明用排灯，奥体中心真的给中国国家女子垒球队建起了我国第一个灯光垒球场！试灯的那一天，队员们早早来到场地，注视着场地工和电工师傅的每个操作，当电工师傅一合闸，在灯光的照耀下，我们的眼前展现出一大片绿草覆盖的钻石形的标准红土垒球场，场上红和绿两种颜色相互映衬，格外鲜艳夺目。面对梦想成真的这一幕场景，中国女垒的姑娘们高兴得跳了起来，这天晚上大家都练得格外带劲儿，直到深夜她们都不愿意离去。这下我们中国队也终于有了条件，能更好地适应夜场的国际比赛了。通过这件事，我对奥体中心这位态度直白强硬却真正为运动队办实事的李主任很是敬佩，同时也深深地感受到国家对于体育事业的投入与支持，不由得感觉到肩上的担子更重、压力更大了。

## 冬训备战累倒在训练场

多年拼搏下来，我的身体情况比起运动员出身的年轻教练员已经差了很多。1995年春节刚过，在昆明进行备战亚特兰大1996年奥运会的冬训时，由于训练紧、压力大，我在训练场上胃溃疡发作，导致较长时间无法进食，最后身体顶不住竟然倒在了训练场上，被紧急送进了医院。因为病情不轻，云南省医院的大夫不敢做主，决定送我回北京诊治。云南省医院的医生陪送我到北京，国家体委来接我的同志问我想上哪个医院治疗，我建议去离家近一点的人民医院。人民医院的大夫说要等我体力恢复后才能动手术。其间刘雅明教练、刘利明教练等常来看我。我手术那天早上7点就到手术室准备，手术结束后还被送到重症监护室观察，当天下午大夫看到我术后病情稳定才让我回到了普通病房。但因为医院怀疑有癌变，我需继续观察和检查。出院前大夫叮嘱我说："你切掉了3/4的胃，回去以后一定要少吃多餐，尽量让胃逐渐地恢复功能和容积量。"

出院时北京已到了春暖花开的季节，国家女子垒球队也从昆明海埂体育训练基地回到了北京。手术拆线后的第三天，我就迫不及待地回到奥体中心的垒球场地指挥训练。但因为备战奥运会的任务紧，我要按时指挥训练，所以无法按医生嘱咐少吃多餐，只能和队员们一样一日三餐，也因此留下了一些后遗症。我之前体重65公斤左右，病后不到60公斤，整个人又黑又瘦，但我还坚持打教练棒。可因为刚出院，体力还没恢复，我给内场七八个人打教练棒时已经感到很费劲了，还好大量训练由年轻教练员协助。

这之后我彻底地戒了烟。过去抽烟时用过的那些精致的烟具，我现在都还保留着。因为喜欢闻雪茄发出的诱人香味，我就特意把这些东西放在书柜里，看看自己能不能顶住诱惑。几十年过去了我真是一根烟都没碰过。我儿子都说："就佩服爸戒烟戒得干脆利索，有毅力。"

## 第 8 届世锦赛行程一波三折

1994 年第 8 届女子垒球世锦赛在加拿大最东端的纽芬兰岛上的圣·约翰市举行。这次大赛的成绩关系到垒球首次纳入奥运项目后的参赛权，因为前 4 名的队伍有资格直接参加亚特兰大 1996 年奥运会的垒球比赛，所以事关重大。出发前的动员会上，国家体委副主任徐寅生、奥体中心主任李孝生等领导亲自来给全队做动员，主要谈垒球是所有项目中第一个去争取奥运会参赛资格的队伍，所以肩负重任。他们讲过一轮后问我有什么要求，我很直接地说："希望世锦赛比赛期间保持队伍训练作息的节奏，不要老召集我们开会，让教练员有多点时间思考，让队员有多点休息时间。"我提的意见当然有所指，因为当年 4 月参加在澳大利亚举行的南太平洋女子垒球精英赛时，正值南半球的秋天，凉风阵阵。由于派来的领导平时忙于机关工作，不太了解运动队比赛期间的习惯性运作，每天都在队员们刚比赛完身上还带着汗还没洗澡换衣的时候，在室外召集开会讨论赛事和技战术，影响了队伍比赛和休息的节奏。这种交流本应是在队员回屋洗完澡、吃完晚餐后开会时做的事情。我们深知这次世锦赛的重要性，因此提出提前四五天到达比赛场地，以适应时差和环境，最好能安排一次热身赛。

可没承想给我们订的机票竟然是让我们从北京飞十余个小时到加拿大西端的温哥华，到温哥华后还要分成三拨在多伦多再转机才能飞到东端的圣·约翰市，这样的行程安排导致队伍在加拿大境内又白白耗费了约两天本应用于赛前准备的宝贵时间，导致我的赛前时间安排和热身计划全都泡汤了。原本想用于倒时差热身的时间，却都安排在横跨加拿大的路上。参加夺取奥运会入场券这么重要的比赛竟然如此安排行程，真是让人气到无语可说。

实在没辙了，出发前我只好利用个人的关系，打电话给在多伦多的好友李良，我跟他说明了情况，希望他帮我们队找食宿的地方。我的朋友马上说："你别开玩笑了，夏天美国人都到这里避暑，房间早就订完了，你们甭想有地方住了。"他的话让我的心凉了半截。当我们队伍用了十几个小时飞到温哥华，大家都已感觉很疲劳，歪歪斜斜地下了飞机，等航班转机到多伦多。让我没想到的是，我的老朋友李良一身邋遢打扮，笑眯眯地迎了过来。他先带我们全队美美地吃了顿中餐，还给最先到的一拨人订了饭店，让她们可以住一晚再飞往赛地。他就这样一拨一拨地接送，还跟我说："你们打完比赛回来时，全队一起到我家里坐坐，我带大家到尼亚加拉大瀑布看看。"这就是友情啊，但愿回程时能给全队队员订上同一航班的飞机。

圣·约翰市是加拿大东端纽芬兰岛上的一个小城，比赛场地明显是赶着铺出来的，因为内场铺在碎石上面的沙土层有些薄，用钉鞋刨深一点，砾石就会露出来，运动员在这种场地滑垒、扑球时，特别容易受伤。

我们住进了圣约翰大学的学生宿舍，食宿条件实在不敢恭维，但我们对欧美人简约实效办比赛的做法已经习惯，也算认同。组委会让我们和墨西哥、阿根廷、古巴等中南美洲的垒球队同住一层楼，这里好像成了垒球的第三世界。这些中南美洲的队伍对名次没有太大的奢望，仿佛这次来是参加一场派对一般，时不时地在走廊里唱歌跳舞，确实影响了我们休息。他们见了我们就称呼"阿米哥"（西班牙语为"朋友"之意），很是友好，搞得我们哭笑不得。之后不久，我们看见浩浩荡荡的美国队车队带着众多的装备进入了驻地，她们自然会被安排到最安静的住所，照例还会有保密的热身场地。给我们的待遇和对垒坛霸主的接待，反差确实很大，但这反而激起了中国女垒姑娘们的斗志。

大学里的中国留学生对我们非常热情，队员们遇到同龄学子时也感到格外亲切。最为感动的是，只要我们打比赛，中国留学生会就组织啦啦队为我们加油。比赛场上除了中国队，再也没有哪个球队能像我们这样拥有自己国家的留学生啦啦队了，为此我们感到很自豪，也觉得很幸运。实际上，这些中国留学生在这次世锦赛以前也不懂垒球，他们看到中国姑娘来到这么偏远的赛场，在与世界各路强队的较量中，锐不可当，表现出色，他们也深感荣耀，很快就爱上了垒球。没有想到的是，当时在这个大学留学的一位研究生后来回国当上了南京工业大学的领导，他就是因为这次的缘分喜欢上了垒球，在他所在的学校积极推进组建校垒球队，后来我们还为此有过一些交流。因喜爱垒球而结下的缘分，真的很奇妙。

当地的华侨同胞和留学生为中国队热情加油

## 世锦赛夺下奥运入场券

  我们在参加大赛前都有预案,简言之就是"单循环预赛争前二,这样佩奇制复赛中确保第三,以后再拼争冠亚军"。只要我们能在预赛进前两名,等到进复赛的4个队采用佩奇制争冠军时,即使两场全输,我们也还能确保比赛的季军,若能赢一场就是亚军,再赢一场则可能取得冠军(在佩奇制比赛中无败绩时)。

  第8届女子垒球世锦赛最后一天,中国队又和澳大利亚队争决赛权,只有取胜才能有机会和美国队争冠军。澳大利亚队实力雄厚,准备充分,两队打到最后一局的前半局时,比分还是0∶0。中国队后攻,最后半局拿下1分,我队就能胜利。我思考了面临的形势决定用代打。队员欧敬柏是祖籍四川的北京人,性格倔强,队员给了她一个昵称——"欧嘎"。平日里她常常自己闷声苦练,队里主要根据她的进攻特长将她作为指定击球员,她防守的位置是候补一垒手。当年 4 月的南太平洋女子垒球精英赛上,她发挥得不太好,后来没怎么让她上场,让她憋了一夏天,她很不服气,每天玩命地练习击球。我一直在一旁观察着她。这场对战澳大利亚队的最后一局就需要 1 分,我观察到外场的会旗和加拿大国旗被海风吹得向左外场界外方向飘,欧敬柏这一场虽是板凳队员,但在整个比赛过程中她一直在挥棒热身,跃跃欲试。她擅长打偏高球,击出来就是高远球,打好了就是一个本垒打。如果选好外角高一点的球击出去,风还能助力。我再次确认了一下风向,只见旗子往左外场界外方向哗啦哗啦地飘着。我当机立断,对欧敬柏说:"欧嘎,你上!"对方右投哈丁的拿手球是上飘球,欧嘎是左棒,正好爱打外角高球,风向也顺。欧敬柏块头不小,击球姿势和动作很有个性,眼前即将展开的与高大魁梧的澳大利亚投手一对一的搏斗,简直让人窒息。这时欧敬柏显得格外冷静,她还真挑了外角上升球果断一挥棒,球高高地飞向左外场靠边线旗杆的界内区,而且还打进了看台,这真是典型的"欧嘎式"本垒打。欧敬柏很激动,有些害羞地红着脸跑向一垒、二垒、三垒,很用心地踩踏每个垒垫,我猜不出她在跑回本垒的不足 20 秒的时间里都想了些什么……全队队员都涌到本垒板附近,盯看她重重地踩到本垒的瞬间。

与打出本垒打的欧敬柏手捧奖杯

瞬时，大家奔上去拥抱、击掌和欢呼。就这样，我们以第8届女子垒球世锦赛亚军的战绩取得了亚特兰大1996年奥运会垒球比赛的入场券。这个胜利来之不易，首先我作为主教练根据场地情况、投手特点、击球员能力和局面展开等综合因素，做了正确及时的临场判断，抓住客观存在的机遇，从而达到制胜目的。但归根结底，这个胜利归功于众多像欧敬柏这样默默无闻、刻苦努力、召之即来、来之能战的普通运动员，归功于像王丽红这样能独当一面的主力投手，归功于全队上下团结一致、齐心协力的精神和顽强的意志。这个胜利同时也归功于多年来在不同岗位上为中国垒球事业默默奉献、不离不弃的中国垒球人的合力支持与热心关注。

中国女垒姑娘最先拿到了亚特兰大1996年奥运会入场券

这样在中国所有的奥运项目里，我们中国国家女子垒球队最先拿到了亚特兰大1996年奥运会的入场券，大家都非常高兴，也得到了国家体委领导的肯定。但是这好事来得早，后面还有两年的备战期，要考虑的因素很多，最怕的是队伍失去动力而松懈。所以这也可能是好事多磨，既要给队员鼓劲儿，又不能让她们过于紧张，这个尺度不易拿捏。队里的多位教练员、运动员在专业队已有十几年，长期处于高负荷的状态，主力队员伤病多，想要让她们继续保持高昂斗志去投入后两年的训练，激发她们旺盛的取胜意愿去争取奥运会奖牌，并不是一件容易的事情。

垒球能进入奥运项目是非常难得的，为了准备我们渴望已久的奥运会，我首先考虑的是人马问题。全国就这么几个队，只能从有限的队员里看有没有能胜任奥运重任的更好人选补充进来。

与此同时，美国、澳大利亚、日本和加拿大等国的强队也都冀望获得这枚第一次纳入奥运会的垒球项目的金牌。澳大利亚队从20世纪90年代就开始加大投入力度，常年设置绿队和黄队竞争模式，通过在国际赛场上进行内部竞争选拔教练员和队员，很长一段时间，只要有国际比赛，他们都是派遣绿、黄两队参加，他们自己打起内战也是十分激烈。更值得我们学习的是各国在筹备奥运会时，还深入考虑到队伍组织机构的完整性和功能性。比如，美国、澳大利亚、加拿大、日本等队的参赛人员结构完整合理，即使参加一般的国际赛事都会配团长、领队、主教练、攻守教练、投手教练、体能教练、陪练投手、情报记录人员、医生和按摩师及其他辅助工作人员，因此，这些垒球项目发达国家的教练员和运动员之外的辅助队伍的专职人员少说也有七八人。而我们一到参加国际比赛时，经常无法带上随队领队、教练员和辅助队伍的专业技术人员，还要割爱留下有可能通过参加比赛展现才华、渴望多看比赛和学习的潜力股队员。这是很无奈和令人惋惜的事情。

## 广岛亚运会实现两连冠

垒球项目，每隔4年就有两大赛事，一是世锦赛，二是亚运会，且两个赛事通常在相隔不到两个月内举行，这种竞赛安排对垒球队来说是不小的考验。广岛1994年亚运会的垒球比赛从10月3日至7日在日本广岛修道大学棒球场举行，中国和中国台北、日本和韩国4个队进行双循环比赛，每队打6场。中国国家女子垒球队参加本次亚运会的阵容有王丽红、刘雅菊、谢映梅、马英、宋嫚丽、张春芳、阎仿、柳絮青、王颖、陶桦、安仲欣、陈红、魏嫱、雷雳、欧敬柏、张晓丽等。时任国家体委副主任、中国垒协副主席张彩珍亲临赛场。

广岛1994年亚运会李敏宽、刘雅明和郭德建教练在队员席观战

由于日本队在第8届女子垒球世锦赛上仅获得第7名，没能拿到亚特兰大1996年奥运会的入场券，因此日本队对在广岛举行的这次亚运会极其重视，还更换了主教练。虽然日本队在首场轻取韩国队，但在接连输给了中国台北队和中国队后，其处境变得困难起来。

在胜了5场，金牌已经胜券在握的情况下，我决定最后一场的中日对决由刘雅菊承担投球任务，这也是我对她的有意考查。同时我也要求所有队员在主力投手王丽红不上场的情况下攻下此役，刘雅菊在第4局上半局挨了日本队强打手斋藤春香的本垒打。1988年史闽越到日本日立软件队打垒球时，与斋藤成了队友。斋藤出身于日本东北部青森县，不张扬，有实力，作风踏实，吃苦耐劳。后来斋藤担任日本队主教练，在北京2008年奥运会垒球赛上带领日本队夺得了冠军，这是后话。

第 4 局的后半局，阎仿一上来就来个三垒打，柳絮青适时地击出了牺牲高飞球追平，第 7 局对方拿了 2 分，王颖右外安打以 2 分扳平，这场拉锯战打得精彩激烈，看台上的观众也非常投入，大家都看得热血沸腾。

广岛 1994 年亚运会中国女子垒球队实现两连冠

最终，中国队如愿蝉联了亚运会垒球比赛的冠军，此刻我不由得想起曾与昔日初中同窗涌永一同庆祝的约定，可惜此时他已经去世，这个愿望无法实现了。我不由得在心里默祷，中国女子垒球队正如我俩之前预想的那样取得了佳绩，感谢他的友好情谊。

## 奥运备战关键年"放养"四大主力

1995 年春，阎仿和柳絮青两位主力队员同时提出了赴美留学的申请，她俩都表示："我们已经在国家队打了 10 年的球，再和年轻队员一样练习下去起色也不大，想去美国边学习边打球，还可以了解美国垒球的情况，对明年参加亚特兰大奥运会必有好处。"我觉得她俩产生这样的想法有很多因素，我愿意以积极的思维方式考虑她们的想法，但主力队员申请留学这件事情牵扯面较广，需要多方慎重考虑才能决定。

1986年，柳絮青19岁在新西兰举办的第6届世界女子垒球锦标赛首秀时就碾压24岁正当年的美国著名游击手理查森，拿下了金手套奖。她平时乐观开朗、诙谐幽默，而且有时她会做出意想不到的高难度防守动作，观众都很喜欢她，所以此后只要她一到新西兰比赛，就会成为最受观众欢迎的中国球员。阎仿进国家队稍晚，但她攻守均佳，技术水准很快就超过了当年美国著名的二垒手艾丽逊。柳絮青和阎仿两个人在进攻时，占着第二和第三的重要棒次。她们是中国队内场防守的主轴、二垒手和游击手，是内场防守中配合默契的华丽搭档，她俩在国际上也是数得上的"铁二游"。这两个队员暂时离队办理留学的事情，我虽然不是很清楚她俩办理自费出国留学之前的具体细节，但知道她们有自己的办法。因为在垒球界优秀的运动员只要一出现，就会被海外的球探盯上，无论哪个体育项目都大同小异。为此，我们一方面向上级请示，另一方面也与美国大学的教练员联系打探留学的机会。

1995年6月的一个星期天，我接到阎仿打来的一个电话，当时就觉得：这个声音怎么听着这么远呢？她说："我们已经在美国了。"哦，原来是太平洋彼岸打来的。我说："我还正在给你确认校方手续呢。"她说："英语补习班就要开始了，我们等不及了，就先来了。"她们这一着急，却给我捅了个大娄子。她俩虽是老队员，但毕竟一直在队里训练比赛，年轻不谙世事，只因留学情急而没能处理得圆满周全。那段时间，因为国家女子垒球队走了两位主力队员，我一直承受着极大的压力。不少人说："她俩不回队怎么办？"我说："我和她俩有约定，明年春节在昆明海埂体育训练基地汇合，她们一定会按时回来的。"还好国家体委副主任徐寅生对此说了句宽心的话："乒乓球有几百个人在国外，我都不着急，你们这个情况算什么。"

人云： 好事成双。我们却正好相反，亚特兰大1996年奥运会前备战最关键的一年，四大主力却离队。前面已经说了两位主力赴美留学，还有两位主力王颖和王丽红，都因伤病不得不暂时离开国家队回北京队养伤。最吃紧的备战时节，竟然同时让4位主力队员暂时离队，很多人都不理解，但我做此决断也有充分的理由。首先，1994年为拼得奥运会的入场券，在第8届世界女子垒球锦标赛上主力投手王丽红左肩部大面积拉伤，无论从国家、团队还是个人的角度，都要舍得拿出时间帮她进行治疗康复。我知道王丽红对自己的要求很高，有很强的责任心，所以我很怕她伤没治好就急于练投球，只有真正养好伤，她才能在奥运会赛场重振雄风。所以我交代王丽红一定要坚持治疗，不许摸球，每天要坚持跑步并做下肢力量训练。治疗方面，请了我很信任的郭大夫，他谙熟经络按摩手法，有一手治疗伤病的绝活。其次，1986年开始成为中国队进攻核心的第四棒的王颖伤势也不妙，我就叫王丽红和王颖回到北京队，让她俩在北京队赵杰教练的指导下训练并养伤。我对赵杰教练的训练和管理很放心。赵杰教练等很多人的名字，虽然没有出现在奥运赛场上，但中国垒球的进步与提升就是这样一环扣一环，中国垒球人在每个环节都默默地付出和支撑着。没有他们的努力和奉献，中国垒球很难逆袭走向世界垒坛的最高峰。就这样，我与两位攻守主力也约定1996年春节后在昆明海埂体育训练基地再见。

4位响当当的主力，奥运会备战前关键一年却都不在队里了，这的确是一件大事。我相信如果她们是好队员，无论在哪里，无论处于什么样的境况，奔赴奥运赛场的信念绝对不会丢。而我也坚信多年来我们已经锤炼出一个好团队，她们必定会恋巢归队。即使她们暂时不在国家队，内心一定也会保持着中国女垒队员的责任心和荣誉感，何况这是中国国家女子垒球队首次参加奥运会并准备冲击奖牌，同时这一年也是锻炼新人和第二套人马的好机会。凡事从不同角度，以积极的心态去处置，往往会有不同的结局和效果。

1995年夏天，中国女子垒球队来到美国亚特兰大参加奥运会垒球预演赛——超级女子垒球精英赛。到达旧金山后，我让刘雅明教练和霍忠明教练先带着队伍在美国加州打热身赛。我一人抽空去了俄克拉荷马大学，看望在那里留学的阎仿和柳絮青。我在飞机上正思考怎样以我蹩脚的英语和大学的校长和教练员交流时，飞机降落到了一个机场，我以为到了目的地，急忙拎着包就下了飞机。出关一看，机场大厅里怎么像拉斯维加斯一样摆着整排的老虎机呢？我觉得不太对劲就问边上的一位老太太，她说："这是雷诺。"还好我知道这个离拉斯维加斯不远处的小赌城的名字，从雷诺到俄克拉荷马还得飞一阵子，于是我赶紧跑回飞机坐到原来座位上若无其事地继续飞。实际上当时差点儿误事而心中很是狼狈。在国外独自旅行可不能想当然。到了俄克拉荷马的机场，原四川籍队员陈俊来接机并送我到俄克拉荷马大学，她在这所大学当过几年投手。我受到了俄克拉荷马大学的校长和教练员的热情接待，她们说柳絮青和阎仿都表现得不错。之后我见到了阎仿和柳絮青，她俩看上去消瘦了不少。她们到这所大学的时间还不长，过英文关也不容易。她们说现在老盼着每周两次的垒球训练，那成为她们最渴望的时间。我对她俩转达了国家体委领导的关心，并简要告诉她俩来美国前后国内相关的实际情况，嘱咐她们珍惜这来之不易的机遇，学习再紧张也要保持训练，提高垒球水平，盯住奥运参赛目标。我说："在奥运会前的紧要关头，我们力排众议，为你俩争取到留学的机会，在这个事情上我敢于担当，那咱们明年春节，全体队员在昆明海埂基地集结时再见！"她俩都说："李教练，请您放心，我们好好练，好好读书，准时回来和大家汇合！"

看望留学中的阎仿和柳絮青

见这两位队员在大学里的情况不错，我的心也放了下来。我马上飞回中国女子垒球队的比赛地与队伍汇合，这回我顺利地赶到了离亚特兰大约200千米的哥伦布的超级女子垒球精英赛赛场。

## 奥运会预演赛放手一搏

这次赛事除美国队外，正好有我们争夺奥运奖牌的拦路虎——澳大利亚队，他们果然又派出了黄、绿两队，预示着这将会是一次高强度的热身赛，而这也正合我意。

这场比赛我们攻守主力4个人缺席，尤其是没有了主力投手王丽红，整个队伍阵容变化很大，看上去实力也下降了很多。但我们给队员做战前动员时说，只要有信心，主力缺位照样能打好比赛，这也是大家锻炼和证明自己的好机会。我鼓励队员们尽情地放手一搏。

这次超级女子垒球精英赛在一个新建的专业垒球场举行。那是我在美国看到的最先进合理的垒球场群。在设有大看台的主赛场的一垒侧和三垒侧各布置了完全具备进行正式比赛功能的副赛场。当主赛场进行重要比赛时，参加下一场比赛的两队可分别按竞赛日程表到副赛场热身，即使前一场打延长局也不受影响。不难看出这是内行人设计的专业垒球场，蕴含着满满的垒球文化。

这次中国队对战美国队的开场投手是甘肃队的左撇子投手马英。马英个子很高，老实忠厚，平时很少和我交谈，在广岛1994年亚运会时她上场的次数也不多，还从来没有在这样的大比赛中担任过开场投手。由于柳絮青、阎仿没在队里，我将未来奥运垒球赛的正式阵容中预定打右外场的魏嬬暂时换到游击手的位置上，而代替阎仿守二垒的是来自八一队的程红。但令人惊喜的是，面对美国的强打手，投手马英竟然像换了一个人，敢拼敢投，丝毫不怯阵。魏嬬在关键的游击位置上也发挥神勇，中国队愣是顶住了美国队的猛烈攻势，打到了延长局第9局，而更为精彩的是在关键时刻三垒手陶桦来了一记本垒打，以1∶0击败了东道主美国队。在奥运备战年，中国队在将要举行奥运会的土地上战胜东道主美国队的消息，震惊了美国和国际垒坛。

1995 年 8 月 5 日《哥伦布稽核报》（*Columbus Ledger-Enquirer*）报道："美国队 106 场国际赛场连胜纪录被中国队打破……"现在想来，也正由于有这场胜利，美国队变得对我们极度重视，甚至可以说如临大敌，将我们锁定为未来亚特兰大 1996 年奥运会的强劲对手。美国佐治亚州的报纸报道了亚特兰大 1996 年奥运会预演赛上中国队战胜美国队获冠军的瞬间。中国国家女子垒球队通过这次奥运会预演赛锻炼并考验了队伍，收获了信心，这场胜利也对暂时不在队里的几位主力队员起到了积极的警示和鞭策作用。

1995 年中国队打破了美国队 106 场国际比赛连胜的纪录
（1995 年 8 月 5 日《哥伦布稽核报》）

## 开启亚特兰大奥运之旅

1990 年出版的《中国垒球运动史》可以说是关心棒垒球运动的人士爱不释手的一本书，其中甚至描写了历次重要战役的人物和比赛细节，引人入胜，可惜只写到 1988 年。亚特兰大 1996 年奥运垒球比赛作为垒球史上最重大的赛事之一，我想从作为时任中国队主教练的视角，向我曾经的战友和读者谈谈我参赛的记忆和感悟。

棒垒球这两个项目在欧洲人主导的奥运会上是否被设为正式比赛项目的问题长久以来一直没能得到解决。经过不懈的努力，终于在亚特兰大1996年奥运会将垒球设为正式比赛项目。后来，为了将棒球和垒球重新设为奥运会的正式项目，国际棒球联合会和国际垒球联合会于2013年合并组成了世界棒垒球联合会（WBSC）。

1965年以来所举行的共8届垒球世锦赛，美国队只有1965年在墨尔本、1970年在日本和1982年在中国台北这3届世锦赛上没有拿到冠军。美国国家队在近年正规的国际比赛中保持连胜100多场的纪录。美国垒球运动历史渊源较为深厚，其普及程度及各级完善的竞赛体系等方面都具有很大优势，这次美国队又是东道主队，可谓占尽了天时地利。

1996年5月，为备战亚特兰大奥运会，中国垒球协会在北京奥体中心垒球场举办了奥运会前的一次国际热身公开赛——北京国际女子垒球邀请赛，邀请了澳大利亚、日本和波多黎各等队。因距亚特兰大奥运会只有3个月，参赛各队都有着自己的小算盘。在中国队和世界排名仅次于中国队的澳大利亚队打热身比赛时，中国奥运代表团团长袁伟民主任特意赶过来观看比赛。中国奥运代表团团长亲临比赛现场可是个大事，有些随员就说："奥运代表团团长来看比赛了，这一场可得打赢啊！"这次比赛前我已经知道了奥运赛程，我们有自己的战略安排，球队的任务就是打好比赛，我们教练员就是整天琢磨怎么打赢比赛，但我更集中考虑的是几个月后如何在奥运会开幕战上战胜澳大利亚队。因为根据赛程，开幕式当天头场重头戏夜场比赛就是中国队和澳大利亚队对阵，这显然是东道主的有意安排。

如果为了赢得家门口的这次热身的公开赛，就派主投王丽红上场，中国队也就露了底牌，所以藏匿主力投手王丽红不让她上场的利大于弊，自然这次没派主力投手王丽红上场。一般来说，主力投手不上场，防守实力要减弱70%，更何况我们的进攻也没有发挥好。结果当着领导的面输掉了这场比赛。为此有些人不大高兴，但我派出了其他投手上场初步探查出澳大利亚队的进攻火力。赛后，我跟袁主任说明了没让主力投手上场的用意，袁主任理解在这一类比赛中雪藏主力的做法，说："嗯，就这样吧。"内行领导身经百战，很清楚体育竞赛的战略战术。

1996年7月，我带着中国女子垒球队启程奔赴奥运赛场。我们乘坐十余个小时的飞机到旧金山转机，机场里美国人看我们带着垒球行头就问："你们到哪儿参加垒球赛？"我们回答："到亚特兰大参加奥运会啊！""哦，亚特兰大还有奥运会！"亚特兰大对首次参加奥运会的中国垒球运动员来说太重要、太神圣了，而一些美国人还不知道那里将举行如此重要的世界性体育盛会，对此不以为意。等到我们在柜台办理转机手续和柜台小姐说我们要到垒球赛举办地哥伦布的时候，她问："我们美国有14处叫哥伦布的地方，你们到底要去哪个？"我们说要去佐治亚州亚特兰大附近的哥伦布，这才办下了转机手续，哥伦布这位发现美洲大陆的热那亚人真是芳名遍地啊。到了亚特兰大机场后，我们坐大巴在笔直的美国国道上飞速行驶，美国大巴车上那时就装有测探警车位置的小仪器，看来怕超速被罚是世界上所有司机的共同心理。我们到驻地打开电视，美国那么多电视频道，只有几个台在播放有关奥运的内容，其他体育节目主要在播美国职业棒球赛的实况，原来美国夏季就是棒垒球的比赛季节。

奥运会垒球赛在按垒球比赛要求改装过的哥伦布棒球场进行，球场看台估计有1万个座位。从举行垒球比赛的角度来说，这个球场没有之前打超级女子垒球精英赛的专业垒球场群合理好用，但那个球场看台的观众容纳量不够。我们去年奥运会预演赛住的是市里的酒店，这次被安排住进了哥伦布军营的军官宿舍，这可能是奥运会组委会的特殊需要和安排。

由于有关部门把我们定格为奥运会可争奖牌的队伍，配套的待遇和支持力度就和两年前参加世锦赛时大不一样了。我们得以提前8天就到了美国适应和调整。垒球项目的奥运村设在哥伦布的一处军营之中，据说这个军营主要用于培训在热带、亚热带作战的各国军官，整个军营坐落在树林之中，穿过密林小道就能走到开阔的大片草皮场，远处别墅样的白色房子是教官们居住的独栋住宅，参赛的8支队伍则住进了特意腾出来的原本给军官学员住的

4层楼房。各种设施还挺齐全，楼间凹字形的小广场还有升旗仪式用的专门设置。军官住宅周围的大片草地上还可以进行体能训练，这个环境令人感到舒适放松。位于1楼的餐厅不大，菜肴量大、营养丰富，但略显单调，甜品齁甜，吃多了易胖易累，队员能否管住嘴，就考验大家的自觉性和平时队伍的教育管理水平了，餐厅里的各种新鲜水果颇受欢迎。一出餐厅没多远，就有一个出售纪念品的小商店，这个店小到购物的人不可能进到里面。饭后各队队员都愿意在店外驻足消食，不管认不认识都会相互友好地"嗨！"一下。

赛前几天我最关心队员们的身体状况，还要注意饮食卫生等生活细节。我和队员说得最多的就是，现在我们的身体和所有的情绪，都不光属于自己，同时也关系到团队，一切都为了奥运会，大家不要随意打闹而伤到哪儿，也不要闹别扭。虽然她们都是二十六七岁的老队员了，但我还是需要经常叮咛她们注意一些细节，俗话说细节决定胜败，在一些时候是有道理的。队伍管理中教育、管束和自由度都需要仔细平衡，归根结底还要靠每个人的素养和自觉性。

赛前的体能训练很重要，我们找到了军营的体能训练馆，大家很快就和馆长混熟了，馆里的设施随我们用，他还给每人都送了一枚军官运动会的勋章。我也注意劳逸结合，队员们的购物嗅觉很灵敏，很快就打听到不远处有军官超市，那里的东西物美价廉，衣服买回来不合适的话，哪怕是穿了几天后也可无理由退换。队员们喜欢逛商场，这能起到放松的效果。

而就在赛前3天，让我最担心的事发生了，主力投手王丽红身体突然不适，出现了发烧症状，由于事前估计到她会成为药检对象，故吃药也要很谨慎。她知道自己在队里的位置，自觉地和教练员、医生配合默默地进行调整，生怕影响大家的情绪，庆幸的是她的状态不久就恢复了。奥运会的队伍管理和单项的世锦赛又不大一样，垒球项目的奥运村位于佐治亚州哥伦布市，离亚特兰大市约200千米，我们除了到亚特兰大参加过入场式外就没有见过代表团领导和其他的队伍。中国奥运代表团团部经常传来要求和信息，而我们的情况则由带领奥运垒球代表团的团长李孝生向在亚特兰大市的中国奥运代表团团部的领导汇报交流。国家体委球类司领导曾专程驱车过来鼓励我们。因为与中国奥运代表团不在一处，这就更要求我们要分外清醒，独立思考，独立作战，集中注意力谋划好即将面临的大战。

## 开幕战打蒙对手

从垒球进入奥运项目后，各国强队之间的情报战空前加剧，都在赛场内外直接或间接地探听对手的战力和技战术路数。中国女子垒球队根据以往的战绩被纳入了中国奥运代表团可能获得奖牌项目的行列，很受重视，这使我们颇有点受宠若惊的感觉。但我们队里没有配备什么先进设备，平时我就用相机把澳大利亚队主要队员的照片拍下来，把照片和每位队员的背号、防守位置和技术特点，如进攻特点、安打率等，整理出来贴在墙上，叫队员"人盯人"地比较彼此的进攻和防守，要求谁都不能比她们差。澳大利亚队队员体格高大健壮，还习惯穿无袖球衣露出粗壮的手臂，这种垒球运动服和常规的注重保护肩背的里长外短的棒垒球传统服饰相悖。但澳式橄榄球运动员穿背心，英式橄榄球运动员穿长袖衣，虽然是同样的运动项目，同为英联邦的国家，运动服装的设计却有不同。

为迎接亚特兰大1996年奥运会的垒球比赛，澳大利亚对垒球项目进行了前所未有的财政投入，并制定了各种扶持政策，所有被选拔进入澳大利亚垒球集训队的队员，学生可以暂时休学专心打球，职员可以不上班由政府发放金额不菲的津贴，而且澳大利亚政府还提供了充足的经费，设置黄、绿两支垒球队竞争模式，哪里有国际比赛就会派出这两支队伍，通过这种内外竞争机制确定最后参赛队员名单。这样的大力扶持政策让澳大利亚垒球队的实力显著提升，还时不时地能打败美国垒球队。虽然我国垒球的普及程度、队员体格和国际比赛经验等都不如她们，但在20世纪90年代以前我们对打败澳大利亚较有把握，因为我觉得她们的教练水平较弱，技战术也较粗糙，中国队与其对垒时，即使在不利的局面下也总能找到澳大利亚队的防守破绽，以智巧取胜。但中国队后期战胜她们已经渐渐感到有点吃力了，可以说我们在投手群实力和强攻等方面已处于下风。

1996年初,我拿到了奥运会赛程,翻开一看我非常惊讶,开幕这一天重头戏的晚场比赛就让排名世界第二的中国队对阵世界第三的澳大利亚队,这明明是违反竞赛常规的安排。很明显在东道主美国把持的组委会的"精心"安排下,怎么对他们有利就怎么安排赛程,还美其名曰"开幕晚场比赛要精彩激烈",明摆着第一天就让两队全力厮杀,以消耗双方的力量。美国人口口声声讲"民主",但以我们多年在国际垒坛征战的真实经历和体验来讲,实际他们讲的就是"美主"。

对于这个赛程安排,澳大利亚队也很不甘愿,显然让她们一开场就硬碰硬地跟中国队较量是吃力不讨好的事情。这场比赛对中国队和澳大利亚队来说都是决定单循环名次的关键之战,谁都输不起,只能上齐所有主力全力去拼,我们的火力点也因此也暴露无遗,对美国队来说这是"坐山观龙虎斗"的绝佳安排,可以搜集到两个队详尽鲜活的第一手情报。

美国的球探都是行家里手,例如,20世纪80年代美国头号投手凯西·艾丽逊,就专门搜集各国球队的投手情报。她曾是最难对付的美国主投之一,平时还担任着美国名牌大学的垒球教练员。中澳对战伊始,她就占取最佳位置拍摄王丽红的投球球路和每个击球员的进攻情况,把我们比赛全过程拍下来进行情报分析,美国队还有体育情报人员专门拍摄我出什么暗号,以及如何指挥全队进攻。其他各国也都派出专门的记录、情报分析人员来采集中国队和澳大利亚队两队攻守的第一手资料。所有对手记录、拍摄和分析我们中国队击球员的能力和特点、防守阵型和应变情况等情报,这对其制订对策十分有用。我深深感受到我们教练员和队员只有付出加倍的努力,才能弥补我们赛场外的科技辅助软实力缺失导致的劣势。中国队的记录和统计只能由不上场的队员去完成。现在我们能找到的亚特兰大1996年奥运会垒球比赛的图片,可能都是没有上场的队员或没有上场指挥比赛的教练员抽空拿起放在队员席上的相机随手拍下来的。

由于我们赛前准备工作做得周密,甚至通过缜密分析准确地预测到了澳大利亚队开场投手的技术特点并进行了针对性练习,所以一开场就打得胸有成竹、很有针对性。我自信地对队员讲："澳大利亚队在首场比赛要壮胆，求胜心切，一定会让在队里威信最高的老牌主投罗奇当开场投手，又因为在她们的印象里中国队不会打各种变化球，而罗奇正是投变化球最好的投手，开场必然想用她来对付我们。"对这位个子不高、强悍而不服输的澳大利亚队队员，我曾在多次比赛中对其有所观察和分析。她经验老到、掌握的球种多，其中用同样动作能投出下垂球或慢球是她的绝招，投球技术确实很有个性，球路怪异、变化大。但我经过细致观察，看得出她在队里有点爱摆谱，又擅长打顺风球，投不好或挨了打必会急躁。而且我在意大利洲际杯比赛时，有一次曾观察到她在比赛结束回到饭店后从柜台拿起葡萄酒瓶就直接往嘴里灌，因此我认为她的豪饮至少表现出她比较欠缺自控能力。所以我们对战澳大利亚队战术的第一步：一开局就给她们这位开局的台柱子投手来一闷棍。在国内出发之前，我已经表明我对打败澳大利亚队的自信和把握。我说："澳大利亚的教练员波普·克鲁金顿根本不是我的对手。一是训练、技战术水准，二是临场指挥能力，三是当国家队教练员的经验和资历都无法与我相提并论。和我周旋过的澳大利亚队教练员他算是第3个，你们每个队员要跟同一位置的对手比，个个都做得比她强，我们这场球就赢定了！"队员们都知道我是一个比较低调务实的人，爱观察分析，不爱吹牛，不喜欢出风头。可这次赛前我这"牛"吹得效果奇佳，队员的信心增强了许多。

　　开场前我拿到对方上场名单，首先确认对方投手是谁，果然是罗奇开场！这正中我的下怀，我们的预判成为现实，这样一来我们准备的对澳技战术就更有针对性了。澳大利亚队自认为她们有实力雄厚的投手群和足够的进攻火力，所以拿到先挑权时照例挑了先守，其用意就是我们第一局先攻时，其凭借主投手罗奇的锐利投球，让安排在前几棒次的中国队进攻主力无功而返，从而使我们一开局就从心理和技战术上陷入被动。她们哪会想到中国队一开打在垒上有一人时就靠强攻手王颖的本垒打拿下了两分，紧接着魏嫱也击出了本垒打，澳大利亚队的主投罗奇根本封不住中国队的凌厉攻势，结结实实地挨了一闷棍。澳大利亚队教练员不得已只好换上了擅长下垂球的年轻左投威尔金斯和老将克鲁金顿（也是教练员的夫人）收场，她们还有一老一少两个投手，这一下我已摸到了澳大利亚队在进入复赛时将对战我们的全部投手底牌。我们的主投王丽红斗志昂扬，投球急缓巧妙，内外场防守铜墙铁壁，最终以6∶0的悬殊比分来了个开门红。

在重大赛事中，两强对阵从来没有出现过这样悬殊的比分，两年前第8届垒球世锦赛上中国队也是以1∶0险胜澳大利亚队，而5月在北京对澳大利亚队的热身赛上中国队没派主投还输给了他们一场。奥运会开幕赛6∶0这样的比分相当于甲级队打丙级队、成年队打青年队的比分，要知道这可是奥运会球类赛的开幕式首场比赛啊！我估计美国队看完这场比赛也会感到震惊和紧张，此战的震慑作用太大了。各队的球探、情报技术人员和满场观众看到这场遭遇战定会大呼过瘾，更会大大增添对中国女子垒球队这支东方劲旅的好奇，奥运会垒球赛开幕赛这个夜晚，中国垒球姑娘们淋漓尽致地展现了中华女儿的威风。

## 对战日本队，小河沟里翻船

俗话说，万事开头难。按道理说中国队开了个好头，后面应该会比较顺利。开幕战大胜后队员们兴高采烈地坐在车上，车队穿过深夜的密林回到垒球奥运村驻地。一下车我先向大家表示祝贺并一再强调奥运会垒球比赛才刚刚开始，嘱咐大家要戒骄戒躁。但刚刚获胜的印记是那么的鲜明而强烈，队员们不免在脑子一角出现了某种过于乐观的念头，而对后面比赛的难度估计不足。每一次打完胜仗后，我向队员提醒得最多的就是"今天已过，一切清零，明日从头开始"，但刚打完痛快无比的开幕战后，这个提醒能起到多大作用呢？我们到底还是没有跳出这个怪圈。

我们深知对战日本队比赛的重要性，首先，在我们的作战方案里，日本队是必须拿下的队伍；其次，这也是一场乘胜追击、高扬士气的比赛。日本队是取得过世锦赛冠军和多次亚锦赛冠军的老牌垒球劲旅，20世纪80年代中国队的出现让她们丢掉了亚洲霸主的地位，她们怎么会甘心？日本队在上一场比赛中，在最后一局打出三连本垒打，以 8：3 的悬殊比分击溃了欧洲冠军荷兰队，士气高涨，来者不善。日本队对中国队的这场比赛，她们雪藏了主投渡边正子，根据我们击球员左棒多的情况派左投渡边伴子和我们周旋，这个年轻奇兵表现不错，加上日本队的防守固若金汤，左外场手小个子井上把快要打进看台的球都给接住了。中国队虽有 6 支安打，但竟然以 0：3 落败。日媒报道："日本队这场对中国队的胜利给日本的舆论冲击，就像日本男足在这届奥运会完胜巴西队一样的强烈，对于她们来说这似乎是铭刻历史的壮举。"中国队跌了这一跤也让其他各强队暗自高兴。这次输球对我们的警示作用也极大：这可是在奥运会的赛场啊！这一来，单循环赛中出现了世界三强美、中、澳三雄都有伤在身的情形，赛况的变数也大了起来，预示着进入复赛后将更加艰难曲折，更不用说争夺奖牌了。

　　对我们来说，对战日本队的这场失利是个不小的打击和战役失算，因为白白投入了主力投手王丽红，还把必赢的比赛输掉了，这对自尊心很强的王丽红本身也是不小的冲击。中国队刚以大比分拿下澳大利亚队，就乐极生悲输给了日本队，这给我们重重地敲了警钟。赛后全队冷静下来反省，取得共识向前看。自 1979 年初次与日本队交手以来，中国队在国际垒坛对战日本队一直胜多负少，有些低估了日本队的深厚功底和顽强作风在比赛中的作用。

　　日本队在争夺奥运会入场券的第 8 届女子垒球世锦赛上，因只拿到了历史最差成绩第 7 名而痛失直通入场券的事实，让日本垒协不得不打破从企业队教练员中遴选日本国家队教练员的老规矩，选出垒球传统名校神户夙川学院（高中）的教练员长濑为日本国家队新主帅。长濑带领 4 位曾经的弟子——队长游击手安藤、强打接手山路、顽强三垒手儿玉和快腿小个儿左外场手井上，硬是把第 8 届女子垒球世锦赛第 7 名的队伍带进了奥运会参赛圈，而且这次在亚特兰大还打进了复赛，最终获奥运会第 4 名。我仔细分析输球的原因以后，反而认为这场输球是坏事变好事的契机，就看我们如何汲取教训越过后面每个难关。我们的队伍已经有所成熟，开始具备大局观了。

我们有能力面对大赛局面的变化，从整体审视分析战局，冷静思索堤外损失堤内补的办法。在这条奥运大道上，我被逼得已无他路可选择，只能带队勇往直前杀出一条血路。我也自信自己的综合能力足够带领队伍向前迈进。我分析了余下的所有比赛，如果想取得预赛前两名，往后的比赛只允许输一场。除在预赛对美国队不和它硬拼可以做战略性让步以外，其他每场都必须取胜，坚持预赛进前二的策略性目标不变。

## 关键时刻拼尽全力

中国队由于在单循环赛已经输给了日本队一场，如果在与加拿大队的比赛时再出问题，就可能单循环赛进不了前四，那就失去进入复赛的资格了。加拿大队也很重视这场比赛，派出了经验丰富的西皮尔做开场投手。我对这位投手比较了解，她在垒球赛季到全美强队之一的雷丁反叛者队（Redding Revels）当主投，其教练戴维斯担任过美国队教练员且和我有些交情，所以西皮尔对我也比较尊重，一见到我就会友好地打招呼。但这位清秀的高个投手很难对付，我们最终以 2∶1 取胜，但赢得相当艰难。

亚特兰大 1996 年奥运会垒球赛中国队对战加拿大队，阎仿击球

后来我问王丽红，她在奥运会中最紧张的比赛是哪场？她说印象最深刻的是对加拿大队的比赛。对战加拿大队，刘雅菊开投，第3局出现了无出局满垒的危机局面，若她们打出一支安打，我们至少会输掉两分，而且可能继续失分。我当机立断换上一直在热身等待接力的王丽红，她表现出主力投手的担当，沉着果断地带领全队闯过了这个难关。王丽红后来和我说："我是主投，大家都信赖我，我很有充实感。但如果输掉这场比赛，我们就被排挤在前4名之外。说没有压力是假的，为了拿奖牌，这一场一定要赢下来。对我来说，这场比赛比对美国队还紧张，印象更强烈。"

王丽红苦战西皮尔的故事并没有就此完结，12年之后，她俩再次重逢在北京2008年奥运会的垒球赛场上，这时她们双双成长为各自国家队的主教练。在争夺进入复赛的重要比赛中，老练的西皮尔把加拿大队带进前4名的复赛圈，而中国队止步第六，王丽红失去了争夺奖牌的机会。

中国队经过十余年的磨炼和积淀，有信心应对并克服奥运赛场层出不穷的变数和难关，并有智慧择机而行。各队在微妙的形势变化中关注着预赛收官的中美大战。因为美国、中国、澳大利亚和日本4个队进入复赛已板上钉钉，但单循环预赛的名次还要取决于中国队与美国队此战的结果。按照规则最终要查各队的胜负场次，若胜负场数相同，还要查各场比赛各队的负分累计数的多少，而佩奇制复赛的竞赛方法将保证单循环赛的前两名的队伍至少取得铜牌。预赛中美国队以1∶2输给了澳大利亚队，中国队以0∶3输给了日本队，从实力的角度来说，这两场输球都是意料之外的大变数，美国队和中国队虽都很不甘愿，但事实已经如此！

7月27日晚6点半，中国队和美国队都以5胜1负的相同预赛战绩来到哥伦布金色公园球场，这天晚上看台上人山人海。历史悠久的美国队除负于澳大利亚的比赛外保持100多场不败纪录傲视群雄，而垒球人口基数薄弱的中国仅用短短十余年时间就凭着艰苦奋斗异军突起，让垒球发源地的美国观众充满了惊讶与好奇。所以不管哪次大赛，中美垒球之战必定是最激烈、最被关注的比赛。

因为澳大利亚队和日本队两队在单循环预赛的战绩都是5胜2负，那这两队再次对决的结果和得分数都将对参加复赛的美中澳日4个队的预赛排名产生直接影响。澳大利亚队和日本队两队的比赛安排在晚上9点开始，可这两队都是全队出动来观战中美之战，看了半场后才去热身。赛后中美两队之中必有一队是5胜2负。当时我们对单循环预赛最后对阵美国队的比赛有3个预判选项：第一是最理想的情况，不上主投王丽红的情况下拼下美国队；第二是看终局有可能拿下来就上主投王丽红而取胜；第三是不上主投王丽红，以观察对方火力为主，争取战胜他们。这场比赛预估的下限是在输的情况下负分不能超过7分。这样我队在中澳日三队查负分时就会因负分最少而排进单循环预赛第二的位置。从总体上分析，中美间的实力对比应该是中四美六，在佩奇制复赛还要两遇美国的情况下，采取怎样的谋略就要看我们的智慧和应变，其中投手实力对比将起关键性作用。

此战中国队先攻，美国队的开场投手是曾获得全美最佳投手称号的米歇尔·史密斯，她的曲线球、下垂球很难对付，她也是优秀的一垒手和进攻队员。值得尊敬的是，她曾因车祸导致左臂、腰部受重伤，被医生宣判再也不能打垒球，而她却因为热爱垒球而拼命坚持康复，一年后竟奇迹般地再次站在了垒球场上，被人们称为"垒球狂人"。中国队派的开局投手是马英，她在一年前的奥运预演赛上以1：0赢过美国队，这回在第2局防守时挨了连续3支安打，苗头不好。于是我立刻换稳健的刘雅菊上场，以负1分结束了这局。激战到第6局下半局，第一棒张春芳上垒，中国队两人出局后，第三棒柳絮青上垒，她在两人出局、两击不中的危急关头，轰出1记左外场本垒打，一举夺下了两分。柳絮青在队内算小个儿，但她的这记本垒打又快又平，这个球直直地往前冲进看台。平时她击球练习中的表情也和别人是不同的，总是瞪着眼全神贯注，一球一心，拼命练习。由于柳絮青的个性开朗幽默，无论在哪次国际大赛都是中国队的高人气队员，果然这次也是掌声满看台。这一下我们在第6局打成了2：1领先于对手。这时刘雅菊投球过于谨慎而给了对方击球员4个坏球，保送对方击球员上了一垒。此时我当机立断切换为让王丽红上场打败美国的预案。美国第四棒大炮科尼尔经一番周旋后击出了两记本垒打，中国队被2：3反超。这场比赛，中国队有5支安打，美国队有 8 支安打，各有 1 记本垒打。美国老投手米歇尔经验老到，不得不说美国队以 6 胜 1 负取得单循环第一，是靠其实力打出来的。

对中国队来说，预赛的 7 场比赛就很不好打，从各大洲冲出来的 8 支队伍都很强。为了在单循环预赛中占得好名次，中国队的主投王丽红已经连日在高温天气下拼争，等到最后我们和美国队打决赛的时候，她已筋疲力尽，又诱发了肩部老伤，再也不能上场投球了。

## 凝心聚力鏖战复赛

亚特兰大 1996 年奥运会垒球单循环赛结束时，美国队、中国队、澳大利亚队、日本队分获前 4 名。垒球项目单循环预赛加佩奇制复赛的竞赛方法使比赛难度强度兼有。一天之内在强队之间打几场高难度比赛的情况司空见惯，球队若没有硬实力则无法冲顶。佩奇制规定预赛第一的 A 队在决赛中赢预赛第二的 B 队后，若 A 队输一场还可以再打一场决定冠亚军的比赛，即预赛的前两名能获得双败淘汰的恩典。预赛第 3、4 名只要有足够实力，也还有拿冠军的希望，但只要输一场就止于比赛第 4 名。排位在前的队伍之间先比赛也算是赛制的照顾，因为打完后能多一点喘息时间。

单循环预赛结束后，中国队休息了一天。中国队原本可以在 7 月 29 日上午进行复赛第一场的对阵美国队的比赛，这样中国队不管是否取胜都有一点喘息的时间，但美国利用东道主的权势让组委会硬把这场比赛放到晚 6 点半进行。理由是晚上观众多，效果好，他们怎么说都是理。美国队如果拿下这一场，就有整整一天的时间可以休整并谋划备战 7 月 30 日晚 7 点开打的决赛。排在我们后面的澳大利亚队和日本队之间的比赛也要晚 9 点才开场，那就要打到深夜。美国向来以自我为中心，私利至上。经过近 20 年的在国际垒坛的磨炼，我已对美国人这种霸道和唯我独尊的作派见怪不怪了。

这次奥运会垒球比赛，中国队的切入点之一是利用美国队百场胜利的自满，以及她们眼睁睁看到本届奥运会中国队首场开赛就击溃了澳大利亚队的气势而产生的惧怕心理。我们也通过周密的准备和克服种种困难，将美国队锁定在了我们的射程之内，这个机遇一定要抓住，尽管我们还没有足够强大到与胜利女神同伴而行的程度。

佩奇制复赛第一场，美国队先发投手是丽莎·费尔南德斯，她虽然年纪较小，但已成了美国最具实力的投手。中国队开场投手是刘雅菊，她盯到第6局时，美国队已击出6支安打，但中国队防守严密到第6局还是保持0∶0的比分。这时我们分析若将比赛拖入延长局，在二垒放跑垒员的情况下我们有可能变被动为主动。因此我改变了原方案，派王丽红为救援投手。虽然我们从对方主投丽莎·费尔南德斯手中打出了3支安打，但仍未能得分，而美国队又靠34岁老将一垒手科尼尔在延长局第10局两个出局时击出了中外场关键安打，以1∶0的比分结束了这场胶着的比赛。科尼尔这个在美国队排行老二的一垒手在赛场外总是表现得温和礼让，但到球场却是招招致命的强攻手，我们又被她的一击打败了。这样第二天下午我们必须先打败澳大利亚队，才有可能在接下来在晚上的决赛上与美国队争夺冠军。

预赛的第3名澳大利亚队和第4名日本队对垒，日本队以0∶3输给了澳大利亚队，止步奥运会垒球赛第4名。这样一来澳大利亚队还将和我们拼一次，她们很想卷土重来战胜中国队去和美国争一争高下。我们哪能让她们得逞！必定要把澳大利亚队再打下去。按赛制，中国队还要在复赛中和美国队拼两次，两场皆赢才能获得冠军。

澳大利亚队在开幕式头场比赛中被中国队以0∶6拿下，紧接着竟然又以0∶2输给了波多黎各队（中国队和美国队都以10∶0胜波多黎各队），澳大利亚队以5胜2负预赛第3名的成绩进入复赛。澳大利亚队队员高大威猛，各队中唯独她们穿着无袖上衣，论体格、体能，她们甚至在美国队之上。在单循环预赛对战美国队时，善于投上飘球的年轻投手哈丁发威以2∶1击败了美国队，此后还以5∶2战胜了加拿大队，士气正旺。但世间就存在着一物降一物的说法，我认为这确实有点道理。澳大利亚队确实有实力，但缺点是欠稳定性，依我看这是基本技术运用及教练掌控的问题。这场比赛我们决定还让主投王丽红开场，她上场不光是技战术层面的问题，而且是主将在，军心稳。连日来的强强对抗已让中国队全体队员极度劳顿，但此刻向前一步就是胜利，先拿到银牌再说。

7月30日是奥运会垒球赛最后的对决，美国、中国、澳大利亚3支队伍将通过这一天的两场比赛决出金、银、铜牌。组委会安排我们从下午4点半开始打比赛，哥伦布的夏天格外热，这天金色公园球场上空飘着黑旗，按佐治亚州的规定，飘黑旗时不允许户外活动，但奥运会旗大于黑旗，比赛照常进行。中国队与澳大利亚队之战又是一波三折，第2局王颖从澳大利亚队主投罗奇手中夺得了1记本垒打，同局澳大利亚队打出两支安打得两分以2∶1逆转局面，但中国队稳扎稳打，后发制人，在第4、5、7局各击出5支安打共得3分，防守中王丽红发威拿下11个三振（即三击不中），终以4∶2结束了这场艰难的比赛。

## 决战亚特兰大奥运会摘得银牌

中国队刚刚拼完澳大利亚队，晚7点就又要和美国队争夺金牌了，而此时的美国队已经休整了一天，早已结束热身的美国队关注着中澳之间比赛的进展，教练员拉尔夫·雷蒙德早就准备好与中国队决一死战。这位看起来像斯文绅士的美国教练员，1981年以来几乎所有的国际大赛我都会与他相遇，在赛前挑边、握手后，我们都会相互友好地说声："决赛见，祝你好运！"再开始比赛，这几乎成了我们之间的默契。

即将展开的这场对决，中国队只能在极其不利的情况下与美国队周旋。因为主力投手王丽红从预赛到复赛连续不断地作战、全身心地投入，确保了中国队获得银牌。她是本届奥运会上场最多的投手，中国队遇到困难或关键局面时，她就会冲上去，但此刻她已经极度疲劳，且左肩部肌肉大面积拉伤，伤势堪忧。这时我正面临非常困难的抉择，我不同意用封闭等急救措施让她硬顶上去，这么优秀的投手才26岁，她还有将来美好的人生。我和队员都明白在没有主投上场的情况下，全队的防守压力会加大很多。但在这种情况下，我们绝不能退缩，就是要凭中国女子垒球队的志气和睿智，与兵强马壮、养精蓄锐并占尽东道主优势的美国队一决高下。

因为下午中国队与澳大利亚队之战结束后，观众都不走坐等着观看晚上的决赛，所以外面很多想看中美奥运对决的观众都买不到票，这让赛前气氛异常紧张。这场比赛中国队挑到先攻，坐到一垒侧客场队员席。一垒这面看台上坐满了给中国队加油的观众。1975年我任北京女子垒球队教练时的三垒队员李艺红，留美后在北卡罗来纳州的大学工作，她专程来看我们，看到中国年轻一代垒球运动员成长为世界劲旅时格外兴奋。还有当过1975年第3届全运会北京女子垒球队教练员的曹策庸，从北边远道而来给我们加油，大家都很激动、很高兴。还有很多在美的华人、在北京大学教书的美国人谢宝珍和一些在北京工作这次回到美国观战的美国人，他们都热情地给中国队助威。我在我们队员席上面的看台上看到了好友罗杰·戴维斯，他是1986年时与我交过手的美国国家队的教练员，我们不打不相识，成了好朋友。他平时在加州带俱乐部队，是加拿大队主投西皮尔的教练员。

为中国队热情助威的美国朋友（右一为戴维斯先生）

美国垒球队一直很强大，集中表现在其投手群的实力上，这次美国队有主投丽莎·费尔南德斯（25岁）、米歇尔·史密斯（29岁）、萝莉·哈里根（26岁）、克里斯塔·威廉斯（18岁）等，她们身经百战、各怀绝技，形成了世界顶级投手和新星投手组成的投手群，正由于前两位投手还是优秀的三垒手和一垒手，所以还能胜任主力进攻棒次，因此美国队投手人数多于其他队。加上她们有强大的体育信息情报搜集分析系统的支持，每位投手基本都能按整个比赛前制订的计划轮流完成自己的上场任务，她们都有足够的时间分析琢磨对手并调整好自己的状态。但这么有实力的队有时却把自己搞得很神秘，她们习惯从国内携带各种仪器和训练设备到赛场。训练准备时，在奥运组委会准备的8块练习场地上从来见不到美国队的影子，听说她们找了某所大学的场地进行秘密练习。十多年来，我一直在与美国国家队打交道，但真没见过她们是怎么训练、怎么做赛前热身的。

多年来，中美的垒球决战都是激烈而又充满戏剧性的。在单循环预赛时，美国大牌投手米歇尔·史密斯挨了中国队最精瘦的队员柳絮青的本垒打，把她吓得够呛，但那场比赛中国队最终以2：3不敌美国队。佩奇制复赛第一场进入延长局后中国队还是以0：1输给了美国队。中国队虽然前面两场都输了，但比分接近，且本垒打数也比她们多，可以说心理上我们处于拼争的优势位置。但此时中国队最大的难题是主投王丽红因体力和伤势问题，不能在决赛上冲锋陷阵了。

7月30日下午，我们在闷热难耐的天气下鏖战澳大利亚队已经非常疲劳。与美国队的决赛，我们只能靠顽强的意志，相互激励，团结一心死拼宿敌美国队。既然已经不能指望靠王丽红拿三振，我们只能以巧取胜，决定由来自天津的投手刘雅菊开场。美国队击球员以右打为主，刘雅菊是右投，这也是让她开场投球的因素之一。刘雅菊的投球风格和王丽红不大一样，球速不快但快慢结合、投点准，球速变化在每小时67千米到97千米，尤其慢球控点准确能投到外角低球，这种球有时间差，即使打出来也不会造成太大威胁。决赛第一局我队先攻，击球顺序是张春芳（8）、阎仿（4）、柳絮青（6）、王颖（3）、陶桦（5）、安仲欣（2）、陈红(7)、魏嫱（9）、雷雳

（DH）。这场比赛的技战术主导思想是巧投硬攻、先发制人、协同防守。美国队的先发投手是左投米歇尔·史密斯，我们和她多有交手，她的球速特快。听说她结婚后移居阿拉斯加，多年前年轻的金发姑娘已 26 岁，进入技术成熟期，她身高 1.82 米，块头大，球速快尤其善投下坠球。美国队教练员雷蒙德用她开局就是想抑制我队强攻，意图显而易见。我们在第 3 局两个出局后，张春芳和阎仿靠两个安打造成一、三垒有人的局面。柳絮青是中国队进攻上最可靠的队员，是对方重点盯防的击球员，在第三棒柳絮青进击球箱击球时，我决定采取出其不意的一、三垒双偷战术。柳絮青在对美国队的比赛中进攻表现抢眼，前一场对美比赛时，她从米歇尔·史密斯手中打出了本垒打，因此此刻美国队的全部注意力都集中在如何防守柳絮青的进攻上。在这关键局面，我叫柳絮青故意挥空棒，让阎仿在一、二垒间周旋，掩护张春芳偷本垒得分。第一棒张春芳和第二棒机灵鬼阎仿都是飞毛腿。若双偷成功，中国队则得 1 分，阎仿到二垒成功，若柳絮青趁势击出安打，则能在前 3 局一下甩开美国队，进而率先掌控主动权，也给首次担负决赛重任的刘雅菊壮胆。我当时的想法是反制美国人的思维方式，用双偷战术的隐蔽性和突然性先发制人。按我暗号的指令，一垒跑者阎仿突然全速起动跑向二垒，美国接手吉莉安·波库斯全力把球传到进入二垒的游击手德特·理查森手里，这时三垒的张春芳已跑到垒间 1/3。理查森不愧为久经沙场的美国第一号老游击手，眼疾手快地接了球，看都不看跑过来的一垒跑垒员阎仿一眼，立刻将球传回本垒。因我们战术来得太突然，她们的两个传球都偏高，接手波库斯接高球再往下做触杀动作时，虽然有明显的堵垒动作，但张春芳的脚尖先触本垒，可加拿大裁判员判她出局，这时全场哗然。那时不允许教练员对是安全还是出局、是好球还是坏球等进行申诉，不像现在职业棒球那样，有申诉后看录像回放来进行最后裁定的规矩。我跑上去问裁判员："我提个问题请回答，跑垒员的脚先触本垒，接手的触杀在其后，这种情况规则上怎么解释？"她说："你不能申诉。"我说："我请你解释规则，我并没有申诉！"这时裁判长出来平息事态。我们痛失先声夺人的机会。若当时不用双偷垒而让第三棒柳絮青强攻是最常规的打法，但我们就是选择了奇袭战术，而丧失了第3局一、三垒有跑垒员的绝好得分机会，赛后有很多对我的这个决断的评说。后来奥运官方录像中的两个画面和美国报纸的照片都清楚显示，张春芳的脚触垒在先

从照片可明显看出张春芳脚底先触垒却被不公正地判出局

而美国接手的触杀在后，应判中国队得分。我认为开局来个出其不意的突袭，是值得的。技战术的成功与否也是胜者王败者寇的事情，若这个奇袭成功了的话，我就可能被捧为神教练，而失败的残酷现实，却要我必须在后面几局中与美国队苦苦争斗来扳回。然而糟糕的是就在第3局后半局，美国队老将44号巧妙地将第一个外角球用闭式伸踏的打法击出中外安打。在一垒有人的情况下，美国队核心队员德特·理查森的魔幻本垒打的出现使中国队的局势急转直下，比分一下变成0∶2。

当时我认为中国队第3局0∶2的比分的确是很被动，但我相信我们有能力扳回来，而问题出在对方打了这个有争议的本垒打后，全队的注意力都集中在裁判员的判罚之上，把我们的阵脚整个打乱了。这么重大的比赛，裁判员是不可能改判的。我们的自控能力还没练到在短时间内迅速切换到稳住阵脚并重新组织冲锋的高度，这已不是技战术层面的事情了，所以我的结论就是我没有把队伍带到获得冠军的水准上。

回过头来说那个梦幻本垒打，从技术层面来讲，理查森确实不擅长打变速球，打慢球时留不住重心、身体向前冲是她的弱点，因此我们经常用快慢结合的配球让她三振出局。这一次我也给刘雅菊提示以慢球为主来治她，但对方到底是优秀的击球员，应变能力就是强，两个慢球都挥了空棒后开始调整节奏。投手应用慢球时有些忌讳：一是不能投高慢球，二是不能投内角慢球。刘雅菊拿下两击后第三个慢球失手投到了一个内角中。这样一来理查森

这个左棒使劲一搂，球高高地划破夜空打到了右外场边线围网外面。之所以称这是一支有争议的魔幻本垒打，是因为我亲眼所见和从队员及各方反应来看这是一个界外球，不是本垒打。在决赛的关键时刻，对于裁判员的错判，我们的队员难以接受，所有队员都冲到场地上，情绪激昂。刘雅菊、柳絮青、阎仿等队员都泪流满面，十分伤心。为此争议，比赛足足停了10分钟。

我感到这样下去是不行的，我们要重整旗鼓拼到底，我一方面申诉，另一方面考虑让队员恢复常态及思考后几局的对策。我很清楚我们在美国星条旗飘扬的场地上打比赛，裁判员绝不可能考虑中国队的诉求，但我们必须以申诉表明我们不认可他们的判罚。

这场决赛裁判人员的安排显然对美国有利，主裁是加拿大人，还有巴拿马裁判员和一个欧洲裁判员。防守右外场的是魏嫱，她追到网边以后，她的手套放到右外场界外旗杆外边的位置，争取接住这个界外球拿下一个出局。我们的队员在接高飞球的练习中，跑到位置后把手套伸到球的飞落点，这是第一个反应，也是习惯性动作。

防守二垒的智多星阎仿按平时技战术要求向外场高飞球的方向快速跟进，跑到外场看台附近，立即问右外场看台的观众："是什么球？"美国观众都很懂球，本能地回答说："界外球。"此外，这块垒球场是为奥运会特地对原有棒球场进行的改造，因此右外场界外标志杆后面没有看台，是过道。右外围墙外站着观看比赛的一些澳大利亚队队员和体育器材公司的人也认为是界外球，因为球就落在他们看球的界外区。大屏幕录像显示夜空中飞行的球的轨迹也比较清晰，录像来回放了几回，后来就干脆不敢放这个画面了。

美国第一棒理查森时年已35岁，是世界著名游击手、美国队的灵魂人物。我从1981年认识她以后一直认为她的斗志、技术是垒球运动员的楷模，很多队员都崇拜她。她打出这记"本垒打"，凭她的经验能看得出来球打到界外，所以跑了几步后停了一下，等右外裁判挥旗表示此球为本垒打才双臂高举跳起来继续跑。我认为她看见并明白这是界外球。按棒垒球的传统，打进看台上的本垒打球归观众所有，在美国本垒打打进外场看台时，观众为了抢球常会乱成一团，抢到球的人会高高举起手中的球显摆，周围的人会用羡慕的眼光看着并鼓掌祝福，这场面也是电视上极有吸引力的好镜头。抢到球的观众赛后会找打本垒打的运动员签名，让球成为珍贵的纪念品。但这一次我们根本没有看到右外场出现抢球的场面，也没有听说哪一位观众拿到了理查森的签名球，更没听说国际垒联名人堂博物馆里收藏陈列了这个首次正式纳入奥运会的垒球项目制胜本垒打的签名球，因为这个球根本就没有打进看台，这个本垒打压根不存在。我详述这个细节就是想告诉大家，这场对决中国女垒姑娘们实际是在极为不公平的竞赛条件下全力拼搏的。

此后几局我们苦苦争斗，但在对方进攻中在三垒有人时打到中外场的高飞球意外地从外场手手套掉出来，看来是情绪上受了影响又白白给了对方1分，这一下比赛局势急转直下变成0∶3，如果当时保住0∶2比分，大家一起努力就有可能追回来。第6局上半局我队进攻时，张春芳和柳絮青各从开场投手米歇尔·史密斯手中击出安打和二垒打形成二、三垒有人的极佳局面。这时美国队让丽莎·费尔南德斯从三垒位置换到投手位置，不料她过于自负和紧张，来了个大暴投，送了我们1分。如果我们没有第6局的失误，比分保持在1∶2的话，对方会更紧张，所以无谓的失误是致命的。我们的斗志和技战术发挥被一个本垒打的争议影响，最后以1∶3输掉了决赛，与奥运金牌失之交臂。

这场比赛给我留下了深刻的教训，我没能做到让队员们具备身处困境依然不受外界影响的定力，没能培养出她们在大变局中依然坚信自己的实力以冷静的心态和高昂的斗志拼争到最后一球的精神和能力。我们在赛前想了各种情况，却没设想到如何指导队员在这种危急状态出现时如何把控自己的情绪，也没有刻意在队里培养尽快从逆境中和教练员一起带领队员恢复常态继续奋斗的领军人物。奥运会各项目都有官方录像，决赛的每个场面和人物已扫描到我的电脑上，我复读多次，每次都对自己说："我没带好队。"

虽然回国后很多人安慰我们说："这场决赛中那个本垒打是错判，你们本应该是冠军，你们虽败犹荣。""你们和女排一样在美国的土地上夺银已经很不错了。"媒体也有这样的报道。但我说不是，我们没有打好。不懂行的人可以这样说，但我心里很清楚我们确实势不如人、技不如人。竞技体育只讲实力，只讲结果。其他围绕胜负衍生出来的问题都在奥运会上暴露无遗。

我与中国垒球人在国家的支持下，艰苦奋斗了多年，将垒球这个国际热门、国内受众很少的项目，鼎力助推到了奥运银牌的水准。虽然在整个发展过程中，有很多事情是教育制度、体育运动体制、竞赛制度、训练方式、对体育运动的认识和竞技人口广度等综合因素衍生出来的系统性问题，这些都在这次奥运会垒球赛场上显露出来。倘若有意深入分析体育运动关联的深层次问题，每个人都会有自己的感受和理解，但这个题目太大，我身为一名教练员不大好解题。但作为垒球人，我们坚守满腔的热爱与全情付出，无愧于心。

中国女垒回国后受到社会的广泛肯定和关注。1996年11月，国家体委发文，号召全国垒球界向中国女子垒球队和李敏宽学习。

从事垒球事业20年的拼搏得到国家体委的赞誉

## 入选国际垒球联合会"名人堂"

亚特兰大1996年奥运会后的第3年，1999年我获得了入选国际垒球联合会名人堂的荣誉。为此2000年,时任国际垒联主席唐·波特先生专程到北京给我颁发代表国际垒联名人堂荣誉的荣誉牌和戒指。国家体育总局组织在京有关人士和北京女子垒球队队员,举办了隆重的名人堂荣誉奖牌的颁发仪式。在仪式上,波特主席致辞,我也发了言:"我的名字进入国际垒球联合会名人堂,这是很高的荣誉,它归功于中国全体垒球人长期不懈的奋斗。"

我在中国国家女子垒球队执教的时候,国际垒联的办公机构设在美国的俄克拉荷马市。其办公大楼里还设有国际垒联名人堂和垒球博物馆,楼宇对面建了宏大的垒球比赛场,很多国际大赛都在此举行。进入名人堂的名人都有特制的牌子,按顺序排列在名人堂的柜子里,牌子的铜板上刻有他们的照片和事迹。名人堂和博物馆浑然一体,引人入胜,直观地说明了体育即文化的道理。

# 第十章

# 令我难忘的棒垒球人

我当了近20年的中国国家女子垒球队主教练,我能回忆起每位和我在同一个战壕里战斗过的队员的容貌、性格和球技,就连当年在队里发生的很多小小趣事也都成了我内心宝贵的珍藏和念想。垒球在中国还是比较冷门的运动项目,中国国家女子垒球队克服了与国际垒球发展先进国家之间的巨大差距,弯道超越,逆袭而上,在近20年的时间里保持着国际垒坛老二的位置,但其中的甘苦却很少有人关注。我对一直在很苦的条件下艰苦奋斗、矢志不渝、顽强拼搏的中国女垒姑娘们满怀敬意。她们中有不少人多次获得"全国三八红旗手"的称号,真是实至名归。

现在各地的垒球队员都建了微信群,我经常收到她们聚会和活动的照片。在国家队呆过的队员有两个大群,一个是主要由20世纪50年代出生的队员组织的"第一代垒球情怀"群,另一个是20世纪60年代出生的队员组织的"那年美好"群,她们还时不时地召开网上会议,方便国内和旅居国外的老队员相见,大家高兴得聊起来没完没了,只因为青春的全部回忆已酿成美酒,有着别样的甘醇。

因篇幅限制,在这里我仅列举国家队队员中的代表性例子。各个省市队有许许多多优秀的垒球队员,有着无数可歌可泣的奋斗事迹,不胜枚举,每位为中国垒球事业的发展作出了积极贡献的中国垒球人,都值得尊敬。

1986年第6届世界女子垒球锦标赛的中国队队员登上《中国体育》英文版封面（左起为李红、孙月芬、李念敏、任艳丽、王来娣）

## 中国国家女子垒球队第一任队长赵杰

赵杰是中国国家女子垒球队第一任队长，她在1975年第3届全运会前才开始学打垒球，由于她有打篮球的基础，学打垒球的攻守技术动作快速、灵活。比赛时，她防守二垒、右外场，进攻中是第一棒。她在知识分子家庭中长大，受家庭影响热爱学习，求知欲旺盛。赵杰谦虚、聪明、耿直、富有正义感，敢于担当，能够维护队员的尊严。她认为自己正确时敢和教练员争论甚至顶撞。在北京女子垒球队和国家女子垒球队，我和大家都推荐她当队长。

中国国家女子垒球队第一任队长赵杰

　　1985年，我正式被任命为中国国家女子垒球队主教练后，卸任北京女子垒球队主教练，赵杰被正式任命为北京女子垒球队主教练。她带队管理严格、训练得法，基本上每年都能拿到好成绩。国家队有了正式建制后，我也推荐她到国家队和我们一道工作，国家队需要像她这样接地气的教练员，但那时她孩子还小，她怕自己不能全身心投入工作，所以一直不肯来国家队执教。

　　到亚特兰大1996年奥运会后，我已年近六十，我向上级再度推荐她来国家队执教。她深知国家队工作繁重，照她的脾气既然要挑这个重担，必然会豁命去干。为慎重起见，她先到北京友谊医院查体，不料却发现肺上有小黑点，医院说可能是肺部发炎。为好好诊断，她又去肿瘤医院复诊，谁知竟然被医生要求立即住院进行肺癌治疗，从此她再也未能回到她热爱的垒球场。

　　由于她人品厚重，深受国内外垒球人的尊敬，1998年她住院期间，探病的人络绎不绝。我去看她时，她已被病痛折磨得很虚弱了，昔日那机智、调皮的样子已荡然无存。日本国家队教练宇津木妙子和新加坡的球友闻讯远道赶来看望她，她强打精神面带笑容，但她确实已非常难受了。她离世后，家人在她病床的枕头下发现了她在 1998 年 9 月 23 日写的一封信，信中抄写了唐代诗人刘禹锡的一句诗："沉舟侧畔千帆过，病树前头万木春。"这句诗寓意极深，读了之后我回想起我们在一起拼搏的一幅幅画面。这位垒球斗士在 1999 年 1 月长辞于世，虽然她的名字没能出现在中国国家女子垒球队教练员的名册上，但她多年来在北京女子垒球队教练员岗位上默默为中国的垒球事业作出了难以尽述的贡献。她入殓时，经家属同意，我把我在世界女子垒球锦标赛时穿过的一身白色的中国国家女子垒球队队服给她穿上，以表达我对这位杰出战友由衷的敬意。

赵杰的丈夫李金龙先生也成了我的知心朋友，赵杰的儿子长大后到国外留学工作，成长得很出色，2013 年他回国时专程到母亲和同事及队员们奋斗过的北京四块玉体育训练基地看望，他深情地回忆说："回想起妈妈带着我在垒球队大家庭中度过的童年，真是无限感慨。"

## 中国垒球队优秀的投手们

20 世纪 70 年代中国恢复垒球项目后，1975 年第 3 届全运会上陆续出现了好几位优秀的投手苗子，到了 1979 年第 4 届全运会，北京队的李念敏、天津队的许桂香、上海队的邹仁英、甘肃队的张梅兰等投手领衔，各个强队展开了激烈的拼搏。

李念敏 18 岁时就代表辽宁女子垒球队参加 1975 年第 3 届全运会垒球赛，当时就已初露锋芒。1975 年底，各地纷纷成立棒球、垒球专业队时，由于辽宁女子垒球队全运会的成绩不理想而没能成立垒球专业队，李念敏便到了北京发展。1977 年 8 月，中国青年女子垒球队首次访日时，以 3 胜 1 平的战绩震动了日本垒球界。日本报刊对主投李念敏进行了特别报道："中国神投手李念敏，球速达 103 千米每小时！"因为那时日本女投手能投出 93 千米每小时的球，就算快速投手了，日本女子垒球界从未见过这么快球速的女投手，而且采用快要失传的最经典的 8 字投法。李念敏身高才 1.67 米，但臂长手大、手指纤细利于控制球，对球的感觉也很灵敏，是用智谋投球的好投手。她的投球动作属于后摆式投法的一种，在整个投球动作过程中，手臂在空中划出"8"字，因而俗称8字投法。她投出来的球又快又升，外国队员往往很难适应，比赛中她可以和美国最著名的投手对拼，夺取的三振率不相上下。

李念敏的可贵之处就是从来都淡泊名利、默默奉献、顽强坚毅、有大局精神。当年她与女篮名宿宋晓波等并列被评为中国最佳运动员，也是我国垒球界至今唯一获得体育荣誉奖的运动员。她是从1974年垒球项目恢复伊始，坚持到1986年第6届女子垒球世锦赛的唯一国家级顶尖投手。她是当代中国女垒最优秀的代表。

李念敏成为《北京体育》1981年第2期的封面人物

1979年5月，号称世界职业女子垒球冠军的美国猎鹰队来华比赛时，李念敏的投球指标并不亚于世界顶尖投手、世界棒垒球联合会名人堂在册的琼·乔伊斯。

1979年10月，中国国家女子垒球队首次访日，李念敏、邹仁英、张梅兰、许桂香四大投手，基本压住了日本各队的进攻，为中国队取得6胜3平战绩奠定了基础。李念敏再次展现出不俗的水平，一经海内外媒体的报道宣扬，她几乎成了中国垒球的标志性符号。在日本，李念敏被誉为神投手，国外不少垒球书刊都登载了她教科书级别的8字投法连续动作的照片作为这种投法的范本。

凭借在1981年第1届中日美女子垒球锦标赛、1984年洛杉矶国际杯女子垒球锦标赛和1986年第6届女子垒球世锦赛等一系列高级别国际大赛中展现的优异战绩，李念敏的8字投法威震国际垒坛。人们都很难相信这样一位身材并不高大、长相秀气并有着纤细手指的中国姑娘，一上场就能投出那么刁钻多变的快球，每每让高大威猛的外国队员倒在"三振"堆中。1984年洛杉矶国际杯女子垒球锦标赛是中国队首次访美比赛，并获得亚军。赛后美国大个子主投凯西·艾丽逊把李念敏抱起来合影留念。

李念敏与世界知名女垒投手美国队主投凯西·艾丽逊

1983年12月，中国垒球协会主办的8字投法训练班在北京队的垒球训练馆开班，由李念敏主讲，李敏宽统筹。这个班培育了谢映梅等很有中国特色的8字投法年轻投手，此外，还有北京的陈红、范伟、郑军和孙梅芳，上海的王伶俐、湖南的代小玲等。

李念敏是个聪慧、双商兼备、有自己见解的队员，平时话不多，但对投球技术刻苦钻研，不可思议的是她还能投出与8字投法的技术特点完全不同、很不易掌握的其他球种，比如她投出的指节球从大幅度的8字摆臂的最低点晃到本垒板处，和百千米每小时的快速球有30千米每小时的速度差，她还能投出极具威胁力的内飘球。

1986年投手李念敏和接手王来娣，带领年轻队员首次参加第6届世锦赛并获亚军。1988年李念敏光荣退役，之后她留学日本，在垒球名门尤尼奇卡队继续打球。后来到东京女子体育大学做投手技术研究专业的研究生。

2022年，经中国垒球协会推荐，李念敏光荣地进入了世界棒垒球联合会名人堂，真是实至名归。她在全国各地和海外的老队友纷纷表示祝贺。我在此引用曾经在国家队担任游击手、外号"秀才"的邓小娟的感言，她在微信上写道："惊喜于我们同时代的队友李念敏进入国际垒球最高殿堂，这是中国垒球界的荣誉，是我们这一代人的荣誉，可喜可贺！中国垒球史上我们是承前启后的一代，我们的亮相即在世界垒球界奠定了中国垒球的位置，并跻身最强之列！她独树一帜的投球姿势与控球能力让世界垒球人眼前一亮。李念敏所代表的不仅仅是我们这一代人，更是我们对垒球最高目标的追求与热爱的精神！感恩中国垒球没有忘记我们老一代垒球人！希望中国垒球再创辉煌！"

2015年4月，李念敏应中国垒球协会的邀请，回国在投手训练班给中国年轻队员进行现场指导并举办讲座。这回她不但和北京的老队员叙了旧，还和特意从上海赶来的20余年没见过面的昔日最亲密的搭档王来娣重温了战友情。

邹仁英是我国首个在比赛场上采用绕环式投法的投手。20世纪70年代中国恢复垒球项目时，国际垒球技术已远远走在前头，中国垒球投手基本上采用摆式投球法。邹仁英好钻研、敢于创新，在教练指导下经过刻苦努力，学会了当年对我国来说崭新的绕环式投法，并在实战中取得了佳绩。她的进攻也颇具威力，那时一说上海队的强打手就会提金黎华，实际上邹仁英的强打也很有威力。这对肩负防守重任的投手来说，实属不易。她退役后当过上海女足的领队，后来东渡日本在日本企业队大德队执教，先后有杨卓慧、宋嫚丽、安仲欣等队员加盟该队。我国较早掌握绕环式投法的还有甘肃队投手陆麒等。

张梅兰是甘肃队主投，在国家队期间，我总能看到她在默默练习，可到了比赛场上她瞬间便变身让对手发怵的投球杀手。很难想象以她那精瘦的身躯怎么能投出精准蹿升的球，让对方击球员束手无策。第1届中日美女子垒球锦标赛的一场对决，原本目中无人的美国队在她手下进攻无果，只好以1∶1平局收场，那时美国队员才切身体会到中国投手难对付。张梅兰离开垒球一线后，我就没了她的消息，在我的印象里她一直是那么神秘，后来有了微信才重新取得了联系。

王云凤也是甘肃队的投手，她采用后摆式投法，是个清秀而有韧劲的好投手。我觉得辽宁、甘肃这些地方只要有好政策、好教练员，一定能培养出好投手。国家队的主投王兰祖籍甘肃，出道后十余年保持着良好的竞技状态。

天津队的许桂香在第一拨投手群里算是大姐大，她机智泼辣，在国家队教练眼里就是可靠的救援投手，她也采用后摆式投法，虽然球速不是很快，但她和聪慧机智的接手何梅互相配合，能对击球员形成足够的威胁。

刘艳于1964年出生，曾带领攻势凶猛的湖南队于1982年击败由李念敏带领的老牌冠军北京队夺得年度冠军，使中国垒球进入京、津、沪、甘、湘五强相争的年代。刘艳在青年队和国家队任投手，是霸气十足的硬派绕环式投手，她为1983年第2届香港国际女子垒球邀请赛夺冠作出了贡献。她后来到意大利垒球俱乐部打了一段时间后，转到日本甲级队名门高岛屋垒球队。退役后在日本大阪安家，两个女儿都是女篮校队主力。

付妍娜是和刘艳同一时期的投手，是中国第一个成功采用弓式投法的技巧型投手，是北京队第二代优秀投手之一。那时各队选大体格的投手是趋势，但身高只有1.60米的付妍娜靠其灵气和出色的素质并不逊色于身形高大的投手，最终被选入青年队和国家队。退役后在慢垒比赛场投手圈里还能看到她的身影，她后来在北京青年垒球队执教。当时采用弓式投法的还有陕西队的雷静等。

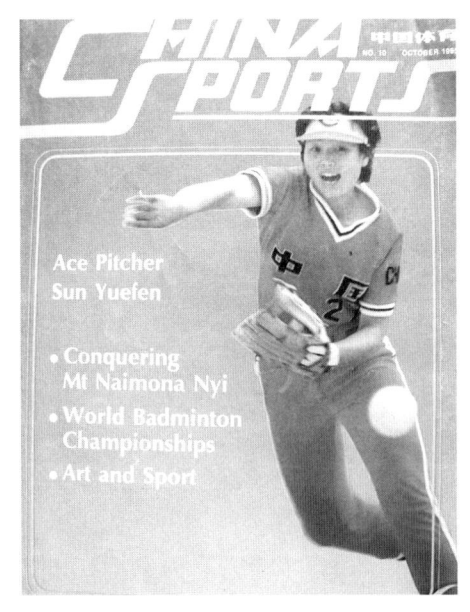

孙月芬成为《中国体育》1985年第10期封面人物

投手孙月芬的出现，对天津队和国家队来说都是一大幸事，她1964年出生，身材高大威猛，是天津队的台柱子，到国家队后进步很快，技术上改掉了重心过早前移的问题后，左膝承受的冲击力也减轻了，投手寿命也延长了。从技术动作角度来说，有了充足的时间大摆臂，从而能投出具有威力且多变的球种。

孙月芬在1984年洛杉矶国际杯女子垒球锦标赛、1985年南太平洋女子垒球精英赛和1985年第2届中日美女子垒球锦标赛，连续3次被评为最佳投手。这是中国投手与美国投手在国际垒坛比拼的一大突破。

孙月芬从1984年开始和李念敏一同担起了国家队投手的重任，1986年第6届女子垒球世锦赛时，她从即将退役的李念敏手里接过重任，成为中国女子垒球队走向胜利的开路先锋。她的投球风格豪放、强硬，她投的腰部上升滑球和下坠球颇有威力。1987年她赴意大利打球，并在那里定居。1998年34岁的孙月芬和华杰代表意大利参加了在日本富士市举行的第9届女子垒球世锦赛。我和她们俩已有10年没见过面，这次在赛场重逢，孙月芬显得稳重端庄多了。这是我首次以非教练员的身份在观众席观看比赛，最终中国队以1∶0战胜了拥有投手孙月芬和游击手华杰的意大利队，但拼杀的过程比较艰难。

1985年中国青年女子垒球队荣获世界青年女子垒球锦标赛冠军，决赛时杨卓慧先发、李素萍压阵，接手是王颖和唐会喜。杨卓慧的上升球和下坠球，李素萍的上升球和变速球，各有特点，为这次夺冠创举作出了贡献。

1986年第6届女子垒球世锦赛时，除了李念敏、孙月芬外，擅长投上升球和变速球的北京投手李素萍和以投下坠球为特点的上海投手俞剑锋，组成了球风各异、针对性较强的投手阵容。与她们配合的主力接手是王来娣，候补接手有王宏欣、王颖，她们都是强打手。

1987年中国女子垒球队参加在日本高知县举行的第4届亚洲女子垒球锦标赛，在这次比赛中，中国队击败了历届亚锦赛的冠军日本队，首获冠军，实属不易。此时因李念敏已经退役，孙月芬已到国外发展，投手杨卓慧担起重任并被评为最佳运动员，四川投手谢映梅也获得了优秀投手称号。谢映梅是接受1982年8字投法训练班的传授后成长起来的投手。杨卓慧和谢映梅两位投手后来都在日本企业队打过球，后来又都走上了垒球教练员的道路。

因为1983年第5届全运会取消了棒垒球项目，1987年在广州举行的第6届全运会成了近年来对各省市垒球队发展进行综合检验的考场。从投手实力来看，拥有当时中国第一投孙月芬的天津队占很大优势，上海队有杨卓慧、俞剑锋，甘肃队有张延萍、张卫红，吉林队有于杰、王丽红等，哪个队想胜出就要拼哪个队的投手强。当时我被临时从国家队聘回北京队当主教练，任务很明确，就是要夺冠。这时北京队的投手团队有李素萍、张文华、孙梅芳、胡波等，与其他投手阵容强的队相比，实力并不突出，因此在全运会与各队的拼争中感觉很艰苦，压力很大。全运会垒球决赛时，我派出奇兵——8字投法的孙梅芳对垒天津队的孙月芬，最终在北京队强攻的掩护下，孙梅芳赢了孙月芬。

第6届全运会中还涌现了不少优秀投手，如四川队谢映梅和吉林队于杰、王丽红。吉林队虽有于杰和王丽红两个好投手，但只获得了第6名，赛后吉林队被解散，于杰、王丽红被调入北京队，这对后来中国垒球项目的发展和她们的个人成长来说都是幸事。

王丽红1969年出生，吉林敦化人，1984年15岁加入延边队。因她练过滑冰和自行车，腿部力量特别好，延边队姜圣男教练招她到垒球队练投手。她身高1.70米，在投手里算是小个子，但出众的下肢力量和全身的爆发力是她能投快球的本钱。1984年初，我在昆明冬训见到王丽红时，她还像个小男孩。姜教练带她过来，让我看看她投球。我虽然不会投球，但因我看过众多国内外优秀投手的临场技战术，眼力还是有一点儿的，能观察出什么叫好投手。我在头一次和她见面时对她讲："刚学投球时，你的动作要做得大一点儿，绕环半径越大、绕环速度越快，出手时的切线速度就越快，投出来的球速也就越快。学好正确动作打好基础是根本。"那时她哪里懂得什么转动速度、切线速度，但是她练得非常刻苦，继续加强下肢优势留住身体重心。

她的臂展比身高大，那时候国家队已经有了测速器，测量球速是60多千米每小时，这个速度确实有点儿慢，但她刚开始练，还不得要领，情有可原。我对姜教练说："让她回去打好基础，腿部力量是她的优势，要加强综合性练习，可不能揠苗助长。"

那时延边队于杰的投球已相当不错，延边队每年都要参加昆明集训，其间不服输的王丽红进步飞速。

王丽红于 1988 年底加入国家队。在 1989 年 2 月新西兰基督城举办的第 2 届南太平洋女子垒球精英赛时，中国队派出杨卓慧、陈俊、谢映梅和新加盟的王丽红等投手。小将王丽红凭借她的出色发挥与吉娜·韦伯并列被评为赛会最佳投手，并进入赛会最佳阵容。这是继孙月芬 1985 年荣获这一荣誉后的第二个中国投手。那时王丽红还不满 20 岁，其进步之快令人惊叹。此后十余年，王丽红中国第一投手的位置从未被动摇。1994 年第 8 届女子垒球世锦赛，为夺得奥运会入场券，王丽红坚持上阵，投到左肩背阔肌撕裂，1995 年她不得已暂时回到北京队养伤，转年春节如约到昆明海埂体育训练基地报到备战。亚特兰大 1996 年奥运会时，比赛前她发起高烧，为了不影响全队，她独自默默承担了身心的压力和伤病。奥运会开幕第一场比赛，我问她怎么样了，她说："没问题！调好了。"她连续上场拼搏，打败了各个强队，扫清了中国队走向决赛阶段的障碍，出色地完成了任务。

2022 年 7 月 5 日，王丽红入选世界棒垒球联合会名人堂，她的成绩为世界垒坛所肯定。

王丽红在昆明海埂体育训练基地备战亚特兰大 1996 年奥运会

## 中国垒球队的接手

20世纪70年代中国恢复垒球项目后，各队都培养出了不少优秀的接手。何梅眼疾手快、臂力强，1979年秋初次组建国家队时就任国家队第一接手，国家队组建初期的比赛中接手的任务都是由她完成的。那时还有北京队的李春凤、王彩霞，上海队的金黎华、王来娣，甘肃队的王瑞霞等接手，各有特点。

到1983年第2届香港国际女子垒球邀请赛时，王来娣开始任第一接手，她的传球能力超强又是强打手，性格倔强但不失亲和力。她和投手李念敏的黄金组合保证了赛场上的默契配合，王来娣一直坚持到1986年第6届女子垒球世锦赛。

北京队的董玉雪、张桂香、王颖，天津队的唐会喜、王宏欣，湖南队的唐永红等接手，都在国家青年队和国家队担任过接手大任。王宏欣在王来娣当主力接手时，发挥其进攻特长，常任指定击球员。董玉雪控垒能力强，进攻又好，可惜只打了第1届世界青年女子垒球锦标赛就离开了队伍。

王颖1966年出生，16岁进北京队，两年后即在全国比赛获本垒打奖。1986年春天，19岁的王颖参加了第6届女子垒球世锦赛。在王来娣退役后，王颖成了国家队的主力接手，直到20世纪90年代由天津队的安仲欣接任。为了更好地让王颖在第四棒位置上发挥其长打能力，我让她改打一垒位置。王颖的击球伸踏动作很自然，本垒打与众不同，会在空中划大弧线后越过外场挡网。她虽是用右臂传球，但臂力好、动作快，经常把一垒跑垒员封杀在二垒。她

1991年第6届亚洲女子垒球锦标赛中国队队长王颖手捧冠军奖杯

的性格沉稳而机智，多行少语，是队伍的攻守核心，也是在国家队任队长时间最长的队员之一。

安仲欣1972年出生，20世纪90年代初出茅庐，天津队的历代接手基本功都很扎实，这要归功于有好的接手教练指导。安仲欣的臂力和基本技术都不错，传杀快而准，为实施防守战术提供了好条件。赛场上的关键时刻，她能与二垒手阎仿、游击手柳絮青配合来个出其不意的垒上牵制，扭转防守的被动局面，让中国队的防守又多了一个招数，难能可贵的是她也是不可忽视的拉打型强攻手。

## 中国垒球队的内场手和外场手

从1979年首次组建国家女子垒球集训队到1982年，第一拨内场手有贾凤霞、彭陵虹、陈凤琴、方萌、黄惠兰、严丽、岳建灵、邓小娟、马红霞等，外场手有王彩霞、陈玉香、许建芳、魏家莲、杨岱进、赵杰、宓小青、汤霖娟、王丽瑞等，那时有不少优秀队员，我都说不全了，考虑到攻守实力，她们到国家队后，还要根据需要改动防守位置。

1979年10月首次组建中国女子垒球集训队准备赴日比赛

这张在北京工人体育场外拍摄的照片是中国女子垒球集训队的首张全家福。前排左起：许桂香、王丽瑞、王来娣、何梅、邹仁英、金黎华、黄惠兰、李念敏、魏家莲；后排左起：陈玉香、赵杰、杨岱进、俞昌和、张国伟、刘成儒、姜霙、李敏宽、贾凤霞、邓小娟、岳建灵。

第一拨老队员为参加第 5 届女子垒球世锦赛坚持到 1982 年，但由于这届世锦赛在中国台北举行，最终未能成行，加上棒球和垒球在 1983 年第 4 届全运会时撤项，不少省市垒球队伍被解散，她们中不少队员恋恋不舍且心怀不甘地离开了垒球队。原本她们完全可以多打几年，但实际上坚持到 30 多岁的队员为数不多。

1981 年第 1 届香港国际女子垒球邀请赛，由俞昌和、刘刚教练带队，邹仁英、张梅兰、许桂香、周玉珍、刘艳、许英叔、何梅、王来娣、彭陵虹、方萌、陈凤琴、严丽、宓小青、华杰、李红、马红霞等队员参加。

1983 年第 2 届香港国际女子垒球邀请赛，为参赛组建了国家女子垒球队，团长王亦州，翻译李雅佩，教练李敏宽、张国伟。老队员比上一届少了，队里只有李念敏、张梅兰、王来娣、方萌、彭陵虹和杨岱进等。名单里出现了刘艳、付妍娜、王宏欣、董玉萍、蒋双玲、华杰、任彦丽、史闽越、李红和窦淑云等有战斗力的新面孔。这支队伍战斗力极强，被称为"无冕之王"。

1984 年中国女子垒球队首次访问美国，参加在洛杉矶举行的国际杯女子垒球锦标赛时，投手孙月芬、接手唐永红、一垒手龙美英、二垒手赵丽，外场手王美英、曹桂芳等。老队员只有李念敏、王来娣和彭陵虹三人还在坚持。

第一拨内外场手虽然进行专业训练的时间不算长，但都很有水平。被称作"铁一垒"的贾凤霞的劈叉接球，让对方跑垒者崩溃；彭陵虹攻守兼备；二垒手方萌的速度在攻守中表现得淋漓尽致；二垒手还有甘肃队的黄惠兰、天津队的陈凤琴等。北京队的白莉以队长和游击手身份首次入选 1978 年赴日本访问的中国青年女子垒球队。之后内外场阵容开始出现较大变化。

任彦丽，三垒防守坚固又是强打手。那时任彦丽、华杰、史闽越被称为中国女垒的三剑客，进攻是核心，防守如铁墙。和美国队打比赛开场时两队队员在本垒板处排列对站，中国女垒姑娘的技术能力和气质都属一流，女垒姑娘们以充满自信的目光直视对方的场面，很是提气。

任彦丽是一位优秀的三垒手，防守坚固，体力尤其是臂力极强。例如，她在三垒抓触击球时，能单手抓到球后跳传到一垒，这是她从美国职业棒球大联盟学到并活用的技术。同时，她还是一名强打手。后来任彦丽加入日本日立高崎队宇津木妙子的麾下，为该队立下汗马功劳。史闽越到日立软件队，成为攻守主力。任彦丽和史闽越在国内外都以她们精湛的技术和霸气的球风引领所属的队伍继续拼争着。小小圆圆的垒球在大大的地球的这一边或那一边，展现了道不尽的故事。

垒球运动员也和其他项目的运动员一样，到哪里都以自己的一技之长展现中国运动员的风貌，为体育事业作贡献。全球国际化的时代潮流下，中国运动员按职业运动员的行规进行流动交流，符合体育运动发展的规律和潮流。至于有些运动员若真出现在国外说错话、做错事的情况，应在弄清事实的基础上严肃批评。媒体在做评价报道时，应实事求是，与采访对象进行真实直接的沟通交流，避免断章取义、人云亦云，做出夸张渲染、不客观的宣传报道。

任彦丽赴日打球后，改名宇津木丽华，保留了原来名字中的"丽"字加了一个"华"字。她较早就显现出垒球才华和能力。离开中国队后，她通过努力成为国际垒球界闻名的垒球人。北京 2008 年奥运会前，任彦丽曾专门带着自己执教的日本日立企业垒球队与中国女子垒球队打比赛交流，帮中国女子垒球队热身。

华杰，身体素质和攻守技术都很超群，号称中国垒球第一号铁肩。在棒球界，能将棒球扔出百米之外的人，被称为铁肩。1986 年在昆明海埂体育训练基地冬训专项体能测验时，华杰创造过垒球掷远 86 米的纪录，就算昆明海拔近 2000 米、空气稀薄、阻力小，这也足够吓人。因为垒球直径约 9.8 厘米、重约 190 克，大小、重量都是棒球的 1.3 倍。真叫来一位棒球铁肩，也不见得能把垒球掷到 80 米以外。她防守游击手位置时，传球稍微一使劲，球就会上飘，所以一垒手接球时还得留点神。

华杰1987年离开国家队赴意大利打垒球。1992年春，我在维罗纳的俱乐部队执教时，她从米兰驱车来到训练场看我。这时正好过来几个人高马大的意大利小伙子，他们是打棒球的，进了训练场就得意地拿起垒球比谁掷得远，不难看出他们是想在女孩面前显摆，因为正好是训练休息时间，他们玩儿我也没阻拦。那个场地是半径73米的男女兼用的正式垒球场地，围墙外有个马厩。小伙子们兴致很高，但他们投得最远的球，也是蹦了好几蹦才滚到围墙边。这时穿着便服的华杰走过来稍微活动了一下后，拿起垒球一下就扔到了围墙外，我立刻听见马厩那边骚动起来，接着华杰用米兰腔的意大利语奚落了那几个小伙子一番。他们顿时觉得尴尬无比。我只听懂他们在惊叫着："中国人，中国人！"可怜这些意大利棒球小伙运气不好，碰到了华杰，没能露脸。1998年华杰和孙月芬一起代表意大利队参加了第7届女子垒球世锦赛。

史闽越，上海队主力，三垒手，打第四棒。她攻守兼备，身体素质好，打球既潇洒又聪明，自信心和好胜心都很强，哪一点儿也不能比别人差。1983年她没有按青年队、国家队的常规步骤而直接被选进了国家队。这时国家队三垒已有任彦丽，岁数也比史闽越大3岁，游击位置有华杰，我为这3位强将位置和棒次安排费了一番苦心。她们仨在队内谁也不服谁，但我们引导她们良性竞争，大大提高了队伍的战力。1985年夏天，中国队的这3位以第三、四、五棒，从美国名投范维克手中夺取了三连本垒打。后来史闽越曾到日本日立软件公司队打球，之后还成为日本某企业队的教练，回国后在上海体委做管理工作，干得游刃有余。任彦丽当时效力于日本的日立高崎队，在这两个强队中她俩又展开了激烈的角逐，她们俩在各自队里的作用都不可小觑。那时她们俩还给我写信谈在外打球的体会。没想到她们俩的字都意外地秀气，也很有文采。从她们的信中能感觉到对教练的尊重。

魏家莲是坚持到1986年中国国家女子垒球队进驻国家体委秦皇岛训练基地的唯一老队员了，考虑到她的资格和能力，队里也请她做了兼职教练员，就是要她在各方面起模范带头作用。她原是甘肃体坛的风云人物，是该省体育战线的一面旗帜。她是在黄河边上长大的西北娃，因她的作风顽强，队员给她外号"练不死"。她打球猛，技术动作不是很标准，但攻守都有特点。在国家队既当队员又兼教练员的，她是第一人。她退役后在日本企业队继续打球。她的经历既丰富多彩，也艰难曲折，可以写成一本书。现在她住在日本福冈，打起乒乓球根本不像60多岁的人，参加业余比赛拿名次也不在话下。

除了魏家莲，因为甘肃队传统好，队员努力奋斗，人才辈出，像黄惠兰、王丽瑞、张延萍、张卫红等都很优秀。

在艰苦环境中成长起来的老队员，都留下了很多事迹，给后来的年轻队员树立了榜样。北京队的贾凤霞，在北京队和国家队都是响当当的一垒，人瘦瘦的，爱美爱唱歌。她个性顽强，有一次在北京先农坛体育训练基地外场自制的击球笼子里练习击球，打过来的球又急又正，直接打在她脸上，致使鼻梁凹陷倒在地上，脸一斜血就涌出来了。我赶紧跑过去，把她抱到医务室，大夫没打麻药就用镊子把鼻梁从里头撑起来，整个过程贾凤霞竟然没喊没哭。还有一次北京队和天津队打比赛，比赛打得很胶着，她守一垒接传来的球时，与对方队员相撞，锁骨断裂，她竟然像没事人一样还要坚持打下去，因此北京队的队员尊称她为"大姐"。

第二拨的老队员里，打外场的队员王美英，长着圆圆的娃娃脸。有一次在训练比赛中，按"跑回本垒定要滑垒"的实战要求训练滑垒，谁知滑垒时她的钉鞋卡在了木制的本垒板上，结果整个脚骨都掰过来了。我很担心，问她："怎么样了？"她嘿嘿地笑着不说话，其实非常疼啊！因为在其他队员面前，她要强，忍着疼，真的让人佩服。

阎仿，我特别想说说她，她是中国国家女子垒球队的杰出队员，很不幸她在前几年英年早逝。她住院时我探望过多次，去世后为她举办追思会的前两天，我接到不少国内外战友的嘱托，希望我能在这个追思会上代她们对阎仿表示深切的悼念、缅怀和追思。在阎仿追思会上，我曾说了一段缅怀她的话语。还记得她刚进队时，是一个调皮的机灵鬼，后来成长为一名热爱生活、不服输、富有挑战精神的垒球运动员。她在绿茵场上是智勇双全、技术高超的斗士，是世界最优秀的攻守兼备的二垒手。在广岛 1994 年亚运会上她在伤病缠身的情况下为夺金牌作出了贡献。退役后，她在工作中富有开拓精神，视野开阔，在每一个岗位上都表现得干练出彩，同时不管走到哪里她都不忘促进垒球事业的发展，帮助垒球新生力量成长。她创立了"阎仿垒球专项基金"，用以激励支持年轻的垒球运动员向上攀登。她对北京"垒球 JIE"聚会活动开展给予了大力支持。我和阎仿偶尔相见，总有聊不完的话题，争论过很多与垒球相关的事情，那是非常难忘的时光。她在团队中拼搏、历练并贡献，不断地追逐并实现了自己的人生梦想。我觉得她的思想格局一直在升华，像一株青莲，泥中发芽，水中成长，阳光下绽放。

广岛 1994 年亚运会与日本队比赛中，阎仿击出关键的三垒打

退役后赴美留学并在美国工作生活的著名游击手柳絮青，与阎仿情谊深厚，她们隔空的微信交流令人动容，表现出垒球队老队员之间至深的友谊，这也是我们倡导的战斗友谊的真实体现。

中国国家女子垒球队有着过硬的技术和优秀的传统。正是每个队员可贵的素质，相互影响和激励，最终才能形成优良的队风啊！李念敏在采用 8 字投法导致膝盖和胯部都受伤的情况下，坚持投到 29 岁；贾凤霞鼻梁、锁骨都被打断过，但没见她为此流过泪；对澳大利亚队的比赛中任彦丽的腿被钉鞋伤得血肉模糊，李红的太阳穴被球击中紧急送医，可第二天她就主动要求上场；阎仿、柳絮青都是脚踝、膝盖受过伤……

我们垒球队有些投手个子高大，练投球练得胳膊粗壮，因此从来不敢穿无袖的衣服，甚至有的队员还遇到过因进女厕所被误认为男生而不知所措的尴尬场面。

虽然天津离北京很近，但我后来很少见到天津的第一批老队员了，热心的队员曾组织了一次网上见面会，我见到了许桂香、陈凤琴、陈文华、赵丽、刘娟等队员，在意大利的孙月芬和王宏欣也都出现在手机屏幕上，阔别多年再相见，大家都很高兴。

我在离开垒球队后因工作需要去上海的机会比较多，我一跟王来娣打招呼，她就把上海的司徒壁双、肖嘉珣老师，以及老裁判员和认识我的队员们召集起来，大家欢聚一堂。我有时还会找机会到上海少年体校垒球队看看，因为那里有我熟悉的老队员在任教。现在余梅芳和杨卓惠还在带队，快腿钱飚离队后也在那里工作。2019 年在崇明岛举行奥运会资格赛时，宓小青和从法国回来观赛的国家队原二垒手方萌每天接我到场地看比赛。我在看台上见到了很多上海队的教练员和队员，大家都很高兴。中国垒球协会经常在各地组织各种等级和形式的垒球比赛。有次在鄂尔多斯的赛场上，我见到了中国队的第一棒偷垒王李春兰，她是带了已成年的一双儿女从意大利回国探亲期间随四川的俱乐部队过来的。她那个平素笑眯眯而一上场就瞬间变为勇士的样子，一直留存在我的脑海中。

每一位曾经为中国垒球事业奉献过的队员，都很少计较个人的荣辱得失，因为她们都深知为国争光的职责。每一位队员的奋斗，她们一点一滴的事迹，汇集成中国女垒的光辉群像。

## 共同战斗过的教练员和领队们

和我同时代从事垒球教练工作的很多人都是年轻时一起打过棒球、垒球的同仁。太多的垒球人或与我交过手，或支持帮助过我，这些都成为美好记忆。北京有郭琴生，天津有俞昌和、张天广、那履同，上海有张国伟、王鑫芳、黎冠铭，四川有吴德周、张震霆，湖南有陈光明、曾志刚、苏诚符，甘肃有邱惠群，河南有殷建华，吉林有姜圣男，齐齐哈尔有孙伯杰等。上海的肖嘉珣、司徒壁双两位老师在情报分析方面提供了很大支持，他们都曾是第1届全运会垒球赛上海队的队员，北京的梁友德、刘庄宜、王连成、戴佩瑶等老师也在体育情报研究特别是垒球科研工作中作出了很大贡献。天津的于保忠老师和四川张震霆教练经常给国家队提供有价值的情报记录和调研资料。

全国各地的垒球队都有优秀的领队，北京的薛月华、张媛庆，天津的孟正台，上海的丁民、蒋能丽等，让人尊敬。

1975年各省市成立专业队后，各地涌现出很多好教练员，他们都曾经打过球，文化水平高，管理能力强，技术有特点。比如，上海队和甘肃队进攻强、长打多，天津队技术熟练、战术细腻，四川队快速灵活、善打小球等。

1979年初建国家集训队时，我和俞昌和、张国伟、姜圣男等教练员一起合作。我、俞昌和和张国伟来国家队之前曾分别担任京津沪的垒球队教练员，3个队曾在全国比赛中展开过激烈的比拼。到了20世纪80年代中期，刘雅明、朱慕德、郭德建、刘忠路等年轻一代教练员加入教练队伍。1986年在秦皇岛训练基地正式组建国家队时有刘雅明、朱慕德、郭德建和魏家莲等教练员和我一起工作。

北京1990年亚运会后，中国国家女子垒球队移师国家奥体中心安营扎寨。这时又有霍忠明、刘利明和符志强等教练员加盟。内场教练棒，二刘左右开弓像连珠炮一般锐利，霍教练的外场教练棒也是强劲刁钻，这虽然让队员练得苦，但很有效果。每个教练员各有特长，虽然日常教练员之间不免有些不同见解和做法，我明确强调训练中主教练的主导作用，副教练要在分工合作、搞好协作的基础上，发挥他们各自的特点共谋大局。在训练方法上虽然提倡创新，但技战术上全队要做到统一口径，争取统一在有理论根据且实战中有效的一套技战术上。若有哪个教练员非要强调按他的想法去教队员技术，我作为主教练就会明确提醒："等你当了主教练就可以按你的想法去教队员。"

再特别说一说湖南队，这个队首任教练员是武汉体育学院的陈光明老师，后来由曾志刚、苏诚符教练接任。苏教练是台湾高山族同胞，曾在军队打过棒球，1975年第3届全运会时我们还是台湾省队的战友。后来苏诚符在甘肃队当教练员,之后又调到湖南队当教练员。1982年我带北京队参加全国垒球第二阶段的比赛,在主场工人体育场输给了他的弟子刘艳领衔的年轻、有气势、进攻猛的湖南队,我们只拿了亚军,挨了领导的批评。后来苏教练见到我就说:"就在你们家门口,你的北京队都没打过我。"这次比赛的排名分别是湖南队、北京队、甘肃队、上海队、天津队、陕西队、吉林队和河南队。

张国伟是自1956年以来我在棒垒球场上的老对手。他个性开朗,比较活跃,当队员时进攻比较突出,所以他带的上海队也以进攻见长。他是爱动脑筋的教练,他到国家队后对我很尊重,按他的个性能做到这点很不易。退休后,他热衷于培养青少年棒球队员的工作且很有成就。不承想那么自信开朗的一个人却患了癌症,家人一直瞒着他。有一年中秋节我约王来娣一起去看他,一谈起他带的孩子们击球有进步,他便眉飞色舞,很是兴奋。不幸的是2004年比我年轻健壮的张教练因病辞世了。

俞昌和也是从日本回国的归侨。他在年少时打过乒乓球,足智多谋,比赛中点子多,训练也有一套。我们回国后同在北京华侨补校补习中文。那时他和杨达夫经常到景山公园里的北京东城体校打乒乓球,听他们讲当年和庄则栋等体校学员对垒也不会输。后来他当了天津垒球队的教练员后,我带北京队、他带天津队,我们相互斗智斗勇,一场比赛打下来,还相互不服气,继续斗嘴,但不曾红过脸。我对他说:"到了大战役还得看我的。"但他带领中国青年女子垒球队把世界青年女子垒球锦标赛的冠军、亚军和季军都拿遍了。他带队有独特的招数,不服不行。我和俞教练1992年在意大利见面后,就再也没有机会相逢。我明知斗嘴是斗不过他的,但还是很想找机会和他天南海北地聊天。

说到垒球教练员一定要提刘钢,他在我国恢复棒垒球事业的过程中做了很多工作。1957年,他被刘灏章教练招到了天津男子垒球队,他打一垒,我打二垒,我们一起参加了全国14城市中学生垒球赛并获得了冠军。他酷爱垒球运动几乎到了痴迷的地步,后来他考取了天津体育学院。20世纪60年代四川攀枝花开采钒钛磁铁矿,刘钢为支援三线建设来到攀枝花并在当地体委工作。他凭借对棒垒球的热爱，组建了棒球队和垒球队，所以四川省无论是棒球队还是垒球队，其中不少都是刘钢教练亲自培养出来的攀枝花球队的队员。现在四川棒垒球队很多40岁左右的队员，都是他的学生。后来刘钢被调回天津担任天津体育学院的副院长，但他为攀枝花的棒垒球发展打下了非常雄厚的基础。攀枝花是移民城市，东西南北来的人才聚集于此。在四川和各地，活跃在棒垒球界的攀枝花人不在少数，追溯源头很可能就得益于刘钢教练的培养。后来纳西族的棒球教练员周智华等接过了刘钢教练的教练棒，继续为棒球发展开拓奋进。

20世纪七八十年代，王纯新是全国第一号棒球游击手，他那时的英姿历历在目。2002年王纯新教练带领中国国家女子垒球队参加了第10届女子垒球世锦赛并获得了第4名，争得了雅典2004年奥运会垒球赛的入场券。但后来王纯新教练因病住院，我到通县肿瘤医院去探望他，那时王教练已卧床不起，他爱人李春凤也是北京女子垒球队第一任接手，一直陪在他的身边。看到眼前被病魔折磨的王教练，我内心很难过。中国垒坛接连失去两位优秀的教练员，一个是赵杰，另一个是王纯新，他们都是敬业拼搏的优秀教练人才，最后却被癌症夺去了生命，很是让人惋惜。

1997年，我在60岁后离开了垒球队伍，到台盟中央工作。虽然告别了心爱的垒球事业，但我和垒球界一直保持着联系。北京女子垒球队是我专业体育道路起步的地方。新老领队、教练员和队员都和我共事过或有过交往。北京垒球人设立了北京"垒球JIE"的聚会和交流方式，只要北京市垒球运动协会一通知，我们老老少少都会欢聚一堂，畅谈垒球，非常开心。

无论是教练员还是队员，我们都是曾在一个战壕里战斗过的战友，现在算下来不知道有多少代战友了。甚至有些年轻队员见面后管我叫爷爷，弄得我很不自在。我有时应邀去观摩比赛，现场会有很多我不认识的年轻队员颇有礼貌地和我打招呼，可能是通过老队员的介绍知道我的吧。甚至有一次在国外机场，碰到母校北京钢铁学院的毕业生也是因垒球而认出了我，过来和我打招呼。在我现在住的小区里，有5位北京钢铁学院的校友，大家互报家门很是亲热。世界很大，却因小小的垒球而变得很亲近。

## 心怀大局的领队王明晨

王明晨曾是1956年全国男子垒球比赛冠军队——北京男子垒球队的队员,后来他留在北京第三十五中学当教师。1974年垒球项目恢复后,他担任裁判、调研等工作,之后正式调入北京女子垒球队任领队。他是懂垒球的行家,既可当教练员,又是好裁判员,给队员做思想工作也细致入微,是熟悉队务工作、能说能写的好领队。作为政工干部,他党性很强,谦虚能干、多才多艺,国家队的一大摊内外事务都交给了他。1986年他在秦皇岛基地正式组建国家女子垒球队的筹备工作中作出了贡献。1991年国家队搬到奥体中心,王明晨领队除了做队伍的思想工作外,还负责与管理部门联系等工作,保证了队伍的各项工作正常运行。非直属训练局的国家队的领队工作很不容易,幸亏有了王明晨领队,保证了我们教练员能没有后顾之忧,专心扑在训练和比赛工作上。

那个时代中国刚刚对外开放,经济也欠发达,外汇紧缺,垒球队出国比赛是非常难得的机会,所以每次出国比赛的队员选派和随队人员名单总是斟酌再斟酌。上级也经常会考虑临时派遣领队跟随国家垒球队出国,这时王明晨领队就和队里的年轻干事留守在基地,他们从未抱怨过,他还要求留守的干部和队员坚守自己的工作岗位,正常推进训练,真的做到了心怀大局,吃苦在先,不争出国,不争荣誉。可以说没有王明晨领队和其他团队成员的共同努力和后方支援,就没有我们前线的战绩。

## 中国垒球队高参司徒壁双

1976年我初到北京队当教练时,没有专业的干事,只能叫队员做比赛记录,然后根据比赛记录进行统计、分析,对赛况做小结,谋划比赛和训练。我和队员说:"垒球发源地在美国,在国际上很盛行,但中国垒球整体的基础薄弱。我们想战胜诸强,主要靠智力优势和基本功,以巧胜强。"

非常幸运的是，1983年我率领中国女子垒球队参加第2届香港国际女子垒球邀请赛时，中国垒球协会派来了上海体育科学研究所的司徒壁双老师。但是我只知道她在第1届全运会时是上海女子垒球队的队员。在出发前往香港之前，司徒老师就陆续给我提供了主要参赛队的关键资料，全是她亲自统计和分析的手写资料，让我们受益良多。这次比赛我们击败了世界排名第1、3、5位的队伍及日本队，最终获得了冠军。

1985年在北京举行第2届中日美女子垒球锦标赛前，司徒老师又给我们提供了不少相关的专业情报，在后期调研和情报分析的基础上，司徒老师和其他老师给我们指出了努力的方向，帮助国家队在这届锦标赛上夺得冠军。

这两次对中国垒球意义重大的国际比赛，都有幸得到上海体育科学研究所司徒老师的支持。她以内行的眼光和专业的分析，及时给中国女子垒球队

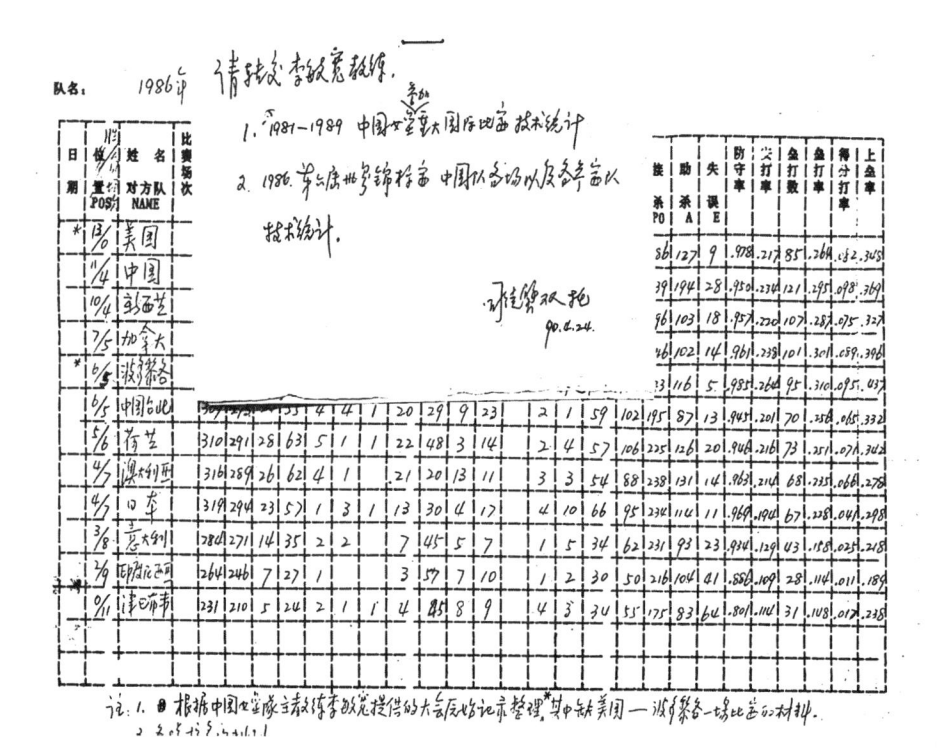

司徒壁双老师提供的宝贵的垒球比赛技术统计资料

提供了详尽专业的情报资料，为我谋划和部署作战计划提供了有力的支持。这两次比赛后，她整理出大量体育科研资料，印刷成册发到各垒球队和教练员的手里，让没有机会现场观战的教练员和队员也能从中了解比赛的艰难和精彩。司徒老师总结的资料准确丰富，分析科学精辟，对我们决策训练、比赛及开展情报资料工作有极大的参考和指导价值。

20世纪80年代，我国垒球的记录和情报分析工作在肖嘉珣、司徒壁双等各位老师的带领和不懈努力下取得了很大进展。1985年初开始，全国的垒球队逐步实现了应用电脑进行现场记录、统计和调研，这对推动垒球的发展具有重大意义。

1990年在时任国家体委副主任张彩珍的主持下，由张振美、吴振芳、韩宏珠和司徒壁双老师所著的《中国垒球运动史》，真实、生动、翔实地记录了20世纪20年代到80年代中国垒球的发展。在成书的关键阶段，司徒老师从上海借调到北京，她不顾疾病在身，全身心地投入书稿撰写，最终让这部《中国垒球运动史》得以完成，个中辛劳和奉献，令我极为感动。

作为教练员，我从心里愿意和像司徒老师这样的内行人合作交流。我们对像她这样为垒球事业默默付出的科研和情报人员，充满敬意。

## 中国的棒球元老梁扶初

梁扶初先生对我走上垒球专业道路起到了榜样作用，是一位很值得敬佩的中国棒球人。

梁先生祖籍广东中山，幼年时侨居日本横滨。早在1922年和1930年就曾带领中华棒球队获得横滨企业联赛的冠军，大振旅日华侨的士气。横滨市离日本最大的城市东京很近，当地一些大企业棒球队的实力接近职业棒球的水平。当年把日本横滨唐人街各行各业的职工组织起来建立棒球队很不容易，而在横滨企业联赛中夺取冠军就更是难上加难了。

1932年梁扶初先生回到祖国，之后他在香港、上海等地积极推广棒球和垒球，作出了卓越贡献。梁先生从心里热爱棒球，无论哪里，只要有需要，梁先生就会亲自去讲学和推广，他的足迹遍布全中国的学校，甚至还有军营。至今我还珍藏着一张当年北京大学和清华大学棒球队的队员与梁扶初先生的合影。

棒垒球运动的技战术训练和比赛都非常独特，它要求运动员有超强的团队合作精神和牺牲精神。而且从技术上来说，棒垒球的投球动作要求远且精准，这和士兵投掷手榴弹的要求相似；跑垒、偷垒中的急速跑、滑垒和扑垒，都和士兵作战时的动作很相似；棒垒球比赛时，教练员以各种暗号指挥比赛，这也如同部队指挥官指挥作战一般。也正因如此，贺龙元帅认识到棒垒球运动对军队练兵、打仗有促进作用，具有在部队中推广的价值，所以棒球和垒球还曾成为中国军人喜爱的体育项目。当时很多部队都有棒球队，据说各军区间的棒球比赛还非常激烈，棒球人才辈出。军队对棒球运动的重视，促进了棒球的快速发展。1959年第1届全运会时，八一棒球队有条件从各个军区队中选拔最优秀的棒球运动员，所以八一棒球队的实力很强。据说后来发展到女兵也开始打垒球，就这样，棒垒球成为中国军人喜爱的球类项目之一。为此梁扶初先生还曾被聘请到军队中做技术辅导和推广。

## 球技超群的棒球宿将刘濒章

我认为刘濒章教练是迄今为止在中国棒球界层次和水准最高的棒球人。刘先生不善于表达和炫耀，很少提及当年勇，因此他的名字在除天津外的棒球界鲜为人知。前面曾讲到是刘濒章先生引我走上专业的体育道路。那时他在天津教了很多学生，这些学习棒球的学生从天津起步走到了全国各地，他们发自内心地尊敬这位棒坛老前辈的专业与为人，会不由得谈起刘教练的事迹和他曾经的辉煌战绩，这样刘濒章的名字才慢慢被一些人知道。

刘濑章先生的棒球功底很深。他归国前在日本横滨的一所高中读书，是校棒球队的主力投手，该校的棒球队曾经打进了著名的俗称"甲子园"的日本全国高等学校棒球选手权大会的决赛。这是日本影响力最大的体育盛会之一。听说当年刘濑章先生作为投手在甲子园参赛，就靠他一人连续投球，一路投到决赛，最终他所在的队伍获得当年比赛的亚军。面对一个个全日本水平最高的高中棒球队对手，在受全日本关注的激烈比赛中，他一人拼到决赛。由于他的卓越表现，他高中毕业后被保送到日本的棒球名校法政大学读书，那时他已成为日本职业棒球球探紧盯的目标。说到日本职业棒球队，日本东京有读卖新闻巨人队，日本关西有著名的南海鹰队，当时刘濑章先生在日本法政大学的校棒球队担任主投手，他一毕业就签约到南海鹰队。让人惋惜的是，刘濑章先生后因伤病只能忍痛割爱，结束了职业棒球生涯。之后刘濑章先生和他的几位兄弟加盟了梁扶初教练率领的横滨的中华棒球队，比赛成绩优异，威震横滨。后来刘濑章先生从日本回到了祖国。

我高中跟刘濑章先生学习垒球和棒球时曾去过他家几次。我记得刘先生还翻出日本的报刊给我们看，上面有不少是他在日本法政大学校棒球队及加入日本职业棒球南海鹰队后比赛的照片和报道。有时他的兴致一来，还会给我们做棒球投球表演，快球、曲线球、下垂球和飘球等，真是信手拈来。虽然因为年纪的缘故，他投球的速度已不像当年那么快了，但能看出他的球性非常好，即便当时他岁数大了，但其一举一动、一招一式仍能让人想象得出他当年的风采。

一看刘老先生的外貌便知他是广东人，大眼睛、大手、长胳膊，只是个子较高。他性格稳重一看便知是过来人。我很晚才得知他去世的消息感到非常惋惜。尽管如今有关他的完整事迹的资料和记述已无处寻觅，但我仍认为他是我国最优秀的棒球前辈，应该被放在棒球元老的位置才对。刘濑章先生是个好老师、好教练，他爱国、爱棒球，我们几个知道他威名、受过他亲自指导的学生和华侨一直怀念着这位"中国棒球第一人"。

## 全力推广棒垒球的前辈梁友德

梁扶初先生有 5 个儿子,个个都是威震上海的熊猫棒球队的队员。梁友德先生是梁扶初先生的三子,后来在北京外国语学院(现为北京外国语大学)工作,他为了完成父亲推广棒垒球的遗愿,在业余时间把全部精力都贡献给了棒垒球事业,长期在基层甘当棒垒球的"布道者"。

我在北京队和国家队当教练员时,只要人手不够就会请梁友德先生过来帮忙,他总是欣然答应并全力以赴。20 世纪 80 年代他退休后,拿出了全部精力在小学推广棒球和垒球。有时候他想组织比赛却缺少经费,会给我写信求援,我也会竭尽所能,从个人工资里省出钱来为他提供帮助。梁友德先生是非常严谨守信用的人,在给我回信时,还会附上费用的使用明细和发票,比如"这笔款是给孩子们购奖品之用"等。梁友德先生去世后我曾写了一篇短文纪念他。听说梁友德先生辞世后,远在美国加州的梁友文先生,也继承父志,接过推广棒垒球的接力棒,在家乡广东中山积极推广棒垒球,成效卓然。

1957 年我从天津四中考入北京钢铁学院,在举行全国比赛前,北京棒球队通过北京市体委把我从北京钢铁学院临时调出来集训一两周便参加比赛。因为梁友德先生比我大十几岁,而我那时刚 20 岁,在体能上超过了他,就这样我这么一个无名之辈反而被选入队里当了主力,而棒球世家出身的梁友德先生却无缘主力位置。一般来说,面对这样的情况任谁都会有想法,但梁先生心胸宽广,任劳任怨地担任候补,值得尊敬。

梁友德先生的四弟梁友文先生,比我大七八岁,1959 年第 1 届全运会时他担任上海棒球队的三垒手。他的本行是上海交响乐团的第一小提琴手,长相英俊,棒球打得潇洒,后来他去了美国,但棒球情结难以割舍,所以业余时间组建了华人棒球队。前几年,梁友文先生给我寄来了关于熊猫队的文集,悼念他的父亲和哥哥。他还在上海组织了全球熊猫队队员的聚会,成为一场在沪棒垒球人的盛会。梁扶初先生把在家乡中山推广棒垒球的使命交给梁友德,友德先生故去友文先生接棒。现在中山棒球运动颇为兴盛,这个棒球世家愚公移山般推广棒垒球的信念和传承确实很了不起。

## 活跃在国际垒坛的女垒队员

日本企业有开展日本国内垒球联赛的传统，就垒球项目来说，日本企业联赛是最国际化和最高水平的赛事。因为企业设垒球队既能丰富企业文化，又能提高企业名声和影响力。日本的企业队联赛分3级，日本各企业队为了取得好名次，不管是美国、中国还是澳大利亚的运动员，只要有实力都会邀请其加盟。1986年中国队首次亮相第6届女子垒球世锦赛，就展示了强劲的实力，队员也获奖无数，引起了日方的关注。1986年第6届女子垒球世锦赛后李念敏光荣退役，1988年日本企业队冠军尤尼奇卡队邀请她加盟，李念敏成为中国女垒运动员较早走向国际垒坛的中国名将。

随后，任彦丽到了日本日立高崎队，史闽越到了日立软件队，刘艳到了高岛屋队，之后在日本企业队联赛上，常见到中国女子垒球队员的身影。杨卓慧、刘艳、谢映梅、孙梅芳等投手尤其受欢迎。上海有不少垒球队员到了日立公司下属的企业队打球。邹仁英到日本大德队当教练员后，招去了安仲欣、宋嫚丽等队员。陈昭华、李克强教练都在日本带过队，杨岱进、肖克珍在东京女子体育大学留学过。20世纪90年代的日本垒球杂志的封面和彩页上，经常出现中国队员的面孔。她们活跃在国际垒坛，也加强了世界对原本名不见经传的中国垒球的认知和相关交流。显然中国国家女子垒球队的成绩越好，中国球员在国际上的名气就越大，被聘请的可能性也越大。

亚特兰大1996年奥运会后，也有不少垒球队员到国外发展。柳絮青和阎仿在亚特兰大1996年奥运会前一年到美国边学习边打球，1996年春如约而归，为中国女子垒球队夺取银牌作出了贡献。

在意大利的中国垒球教练员和运动员也广受尊重。当年俞昌和教练在意大利垒球界无人不晓，华杰、孙月芬、王宏欣、李素萍、李春兰、王珠晖、张卫红及陶然等，加盟了颇具规模的意大利俱乐部联赛，也都展示了不俗的实力。

## 印度讲课结下友情

20世纪80年代我被选为亚洲垒球联合会（以下简称"亚垒联"）副会长兼教练委员会主任，为此我曾多次到日本、菲律宾、印度等国参加亚垒联会议，也曾到新加坡、印度和印尼等国讲课和带队训练。

其中我对1997年在印度讲课印象最为深刻。从新德里机场到目的地郊外饭店的路很拥挤，牛和狗在大街上随意走动，汽车还要避开它们，这是一片奇异的国土。郊外的饭店比较安静，但早上和傍晚，周围山林的猴子竟然会跑到饭店来骚扰，有时甚至会跑到阳台上来乱蹦。我最近看了关于印度的纪录片，摄制组专门跟踪新德里猴群，它们甚至占领了古老的庙寺，也反映了印度这个国家对生灵的态度。当时虽然印度人口比中国少些，但国土面积比我们小，人口密度大，而生态环境却保持得很好，森林里还有老虎、大象。

在印度开会，会后组织参观泰姬陵等古迹，虽然周围小摊贩多，环境有点儿脏乱差，但生态却保持得很好。我在泰姬陵院子里看见了牛拉木质结构的割草机，草剪得不算齐但很合理。他们恪守使用传统机械的传统，这让我这个学机械专业的人很感兴趣，站在那里对它的结构看了好半天。

亚垒联会议的主题通常是如何帮助垒球后进地区进行推广。我身为亚垒联教练委员会主任，在这次会上议定择机到印度办教练员研习班。后来这个设想得以实现，我独自前往印度办教练员研习班。但从泰国曼谷转机时，包里的一些交换礼品全被盗了，只留下衣服和不值钱的东西，一看就是"专业队"干的，一点儿都不留痕迹。印度垒球协会（以下简称"印度垒协"）秘书长普拉宾先生在孟买给我订了靠海滨的饭店。第二天一早从窗户往外看远处是蔚蓝的大海，而窗户下面是一排排破落的窝棚，与繁华的商业街形成鲜明对比。

垒球教练员研习班的举办地印度的果阿邦，是著名的旅游胜地。印度垒协主席和秘书长来接待我，他们的印度英语实在难懂，只有说到垒球术语时才勉强能理解。我在露天场地给从各地赶来的男女教练员开课，一边在黑板上给他们画图写字，一边给他们做示范，学员听得很专注，可能是真想学，

1997年受亚垒联邀请在垒球教练员研习班授课

也可能是我的英语太弱需要仔细听才能理解。我用英语解释不清楚的时候，新加坡的桑尼教练就会帮我一把。上午9点开课，到10点茶就送来了，印度拉茶很好喝，休息的时间也自然拉长，研习班还设置了一些实战练习。3天的研习班顺利结束后，男教练把桌子当鼓一边打一边唱起来，女生舞得婀娜多姿，这真是一次非常愉快的交流经历。我回国后有几个印度教练员一直和我保持着联系。前几年，印度垒协原秘书长还来电话叫我过去交流，我说："我都80多岁了。"他说："那也来看看我们的发展。"据他说，那里的垒球发展势头不错，他已成了很有威望垒协主席。

## 新加坡慢投垒球受欢迎

1984年新加坡教练员桑尼到昆明参加由我主讲的亚洲教练员训练班，他学习很认真谦虚。1985年他带领新加坡女子垒球队到昆明参加冬训，从此我们与新加坡女子垒球队有了交流。北京女子垒球队的赵杰教练还应邀到新加坡当过一年教练员，国家队队员张春芳退役后也曾在那里执教过，由于新加坡女子垒球队中既有职员又有学生，实行业余练习，带好这个队不是件容易的事情。中国队到新加坡除了和新加坡女子垒球队交流外，还曾为了练兵和当地男子俱乐部队打比赛。之后，我也曾以亚垒联教练委员会主任的身份去新加坡讲过课。那里有很多国际学校喜爱打垒球，我也与这些学校的教练员和学生进行了交流。

新加坡的慢投垒球开展得很好，一到周末，便会有很多新加坡人和外国人的俱乐部组织垒球比赛，打过棒球和垒球的人都会聚在慢投垒球赛场。所以亚洲拥有相当大的慢投垒球人口基数，亚洲的慢投垒球有相当高的水平。

## 与印尼垒球界的深厚情谊

印尼女子垒球队的实力在东南亚仅次于菲律宾，但女子垒球人口比较少，队员青黄不接，反而是男子垒球的发展情况相对好些。印尼苏加诺总统在任时为举办亚运会在雅加达修建了颇具规模的苏加诺体育场，其中包括男女兼用的正规的垒球场。在那里举行了1993年亚洲垒球锦标赛，中国队蝉联冠军。

因1997年举行东南亚运动会，作为东道主，印尼女垒很想打败菲律宾女垒争取冠军。为此，印尼女子垒球队专程到昆明海埂体育训练基地进行训练，那时我和王彤教练负责她们的训练。到了夏天，印尼垒球协会（以下简称"印尼垒协"）主席普拉马纳先生亲自带队来北京，每天上下午都到奥体中心训练，印尼队的队员们训练很努力。

印尼垒协普拉马纳主席是华裔，对印尼垒球队的支持力度很大。1997年东南亚运动会开赛前一个月，印尼垒协又邀请我到雅加达帮印尼女垒进行赛前练习。当时我住在苏加诺体育场配套的奥林匹克饭店，陶菲克等明星运动员也住在那里。普拉马纳先生对我格外关照，说感谢我带印尼队的辛劳，每隔一段时间就带我出去放松休息。有一次他还驾车带我到万隆见了他的父亲郭老先生。郭老先生祖籍福建，会讲中文，是位颇有风度的银行家。见过郭老先生后，普拉马纳先生带我到露天地摊吃了一碗面当午餐，他一点儿也没有富家公子的架子。可遗憾的是，1998年我突然接到郭老先生的信，告诉我他的儿子普拉马纳先生不幸因车祸去世了。这么热衷垒球事业的实业家英年早逝，真让人惋惜。印尼垒协也因此失去了领头人。那些年我和普拉马纳主席及印尼垒球队结下了深厚友谊，至今我还保留着和普拉马纳先生在长城的合影，很怀念这位诚恳敬业的印尼朋友。

1991年第6届亚洲女子垒球锦标赛，印尼垒协主席普拉马纳先生宴请中国队

## 打卡菲律宾棒球文化名胜

受美国影响，菲律宾有着悠久的棒垒球历史，甚至军队里都有垒球队。他们在国际垒坛表现得比较活跃。我曾到菲律宾参加过亚垒联会议和亚洲垒球锦标赛。

马尼拉有个很好的棒垒球兼用的球场，这个球场历史悠久，早在1934年，美国职业棒球队就曾在这个场地进行比赛。

菲律宾的棒球、垒球都开展得很好，赛事也较多，这也是马尼拉能举行国际性棒球、垒球赛事的唯一球场，从它较陈旧的状况能判断它已用了很长时间。20世纪80年代，我在马尼拉参加亚垒联会议时顺便观看了在此举行的男子垒球亚锦赛。菲律宾垒球协会主席特意把我带到外场围墙处说："这就是当年本垒打王美国红袜队贝比·鲁斯迈入职业队后打进第二记本垒打的地方。"在马尼拉棒球场，他打出本垒打的外场围墙上留有"第二记本垒打，1934年12月2日，BABE RUTH"的字样。

贝比·鲁斯是美国体育史上最有影响力的运动员之一，他是强打手也是投手，后来他转会到纽约洋基队。据说在他全盛时期轮到他击球时，他在击球箱里用棒子指看台的某一个方向，就能把球打进那里，真可谓"指哪儿打哪儿"。他是左棒，所以他的球迷专买右外看台的票等着接他的本垒打球。我知道有几部专门描写他棒球生涯的电影，记录了一个美国休斯顿的穷孩子实现棒球巨星梦想的奋斗历程。我怀着崇敬的心情拍下了这张对我来说弥足珍贵的纪念照。

在美国职业棒球大联盟本垒打王贝比·鲁斯
打出职业生涯第二记本垒打的墙前留念

菲律宾人对棒球文化的珍视和尊重，让我印象深刻。说起来我们也有一些值得保留但未能保留下来的老棒球场的体育文化遗址。

还有一次在新加坡桑尼教练的陪同下，我到菲律宾各地寻找给中国女垒陪练的男子垒球投手。但找合适的陪练投手不是那么容易的，我们对男投手的品行、技术和对方需求都要了解，尤其是投球速度和球种要合乎我们击球练习的要求。由于中国生活条件和待遇好，他们很愿意到中国来当陪练投手，我们甚至请过菲律宾最好的男子垒球投手来中国陪练。

在菲律宾，除了现代化的马尼拉市中心外，街道显得比较陈旧，生活水平也不高，但人们开朗乐观，最方便的交通工具就是改装后的吉普的士，其车头的装饰个性夸张，长排凳能挤多少人就上多少人，招手停车，想下车就喊一声，我觉得很有趣。

# 第三部分 中国垒球运动的发展与未来

# 第十一章

# 对中国垒球成绩下滑的反思

## 中国垒球发展的优势与瓶颈

亚特兰大1996年奥运会中国队夺得垒球比赛银牌以后，队伍里不少老队员坚持战斗到悉尼2000年奥运会。1997年秋天，结束了一年的垒球赛程，这一年我正好满60岁，国家体委领导有意让我再多干几年以备战悉尼奥运会。我执教20年来的国际垒球大赛中，特别是3次世锦赛和1次奥运会，都没能扳倒美国队，中国队都止步于老二的位置而没有冲上去，我也是心有不甘。我有时甚至也会反思是不是自己过于循规蹈矩、思维过细，缺少那种什么都不吝只管往前冲的劲头。最终还是考虑到身体情况等综合因素，我内心不舍地离开了为之全心奋斗多年的垒球主教练岗位。

但客观地说，从垒球在中国的普及程度、各方的投入、国内竞赛水平，以及球员人才储备、选拔及综合素质等方面来衡量，中国女子垒球队能取得如今这个成绩，实属不易。这是发挥国家集中力量办体育的体制优势和中国垒球人卧薪尝胆、艰苦奋斗的综合性成果。

如果垒球项目能在国内更加普及，就有可能培养出更多更好的年轻运动员，也就有可能带出更强的队伍，打出更好的成绩。但实际上，除了少数学生在业余体校练过垒球外，很多运动员都是从篮球、排球、足球甚至田径等项目转过来的，这些转项的运动员一般体能都不错，但垒球运动员最需要、最关键、最难培养的球感和意识，在后期很难跟进。在这方面，美国、日本等垒球盛行的国家则有得天独厚的优势。首先他们那里很多孩子从小就玩棒垒球，而且孩子们对棒垒球的喜好和才能是自然产生的，当他们长大最终决定选择打垒球时，已具备作为垒球运动员应有的优秀的意识和能力。与此相比，我们在选材之初，就在运动员的主观意愿和身体条件上产生了较为明显的差距。

由于欧美和日本等地的棒垒球运动有着强大的受众基础，因此运动员的选拔竞争都有更大的余地和可能性。优秀的苗子从代表学校打球开始，慢慢进入俱乐部或企业打球，再经过激烈竞争和严格的选拔，才能成为国家级运动员。与此相比，我们在上述各方面都与垒球发达国家存在较大的差距。

更大的难点在于，有些从篮球、排球、足球三大球转项来的队员，内心有点儿瞧不起垒球，很不情愿从事垒球项目，这样一来从根本上运动员就缺少练好的主观意愿和热情。只有等她们入门后才认识到垒球这个项目既有趣又有难度，在国际上还享有很高地位，这时候才有可能一点点转变观念慢慢喜欢上垒球。当然也有极少数运动员甚至对垒球喜欢到痴迷的程度。的确一些老队员选择出国就是为了继续从事自己热爱的垒球运动。有的老队员40岁还在一线打球，再往后还可以继续在妈妈队打球，还可以打慢投垒球。在参加亚特兰大1996年奥运会的15名美国垒球队队员中，有好几位已经超过了30岁，为她们立头功的游击手第一棒理查森当年已经35岁，是队里的老大姐，而且除垒球之外她还有着自己的职业，是一位医务工作者。

通过与美国队的比拼，中国队在投手群体上的弱势是最为明显的问题。我们设想，如果能在垒球的投手这样关键性位置上找到心理素质好、专项体能强的人才，正规地培养8～10年，她们也能具备和美国队拼个高低的实力，可惜这样的人才很难被吸引到垒球这个冷门项目中。20世纪80年代国家女子垒球队曾设想并探索"投手一条龙"的培养模式。我曾和王明晨领队亲自到辽宁大连、山东烟台等地的体校，专门寻觅投手人才。那时中国女子垒球队的成绩不错，常被报刊媒体报道。可是当我们与各地体校的领导和教练员说明来意并请他们推荐优秀运动员时，他们往往都不愿意输送我们看中的运动员。后来推荐了几位运动员改行打垒球，可惜只达到省市队水平，很遗憾我们挑选投手苗子的想法没能实现。

所以我曾自嘲说，国家女子垒球队的教练，不但要做中学老师，还要做博士生导师外加球探。有些国家女子垒球队的队员在队训练十余年，擅长思考分析总结，无论是实战经验还是技战术理论水平都达到了国际顶尖水平，她们就相当于顶尖的垒球专业博士生。我们对一部分达到国际水准的主力队员进行提升，对一部分只惯于打国内比赛的队员朝着打国际比赛的方向进行改造和提高，对一部分年轻的运动员进行有效的基础训练。本来这些事情不少是应该由地方垒球队和基层来承担的，但对于普及程度低、省市队伍少的垒球项目来说，我国垒球项目发展还需要面对这样的实情和窘境。

垒球教练员不受重视、待遇低是现实，但想要有真正的成功，就需要有更远的愿景，要把垒球当事业来干，为本队、为本省市，更为国家的荣誉而战。教练员比赛成绩不好就可能要下课、被淘汰，若没有了教练员的工作岗位，其他都谈不上了。教练员只有真的把垒球的事业放在心上，主动充电、提高、竞争，才能走得更远。

我们省市队的主教练都要着眼完成4年后的全运会任务。全国前3名以外的球队的主教练在有较好人才的基础上要带出有实力争奖牌的队伍，在全身心投入的情况下也需要8～10年。棒垒球运动员需要10年的磨炼，才能具备相应的体能、基本技术、技战术意识、比赛经验和应变能力等综合能力去参加国际比赛，其中不可或缺的条件是有稳定的、称职的教练班子带领队伍，没有好的教练队伍，招募再好的球员也无济于事。

由于目前在我国垒球项目不普及且比赛少，教练员之间和运动员之间竞争不激烈，也就是水不涨，船就不高。我认为目前首先需要解决的是提升我国教练员整体水平的问题。让队员真正理解并玩转垒球，提高队员和队伍的综合能力，这些全都要靠教练员的水准和付出。

虽然目前省市队很少能有机会打国际比赛，但教练员有义务把国际上先进的技战术介绍给队员，再也不应重复地方队队员选入国家队后为了适应国际比赛，被迫在国家队内进行"技战术性改造"的尴尬局面。

## 投手人才培养的困境与期待

投手是一个需要独立思考并且比较"孤独"的位置，她虽要和接手商量如何配球，但关键时刻又要自己决定投什么球，因此要有较强的判断力、决断力和责任感。培养好投手需要较长时间，体能上要求爆发力好，形体上要求高大、臂展大、手指长，尤其需要有较高的心理素质。但投手是我们中国乃至亚洲垒球最薄弱的环节。中国队只能靠自己的力量来培养，因此要随时思考投手的选材和后备力量培养的问题。

但最让我感到遗憾的是，由于垒球运动在中国不够普及，无法持续不断地涌现优秀的垒球运动员，特别是投手。投手是防守中的关键位置，需要有天赋，不仅要脑子灵，意志力强，球感好，对其体格和体能的要求都很高，还要求其性格中带点儿霸气，同时具有较高的情绪控制能力。在美国由于棒垒球竞技人口基数大，竞争激烈，所以来自各级学校或俱乐部的好手层出不穷。美国的垒球运动员一般都同时进行着正常的学习或工作，练习垒球的时间虽然不充裕，但训练质量和效率都比较高。由于比赛机会多，她们水平的提高更多依赖于在实战中的磨炼，而体能训练方面，贵在运动员平时个人主动自觉地进行，这就是美国队的投手三十五六岁还能保持旺盛的比赛欲望，在美国国家队的选拔赛中凭实力和经验常能拼掉 20 多岁的年轻投手的原因之一。美国垒球队拥有众多的优秀队员，其比赛的经验和强烈的竞争意识，是美国长期保持"投手王国"称号的主要原因。垒球在我国主要靠体育体制的优势来弥补，每到大赛，都期待着各省市队培养出的好苗子有优异表现，但要培养出能在世界大赛的关键场次担负重任的投手很需要时间和实战的历练。

1979 年初组建国家集训队时，第一拨队员中有李念敏、邹仁英、张梅兰和许桂香等三四位好投手，前两位进攻也不错，有打出本垒打的实力，后来各队投手专业化后，能攻能投的投手就少了，各队基本上都采用指定击球员的方式，让投手专注投球，不参与进攻，但这样等于浪费了半个人。美国的史密斯、费尔南德斯等都是主战投手，又可胜任第三、四棒的进攻，还可当主力内场，竟有身兼三职的本事。美国教练员深刻懂得投手的重要性，也懂得在报名名额限制15名的情况下如何保证投守攻实力不减。由于能上场的投手人数多、实力强，整个比赛期间美国队可以按预定计划轮转投手，根据对手情况针对性地指派投手。教练员用兵自如、投手以逸待劳，更显其投手优势。投手参与攻守不但更符合棒垒球运动的根本，还能促使投手一直保持着临场感和躯体全面发展，而且利于投手对付击球员时进行换位思考。

在我国，垒球无法像乒乓球那样总有专业能力超群的运动员引领着人才济济的运动员群体，在动态的激烈竞争中让整体水平得以提升。而一支高水平的专业垒球队，投手群至少要同时拥有3名能独当一面的好投手，但中国女子垒球队即便在发展最好的1986年，也只是同时拥有两个好投手——李念敏和孙月芬，但在这两位投手交替的时候，李念敏的体能已经开始走下坡路，而孙月芬坚持到1987年底，之后也离开队伍赴意大利打球，再经过两年由王丽红接上，一直到亚特兰大1996年奥运会。在这以后，中国女子垒球队就再没有培养出世界顶级的投手了。依我个人的看法，后来虽然涌现了不少优秀的投手人才，但是这些好苗子由于种种原因没能得到精心的培养和提升。

每次参加国际垒球大赛，我都切身感到投手的调遣和周转非常困难，作为主教练总是面临严重的窘境：预赛不投入主力投手就进不了前4名，就杀不进复赛，但若预赛频频用主力投手，到复赛最后确定名次的关键时刻，往往会因主力投手体力不支而影响最终取胜。所以我作为主教练每次进入复赛阶段比赛决定出场投手人选时，常会陷入困境。1990年在美国伊利诺伊州举行的第7届女子垒球世锦赛上，主战投手王丽红因负担过重致使中国队未能取得预期的成绩，可以说这在很大程度上是受到了投手人才不足的制约。

所以这么多年来，中国国家女子垒球队教练员为投手人才不足而苦恼成为一种常态，如果我们从基层到各省市队再到国家队，有一个完善的输送、培养、强化垒球投手的渠道，中国垒球的发展就会顺利得多。

## 从观众席看世锦赛的别样感受

我正式离开垒球界一年后，1998年，有幸受邀到日本富士市观看第9届女子垒球世锦赛，这是我第一次远远地从看台上看自己国家的垒球队比赛，那种感受和自己带队比赛时的感受很不一样。以往我在垒球比赛场上指挥队伍时，头脑清醒，不会紧张，因为场上的队员是按我们在训练场的技战术和在准备会布置的作战方案和计划在作战，一切都在我的指挥下行动，而坐在看台上观看别的教练员指挥比赛就不同了。首先是非常紧张，甚至有着急和坐不住的感觉。还好这次比赛中国队获得了第4名，顺利拿到了悉尼2000年奥运会的入场券。

这次赛场上我见到了不少老熟人。北京女子垒球队的主教练赵杰和她的先生李金龙也来观战了，我见到赵杰时，她一如既往地微笑着，我完全没想到那时赵杰的癌症已经恶化，但她用和往日一样的微笑掩盖着强烈的病痛，她一直都是这样坚强而内敛的人。

比赛期间，有一天我到意大利队驻地去看代表该队参赛的华杰和孙月芬，她俩曾是中国队的猛将。忽然有一个意大利姑娘跑过来给了我一个拥抱，我定神一看原来是达涅拉，是我之前执教意大利布索林格垒球俱乐部球队时的队员，她当时是队里少数能用英文沟通的队员之一。她训练刻苦，比赛玩命，这和她典型的意大利美女的漂亮外表形成很大反差。我教她时她还是个高中生，现在已经上了大学。我用依稀记得的那点儿意大利语问她："你爸爸妈妈还好吗？"她用意大利语回答了我，我还基本都能听得懂。我在布索林格镇住的时候，她的妈妈常邀请我去她家的咖啡店坐坐，这也成为我后来迷上意大利浓缩咖啡的机缘。

我还见到了随意大利队前来观战的布索林格垒球俱乐部主席安杰罗，我俩相互熊抱，很自然地说起往事。他怪我当年刚刚在他的俱乐部执教了一年就违约回国的事。对他的责备我心里早有准备，但真正见了安杰罗先生，还是不免有愧疚感。当年原本应该继续在意大利执教3年的我，为中国垒球队取得亚特兰大1996年奥运会入场券，服从国家的需要，不得已违约提前回国了。

在这次世锦赛上中国队与意大利队交手时，意大利队的主投手是在国际大赛上曾多次获得最佳投手称号的中国队原主投孙月芬，第一游击手是中国队优秀的原游击手华杰，所以中国队打意大利队很艰难。最终中国队经过苦战终于以1:0赢得胜利。意大利队能以这样的比分跟进中国队，可见中国教练员和运动员的交流参与，对意大利垒球提升的作用还是蛮大的。世界垒坛充满变化，传统强队与后起新星，也在不断角逐并变换着位置。哪个队只要停下脚步，故步自封，就会逐渐被落下。

## 女垒主帅位置面临外教挑战

中国垒球在1974年恢复后，经过垒球同仁的艰苦奋斗，在国际垒坛上占据了颇为重要的位置。每次参加奥运会和世锦赛等大赛，都要考验主教练是否有把握全局的能力及遇险不惊的胆识。2000年参加悉尼奥运会时，垒球项目备受国家体育总局重视，有关部门给垒球队创造了很好的条件，可谓粮草齐备、人马齐整，前景也被看好。刘雅明主教练带队出征悉尼奥运会，投手有王丽红、张艳清、秦学静等，加上场员基本上是阎仿、张春芳等身经百战、非常成熟的老班底、老队员，这是一支有实力、有经验的队伍。这届奥运会从筹备到结束，我得到的信息很少，具体情况不宜评说。但我认为按这样的阵容参赛，最后只拿到第4名确实有点儿可惜，按道理成绩还能更理想一些。特别是在预赛中还以1:0战胜美国队，这是中国队第一次在奥运会垒球赛上击败劲敌美国队，显示出了实力，是值得称赞的成绩，说明中国队实力依旧。

简言之，调整并创造出队伍最佳的临赛竞技状态就是主教练的任务，为此赛前赛中应该处理好各种问题和矛盾，做好技战术准备，并需要在比赛中临场灵活应变，实施相应的策略和战术。可惜中国队欠缺把握整个比赛大局的应变能力，打进佩奇制复赛之后，输给了日本队，只拿到奥运会垒球赛的第4名。

这不禁让我想起当年我带队打大赛时的思路，根据我们投手群的实力情况，单循环预赛时我从不强求拿下第一，始终坚持预赛进第二，保证佩奇制复赛中赢一场，先保证拿下第二，再和美国队争金牌。我们自己很清楚中国队投手群体的实力和预赛拼争中的消耗，拿下预赛第2名之后，即便在复赛中打得很不理想，如果输两场也能保住铜牌，这是我们的底线。中国队投手阵容不如美国、澳大利亚等队那么强大，保三争二望金，是很现实的策略，不管是外界善意地给你拔高，也不管别人说你保守或消极，实事求是地讲，我们的奥运垒球战略应该首先是保证拿到奖牌，这也是保证垒球项目生存的战略。

回顾我从1979年开始兼任中国国家女子垒球集训队主教练，然后从1985年做专职主教练，一直到亚特兰大1996年奥运会，都是一个长期稳定的任职状态。这让我有时间积累并总结成功经验，吸取失败教训。我有机会与各地方队的教练员和队员合作相处，国家队也与地方队形成了相辅相成的合作关系。同时我在国际比赛中摸索分析出了应对北美、南太平洋及亚洲各队的策略和技战术。这些都是在国家体委领导和垒球界的信任支持之下，我们教练班子立足中国垒球发展的优势与劣势，付出极大代价，一点一滴长期积累起来的宝贵经验，有效且具有中国特色。我可以以从事垒球事业多年的亲身经验断言，主教练和教练班子，决定了一支垒球队的成与败。

从悉尼2000年奥运会开始，中国女子垒球队被挤出了前3名，虽然还留在了第一集团，但没有了前三的地位，中国女子垒球队在国际上的地位和威慑力就不如从前了。从这时起，国际垒球大赛中，美国队与日本队争夺冠军的格局已初现端倪。

由于中国女垒在之前的国际垒球大赛，除了第7届女子垒球世锦赛获得季军外，都获得了亚军。刘雅明教练带领教练班子为悉尼 2000 年奥运会虽然做了万全的准备，但止步于第 4 名，压力不小。因为这次成绩不理想，所以出现了更换教练员的声音，从而有多名教练员都希望走到国家女子垒球队主教练的位置上。2002 年王纯新教练带领中国队参加了第 10 届女子垒球世锦赛获得了第 4 名，好不容易争得了雅典 2004 年奥运会垒球赛的入场券，按道理他应该是中国国家女子垒球队主教练的有力人选，那时参加过亚特兰大 1996 年奥运会并率队征战过悉尼 2000 年奥运会的刘雅明教练还在第一线。但让人没想到的是，这时半道杀出个程咬金，北京某训练基地做领导工作的某先生，忽然执意要出任中国国家女子垒球队的主教练。这位先生向来自信满满，虽然刘雅明教练、王新纯教练都在垒球界奋斗了 20 余年，但毕竟争不过这位老前辈，只能当这位主教练的副手。不过我听曾在日本垒球国际比赛上看过这位先生指挥的人说，他竟然在一场比赛三垒有跑垒员的情况下，下令内场扩大防守，连三垒手也要退后防守。当时观众席懂行的日本观众看到他这种半个世纪前的"古董"战术指挥也是一片哗然。

2001 年春，我以中国垒球协会教练委员会主任的身份被邀请到攀枝花时，听说国家队主教练人选竟然面临上述 3 位教练员各带一支队伍准备通过比赛结果来"竞争上岗"的局面。可是不承想，在三足鼎立争得不亦乐乎的情况下，最终竟然又落得一个鹬蚌相争、渔翁得利的结局：国家体育总局小球运动管理中心采取了一个没有办法的法子，在一番繁杂的操作和商议后，最终决定选用加拿大籍的女教练员姗·麦丹娜上岗担任中国国家女子垒球队主教练，从此开了外教当中国国家女子垒球队主教练的头。我在国际垒坛也算老人，对各国出入国际垒坛的教练员们也略知一二，但从未见过姗·麦丹娜在国际大赛中打过球或执教过。

雅典 2004 年奥运会的备战周期的思路，不如悉尼 2000 年奥运会的清晰。中国国家女子垒球队在奥体中心夏训时，国家体育总局小球运动管理中心主管领导江主任叫我抽空看看队伍训练，因此我和姗·麦丹娜有过几次交流。我与她对战术打法、局面处理等进行过探讨。她虽然态度比较谦虚，但对国际比赛中常遇到的问题都说不清楚。她习惯于在大学手拿教案教学生队员，但没有带队参加国际大赛的实战经验，无法像经过国际比赛考验的专业教练员那样部署更接近实战且能应变的训练。最终在雅典 2004 年奥运会上她带领中国队获得了第 4 名。在每次训练中，姗·麦丹娜教练倒是认真、卖力，但水平确实不到位。奥运会结束后，记者采访时问她在中国执教有什么感想，她一开始说的都是在中国的生活细节等非实质性问题，但这位教练员对中国国家女子垒球队员刻苦训练和渴望胜利的精神，予以肯定和赞赏。虽然她没有完成拿铜牌的合约要求，但以她的经历、经验和能力，能维持上届奥运会的名次已经相当不容易了。

## 选定北京奥运会主帅的动荡与失落

悉尼 2000 年奥运没打好，雅典 2004 年奥运请了加拿大外教也没见起色，曾经近 20 年稳居前 2 名的中国女垒，两届奥运都跌出前三止于第四。于是在 2004 年底，教练委员会会议上推选北京 2008 年奥运会国家女子垒球队教练员，商议谁当主帅成为重要议题。我虽然当时已离开国家垒球队，但还担任垒球教练委员会主任。我坚决甚至执着地主张即使中国本土教练员执教有可能会失败，也不能让外国人做主教练。首先前进过程中所有宝贵的经验和教训一定要留在我们自己手里，中国人自己的教练员天然有着对国家与民族的热爱，有为国争光的责任感。中国垒球的发展有自己的国情，也有自己的好传统，借助中国国家体育事业发展体制的优势，中国垒球已经自力更生摸索出较为完整有效的训练战略和管理体系。目前可能暂时在教练员人选上遇到一些困难，但群策群力，可以想办法克服解决。国际垒球的竞赛、训练体制及训练策略虽然值得学习借鉴，但我们对国际专业垒球教练人才的信息了解得太少，真正高水平的教练员也不一定会来，所以我们很难选到真正合适的好教练员，国外教练员那种"你是最棒的"的所谓一味鼓励式的教法，也不一定完全适用于中国运动员；对被推荐的或毛遂自荐的国外教练员的人选，我们难辨良莠；已经任职过的外国垒球教练员，到期拿到薪酬后就走人，什么经验教训也没给中国队留下。所以我坚持认为无论成功与否，教鞭都一定要握在中国人的手里，这样才能便于总结、检查，并留下宝贵的"经验与教训"，才能在这个基础上扬长补短，拼搏奋进，否则会造成不可估量的损失。

我建议由柳絮青和王丽红来带队。柳絮青亚特兰大1996年奥运会后在美留学，毕业后在美一边工作一边教垒球。她热爱垒球，技战术理念方面在当时的队员中算数一数二。她在当队员时写总结总是主题明确，条理清晰，没什么废话。这个上海姑娘为人正直，朴实诚恳，聪慧明理，训练刻苦，钻研技术，还因为她性格开朗、幽默风趣，是队里的开心果，很有亲和力。但是当她真板起脸带年轻队员时还真像那么回事儿。我们推荐她当主教练，王丽红做投手教练。可遗憾的是柳絮青本人经过综合考虑后，最后没回国应聘，这样一来，千斤重任就落到了王丽红一个人身上，这的确就有点儿难为王丽红了。

王丽红长期当投手，这个位置反过来也塑造了她的性格和行事方式。投手要在内场中央独立思考决断，训练时也经常独自练习，到比赛时球投好了大家赞，投不好挨了打就被别人议论。因此投手很容易形成以我为主的思维模式和行事风格。我坚持推荐王丽红的想法中有个考虑，就是她长期在国家队训练和比赛，每次大赛都肩负重任、历经磨炼，她还当过队长，我相信她通过锻炼能胜任国家队教练员的工作。哪怕没打好也能把奥运会备战执教经验和教训留在中国人自己手里。最终王丽红被选为中国国家女子垒球队主教练，备战北京2008年奥运会。

国家体育总局小球运动管理中心领导对垒球和曲棍球项目的重视和支持力度都很大。王丽红初做主教练，雄心勃勃，冬训中建队教育、基础训练都做得不错。当时大家认为中国队主要问题还是实战经验不足，因而刚结束第一年的冬训，转年三四月份就远征美国拉练，希望边练习边打比赛。中国队国际比赛经验不足可以说是体制性的老问题，新队伍更有这个难题。但怎么解决、什么时候着手解决，还要仔细研究。美国的体育是季节性的，春季不是垒球赛季，高水准的俱乐部赛都安排在暑季，春季在美国没有像日本那种高水准的企业队联赛,这个季节想通过赴美比赛提高实战能力的目的不易达到。此外,到国外不能带大量器材,又没有专门的场地和设备支持基础训练,边练边赛的目标不易实现。实际上中国队在国内的训练条件已优越到其他国家的垒球队都望尘莫及的程度。拥有冬、夏两季专门的训练基地,条件完备,就说训练用球,我们可以供队伍一场训练课用的球也有近2000个,其他国家恐怕很难做到。

刚刚进入春训周期,新队伍还没有进行过技战术配合练习,在美国转战比赛不可能打好,更耽误了对年轻、有可能冒尖的队员的培养。

自1979年有了中国女子垒球队到1996年首次把这个项目列入奥运项目的近20年的时间里,几乎所有大赛都是中国队和美国队拼决赛,争夺世界冠军。中国女垒这支世界高水平的队伍应该由具备相应水平的人领军。早在2005年我听说过曾拟请美国教练员迈克作为备战北京2008年奥运会垒球教练班子的一员的消息,当时我与我熟悉的美国资深教练员朋友和在日本垒球队执教的任彦丽写信了解情况,并把了解到的情况反映给了中国垒球协会的领导。我认为对于担任有着光荣传统和优秀业绩的中国国家女子垒球队的主教练,迈克先生从哪方面来说都不够资历。

但是,2005年初,迈克先生竟然到了中国国家女子垒球队主教练的位子上。有一次我看到他几乎一整节课都在讲解一个夹杀局面的问题,队员一直站在那里听讲。在我看来,他是把在美国带业余队的训练方法和技术移植到了中国国家女子垒球队。他还说他改了中国队员击球动作以后,2005年春天中国队到美国访问比赛时打了很多记本垒打。我曾跟队员确认2005年春天去美国访问时都和哪些队进行了比赛,听下来交过手的都不是什么强队。迈克教击球动作时让球员在击中球之前身体重心往前冲,以便击球力量更大一些,这和打高尔夫球的动作相似。但打高尔夫是用杆主动击打静止球,所以身体重心向前移动击球时冲击力大、打得远,也可以控制击球距离和旋转。但垒球是打对方投手投来的动态球,且投手投球时会想方设法破坏击球员的节奏、阻碍击球员自然顺手地全力击球。因为美国棒垒球的历史悠久加上慢投垒球很流行,所以不少人还坚持前移重心的击球技术,但打快投垒球的高水平队员早就摒弃了重心过早前移的打法。美国国家队的强攻队员崇尚本垒打，但更多的队员追求在高安打率的基础上打长打，其击球动作身体重心的位移从时空上分析都较合理。

想起1986年参加加拿大的挑战杯赛，我们和美国二队比赛时，中国队派年轻投手李素萍上场专用慢球治美国二队的击球员，对方教练员赛后找我探讨击球，我指出他的击球员过于想使劲儿且重心过早前移的打法存在问题，该队教练员听了我的分析频频点头，之后这位教练员和我成了朋友，我们一直有信件来往。

2006年在丰台垒球场举行第11届女子垒球世锦赛，迈克带的中国队打出了本垒打，但和强队比赛需要雪中送炭时没有了火力，最终只拿到第4名，没有完成合同规定的业绩要求。我和其他教练员取得共识后以中国垒球协会教练委员会的名义建议把迈克先生解聘，国家体育总局小球运动管理中心的领导很为难，但最后还是按合同的规定取消了他的主教练资格。这个周期，中国队拥有李琪、吕伟和于汇莉等优秀投手，也有不少有潜力的优秀攻守球员，但没有冲上去。那时中国队除了技战术水平外，最需要在战斗作风上重振雄风，而在迈克先生不合中国国情的所谓美式管理，给中国国家女子垒球队继承和发扬老一代中国运动员优良作风和精良技战术传统造成了损失。

2006年中国国家女子垒球队在攀枝花冬训时，中国垒球协会曾请我去看垒球队训练的情况，我感觉王丽红教练在训练方面可以和各队教练员合作并向他们学习，比赛指挥等方面也可以向其他教练员学习。

王丽红在垒球圈已拼搏了20年，懂得教练工作的重要性，同时她作为世界顶尖投手之一，有能力甄别教练员水平的高低。王丽红自尊心强，有能力，我觉得她可能会在到底谁是主教练的问题上很纠结。我观察到队伍的组织管理因此受到了影响，对于中国国家女子垒球队主教练人选的问题，我多次坦率地表明过我的看法。

2007年王丽红回国家队当了"执行教练"，迈克被取消了主教练资格，却仍继续留在队里做击打教练，这样一来王丽红多少受到了掣肘，"执行教练"也不好做。果然这一年在攀枝花冬训时，这位迈克因不执行"执行教练"的要求被下了课。

王丽红教练负责国家队全面管理后，急于抢回失去的时间，除了严格要求外还想了很多方法希望把队伍凝聚起来。她很自信，但缺少带队和管理队伍的经验，还没来得及学习掌握更多的带队本领。尤其在2007年夏天在丰台垒球场取得第11届女子垒球世锦赛冠军的情况下，未能识破世界各路强队放烟幕弹的假象，误判了形势。到了北京2008年奥运会在较关键的比赛上，如对中国台北队和加拿大队的比赛，因临场处理不够老到，错失机会，在家门口只拿了第6名，大家都觉得很惋惜。

北京2008年奥运会我在看台上观战对中国台北队的比赛，比赛打得很胶着，第3局1∶1平局我队后攻，周怡一上来打了个二垒打，无人出局，二垒有人先把周怡送到三垒，就有多种方法组织进攻先得分，但硬攻未果，失了良机。中国台北队第4局一垒有人后击球员击出中左间安打，左外扑球漏，周怡、黎春霞和郭佳的接力没有人指挥，一垒跑垒员竟然抢本垒得分。这一攻一防的失策，已经不是输掉一场比赛的问题了。

后来对加拿大队的比赛，中国队在第7局后攻时，满垒无出局竟未能得分，令人遗憾。我对这场比赛印象很深。加拿大队教练员西皮尔儒雅且具有魄力，她原是一名优秀投手，过去长期在美国加州著名的俱乐部垒球队雷丁反叛者队（Reddig Rebels）当主力投手，经验丰富，对击球员应对自如，是一位高智商的球员，加拿大队在西皮尔执教后进步显著。她在美国当队员时的教练员是美国知名的优秀教练员罗杰·戴维斯，也是我很好的朋友。中国队早在1982年即与加拿大队有了交流。在我执教的期间，加拿大队虽然排在世界垒球的六强之内，但我觉得她们是比较好对付的队伍。我们在参加加拿大杯赛后，加拿大方面常邀请中国队去跟她们打公开赛，我们也乐于借机练兵，一般都会奉陪。有一年我们在温哥华跟她们打过10场比赛，并不费劲。我当时就感觉到加拿大垒球协会没选对教练。后来他们自己认识到教练员人选的重要性，于是换了西皮尔任教，果然有了明显进步。

北京2008年奥运会日本队获得了垒球冠军。日本原本就盛行棒垒球，经济发展和体育发展模式为垒球运动的发展提供了基础。很多日本知名企业都拥有棒垒球队,除了培养本国垒球人才,长期以来日本还大量吸纳世界各地的高水平垒球运动员。从 20 世纪 90 年代,日本各企业队除了聘请优秀的中国垒球运动员,还争聘美国高水准的投手,如日本电装聘请了米歇尔·史密斯、丰田聘请了阿波特。澳大利亚的柯尔金登和哈丁等顶尖投手也到日本知名企业队效力,这都带动了日本本土垒球水平的提高。

北京 2008 年奥运会,王丽红作为中国国家女子垒球队的主教练背负重任,并尽了全力,但仍落到历史最低的第 6 名,引来各方的负面评论和相当严厉的批评,这给王丽红带来很大压力。这对像她这样素来很有主意和自信的教练员来说应该是很难接受的。但她既然做了主教练就得在赛前、赛中、赛后对自己的工作负责,因为不管带什么队伍,身为领头人的第一任务就是负责任。在严酷的现代竞技体育中,胜者才有发言权,王丽红作为主教练虽然还有待历练和提高,但她定有难言之隐无处诉说。

2008 年,中国国家女子垒球队作为东道主没能拿到奥运奖牌,中国的垒球运动也因此失去了一个推广发展的好机遇。

# 第十二章

# 中国垒球的生存与发展

## 中国垒球运动的传承与发扬

很多人并不了解，其实早在1949年之前，京津沪穗、西南和西北的高校，就有不少大学的教授和学生爱打棒球或垒球。棒球和垒球在西北的兰州、西安和西南的重庆等地区很受欢迎，也是这些知识分子播下的种子。当1979年美国职业女子垒球冠军猎鹰队应邀到兰州的七里河体育场进行比赛时，整个田径场看台观众爆满。在丝绸之路上的一个遥远的中国城市，竟然有这么多人来看垒球比赛，把美国队员惊呆了，也让他们格外兴奋。在我的印象里，当年棒球和垒球项目在国内进行比赛时，观众最多的一个是兰州，一个是延边。大家也许对此很吃惊，但这两个地方与棒垒球有着独特的缘分。延边地区打棒球的历史悠久，当地群众喜爱棒垒球，20世纪80年代曾多次在延边举办全国性垒球比赛，观众真不比足球比赛的少。我记得20世纪50年代，我参加全国棒球比赛时曾和延边队交过手，他们的队伍里大多是朝鲜族的队员，虽然年龄大了些但技战术很娴熟。由于吉林延边有这样的棒球传统和基础，垒球成绩也提升得很快。延边队也给国家队、国家青年队输送了一些优秀的队员。那些朝鲜族队员作风泼辣，训练刻苦，她们到昆明海埂体育训练基地冬训时还带来特制的大瓶朝鲜辣酱，我们有时也会向她们讨一点儿解馋，那些辣酱确实很香。

1959年举办第1届全运会时有21个省市垒球队参赛；1963年第2届全运会不知什么原因没有设垒球项目；1975年第3届全运会预赛只有9支队伍通过选拔赛，最终6支队伍进北京参加了决赛；1983年第5届全运会不知什么原因又把棒球和垒球项目取消了。从那以后，全国只剩下6支省市垒球队，相关部门的领导和各省市队硬是顶过最艰难的生存关，咬牙坚持下来。

进入21世纪，省市地方队基本保持在10支队伍之内，比起20世纪80年代好了一些。每次举行全运会前，垒球队的数量会出现起伏变化，成绩差些的队伍就会消失。因为集体球类项目队伍人多花销大，但金牌只有一块，省市和基层领导会考虑投入和产出。后来对此有人建议集体项目拿一块牌子顶两块，以此促进集体项目的发展。因此，思考垒球项目的发展，在体育运动的体制和政策方面，还需要探讨，参与顶层设计的人员需要广泛深入地进行调查研究，弄清楚体育项目的特点和发展方向。

我们这一代教练员中有不少人是知识分子，我们不一定是运动员出身，但变身教练员后深知自身的不足，边教边钻研，所以所带的队伍各有各的特点。我从学生时代就酷爱体育，什么项目都会一点儿，其中棒垒球是至爱。但我当了主教练后，需要组建和管理专业队伍，训练比赛样样都要从头学起。我觉得有运动员经历又有真学识的学者，他们实践和理论兼备，对我来说，他们的看法和理论更容易接受。例如，田麦久教授撰写的《运动训练学》和其他方面的体育理论，其中提倡针对竞技能力提升，把比赛经验积累作为竞技能力提升的重要环节，这对像垒球这样的团体球类项目来说更有指导意义。这些学习能启发我梳理出自己所想和所为的逻辑，更让我认识到自己学识浅陋，实践远未到位。

想攀登高峰，我们一线的教练员不仅要学习体育理论、人体力学、心理学等最基本的知识，更需要在掌握理论的基础上，结合垒球训练比赛实践反复思考和摸索，琢磨出自己的特点和优势。让训练更具系统性、针对性和高效性，参加大赛的远期、中期和近期的谋略规划，以及大赛的排兵布阵能力和临场指挥的应变能力等，这些都是需要经过长期实践磨炼和总结经验教训才能获得的。

自从 1974 年恢复垒球项目，垒球成为我国正式竞赛项目已有几十年了，这期间我国垒球人付出那么多汗水与艰辛所探索积累的经验与教训，无疑是垒球事业发展的最宝贵的财富。现在思考中国垒球的生存和发展问题，就是需要深入系统地总结棒垒球项目多年的经验和教训，在此基础上根据国内国际形势的变化调整制定中国垒球的发展方向和目标。

垒球队的很多教练员曾是 20 世纪七八十年代叱咤球场的棒球专业选手，从中学毕业就一直打球，有的当过国家队队员，经历过国际比赛，有的还得到过一般人没机会接触到的高人的亲自指导，因此他们有一定技术水平和比赛经验，为他们当高水平专业队教练员打下了很好的基础。但曾经师从名师，与学到了名师的技术并能教授给队员是两回事。教育界常说"给学生一杯水，教师应有一桶水"。教练员如果只满足于年轻时掌握的那点儿技术，认为自己的技术和经验已足够满足执教需要了，而无法认识到从队员到教练员的角色转换的关键，不去研究棒球和垒球的差异和垒球技战术的特殊性，不好好补上如何当好教练员这一课，在体育项目国际交流如此频繁和竞争如此激烈的大环境下，执教的饭碗很可能被别人甚至外国教练端走。

垒球不是发源于中国的竞技项目，因此我们在相关的体育文化、心理意识和技术理论上，都与国际先进水平天然存在着很大差距。要从哪儿补？只能比别人更努力学，要更多地付出，及时总结训练和比赛的实践经验。即使没有系统学习的条件，也可以训练比赛的问题为抓手，缺什么学什么。教练员不仅有这么多要学习、钻研和补课的内容，还要紧跟国际上垒球的发展变化，思考创新，所以要做一个让人从内心尊敬的好教练员是一件需要用心付出的事情。

特别希望我们的教练员用心读一些体育理论书籍、棒球名人传记等，想办法多看看有关书刊和报道。我当教练员时细读并经常查阅美国职业棒球联盟的劲旅洛杉矶道奇队教练员沃尔特·阿尔斯通和唐·卫士波夫 1972 年所著的《棒球百科全书》(*The Complete Baseball Handbook*)，那可是棒球的经典读物。我当教练员时，时常订阅外国的棒垒球刊物，从中了解技战术的发展趋势。棒垒球先进国家的书店相关书刊琳琅满目，我到日本比赛时都会在繁忙的比赛间歇抽空到书店转转，买过《王贞治传》，以及著名游击手广冈、接手野村的专著，从中能获取很多专业经验。

用心学习前辈的经验，吸取教训，能少走很多弯路。但遗憾的是有些人不但不爱学习，不深入钻研专业理论知识，还把积累下来的宝贵经验说成是已过时的老技术、老战术，以此显示自己高明，这绝对不是自信的表现。新的成绩，肯定有新人的努力和付出，但更多的是在众多垒球前辈辛勤付出的基础上总结出来的经验和成果积累。站在前人成就的积累上冒出一个头，也许会被看作高人，但即便真是成了高人，谦虚学习也是必不可少的功课。

国际垒球的训练方法、技战术和竞赛规则等，都在不断地发展变化，但它们的根基都来自最基础、最朴素、最经典的基本技战术的积累和总结，都是有统计学和体育专业理论依据的。因误认为过去的经验已过时、不入流而丧失了学习精神和机会，对于个人发展，乃至整个垒球项目的发展，都会造成令人痛心的损失。

## 弯道超越要靠发挥体制优势

垒球运动作为一个体育项目在中国开展的历史并不短，但由于种种原因，垒球在整体上开展得并不好，或者说还没有形成足够厚实的土壤。1960—1974年垒球运动的发展出现了长达14年的空白期，这对垒球运动的发展影响很大，否则好几代教练、运动员和爱好者都会得到更好的成长，尤其是因此带来的专业人才的断档对棒垒球项目普及和提高产生了极大的负面影响。

20世纪70年代我国恢复棒垒球项目时，单从人才和技术方面来说，棒垒球先进国家已经把我们甩下约20年的光景，如果论项目普及程度和竞赛体制等方面，那差距就更大。但换个角度来说，他们在这么长的时间里所积累的很多宝贵经验可供我们借鉴。

我们首先要谦虚地学习他们的经验并予以消化，更重要的是根据中国国情、特点和条件，形成自己的风格和体系。虽然我们国家还不富裕，人们对垒球运动的认知还比较弱，垒球人才培养也很难做到普及选优，但我们有举国办体育的体制优势，充分发挥好这个基础优势，集中以专业队的形式进行精英训练，扬长避短，弯道超越是有可能的。20世纪80年代，世界其他国家的垒球队不可能有条件整年进行全日制的集中训练。即使是训练条件最好的日本企业队的队员，也是在完成企业日常工作定额后抽时间训练和比赛，队员的职务提升和工资主要与职场的业务挂钩，和打球的成绩并没有太大关联。但她们队员的动力主要是爱好，推力就是有垒球传统。

在国外，很多人都是从儿童时代开始打棒垒球。北京2008年奥运会冠军日本队投手上野，能投出115千米每小时的快球，她5岁就跟男孩一起打棒球，上高中时腰骨骨折但硬坚持下来，后来成为世界女子垒球第一快投手。2023年已经39岁的上野还能在关键时刻上场投球。

美国的垒球运动普及程度就更不用说了，棒垒球运动已然成为众多人生活中的一部分。她们对垒球的认知会自然地体现在比赛中，技战术发挥灵活自如。她们的投手有丰富的比赛经验，一看对方击球员姿势和挥棒就能判断出对方击球的优缺点。

中国垒球人从低谷再次出征，齐心努力闯出了自己的路子，创造了许多独特、高效且科学的训练方法，让中国垒球一经恢复，就很快进入了国际垒坛第一军团，进步之快令人难以置信。这一切都得益于我们国家集中力量办体育的体制优势。

1983年棒球和垒球项目均未被列入全运会项目，面临仅剩6支地方垒球队的艰难局面，大家咬着牙坚持下来。1985年在北京先农坛体育场举办的第2届中日美女子垒球锦标赛，中国队喜获冠军，反响很大。而且这次比赛由中国著名体育解说员宋世雄先生现场解说，表明这时垒球项目在国内体坛得到了应有的关注。这一年，坚强的中国女垒姑娘们在国际赛场上也捷报频传，势头锐不可当。国家青年队在国际青年女子垒球世锦赛上荣获冠军。过去那种总是在国际大赛前临时从各地方垒球队抽调队员，仓促捏合出队伍出国比赛的做法很难适应垒球项目的发展形势。我和国家队的王明晨领队借着这个大好形势给国家体委球类司写信，建议垒球项目组建常设的正规编制的中国国家女子垒球队，以巩固胜利成果。为了备战1986年1月在新西兰奥克兰举行的第6届世界女子垒球锦标赛，国家体委昆明海埂体育训练基地从领导到后勤部门，为我们的衣食住行提供了巨大支持，正是在这种举国体制优势的支持下，中国队才有可能首次出战即夺下世界亚军，轰动国内外。这一年，国家体委发文决定正式成立中国国家女子垒球队，由国家体委秦皇岛训练基地管理，自此中国国家女子垒球队有了自己正式的名分。这样一来，垒球项目训练和比赛条件越来越好，装备有了很大改进，出国参加比赛的经费也比之前充足得多。

执教垒球国家队20年，我切身体会到，要追赶国际垒球先进国家水平，没有我国集中力量办体育的体制优势做后盾，基础薄弱的中国垒球是不可能用十几年时间赶上欧美百年的垒球发展并实现弯道超越的。未来的垒球发展之路，也必定在继续发挥优势的基础上，立足国情，勤于思考，兼收并蓄，扬长避短，砥砺前行，这样才能走出一条垒球强国之路。

## 棒垒球携手发展共谋未来

棒球和垒球虽然都不是热门项目，都各自有瓶颈，但在国家体育部门的领导和扶持下，都以顽强的生命力在传承发展。前些年棒球和垒球虽然也开始在各级学校推广，但总体的普及程度还很低，许多人都不知道什么是棒球和垒球，甚至不少人误以为这两项运动就是以性别来区分的，觉得棒球是男子项目，垒球是女子项目。垒球是与棒球打法和技术相近的改良项目，竞技入口和项目地位都赶不上棒球。

这两个体育项目在中国原本受众就少，从扎根在中国大地之初，就是共生、共荣、共发展，是携手并行的兄弟姐妹项目。但由于体育项目行政管理上一些要求的影响，棒球与垒球的相互交流和携手共进的态势并不充分。但如果想谋求发展，两个项目需要在方方面面相互配合并相互促进。

在国际上，男子垒球人口大于女子，打垒球，男女老少皆宜。美国和日本等棒球、垒球普及的国家，一般打棒球的人有点儿小看垒球，但实际上竞技垒球的技战术要求相当高，比赛也很精彩，而且垒球的打法形式多样，设备场地也有所不同，最典型且大众化的是慢投垒球。那些打过职业棒球的人退役后打慢投垒球直呼过瘾，那种橄榄球式的比分、量产的本垒打太吸引人了。

奥运会设有男子棒球和女子垒球项目。奥运会和世锦赛的女子垒球项目实际是快投垒球。快投垒球的投手投出来的球速度快且带旋转，因而很难击出，因此快投垒球与棒球相比属于偏防守型的项目，对防守的要求高，虽然新规则中加长了投手投球距离，但得分仍然较难。

奥运会垒球冠军日本队的投手上野和日本职业棒球的强打手对阵，最后也是垒球队的投手上野占了绝对上风。如果男子垒球投手对决职业棒球球员更是胜券在握，因为有些男子垒球投手的球速可达150多千米每小时，虽然美国棒球投手在1963年时已创球速162千米每小时的纪录，但是投球距离是18.5米。女子垒球投手球速最快的是日本队的上野，球速达到115千米每小时，比普通女投手快十余千米每小时。垒球投手投球距离是12.19米，后来改为13.11米。也就是说垒球投手115千米每小时的球到本垒的时间相当于棒球投手160多千米每小时的球。国外媒体常会策划此类棒垒球争锋的节目来博取大众眼球。棒球击球距离长，所以打棒球的人突然打垒球会感觉来不及反应，而且球路不同，所以很容易打不着球。这也让大家体会到每个竞技体育项目都有各自的绝招和长处。

中国女子垒球队每次在备战世锦赛和奥运会前，都会邀请中国棒球队或北京棒球队来打上几场比赛。我们甚至会把垒球队的主力投手派给对阵的棒球队来加大垒球队的进攻难度，比赛时也会提出一些特别的要求，比如，让棒球队的小伙子们在进行滑垒、触杀等近距离动作时注意女队员的安全。因为垒球用的球比棒球的大，在场地大小和规则上都有差别，所以棒球队不见得一定就能打得过垒球队的姑娘们。但是棒球队队员的传杀速度和跑速之快、击球之远，还是会让垒球队的姑娘们出一身冷汗。这种赛前陪练的安排，在目前女子竞赛男性化的趋势下，有助于达到适应强度和速度等锻炼目的。

中国女子垒球队已经参加了亚特兰大 1996 年、悉尼 2000 年、雅典 2004 年和北京 2008 年共 4 届奥运会。但伦敦 2012 年奥运会和里约 2016 年奥运会将棒球和垒球项目拒之门外。根据常规，奥运会一旦将某个项目取消，这个项目就很难重新回归。幸运的是东京拿下 2020 年奥运会的举办权，棒球和垒球重归奥运大家庭。但中国女子垒球队在准备了十余年后，连参赛权都没能拿下来，令中国的垒球人失望不已。巴黎 2024 年奥运会不设棒球和垒球项目。但洛杉矶 2028 年奥运会上，棒球和垒球项目将重见光明。据说洛杉矶 2028 年奥运会将要针对棒球和垒球各设男女项目，这是大好消息，将对项目的发展、扩容等起到积极的推动作用。美国总统曾正式将棒球定为美国的国球，所以美国举办奥运会对棒球和垒球项目的重视程度自然不一样。中国的棒球和垒球何去何从，也将面临考验。

目前在我国体育运动发展过程中起到引领作用的竞赛部分尚未理顺，包括协会在内的机构改革已被提到日程上。棒球职业联赛虽命运多舛几起几落，但凡事第一步很重要。经过多年努力，高校棒球势头良好，女子棒球的开展是利好消息。多年来男子兼打棒球和垒球的中国模式符合中国国情。男子快投垒球的洲际和世界比赛精彩程度令人刮目相看，但我国至今没有像样的男子快投垒球队伍。男子垒球的开展和发展将对女子垒球的提高起着促进作用。

2021 年夏天，我在手机上看了东京奥运会垒球决赛的转播，从日本队获得冠军的现实中获得很大启发。同垒球强国美国一样，这两国在广泛的垒球受众基础上又有各种校级比赛，美国有俱乐部比赛和职业联赛，日本有企业联赛和全国运动会垒球比赛，这些比赛强度大、密度大、水平高、竞争激烈。原来美国投手群大有压倒优势，现在日本也出现了不少有特点的投手。

东京 2020 年奥运会美日两队决赛分别派出上野、艾伯特（年近四十的老将），两人都是能各自代表日美垒球的高水平投手，也是在日本企业联赛的老对手。这场决赛两人拼得很凶，但也都挨了本垒打。日本队在美国队进攻的关键局面击出三垒强袭平直球，球从日本三垒手手套弹出时，游击手快速移动把球接住化险为夷，这是一次补位配合的制胜防守。这个球体现了反应、防守技术、补位和配合意识及比赛经验等多方面的比赛素质。这再次说明了强队之间比赛胜负就看关键一球的道理。此外，在用兵换人上也能感觉出美国队教练员的刚愎自用和日本队教练员的细致入微。

## 探索江苏垒球发展模式

1986年我在加拿大参加第2届"挑战杯"国际女子垒球赛时，该校中国留学生会会长王先生看到国际大赛上中国垒球姑娘奋力拼争的场面很受感动，他亲自组织当地留学生啦啦队，自始至终为我们助威呐喊。中国队是此次大赛唯一拥有声势浩大的铁杆啦啦队的队伍，让各队羡慕不已。王先生回国后在南京工业大学当了领导，促成把江苏垒球队引进校内建队，并在校园内修建了两块垒球场，这是当时国内最好的标准场地。多年以后，我在南京工业大学见到他，感谢他当年组织当地留学生热情地给我们加油。谈起他的垒球情结，他觉得垒球项目最适合在大学里开展，它能弥补目前学生最缺少的团队精神。江苏省体育局和南京工业大学共同管理垒球队的模式，开了国内大学和专业队相结合的先河，这种新模式呈现出无限生机。大学体育在发达国家中占很重要的位置，并在学校体育、业余体育中起到引领作用，大学也是不少奥运选手和职业体育优秀人才的重要来源地。

江苏省体育局和南京工业大学共同扶持江苏垒球队，通过近20年的磨合，这支队伍已成长为全国顶尖的强队。上海垒球队与上海外国语大学棒球队、北京垒球队和北方工业大学相互支持，这些都是很好的开端。

我国大学体育运动水准较难提高的原因之一就是过于强调师资学历，有时会把具备高水平体育运动技能的优秀教练员拒之门外，而南京工业大学聘请垒球教练时，不重学历而看教练员的水平和能力，队伍成立之初就及时从专业队聘请了优秀教练员。实践证明这个举措是成功的，这支队伍已经多年蝉联全国冠军。南京工业大学的垒球队就像剑桥大学、牛津大学的赛艇队，是学校的骄傲。很多国际比赛及全国性的赛事，包括全运会垒球赛，都在这个位于长江北岸的绿色校园中举行，毋庸置疑，现在南京工业大学的垒球在江苏乃至我国垒球事业发展中都起着很重要的示范作用，具有广泛影响。这也给完善和解决我国体育运动的机制、模式等深层次的问题，提供了鲜活的样板和实践依据。

美国、日本等棒垒球发达国家，在各级学校都有各种体育项目俱乐部，学生在课余时间可从中选择项目，发挥特长。一个学生能当上校队队员是很值得骄傲的事情，而当上主力则更会受到大家的尊重和欢迎，甚至会被视为学校的明星。高中、大学的俱乐部也是体育人才库，同时具有传统的系列化赛事，拥有大批亲属和家乡人的支持，这种运动队和观众的互动，就是发展体育运动的土壤和催化剂。在此基础上，各级体育运动专业协会又起着组织、推动和宣传等重要作用。

当年北方工业大学是中国高校体育协会棒垒球分会主席单位，罗副校长在该会任主席，他非常关心棒垒球运动的发展，他出身于西北农家，接地气，很风趣。该校当年还有个教练员王老师，担任过棒垒球裁判员，还编写过裁判教材，对棒垒球运动的开展非常执着。总教练是石杰，当年从北京体育师范学院毕业后到校任教，是1974年恢复棒垒球项目后我带的第一代北京棒球队的队长。为了提高高校棒垒球水平，他和其他老师共同努力促成该校成为能招收棒垒球特长学生的特招高校。全国各地从专业队退役的队员到各级学校当教练员的并不多。依我的看法，高校在聘任教练员上过于强调文凭，非要研究生毕业等做法阻碍了高校各种体育俱乐部的发展。

因为我在棒垒球界的时间长些，中国大学生体育协会棒垒球分会聘我为名誉主席，有时邀请我出席比赛开幕式，我的宗旨就是只要对棒垒球事业发展有利的事情，我就尽量去参与。有时让我在协会论文发表会上发言，我会根据主题应时发表自己的见解，和大家一起去探讨。

## 中国垒协对垒球发展的巨大推动

国际垒球联合会和亚洲垒球联合会于 1952 年和 1966 年分别成立。1979 年 3 月，中国棒垒球协会正式成立，时任北京市体委主任魏明担任主席。1979 年 11 月，国际垒球联合会正式宣布接受中国棒垒球协会入会，从此中国棒垒球协会正式走上了与各国协会正常交往的轨道。1986 年 5 月，亚洲垒球联合会正式确认中国为会员。

随着中国垒球项目在国内外影响力的提升，1986 年 10 月分别成立了中国棒球协会和中国垒球协会。第五届全国人大常委会副委员长廖承志、原国家副主席荣毅仁曾先后担任中国垒球协会名誉主席，这是垒球界的光荣。中国垒球协会成立后，林朝权任顾问，张彩珍任主席，副主席有王建、李敏宽、张维国、陈大鸾、俞昌和、姜霙（兼秘书长）、夏朗、蒋荣昌和韩邦彦。协会成立后，具体工作由姜霙和林朝权推进，中国垒球协会与各国垒球协会的交往也逐渐多起来。1987 年 11 月，我代表中国垒球协会参加了在日本举行的亚洲垒球联合会会议并被选举为副会长和教练委员会主任。之后我开始参与一些与亚洲垒球运动相关的国际会议，并参与了一些亚洲国家垒球教练员培训班工作，有了更多机会与亚洲和国际上的教练员及垒协人员沟通交流，结交了不少亚洲垒球界的朋友。因为中国女子垒球队成绩好，所以我有一定的话语权。我从 1984 年开始先后在昆明、印尼、新加坡、印度和意大利等地主持过多期垒球教练员培训班。

中国棒垒球协会有不少行家里手，比如，陈大鸾是北京体育学院的毕业生，1959 年第 1 届全运会陈大鸾在垒球冠军北京队担任接手和队长。毕业后她到了湖南省，后来当了体委主任，推动了湖南省垒球项目的发展。

郭琴声是第 1 届全运会北京女子垒球队的游击手，毕业以后在北京市宣武区体委，后来也当了体委主任，宣武区的垒球一直占领着北京垒球运动的制高点。

当我调任北京女子垒球队教练员时，韩重德任中国棒垒球协会副秘书长，他积极推动棒垒球项目的开展，退休后仍然很关心棒垒球的发展。原国家体委球类司小球处副处长姜霓，她在学生时代打过垒球，后来还当过国家登山队队员，她热情、能干、积极，在工作中迎难而上、主动出击、善于打开局面。她从20世纪70年代垒球项目恢复时就着手国际交流工作，为中国垒球项目进入国际垒坛做了很多重要工作。尽管那时经费拮据，但姜霓努力争取让国家女子垒球队和青年女子垒球队能有更多机会参加国际比赛，并积极邀请国外的垒球队到国内打比赛，让我们有更多机会亲身感受国际垒球的真正水平。正是这些比赛实践，支持我们逐步摸索出该如何走中国垒球的发展之路。姜霓主任退休后，足球名宿唐凤翔同志从棒球项目转到垒球项目担任秘书长。

中国垒球协会的每届工作班子都是在人员少、经费有限的情况下积极开展工作的，每届都有特点和突破。20世纪八九十年代，我在中国垒球协会任副职兼教练委员会主任，那时每年年终都会召开全国垒球队的总结会，会上领队和教练员们畅所欲言，倾心交流，这些都对中国垒球事业的发展起到凝聚和推动作用。

时任国家体委副主任张彩珍百忙中常到垒球队里了解情况，冬训时还到昆明海埂体育训练基地看望垒球队伍，鼓舞士气。她主导编撰了《中国体育运动史》丛书，把中国所有运动项目的知情人和优秀的编撰者集中起来，把各项目发展历史都记述下来，这是一项意义深远的体育文化工程。其中《中国垒球运动史》是给我们中国垒球人和后代留下的宝贵的垒球史文字资料。《中国垒球运动史》由张振美、吴振芳、韩宏珠、司徒壁双编著。在编纂后期，上海体育科学研究所司徒壁双老师全心付出，精心改稿修订。我本人也参与撰写了第七章中国垒球技术和战术概况部分。

1984年12月15日在昆明海埂体育训练基地召开了中国垒球协会成立五周年纪念大会，这是新老垒球工作者的大聚会。当时我见到了1959年第1届全运会参加过垒球比赛的大姐们，感到无比亲切，年轻队员们见到她们都非常尊敬。现在的湖南队队员并不一定知道，1974年恢复垒球项目时在湘潭成立垒球队的幕后功臣是第1届全运会垒球冠军北京队的队长陈大鸾，教练员是武汉体育学院的陈光明老师。中国垒协还在昆明海埂冬训期间举办了教练员和裁判员训练班。训练班上，我的讲稿由1959年参加第1届全运会的老队员们记录下来并精心整理后，发给了有关人员。

1996年底，国家体委在天津体育学院组织举办了为期一个月的各个体育项目的高级教练员训练班。棒球讲师是我国台湾棒球名宿，垒球项目由我担任讲师。我看到不少曾经共同战斗过的老队员已成长为垒球教练员，她们用心听讲，一起探讨技战术问题，看到她们茁壮成长，感觉中国垒球运动的未来就在她们的肩上。

进入21世纪，中国垒球协会也随着体育改革需要，进行探索和创新，其中印象最深的是中国垒球协会与教育部门联动，克服种种困难，大力推动垒球运动进入学校，在中小学、大学和社会上以各种组织形式开展各种垒球运动。当时姜霁主任，杨旭、程路等同志在全国各地奔波宣传推广慢式棒垒球，现在已形成遍地开花的好形势。各地举办棒垒球比赛的积极性也空前高涨，体育和教育部门合力，棒球、垒球各协会共推的战略性推广促进，显示了中国体育发展独有的制度优势，也为中国棒垒球运动未来发展与提高增加了后劲。

## 重视国际竞赛规则修订的发言权

中国参加国际垒球赛事，要直面的是全方位的国际竞争。首先面对的是一个项目在国际上的地位问题。中国在国际垒球联合会、亚洲垒球联合会等都有人担任职务，但在垒球竞赛委员会、垒球裁判委员会等重要职能机构里还没有重要位置和话语权。我们曾参加过一些国际垒联的会议，但从来没有机会在调整修改竞赛或裁判规则时为中国垒球争取到有利的结果。我国的垒球项目在大家共同的努力下，从竞赛的层面来说，从20世纪80年代开始近20年一直保持世界前二的水平，但是一到垒球相关国际会议讨论竞赛规则的修改时，基本上都是由以美国为首的垒球强国的代表说了算，有时新西兰的资深代表也会发表不同意见，因为新西兰的男子垒球也很强，且女子垒球也获得过世锦赛的冠军，有些底气。美国、加拿大自不用说，连新西兰、澳大利亚等国的垒球协会也都积极地把自己的运动员推荐进国际垒联名人堂，这些运动员中不少人是和中国队交过手的，但同期比这些进入国际垒联名人堂的外国运动员优秀得多的我国运动员很少有人能享受此殊荣。这与中国垒球在国际垒坛长期保持的优势地位很不相称。

随着垒球项目的技战术发展，垒球竞赛规则也在不断进行修改完善，但这种修改不应该只对特定的国家有利。比如，20世纪90年代初，女子垒球场地的本垒打衡量的标准距离从原来的68.58米缩短到了60.96米，这显然是为高大力强的欧美人量身修改的。但美国万万没想到他们虽然向着利于自己的方向修改了本垒打的衡量标准，但亚特兰大1996年奥运会垒球赛统计结果显示，本垒打数排列在第1位的是日本，第2位是中国，第3位才是美国。亚洲人虽然体格相对小，但技术精良，这个统计结果让欧美人觉得吃了个哑巴亏，所以亚特兰大1996年奥运会后没过多久，他们又把本垒打距离改回68.58米以上。之后他们又在投球距离、投球动作的规则上做了不少文章。

制定体育竞赛标准很重要，应积极争取话语权。中国应该更多地派遣懂业务的体育官员为中国垒球运动员争取更公平的竞赛条件，不能让美国人把在世界事务上的霸权主义思维也搬到垒球场上。在竞赛规则上的据理力争太重要了，争取到一点儿合理的权益，具有四两拨千斤的作用，所以在教练委员会和裁判委员会中我们若能争取到一定的话语权，这会让中国垒球运动员能更好发挥她们的优势，让她们能更高效地为国争光。

亚洲一般能派队参加大型国际垒球赛的只有中国和中国台北、日本、菲律宾、印尼等队，而参加亚洲锦标赛的除上述队之外还有泰国、韩国和朝鲜等国家，但各种洲际和国际垒球大赛上，却从来没有出现过马来西亚的影子。当年我担任亚垒联副主席兼教练委员会主任时，曾多次赴日本、印尼、菲律宾、新加坡和印度等地开会或交流。在那期间，马来西亚也从来没有举办过与垒球相关的会议或比赛。但1987年在日本高知县举行的亚垒联的会议上，马来西亚的卡马鲁丁却与印尼的马德约诺和我同时被推选为亚垒联的副主席，我兼任了教练委员会主任。当时马来西亚还派了一位楼明珠委员，据说是一位律师。

1997年我离开垒球界到台盟中央任职后，虽还在中国垒协任副主席和教练委员会主任，却很少有机会亲自参与国内外垒球相关的事务了。北京2008年奥运会垒球比赛期间，我因担任中国体育总会顾问、中国垒球协会顾问等职务，所以有机会在垒球赛场的主席台观赛，我每场比赛必到且从头看到尾。主席台上鲜见中国的官员观赛，但我竟然见到马来西亚的楼明珠女士坐在主席台上，热心地对着比赛场指指点点。后来才知道她当时已是国际垒联的秘书长了，因此她在国际垒球具体事务上具有相当程度的话语权。这的确是令人深思和惊讶的事情。客观看楼女士走到国际垒联副秘书长的位置与马来西亚垒球发展状况完全不匹配，为此她们一定是下了很多功夫。后来中国垒球协会主席姜淑云、谈莺、杨旭等当选了亚洲垒球联合会副主席，主席是马来西亚的楼明珠女士。

中国承办过北京1990年亚运会、广州2000年亚运会、北京2008年奥运会等多次垒球国际大赛。中国垒球协会也每年承办国际垒球联合会周年活动，为国际垒球的发展、为中国垒球走向世界做了很多实事。我们拥有国际一流的队伍，在赛场显示出了中国垒球的不凡实力。今后我们应该借助中国垒球的成果，在垒球相关国际组织上积极争取更多相应的位置和权利，争取因势利导，找机会推进一些水到渠成的事情。

## 急需能参与国际体育事务的人才

中国国家女子垒球队作为代表中国的一支体育强队，在一些国际比赛中也曾遇到过诸多不公正的对待，这让我们内心渴望有能力和机会去争取在更公正的国际比赛环境下比赛。如果国家能更重视并派出更多的人员和裁判员参与国际垒联的相关工作，就有可能为中国垒球创造更公平的国际竞赛环境，让垒球国际比赛的判罚更加公正，以避免被别的国家掌控。每次竞赛规则的改动，都向着对美国等少数国家有利的方向进行。国外的参会官员代表对垒球都是比较内行的，我们的参会官员对项目和各成员的熟悉程度不够。我们应该多培养一些熟悉垒球竞赛业务、懂外语的体育官员，在关键的垒球国际会议和组织里发表我们的主张，争取权利。由于中国垒球项目受众少的局限，优秀的有国际视野的体育官员尤其显得稀缺珍贵，而好不容易培养出来的人才，尽管他们的精力体力都还能继续为中国垒球的发展发光发热，但到了规定的退休年龄，一般都只能黯然离开熟悉而尚需奋斗的岗位。这于公于私都是很大的损失。实际上，其他国家在垒球相关国际协会任职的官员都不受年龄的限制，我们也应考虑体育项目发展的特殊性，适当地放开对年龄的限制。

我了解到乒乓球、羽毛球这些我国的绝对强项也经常出现规则被改得对我们不利的情况，一开始我还有些不解，但这些项目因为我们足够强大，所以为了这些项目在全世界范围内更好地普及我们可做有限的妥协，但应有的权利绝对不可让。我们曾有一位在国际羽毛球联合会（现为世界羽毛球联合会）任主席的女士，她是我国少有的在国际单项组织任一把手的体育干部，她曾经和我们一起出过国，那时她悉心为我们安排好外围工作，让运动队得以专心地投入比赛，更好地在赛场上发挥。根据我自己常年带队参加国际比赛的实际经历和切身体会来看，有这样用心付出的官员帮着协调内外的具体事务，打造出一个相对舒心的环境，让运动队能不受比赛之外的各种干扰专心比赛，这对于运动队来说是很幸运的事情。但后来我听说由于工作单位相关职称规定的退休年龄限制，这位女干部没能再连任。

原国际田径联合会（现为世界田径联合会）副主席楼大鹏先生是我可敬的学长。他在北京钢铁学院曾是北京高校田径赛场上的明星。他有着从小在伦敦成长的特殊经历，因此精通英语，他是少有的既精通外语，懂专业，又擅长国际体育组织管理业务的具有国际视野的体育官员。在中国田径整体实力还不够的情况下，他为中国田径走向世界努力付出，在国际上备受拥戴，有着很高的名望。但这么难得的中国的国际性体育官员，按照我们的规定，到了退休年龄也不好再继续担任国际田联副主席了。

但在国际组织里，相关人员的年龄不是最重要的因素，想要在国际体育组织里赢得选票，更多地要靠实力和威望。为了中国各项体育事业的发展，当国际体育组织管理需要我们的能人更多发挥作用时，若国家相关管理部门能特事特办，更加灵活地把握规则该有多好。

## 队员退役走上垒球启蒙岗位

当年京津沪甘湘等地的垒球队实力都较强，成绩较好的一部分老队员退役后留下来当了专业队教练员。她们一般从二队教练员做起，先在选人才、培养新队员的工作中积累经验，日复一日地耕耘，是奉献，也是积攒实力。另一部分队员退役后到区体校当了教练员，这是真正的基层教练员，在推广垒球、发现和输送人才方面做实实在在的工作。

例如，20 世纪 70 年代垒球项目恢复后，曾是北京队和国家队优秀游击手的邓小娟，扎根北京宣武区体校，带出了一批又一批的队员并输送到专业垒球队。各队都愿意引进在体校打下良好技术基础并具有优良作风的队员。

全国有很多垒球教练员都在艰难的处境下，顽强坚持。如原辽宁队的王雪，退役后在沈阳体校长期任垒球教练员，为各省市队输送了不少好队员。20 世纪 90 年代后，甘肃队因为种种原因失去了往日的雄风，在当地打棒垒球没有出路，不少人离开故乡到了江苏、广东等地。原来在甘肃队打过二垒手的张俊英离开省队后当了体校教练员，苦苦坚守着自己的岗位。我在上海崇明岛见到过一位汉中的女老师，带着几名打软式垒球的小学生到崇明岛观战奥运选拔赛。

但从各省市垒球专业队下来的队员中能留下来当专业队教练员的毕竟是少数，她们还需要通过学习、实践、竞争和磨炼才能成为一名合格的教练员。还有一少部分人到体校或学校当教师，也有机会继续从事垒球教练工作。随着经济的发展，全国各地各种形式的俱乐部如雨后春笋般地出现，景象可喜，有了一定的数量后，指导和规范都要跟进。在这些棒垒球俱乐部做教练工作，也是专业队员退役后的新机会。各种在基层坚守的垒球教练员，是垒球运动的启蒙者，对垒球的普及发展有着重要作用。

## 对内行领导心悦诚服

在我国集中力量办体育的体制中，行政领导的管理、作用和责任非常重要，他们的工作能从正反两方面影响一个项目的发展和成绩。当指导者热爱分管项目，有良好的理念和作风，了解项目特点和发展规律，有谋划项目长远发展的眼光，能以很强的服务意识进行宏观指导和组织运营工作，所管理的体育项目的发展就大有希望。但若指导者或管理者把一个专业体育项目的管理工作仅仅当成一项任务，这个项目的发展就会受限。我从一线教练员的角度真心期盼体育官员能有长远的宏观规划意识。但这的确无法一蹴而就，需要长久的用心与坚持。一个项目的培育和发展，需要较长的时间才能看到努力的结果，这的确需要奉献精神。

对体育运动来说，主管领导要考虑该项目的战略性问题，如项目的发展目标、国际地位、队伍建设、训练基地的布局和发展等，只有站位高才有眼光和能力谋划项目的格局和走向。项目的发展、队伍的建设都有赖于长远体育战略，只看短期内能不能拿奖牌是远远不够的。因此一个项目的发展，奥运能否设项其实也不是最关键问题，投入和扶持只是客观条件，主要还是要靠我们项目的自强、奋斗和发展，机会只会光顾做好准备的人。

垒球项目在 20 世纪 70 年代刚刚恢复时期，遇到很多困难，还好垒协有好领导。姜霓女士管垒球项目时，从零开始了解垒球运动，她很有开拓精神，责任心强，工作作风泼辣，把全部精力放在垒球的发展上。不管出现什么变化，垒协的历届领导和工作人员都很坚持、很努力，让垒球项目在比较艰难的环境下得以坚持和开拓。

我还记得是在 20 世纪 80 年代，有一次，我带北京队没打好在上海举行的比赛，只拿了第 4 名，这对北京队来说是很差的成绩。当时北京四块玉体育训练基地程主任严肃地问我:"你怎么打成这样?"我就把我的训练计划给他看并说明了情况,这一年北京队抽出了 6 名队员在国家队集训,我也一直在外面带国家队,回到北京队后因为练习磨合的时间很短,赶到上海参加比赛非常仓促,所以出现了很多配合方面的问题。如果领导不是内行就会说"你怎么找客观借口,不好好检查自己的问题",但程主任曾是篮球名宿,他仔细看了我的训练计划后说:"哦,那你以后要把国家队和北京队的计划、训练、比赛安排得周全一些,要统筹兼顾。"他的确是内行,一看就明白问题出在了哪里,还清楚地点出了解决问题的方向。虽然这样一来,我肩上的担子更重了,但领导以理服人,让我心悦诚服。

## 新闻媒体的关注和支持

垒球是一个很有趣的项目,但目前仍属小众,需要媒体的宣传推广。起初我认为自己性格内向、不善言谈,不大愿意与媒体接触。后来我认识到这不是我个人的事情,便渐渐主动担当起垒球运动宣传员的角色。亚特兰大 1996 年奥运会中国女子垒球队获得亚军,算是凯旋。《东方时空》摄制组的记者白岩松从我们在机场下机就开始跟拍,包括国家领导人在北戴河接见奥运精英的场面,还一直跟拍到寒舍,很快就制作了一期《东方之子》节目,以及之后两集《体育人间》的节目。北京电视台为庆祝中华人民共和国成立 60 周年还制作了《光辉岁月——新中国体育名宿访谈录》等,对我个人及中国垒球做了比较集中的介绍和宣传。虽然很多媒体对我用了"垒球之父"的过誉之词,但我心里很清楚:中国垒球的奋进之路和获得的荣誉,与每一个中国垒球人的努力和拼搏都分不开。

张耀光是改革开放后跟踪报道棒球、垒球、曲棍球、网球等项目的《中国体育报》资深记者。他出版《剪报简报 曲径通"优"》,把中国垒球队的战斗历程和女垒姑娘的风采原原本本地展现在读者眼前,他的执着和身为体育记者的使命感,透过他的文字报道,深深地感染着每个垒球人和读者。

当年新华社、CCTV5、《北京晚报》《新民晚报》、北京广播电台和北京电视台的记者和我们垒球队的交流较多，他们为体育事业和垒球运动的宣传报道作了很大贡献，我们垒球人对他们心存感激。

## 来自社会的肯定和鼓励

1975年第3届全运会后不少省市开始成立垒球专业队。20世纪70年代末到90年代中期，各省市队虽然数量不多，但尽力保持成年垒球队和青年垒球队的编制，全国比赛制度也在走向正规，尽管垒球出现过只有6个省市保留垒球队的危机阶段，但最终经过上下共同努力和苦苦坚持，挽救了危局。所有这些都仰仗国家对体育事业的经费投入，在20世纪经济还不发达的阶段，维持和保留垒球这样一个冷门的运动项目，是非常不容易的事情。所以北京女子垒球队成立之初，队伍的运营费用还比较紧张，我们有点儿费用就会用来购买急需的器材。加之垒球是国内冷门但国际间比赛交流很多的项目，到国外比赛期间为保持和补充运动员体力，偶尔也需要让队员吃中餐调节一下，但为实现这一切，经费拮据一直是个难题。

20世纪90年代初，随着中国国家女子垒球队成绩的提升和艰苦拼搏的事迹被媒体报道，中国女垒受到了更多关注。队里经常会接到鼓励和肯定的信件。国家女子垒球队得到上海新亚药业的赞助，这是垒球项目首次得到来自企业的赞助，让我们记忆犹新。上海新亚药业这份赞助雪中送炭，弥足珍贵，更重要的是让全队上下在精神上感受到了社会的认可、鼓励、支持和赞誉。

亚特兰大1996年奥运上中国女子垒球队夺得银牌也在社会上引起很大反响，我们第一时间收到了国家体委昆明海埂体育训练基地、上海新亚药业领导和职工的贺电，非常受鼓舞。

这年奥运会之后，南方有个热心老板赞助了中国女垒未敢想过的款项，这一下后任教练员可以不用再为出国经费而伤脑筋了，中国女垒可以有更多机会到国际赛场上熟悉对手并增加比赛经验了。

棒球、垒球成为奥运项目后，国家将其纳入奥运战略范畴，后来悉尼2000年奥运会、雅典2004年奥运会和北京2008年奥运会企业赞助的热情更加高涨，但遗憾的是经过好几个周期，各方面条件的改善并没有体现在国际比赛的成绩提高上。

## 积聚战斗力的港湾——秦皇岛训练基地

1986年初，国家女子垒球队争取到正式编制以后，从各省市选拔出来的队员于5月陆续在秦皇岛训练基地集结。基地主任赵维曾是沈阳体育学院的院长，赵主任和各部门同志们热烈迎接国家女子垒球队这支新队伍的到来。之前王明晨领队已经从北京队调过来做了较长时间的组建国家女子垒球队的筹备工作，队伍进驻基地后，训练很快正常展开。

手球、摔跤等项目已在基地多年，但基地对室外项目尤其是对垒球项目还基本不了解。开始给我们准备的是离宿舍不远的、靠近海滩的、阳光很好的沙土场地，不过那个场地打沙滩排球较合适，而不符合常规的垒球训练条件。

因为1986年2月中国队首次参加女子垒球世锦赛就突破性地夺得了亚军，这个好成绩也让国家体委领导更加重视垒球的发展，促进了国家女子垒球队在秦皇岛训练基地组队和落户的进程。但由于成立正式的国家女子垒球队之前，队伍训练不正规、不系统，而且队伍完成世锦赛比赛进入基地后忙于建队等各项工作，故竞技状态与2月相比有明显下降。

等到这年7月中国女子垒球队再次远征加拿大参加第2届"挑战杯"国际女子垒球赛时，前5场都输了，单循环比赛成绩第7名，差点进不了决赛圈，后来大家拼了命往上追赶，才保住了亚军。回国后，我们如实汇报了情况，于是国家体委领导决定在基地的西北角重新开辟一块垒球场。场地西边三垒一侧是芦苇沟，为了防止丢球，就把整个场地用围墙和围网围起来，这在当时的国内来说已是条件较好的场地，能基本满足垒球的正常训练。

赵主任来基地时还带来了不少沈阳体育学院刚毕业的朝气蓬勃的年轻人,他们向熟悉基地工作的职工虚心学习,很快就把训练、后勤保障等任务担当起来。食堂管理员也很能干,在旺季还把海鲜冰冻存起来,想尽办法让运动员吃好。经常和我们打交道的还有老会计章佩森,虽然他的宁波话很难听懂,却是办事公道的好心人。时隔20余年,我再到基地拜访时,当年那些年轻的大学生已担起了领导重任。

基地给队里派了干事,其中一位是沈阳体育学院刚毕业的学生郑伟,他是一位热情帅气的小伙子。没用多久他就融入队伍中,学乒乓球专业的他很快便学会了垒球相关技术,队内比赛时他还学当裁判员,后来还真成了优秀的垒球裁判员。一个好的干事对于整个队伍很重要,但当年因为经费等条件的限制,一到去国际比赛的关键时候,干事却不能和大家同行,这使他们感到遗憾与失落。所以不少工作很出色的干事最终都选择了离队,这也是情理之中,连整年跟队的王明晨领队也少有一起出国比赛的机会。秦皇岛训练基地的主任和干部们,为在本基地训练生活的国家女子垒球队辛勤地服务,但从来没有机会随队出国,我虽从来没有听到过他们的怨言,但作为主教练却对此一直感到歉疚。

国家女子垒球队有了自己的家——秦皇岛训练基地以后,王领队草拟了国家女子垒球队的规章制度,还绘制了队徽、队旗并由大家修改完善。队徽中的长城和垒球构成的图案极具中国特色,国际比赛交换队旗时也很受各队欢迎。在国家体委领导和基地领导的关怀下,我们建队初期,在秦皇岛训练基地打下了坚实的基础。

如果这一年的比赛打得好,我们就会有好心情,美美地享受秦皇岛的秋天,那是蟹肥果香的丰收季节。但赛期一过,整个基地就安静下来,海滨已经没有多少人了,免不了有点萧条寂寞的感觉。垒球队队员夏天有赛事时还好过,没有了比赛闲下来时反而很难受。休息日有的队员在屋里织毛衣,我们教练员会到海边钓钓鱼。

那时国家体委领导时常到秦皇岛训练基地视察,李梦华主任、何振梁副主任等领导除了了解队伍的情况外,还很关心我们教练员的实际困难。我反映说：家里妻子一人上班还要管两个孩子，我们整年在外，帮不上忙，这是所有驻外地教练员和工作人员共性的困难，也是很现实、很伤脑筋难题。领导们耐心地倾听、一一作答并设法帮我们解决困难，以排除大家的后顾之忧。

2013年夏天，我应邀回到秦皇岛训练基地小住。整个基地换了模样。基地南门原有一条休息时间去海边享受海水浴的必经小路，从海边回来一进小铁门就有一间淋浴间，现今变成了面向海滨的基地大门。一进门就是崭新的运动员大楼，国家女子垒球队和国家女子手球队曾住过的2号楼，还静静地坐落在东南角。在基地西北角的曾经的"遥远的"垒球场围墙还在，但场地已改为足球场，成为国家足球训练中心。

基地的一排排白杨树已成长得非常高大，那几天清晨起早散步时偶尔会遇上正在脱壳的小蝉。一旦曙光照射，那透明的翅膀就会挺拔起来，小蝉会爬到巨干上讴歌夏日。那小小生命短暂的张扬是以多少岁月的忍耐、蛰伏、艰辛为代价换来的不得而知，这时我只有对自然的敬畏。

## 用温暖给队伍锻造战甲——云南昆明海埂体育训练基地

昆明海埂体育训练基地，位于美丽的滇池畔，这里四季如春，原是作为足球训练基地建立起来的。1977年，各省市的垒球队首次在这里进行集中冬训。1979年春天，各省市的垒球队在四川攀枝花举行过集训，但由于驻地和场地相对分散，对组织训练和比赛不便，后来就移师训练和生活都较方便的昆明海埂体育训练基地。

20世纪80年代初，我们到日本九州最南端处于亚热带的宫崎县参加南日本垒球公开赛，有机会看到了日本南部条件优越的垒球场地和设施，也看到了日本职业队的完善的冬训基地。我们也渴望有自己的冬训基地，但真正建立垒球项目冬训基地可并不那么简单。

随着去海埂冬训的垒球队伍逐年增多，慢慢地就争取到把边缘、稍差的足球场作为垒球队的训练场地，后来离宿舍最远的两块足球场成为垒球冬训专用场地，我们就把它用线网围成4块垒球场。最多的时候有十二三支垒球队轮流使用。这样一来，各个地方队的训练就只能连轴转，有的队吃完午饭就直奔场地，反正不能让场地闲着。有时场地真轮不过来，我们就想办法趁足球队还在午休的时候，在边角的足球场地上训练。海埂体育训练基地有一块田径场，我们垒球队经常用来进行体能训练。后来基地领导和训练科想尽办法给我们创造条件，原本对垒球场地不熟悉的场地工人也对比较复杂的垒球场地划线渐渐熟练起来，后来还派了专人管理维护垒球场。

在成立正规国家女子垒球队前，为了冬训我们去过柳州、梧州、攀枝花等地。为备战首次参加的第6届世锦赛，1985年11月底我们早早地来到海埂体育训练基地安营扎寨。我们已经非常熟悉这个坐落在滇池边、能望见西山卧女峰的绿茵基地了。队员对西山怀有复杂微妙的感情，西山远远看上去确实很美，但一到训练课安排快速跑到西山山顶的科目时，队员对西山的印象瞬间变了。有一个训练科目是让队员从基地出发，沿着滇池北岸跑到西山脚下，再跑回基地。这看似是计时的长跑耐力训练，但我的主要意图在于磨炼队员意志和团队精神。还有一种训练是从山脚下自选路径冲上山顶的竞争性耐力训练，为的是锻炼腿力、磨炼意志。这时西山在队员眼里就是险峻的魔鬼岭了。

对于备战第6届世锦赛，基地领导和各部门都非常重视，还让垒球队住进了刚刚建好的国家队运动员公寓，楼下还设有国家队专用的食堂。为了提高队员的饮食适应能力，食堂工作人员就给我们做模拟西餐，送鸡扒、猪扒、牛扒和冷饮等到场地，这些对我们日后适应国际大赛起到积极的作用。

基地领导在公寓南边规划出一块弧形地面，建了一个垒球场，为尽量接近正规垒球场的形制，想尽办法把原来低洼多水的地方填土夯实，为了铺红土尝试了很多方法，甚至还曾尝试把红砖磨碎了替代红土。为实现在世界大赛为国争光的共同目标，我们和基地工作人员结下了深厚的感情。2017年初，我有机会到海埂体育训练基地看国青队训练，基地管场地的李师傅和小张师傅知道我来了，放下手头的活儿特意过来看我，再见到他们，我感到很是亲切。

1986年我们首次参加世锦赛夺得亚军后，收到的第一封贺电就是来自昆明海埂体育训练基地的，我们也立即回了感谢信："你们是我们的后盾，没有基地领导和全体员工的全方位支持，我们不可能取得成绩和突破。"中国国家女子垒球队创佳绩后，整个基地的人都兴高采烈。昆明海埂体育训练基地对垒球项目来说，就相当于中国女排的漳州基地。

昆明的冬天7点左右才破晓，我们垒球队每天早上7点集合，做些拉伸、挥棒等活动。我不会一大早就让队员跑步，不能让队员从疲劳开始迎接一天。上午9点开始训练到中午，个别队员留下来补练，精打细磨。下午从两点半练到6点。由于垒球涉及多方面技术，技术科目多，我们只能靠艰苦奋斗、勤学苦练，自觉加班加点的队员不在少数。

那时国家足球队由曾雪麟、高丰文和戚务生等教练员带队，中国足球队当时在亚洲还很有地位，队中有多位足球名将。由于我们垒球队的训练场地与足球队相邻，还住在同一个楼，所以我们和国足比较熟。我们队体能训练时，偶尔还向他们"挑战"踢足球比赛，条件是国足出4个人，女垒队员上11个人。这对我们来说是体能训练，对他们来说是放松。我们的垒球姑娘也有能踢能跑的，加上有时趁他们不注意多上几个搞人海战术，让他们也不能大意，我们累了，他们乐了，目的就达到了。

如果20世纪八九十年代曾在海埂体育训练基地流过汗水的体育人，现在再到那里，都会为基地的巨大变化深深感叹。场地和服务设施都大大改善，环境也更加优美。唯一不变的是当年像杨冬兰那样的基地工作人员热情周到的服务精神。

# 第十三章

# 从外行到专业教练

## 逆袭成功的秘籍

1953年，不足16岁的我独自一人回到祖国，在不会中文的情况下什么都从头学起，经过努力考进北京钢铁学院读书，高中和大学时曾被临时抽调到市棒球队参加全国比赛。大学毕业后留在首都北京，在北京矿冶研究院做技术科研工作。这些丰富而艰难的人生经历，尤其是在那个动荡的年代有机会深入全国各地厂矿第一线与工人一起工作的经历，成为我人生宝贵的财富。它让我养成尊重劳动人民、吃苦耐劳、实践在先的习惯。工程技术人员的专业知识背景支持我形成了善于思考和发现问题、从各种途径寻找答案的思维模式。这些都为我转行从事垒球教练工作打下了坚实的基础。其中，最宝贵的是科学的探究精神和比较广泛且系统的理论知识储备和使用外语的能力。

我在少年时代就曾用裹了布的球和自己缝的帆布手套和伙伴们打棒球，回国后在天津幸遇棒球名宿刘濑章先生，经他教导，1956年高中时就代表天津参加了首届全国棒球赛，1959年大学二年级时作为北京队一员参加了第1届全运会棒球比赛，并享受了冠军队的荣光和喜悦。

1973年北京市运动会有棒球和垒球比赛，我那时虽然还在北京矿冶研究院任职，但用病休时间训练了一拨中学生代表西城区的学生参加棒球比赛。1974年我国恢复棒垒球项目，为参加在西安举行的全国十城市比赛，北京市体委又找到了我任棒球队主教练，我因病休时间到期，没去成西安感到很遗憾。原来一点一滴、重重叠叠的实践都在帮我修炼和提升着自己，当日后我进入陌生新领域时，虽然会有一丝不安，但也发现自己有别人不一定具备的优势。

现在大学教师或工程技术人员转行成为专业体育项目教练员的情况很少见了。当年我转行当专业队教练员后，有人认为我是圈外人，我清楚自己是一个新兵，所以日常总是勤于琢磨，不管是遇到小学老师带着孩子玩游戏还是其他项目的训练，都要停下来看一看，思想上一直处于求知学习的状态。20世纪70年代在北京先农坛体育训练基地有不少各个体育项目的名教头，我常会抽空在各个训练馆和场地转悠。篮球队教练员这么练，体操教练员那样教，再看田径场那么多项目的训练，真是看得我眼花缭乱，然后我再梳理和总结这些专业队教练员的训练良策。到世界各地比赛时，我也是随时观察学习，比如想办法观察美国队怎样做准备活动，日本队常常比赛前两小时就到场做准备活动，我就比较她们为什么那么做，美日的做法哪个更合理，原因是什么，哪种做法更适合中国队。我逐一进行比较总结，一个一个打问号，之后再寻找更适合我们的办法。

不管是哪方面，我总是觉得自己不懂的事物太多，要学的东西很多。好奇心是大脑启动的催化剂，能帮助我保持旺盛的求知欲和学习精神，加上我从小养成了爱读书的习惯，看书钻研成为我的日常。竞技体育中，每个项目、每个队、每个人都有特点和长处。我不仅要向同项目的其他教练员和运动员学习，还要向对手学习，向其他项目的同行学习，借鉴他们的经验，用他们经验和教训的镜子照照自己，以少走一点弯路。如此这样，集腋成裘，才能全方位地提高作为教练员的专业素质，然后在学习的基础上创新出自己的东西，最终坚定信心，超越对手。因为我的努力关系着垒球队的成长，而中国女子垒球队在国际大赛的胜败又关系着国家的荣誉。

我执教时，不满足于只写写教案和训练比赛总结。我们带领队伍走南闯北，一场场胜负的甜酸苦辣，什么味道没尝过？所以我常会坐下来写点读书心得和感悟，记录下工作和生活中的丰富多彩。

1986年2月，中国女子垒球队终于有机会参加在新西兰奥克兰举行的第6届世界女子垒球锦标赛，这是我国首次参加这一世界最高级别的垒球赛，对我们来说它是那么陌生。

在这场世界大赛上，与当时走在我们前面的美国、日本、新西兰、澳大利亚、加拿大和中国台北等队真正交手后，我才切身领悟到："哦，垒球原来是这么打的。"而这已是我当了10年专业教练后的事情。原本我以为自己从小玩棒球、垒球，对棒垒球已经相当熟悉了，但经此世界大赛，才深刻体会到原来世界性的竞赛是全方位的。我不能说自己什么都明白，但给那些自我感觉良好的教练员提个忠告：我们与真正的垒球强国、体育强国还有很大差距。我越走越感到路途遥远，越看越感到见识不够，越干越感到本事不足。孔子说："知之者不如好之者，好之者不如乐之者。"这的确是真理。塌下心来学习非常重要。

我过往所学所用，如数学、物理、力学和机械设计，还有在工作中培养出来的计划性、统筹能力、适应能力，加上日语、俄语、英语等外语能力，这些丰富繁杂的知识、兴趣和能力，看似"大杂烩"，却还真不能小瞧它，它融汇成一种深厚综合的智力，支持我带领中国女子垒球队，不甘落后，奋起直追。我的各种经历和体验，即使是失败的教训，也可以转化成应变能力，在需要时信手拈来，在比赛千钧一发之时瞬间成为我做判断的依据，所以这是我的一项优势。

从事垒球教练工作后，我特别爱在体育运动的理论和实践上下功夫。棒球、垒球和其他球类项目一样，有时瞬间的动态博弈就决定了一场比赛的胜负。垒球比赛是两支队伍在时空上的争夺，但它和足球、篮球、排球、网球等项目又有较大的不同。上述球类项目和其他很多项目一样，在比赛中运动员和得分的工具"球"是以规则允许的方式在场地内做往复运动，运动员用不同的方式使球进门、进框或将球打进对方场地，得分多者为胜。观众一看就能知道谁得了分，大致能判断出谁优谁劣。但垒球的竞赛规则和胜负却有着完全不同的复杂的判定体系。这就需要我加倍花时间去研究琢磨。

棒球和垒球项目，一个队的进攻和防守是分开进行的，即在一局中，半局处于进攻，半局处于防守。这两个项目的复杂在于，进攻不是靠运动员和球做往复运动而得分，而是靠击球、跑垒员跑回本垒来实现的，因而需要缜密的战术组织，而每个技战术动作都受到严格的时间限制，并在教练员现场指挥下与防守方进行激烈且复杂的时空争夺，防守方也要应对这种复杂的进攻，在同等攻守实力的情况下，高智商、高能力者获胜。这两个项目的复杂性和难点在于，即使一个队防守率100%、安打率双倍于对手，也有可能输掉一场比赛。因为教练员、队员组织技战术时，靠精湛的技术、默契的配合和果断指挥才能产生意想不到的技战术局面。有不少人认为棒垒球比赛进行得太慢，但观众若能看懂球，就会发现这是个有张有弛、极其烧脑的运动项目，有着无穷的魅力。因此，棒球和垒球项目被称为球场上的"桥牌"。

作为教练员，只有我们自己具备较好的综合素质，抱有很强的使命感，才可能带出好队员、强队伍。但不得不承认的是，我们教练员整体的理论水平和实践能力还远远达不到这个项目所需要的高度，而更大的问题在于有些教练员满足于现状、不善于学习和提高，队员也存在着被动训练、被动比赛，缺乏主观能动性和自律性的问题。我们常说："我们是练出来、训出来的，欧美日的队员是在垒球普及的基础上赛出来、斗出来的。"

## 要重视队员素养和文化的提高

教练员和教师一样肩负着育人的职责，但从以比赛成绩来评价教练员水平的角度来说，教练员的任务更为苛刻。中国的专业运动员一般来自中学，有的在业余体校练过本项，也有不少是改项的运动员，他们大多是正在形成人生观的青春时期进入队伍，入队后因要进行专业训练，教练员和运动员同住一栋楼，同吃一锅饭，同在训练场摸爬滚打，同在赛场拼搏。在这一时期，教练员与运动员相处的时间甚至比家人还要长。这是共同经历拼搏、喜怒哀乐、承受巨大的压力和挫折的战斗群体，因此想做一名称职的教练员并非易事。

教练员的一言一行潜移默化地影响着正处在接受能力较强的成长阶段的运动员。教练员虽然主要目标就是出成绩，但绝不可轻视或放松运动员的道德修养、文化素质和团队精神的培养与提高。若将运动员提升专业运动技能的努力比作加法的话，那培养运动队好的队风和团队精神的作用，就好比乘法。教练员在带领队员们在打好垒球专业根基的同时，更需要引导运动员形成健康人格、树立人生志向。

教练员自身若没有威信和专业功力，还真带不好队伍。一个教练员的威信一方面是靠率领队伍取得好成绩建立起来的，另一方面还要靠在平时和队员交流共处中潜移默化地逐步培养，是教练员长期的言行在队员心目中的反馈。孔子说"讷于言而敏于行"，我的名字中有个"敏"字，的确行动优于表达、不善言辞，在与队员交流传达自己的想法时曾遇到过不少困难，但我会通过倾听和沟通了解她们的想法，尽力让她们了解我的意图。教练员的威信基于队员对你的信任。教练员兼任教师、技术指导和指挥官，教练员的言行、做人和学识都会对队员产生潜移默化的影响和教育作用，在和队员长期共同生活、训练与比赛之后，队员心里自然会有评价。教练员至少要做到让队员承认你、愿意与你交流、愿意听从你的指导，这样才能在比赛中让队员听你指挥，和团队共命运、共沉浮。对队员的管理教育，要从细节入手，发现了问题，就要解决好，做到有始有终。

为了提高自己管理队伍的综合水平，我在训练结束以后尽量抽时间搜集阅读相关文章资料，即便无法系统地学习，但也会努力做到积少成多。我们教练员没有条件到课堂去学，所以书就是最重要的老师，从书籍中可以汲取知识、得到点拨，更重要的是理解做人做事的道理。我不奢望从书本中一把就能抓出成功秘籍，字里行间能悟到一些道理和启示就很有价值了。

我们长期致力于提高队员的文化素质，重视他们对棒垒球文化和技战术的理解，提倡科学训练、动脑打球。我一直坚持给垒球队员讲课，除了系统讲授垒球技战术外，更多的是让她们懂道理、开阔眼界，知道自己的不足而产生求知欲望，懂得学无止境，进而让她们有更高的追求。比如，可以通过讲故事让队员体会到团队合作的重要，在生活中和赛场上，遇到困难时相互鼓舞，这样能使政治思想工作润物细无声。文化底蕴会丰富润泽一个人的精神世界，无论是在体育专业活动中还是在日常生活里，都能提升一个人思考的深度、广度和专业度。尽管队员训练非常累，没有充足的时间和精力用来看很多书，但为她们将来着想，帮助她们养成看书学习的习惯很重要。

专业体育训练中很大一部分是带有强制性的，但教练员要时刻强调并引导队员主动自觉地练习，因为到了比赛场上，形势瞬息万变，需要队员自己发挥能力去完成教练制定的战术和策略。我国专业队普遍存在被动训练的问题，而垒球项目还长期处在练多赛少的困境中。因此主动训练、实战训练是我们的训练需要解决的重要课题。实际上，主动训练是意识上的根本转变，日常训练不光是为了练技战术，还需磨炼意志、锻炼作风、培养团队精神。

垒球项目一方面要在训练场上进行严格的、有针对性的实战训练，另一方面要培养运动员主动适应国际比赛的技战术，练就善打"外战"的应变素质。队员的个人成长和队伍的全面发展是一项培养人的综合的、系统的工程，我身为教练员最高兴看到的就是队员超水平的发挥。

还在日本的学生时代，受大哥的影响，我从上中学时就喜欢读一些文学名著，读过莫泊桑、狄更斯、托尔斯泰、高尔基，日本的夏目漱石、岛崎藤村、川端康成等所有能找到的名著。我16岁独自一人回国时很想念家人，德国作家赫尔曼·黑塞略带乡愁的作品让我内心产生了共鸣。考上北京钢铁学院以后，我由于中文还不过关就选择报考了理工科，那时我只要有空就跑到图书馆去读文学作品。20世纪50年代，全社会都学习苏联，俄语是学校外语必修课，图书馆里摆放的专业书、文学作品基本上都是俄文的。读书的经历也成为我日后与人交往与交流的话题，不知不觉间对我形成正确的人生观产生了积极影响，丰富了我判断事物的视角，加深了我思考的深度。

在我执教中国女垒的20世纪八九十年代，体育界用电脑的教练员还不多，网络、手机更谈不上，训练之余只能读书、看电视、听歌曲。可喜的是在我的带动下，有些队员也懂得了自主学习的重要性，有了要做人生"龟兔赛跑"的胜者这种谋划未来的意识。这些队员在几年后渐渐地能走在前面，而那些只想着练一天算一天的人，不但在竞技场上很容易落后，在未来的人生道路上也会感到吃力。

好奇心能指引人们从繁杂的知识库中找到有用的、有针对性的知识和启示，我的好奇心和知识积累就很好地支持我找到与年轻的队员交流和相互启发的契合点。现今电脑、智能手机普及，知识、信息能更轻易到手，但也容易碎片化、浅层化。我年轻时掌握知识主要是靠看书、听课，因而会有更多的主动参与的心理活动和付出，所学到的知识能刻在脑子里不易遗忘。因为我比较喜欢读人物传记和旅行随笔之类的人文书籍，所以我在讲技术课时就能把人文的内容涵盖进去解释一些相关问题，比如，分析美国垒球队的球风和技战术时，我会谈到为什么美国队那么富有竞争意识，以及他们队员的敢于担当和自信都是如何从小教育和培养出来的。我觉得美国垒球队的强大在于队员的自强和挑战精神。

有时我也借着讲技战术课的机会，给队员讲垒球文化相关的案例故事。比如，美国人的国土和资源是凭武力从印第安人手里抢占开拓出来的，他们认为有实力就能占到更多的土地和资源，允许持枪保护自我和家园。尽管美国的历史很短，但拓荒精神是很鲜明的。因此，美国垒球运动员球风自信而凶狠，且以我为主和敢作敢为，这是与其文化、社会环境和家庭教育分不开的。

新西兰是英联邦国家，球队里有不少体格魁梧的毛利族队员，所以新西兰所有球队开赛前一定要举行毛利人的仪式，这都与当地的文化信仰密切相关。20世纪七八十年代，新西兰队有个身高 1.92 米的世界著名投手叫吉娜·韦伯，她是毛利人，高大威猛，她一站到投手板上，就会让击球员下意识地觉得自己很矮小，击球员还没打球就已经让对手在心理上处于劣势。等轮到她击球时，她又利用臂长的优势，站在击球箱的最后侧竟然还能够到外角球，着实不好对付。

中华民族是历史悠久并起源于农耕文明的民族，长久以来我们受到温良恭俭让的儒家思想的影响，但从竞技体育的角度来说，我们不免会形成保守被动的思维和行为模式。运动员在日常训练中也缺少"自找苦吃"的自觉性，比赛中也缺乏主动出击的狠劲儿，遇到困难时少了临危不惧、见难而上的勇气。在重视分数和标准答案的学校教育制度中，对培养丰富的想象力和敢想敢干精神的激励与评价是不足的。因而，不少运动员在场上欠缺应变能力，没有教练员的指导就完全不知道自己该怎样应对。

我在讲技术课时不局限于技战术的问题，还会把各国垒球队队员的特征，透过其历史背景、人文地理跟大家交流，除了垒球的专业技术点，还要让队员从中受到更深一些的启发，这样课才算讲得有收获，才能帮助队员"知己知彼"。

管理队伍时，为达成共识，我注重平时多沟通，队员们才能听得进去，也才能将教练员的想法理解到位。这样在遇到问题时，她们就敢于正视自己的不足，学会担当，尝试自己想办法去解决问题。而若一个教练员不让队员看书刊、积极学习，甚至不希望她们有思想，不让她们具备识别能力，只让队员服从自己的指挥，那将无法培养出合格的运动员。

我们每周必设室内技术课，讲棒垒球文化和相关的基本理论和技战术理论，如对物理中的平行速度和转动速度的关系、杠杆原理、简单的流体力学原理和场地的时空概念等。我们的队员一般初中毕业就到队里打球，这就导致队员在文化水平和对技战术的理解等方面与欧美国家运动员相比有所差距。美国、日本等国家的棒垒球运动员，其父母不少都是专业人员或爱好者，这些人从小就受到家人的影响和熏陶，上小学时打球已很有模样，而且可以在学校比赛等实战中增长棒垒球意识。我们没有这样的土壤，因此教练员有责任通过各种方式给队员补上诸多方面的短板。

我上技战术课的时候，看队员的眼睛就知道谁在用心听，谁心不在焉。当年我的记忆力不错，在分析技战术的时候，我经常会引用一些实战中发生过的场景来做说明，如哪一场比赛，谁轮击时没有按教练员的战术意图完成战术球，失去了反败为胜的契机。这么一讲，大家都觉得教练员对每个技战术细节记得这么清楚，第几局、几个出局、第几个球、什么局面打的什么球，此刻不用指名道姓再做什么评价，队员自己就会意识到下次打球绝对不能马虎，自己的技战术完成程度关系到整个队的胜负，不想某一天变成教练员在课堂上列举的失败例子。当然，并不是所有的人都能专心听讲，所以我会不厌其烦地反复讲，希望把所有队员的技战术素养提升上去，否则按木桶原理，整队的水准只能停留在最短木板的高度。

我们拥有举国办体育的体制优势，队员的训练和生活有保证。就专业队来说，只要教练员有水平、工作努力，队员的技术是可以练上去的，但由于大多数队员起步晚、比赛经验少，垒球意识无法很好地渗透到位，队员从开始接触垒球，就在垒球意识、球感和比赛经验上被人落下了很远的距离。即使训练了很长时间，所练的技战术一到比赛就发挥不出来，说明场上意识还没有了然于心。我经常对队员讲，目前我们再折腾也不可能打上人家那么多的比赛，只能以增加实战练习的内容来弥补缺乏实战的大窟窿。教练员虽强调实战意识，但能否带着实战观念临场练习还是取决于队员自己，让队员懂得这一点非常重要。

20世纪八九十年代，我们每年只能参加一两次国际比赛，而美国、日本等国家有正规的联赛，一整年都在边赛边练。她们的好成绩是打出来的，而我们是练出来的。连垒球开展相对后进的欧洲，如意大利都有完善的甲级、乙级联赛制度，但在赛季每周也就练两三个单元，每周日赛两场，从练习和比赛的时间比例来看，明显是以赛促练。

显然，我们的比赛场次太少，故此我们要在练习中处处从难、从严、从实战出发，想尽办法进行贴近实战的练习来弥补不足。

明确了自己的目标和努力方向，路径也很重要，还要想好自己努力和奋斗的成果积累在什么地方。我们容易犯的毛病不少，如只求速度、不讲质量、忽视基础、急功近利等。

我赞同智慧才是力量的说法。人在提高了文化水平、有了一定知识后才能发觉自己的不足，那时会渴求获得更多的知识并体会到学习的重要性，知道尚需努力，因为之后还有更重要的把各方面的知识融会贯通、通过实践变成智慧的过程。垒球胜负场上，欧美队员体能强悍、经验丰富、文化水平高，中国女子垒球队作为垒球发展历史短的后发队伍，只靠鲁莽拼杀注定是打不赢的，所以要靠中国人的智慧。

体育竞赛的胜负往往决定于刹那之间，要做到在国际大赛的拼杀中发挥智慧的威力，并非易事。当下主教练指挥，要有平时的努力、知识的积累和应变的智慧做根本支撑，并要根据场上的局面因时就势，随时随地准确做出判断，才能变成一个个明确的指令去指挥队伍，最终赢得机遇。为此，我们在教练员岗位的人，需要不断地学习和修炼，永远不能止步。

## 为祖国的荣誉而战

国家队首先强调的是国家的荣誉和肩负的责任，如何引导主力队员将自己的优越感转化为对国家、对团队的责任感，这是我们首要的任务。有进取心的队员会努力争取入选国家队，而到了国家队就会拼争当主力。在队内竞争和在国际征战中不断进取，就有可能成为强者。集体项目的主力，除了自身强，还要有引领全队的能力和责任。我们国家队的任务就是代表国家为祖国的荣誉而战，这是一支队伍、每个队员的力量来源。本来爱国是一个国民的基本属性，但现在让人忧虑的是一些人把家国情怀当作可有可无的抽象概念。在一些家庭、学校过分强调考试成绩，在运动队里也只重技术和成绩，而把德育摆到次要的位置。因此，到了国家女子垒球队这个战斗集体中，我们就要特别强调相互友爱、相互帮助，把集体利益置于个人利益之上。对同伴的关心和帮助、对团队的小小贡献和自我牺牲，汇集起来就会形成良好的氛围，这就是团队精神的基础。国家女子垒球队这个团队的任务就是为国争荣誉，团队的精神支柱就是爱国主义精神。我并不认为这是高谈阔论。当我们有了精神支柱，腰杆就能挺起来，有了信念，才有团结精神和战斗力。

有时我们进行极限性大运动量训练，不完全是为了提高体能和练技术，也是为了锤炼团队的作风。比如，防守练习中队员都已经跑不动了还继续给她打左右两边的球，有人解释说在最累的时候做出来的动作才是最放松、最自然的技术动作。依我看，在队友大声鼓励下拼命去接球，这时就是在锤炼一个队员的意志力的同时增强团队精神。

世界上有千万计的人喜爱打垒球，一些垒球运动发达的国家的球队数量亦非常庞大，而我们一线队伍最多时也不超过十几支，经过正规训练的球员也就是二三百人。1983年，由于垒球没被列入全国运动会项目而撤项，致使省市专业队锐减到6支，业余队、学校队更是寥寥无几。我们在项目历史、竞技人口、身体能力和比赛经验方面有较大差距。国际比赛上看到的美国队员强势、从容、自信、富有侵略性，有一种压倒对手的强大气场。况且美国队除了技战术高超外，也通过各种训练方法提高团队战斗力。亚特兰大1996年奥运会垒球冠军美国队在赛前曾到西点军校摸爬滚打磨炼意志，提高战斗力。

要想把作为中国人的自豪感和战斗力在赛场表现出来，就要着力培养运动员自信和积极的意识。为此，日常要做的事情太多了。历史上辉煌无比的文明古国曾一度没落任人宰割，丧失了应有的自信和积极的意识，做事习惯等着上面安排。而垒球竞技场是主动全面发挥才干的地方，没有自信自立自强的思维，别想赢得你想要的东西。所以我们要锻造克敌制胜的精神力量和专业实力，要成为一支心理和技战术都不输垒坛霸主的强队，否则无法登上垒坛之巅。我身为国家女子垒球队的教练员，整天琢磨的是如何实现这样的跨越，到国际赛场为中国扬威。

## 进国家队，思想、技战术都需整编

一般地方队较优秀的队员才有可能被选到国家队，有些曾是在省市队里说一不二的主力队员。由于地方队人才较少，有些教练员过于依赖和迁就她们，不敢严格要求，她们就容易滋生一些毛病。国家队首先尊重队员在地方队所作的贡献和她在那里的地位，也看重她有较好的技术，但她既然进了国家队，就要按国字号的标准和要求来做。因为国家队的职责是为国争光，在队员的意识、心态和专业能力上都有代表一个国家的高标准和要求。

国家女子垒球队是 1986 年才有正式编制的，之前国家集训队成员的构成都是动态的，队员彼此之间的关系也很微妙。实际上，正式进入国家队后，队员们马上就能体会到队内竞争激烈，因为这里的队员们都是以国际优秀运动员为参照目标的，自己的差距都还来不及追赶，没有太多空闲去耍大牌和计较过多个人的琐事。国家队的责任和队伍的大环境，对教练员和队员都提出了高标准：先要在国际赛场立稳脚跟，再向顶峰冲锋。所以一开始就要确立和团队成员共同努力为国争光的信念，否则团队和个人都将一事无成。

进队的每个队员都必须回答两个最简单也是最难回答的问题：为什么打球？为谁打球？有的说我喜欢体育，喜欢打垒球；也有的说我不喜欢念书，上大学不一定能考得上，只好借着体育特长打打球；有的队员品学兼优，是因为喜欢体育而迈进少体校并争取到了专业运动员的位置。

地方队的口号是为自己的家乡争荣誉，而国家队讲的是为祖国争光，希望通过自己的拼搏看到五星红旗在世界大赛、在奥运赛场上冉冉升起，这是国家队教育的主旋律。在这个共识的基础上，每位队员去争主力、争荣誉都是应该的。如果队员表现突出为省市争光，取得成绩后，就可能成为省市的三八红旗手，而她若能为国家队取得好成绩作出积极贡献，就有可能成为全国三八红旗手。我们的队伍里有明确的目标和激励机制。

在第二拨国家队员中，来自省市强队的任彦丽、华杰、史闽越、孙月芬等都是各地方队的大主力，每个人都有鲜明的个性特点，她们的体能和专业技术也都很出色。比如，任彦丽和史闽越都攻守一流，自尊心强、不服输，性格、脾气还都不大一样。有些队员在地方队会耍大牌，可到了国家队这一套就不灵了。本来在省市各强队之间相互斗法，一集中到国家队里，队员之间出现矛盾、互相不服气的事情在所难免，这时要考验教练员如何引导她们，把她们捏到一块形成一个拳头。

我很少介入女队员之间非原则性的琐碎小事，但我有个大原则，就是不能将矛盾带到训练和比赛中，更不能因此影响队伍的团结和战斗力。我提醒队员，她们平时可以像一匹狼一样独来独往，甚至偶尔嚎几声，但一到比赛就要抱团，形成群狼，既要分工合作，也要相互配合，高效地集团作战。我在纪录片里看到，美国黄石公园的野牛群那么庞大，每头野牛也都是个头壮硕，狼在他们面前显得那么瘦小，但群狼分工明确、战术灵活，愣是能把壮硕无比的野牛拿下，靠的就是智谋和集团作战。

不管是老一代还是新一代的队员，她们开始打球时还年轻，都有很大的可塑性。教练员要牢牢抓住这个时机，以团队的优势和氛围塑造有理想、求上进、爱学习、守礼节和懂规矩的青年队员。这就需要加强管理和引导，借助团队的正面影响力和牵引力，让她们自己去吸收水分和营养。军人以身守疆土，我们在垒球场为国争光，家国情怀是内心力量的源泉。在我们的集体中总能找到心怀理想、刻苦钻研的队员，我们会鼓励这样的队员，树立这样的榜样，让队员懂得自己正处在人生最宝贵、最灿烂的年纪，要通过训练和竞赛，在战斗的团队中磨炼并贡献，实现人生的价值。

现在一些教练员常对我诉苦："您那时候多好，队员听话，作风朴素，现在的队员都是独生子女，外界干扰多，手机不离手，主意大，生活、思想都很散漫，不好管。"

这的确是个现实问题，但也需进一步思考。各个省市队招入的队员一般都是十四五岁，正是开始从少年到青年的转变时期，也是人格形成的重要阶段。这一阶段，她们对外界的事物很敏感，接受能力强，富有可塑性。如果我们的教练员能抓住时机拿出时间和精力，适时做好思想工作，就有可能在相对的闭环管理中，教育并引导队员成长，并打下较好的思想基础。

有的地方垒球队条件好，设置了一线和二线的编制，新队员满腔热情，想在不久的将来在本队打主力，还瞄着进国家队。这时候我们国家队的领队和主教练要及时了解队员情况，给予相应鼓励，并指明努力方向，明确告诉她们怎样做才能实现进国家队打球的梦想，同时有机会就要给她们讲中国垒球发展的历史。但实际上，不少新队员入队时由领队致辞欢迎，提一提要求，之后就交给青年队的教练员去指导和管理她们，往往出现一线和二线沟通少、分工不明确、技战术训练要求不统一等机制上的问题。不少青年队的教练员由于比赛任务少、待遇不高，长期工作在二线感觉看不到希望，心气消沉，工作起来缺乏积极性和创造性。如果相关负责人能够认清二线工作的重要性，多关心、多鼓励二线的教练员和新队员，她们就会满怀希望地工作和训练。若有关部门能选派作风好、有能力的教练员到青年队执教，就有助于给年轻队员打下全面基础。要给青年队教练员提供学习机会和竞争、上升的机制，对其进行定期考核，表现好的轮岗到一线当教练员。我们的高级教练员和体校的各科教师相当于高等学府的教授和讲师，有义务让队员接受更专业、深入的教育。我们拥有比一般大学更广阔的的大课堂，队员们有机会转战冬训基地、全国比赛赛场、国际比赛赛场等，有机会见到各种交流的大场面。我们的队员可以在艰苦训练和激烈竞争中磨炼意志、习得技术、培养团队精神。在这个过程中，教学相长，教练员是组织者，同样也是受教育者，队员的成长反过来会促进教练员能力与水平的提升。

但现在的问题是，不少教练员只忙于训练、比赛和一般性管理，对队员的文化修养、人格成长和未来发展等更长远的事情考虑得少，也没意识到自己正在和应该承担的这一重要责任。

## 塑造中国垒球的技战术风格

队风是综合性的概念，它与平时的管理、训练、比赛、生活密不可分。教练员所秉持的技战术风格各有不同，有的主张"跟我来"，喜欢按自己的经验和模式带队；有的教练员技战术功底不错且善于学习、博取众长，能根据队员客观情况贯彻自己的技战术意图，渐渐形成队伍的风格。一支队伍的技战术风格的形成不仅取决于每个队员的能力，更取决于教练员所秉持的技战术理念。

最近在书上看到一些教练员临赛指导的做法，我觉得很有意思。被称为"白贝利"的巴西足球运动员济科退役后指导日本足球队，比赛前他常说："弟兄们，上！让我们享受足球吧！"比赛中他很少在场边大喊大叫。瑞典著名手球教练员欧来·奥尔松在面对强队的比赛前说的一席话，又完全是另一种境界。他说："不要担心，我们怎么练就怎么打。比赛开始了，今天是最适合战死的日子……"与巴西人的乐天和讲技巧不同，北欧瑞典人的强悍、坚毅表露无遗。欧来·奥尔松在训练中就根据手球允许较大的身体接触的特点，特别重视体能训练，将体能作为赢球的保证。两位教练员的共同点是该说的、该教的都已在平日里做好了，不同的是一个技术制胜，一个拼体能制胜。

我觉得很难做到赛前一句话定乾坤，但让队员从不同角度领悟教练员意图，对于激发队员进入最好竞技状态是有益处的，但归根结底这些都是主要靠平时训练中贯彻技战术要求积累的结果。优秀的教练员在平时该练的都练了、该说的都说过了，比赛中就要鼓励队员发挥自己的特点，在需要时点拨提醒就能让队伍的战斗作风燃起来。

教练员在组建队伍时，若能有比较充裕的人才就能有更大的选择余地，可以按自己理想的技战术风格打造队伍。例如，教练员想造就强攻型队伍，就得选几个擅长长打的强攻型队员，最好有几名能打本垒打的队员。很多美国教练员的进攻原则就是宁可被三振，也要瞄本垒打。队里总是储备好几个能打本垒打的队员，比分落后的时候，若对方投手一不小心投出了她喜欢的球，就能凭借一个本垒打定乾坤。

我们靠的是整体实力，要求队员具备比较全面的技术。就拿进攻而言，要有强攻也要有短攻，有本垒打也要有一垒安打，还可靠选球和中身球、投手犯规等各种手段上垒。进攻就是要动脑筋，要长短结合，跑垒快速机警，滑垒灵活巧妙，讲究侵略性、灵活性和应变性。一个队的技战术一定要根据比赛的需要和队员的能力进行组织和调整，不能一成不变。例如，在进攻时对有些队员的要求是只要投来好球，就强攻争取打长打；对有些不具备绝对实力的队员的要求是多选球，创造对自己有利的球数时进攻，以巧打为主争取上垒。一个队员能被以4个坏球被保送上垒说明她有选球眼光，也是有能力的表现。但当进攻中的好手只会一招，完不成技战术要求时，在不同的局面根据战术需要又有各种不同的进攻要求。目前根据我国棒垒球的发展和普及情况，尚不易做到以强攻、本垒打为主轴的队伍构成。

目前垒球运动在我国属于冷门项目，专业人才匮乏，选队员也不能指谁就能要谁。教练人员多从棒球改行，有些人认为棒球打得好的人教垒球没有问题，实际上两者之间有不小的差别。人才方面，在业余体校打过垒球的队员虽然对垒球熟悉些，但如果体能跟不上也会影响将来的发展。我当国家队教练员的年代，不得不做一些本不该国家队教练员做的工作。有些有发展空间而技术暂时不够规范的队员，需要按参加高水平赛事的要求对技术动作进行规范化调整。国家队从地方选来的队员根据打国际比赛的要求和队里位置需要改打位置的情况几乎是常态，有些队员还要做一些技战术性调整，即内战型转为外战型。在保留个性和特点的情况下进行技战术改造，并非易事，但中国的国家队教练员就有这个特殊任务，还要有这个能耐。破坏了原来的技术动作的动力定型，这个队员会在一段时间里不适应，出现技术低迷、成绩下降的情况也在所难免，这就要很好地与基层教练员配合。

刘利明教练和我交流时说："训练和人体的成长规律和神经传导过程是一样的道理。小孩都要经过三翻、六坐、七滚和八爬的过程才能走路。急于求成会形成错误动作进而形成神经记忆，把不正确的动力定型改过来是很难、很费事的事情。"我们的队员学习垒球的起步阶段在少年时期，我想这既然是现学的技术，那么改好动作也当作吸收新技术来对待，耐心地不断改进，用新技术动作替换掉原来的不正确的动作还是有可能的，也是必要的。

打国际比赛确实有与打国内比赛不同的要求，光从投手投球技术来说，外国投手不但球速快，而且变速、变旋转的球的种类多，使用频率也高，这会加大我们的进攻难度，我们的击球动作要对此进行调整适应。1981年第1届中日美女子垒球锦标赛我们首次打美国队投手的球，对美战绩是1平1负，但我们的安打率只有11%，不及美国队一半，主要是靠防守拼下来的。此外，欧美人的进攻力道大，跑垒意识强、跟进快，这对我方投手投球、场员防守速度和技战术等提出很高的要求。我脑海里所描绘的理想的技术风格一时无法达到，但努力按国际比赛的要求塑造强大的中国女子垒球队一直是我的追求。

我不是体育专业出身，体育理论不够扎实，这是我的短板，所以要努力做到边学边用、在实践中提高。

大赛临近，虽然要抓的技战术问题有很多，但一定要把讲作风、鼓士气排在第一位。我们教练员终年和队员一起摸爬滚打，相信她们一定能领会教练员的良苦用心。一个团队的相互信任无比重要。

建队工作首先要树立奋斗目标、给队伍注入战斗力，建立有效的组织机构，树队风、立规矩。20世纪70年代我接手北京队时，队伍已有雏形，队员的家庭和学校的教育比较正规，因此一直保持和传承较好的队风。1956年前后出生的第一拨队员的社会和家庭背景、学校教育和现在都不一样，大部分是中学生转过来的运动员，1974年前后开始学打垒球，只有天津等一些队较早进行过专业训练。很多队员是转项的，身体条件不是特别突出，个人能力也不是很强。但显著的优点是她们受到家庭和学校的传统思想教育，作风和纪律性都比较好。我带这支队伍的时候一直强调作风建设，在这个基础上让她们每个人发扬特点。当时全国队伍较多，总能选出一些有特点的队员。比如，在上海、天津、甘肃和湖南等队里有不少善打长打的队员，在北京、四川等队里能找到善打安打和触击球的队员，这样可以组成长短结合、以安打为主的进攻线。防守方面，各队都拥有不同风格的投手和接手，在整队防守上强调技战术意识，可以打得比较细腻。另外在日常教育中，利用各种机会让她们懂得自己来到队里是干什么的，激发她们打好比赛的欲望，提升大家为国争光、为民族争光的自豪感。这一教育要贯穿在训练、讲课和队员的生活起居中。

## 实现大目标从小节做起

随着社会的发展和改革开放的深入，社会风气也发生了巨大变化，我们的队伍新老交替，运动员的心理也发生着变化，并深受社会风气的影响。20世纪80年代以后出生的队员，多半是独生子，在家中比较娇惯，比较自我，也易受各种信息影响。这确实给队伍的教育管理加大了难度。

我们经常跟年轻队员交流，讲明利害关系，晓之以理，耐心教育。我告诉她们既然选择到这里来，就要守纪律，专业体育运动员就是要吃苦拼搏，要牺牲一些个人利益。我讲清楚了，并且经过耐心教育，如果还不能按要求做，那这个队员就是进错地方了，她可以选择离开，即使她的身体素质和条件再好，我也不会迁就。的确有个别队员闹情绪、讲条件，甚至以退队为要挟，遇到这种情况就要考验教练员的综合管理能力了。你能说服和教育好她吗？你做好在特殊情况下的人才梯队储备了吗？若教练员对于队伍管理没有做好部署，发生这种特殊情况时，就很难处理好。垒球人才虽然不足，但在国家队的层面上，优秀队员总是可以选拔和培养出来的。教练员的专业能力虽然主要表现在打赢比赛、为国争光上，但要完成这一主要目标，还要有激励、教育和管理队员的办法和能力，才能打造一支凝心聚力、勇于拼搏的队伍。

垒球队队员大多是十七八岁到二十几岁，训练和生活还需要从细节层面以各种方式反复进行教育，帮他们养成好习惯。队员大部分时间在集体中训练和生活，在训练和业余生活中，教练员都有较多的时机与队员交流提醒。只要教练员有教育队员的责任意识，就能随时发现问题并想出解决的办法。

有些队员，家长因为在家里管不好，所以希望借着孩子有点体育特长送到运动队，把教育的责任寄希望于运动队。我也注意到了这个问题，就运动团队管理而言，要先从细节做起。首先要有意识尊重他人，别人也自然尊重你，只有从细微处慢慢培养好习惯，这些小细节积累起来才能成为一个队员和一支运动队的行事风格。大家都做好了，队伍就会形成好的风气。

我对队员从身边小事做起，反复提醒，随时纠正，常抓不懈。中国是礼仪之邦，在出国比赛的过程中，国家形象要由每个人的一言一行来维护。小事都做不好，哪来的为国争光？因此，我也注意教育队员从做好小事出发，提高自己的素质。

1986年初夏，国家女子垒球队落户秦皇岛训练基地，几个月前在世锦赛刚捧得世界亚军，队伍受到各部门的欢迎和关心。我们第一次在基地的食堂享用自助餐，牛肉、鸡腿、鱼虾、鲜蔬等非常丰富，很受队员欢迎，但吃完饭后，一些新队员还没有养成好习惯，有的桌上一片狼藉。我告诉队员这里虽然分工不同，但都是为共同的目标，为了让我们每天训练好，打好每一场比赛，为祖国争光。后勤团队为了我们每天的衣食住行，特别是每顿饭都吃得好、营养均衡，在后面默默付出，我们吃完饭要把桌子整理好，这是起码的礼节，也是对炊事员劳动的尊重。渐渐地，队员开始注意和重视生活细节并坚持下来，养成了好习惯，这对她们今后的人生也有益处。

早年队伍出行时，在机场等公共场合，队员常常不管是不是通道，把行李箱一放就开始扎堆聊天，我看到就会提醒：行李要靠边不挡路，也不要喧闹，考虑周围人的感受。

光喊口号没有用，只有以身作则，从细节做起，长期坚持，想要培养的团队精神才能逐渐植根到每个队员的心中，并产生良性循环。中国女垒团队的进步和荣誉，带给每个队员自豪感，要是引导好了，这种自豪感就会提升为团队整体的自信心和荣誉感，沉淀下来就成为代代相传的好作风、好传统。

不管哪个年代的队员，都想当主力，想当国家队队员，要争冠军，要为自己的祖国争得荣誉，想出国闯一闯，还想着改善自己和家里的生活条件。虽然老一代运动员艰苦朴素，作风更扎实，但现在的运动员也有他们的优势和特点，否则为什么中国体育获得的金牌越来越多。虽然不排除重奖之下出冠军的因素，但在提高科学训练水平、加强作风管理方面与时俱进才能有突破。想要战胜对手、想要拿金牌，首先在生活和训练各方面对自己提出严格要求，主动落实才能成功。

现在竭尽全力做好等于在给自己的人生打下根基，只有有志气和目标，将来才有足够的机会展现自己的人生价值。换句话说，现在做不好，将来也没出息。活跃在国内外各个岗位上的老队员，已经给我们做出了榜样。那些有想法、有作为的老队员，都曾经是不错的队员。

我们教练员首先要以身作则，不能只要求队员，自己懈怠。我自身很注重言行一致，从心底爱护队员、善待队员，这是我的一贯做法，有意见可以当面提，但是不允许队员私底下和我耍心眼。前几年，中央电视台《体育人间》节目采访一位参加过亚特兰大1996年奥运会垒球决赛的队员。她举例说:"训练开始的时候,由年轻的教练员来带准备活动,李教练一般在场地拔杂草,他看似在那里拔杂草,实际上什么事情他都看得一清二楚,我们训练可不能马虎。"确实,我最恨长在正规草皮中的杂草,因为如果杂草长高了,球滚到那里就会改变方向,容易打到防守队员的脸。所以我看到训练比赛场地里的杂草必除之而后快,这样看来我的确有点追求完美。同时我也不希望队员们的心田里长出杂草。我们的队员都是从十五六岁开始就进入专业队,如果是球类运动员改行打垒球则球性会好些,但从径赛转项过来的运动员,球性就会差些。我们只能靠大量的训练来提高运动员的垒球球性和技战术水准。所以要想达到高质量、高效率、能赶超世界水平的训练,就要求我们教练员拿出一些符合中国国情的有特色的训练和管理方法。

## 狠抓守时,加强管理

我对队员说,守时是我们行动的最基本、最公平的要求,时间的推移在地球哪个角落都是一致的,时间是世界上公认的标准。垒球队一般6点30分出早操,我在队员没来以前一定会站在集合地点。我这样以身作则,队员就不会迟到。所以队员如果不守时就会受到批评,甚至受到处罚。

1986年我们终于争取到参加世锦赛的机会,为此组织了国家集训队并在昆明海埂体育训练基地训练了一整个冬天,但最后还是没能战胜美国队,获得了亚军。回来以后,经向领导建议,中国国家女子垒球队正式在国家体委秦皇岛训练基地落户,小球处管辖的国家男女手球队已在那里安营扎寨,那时中国女子手球达到了世界第三的水平。基地对这两支世界水平的手球队伍给予了足够的重视。

有一回,我们垒球队要在周日从基地出发途经北京出国参加国际比赛,出发前刚好碰上周六晚上基地组织晚会。基地面朝大海,离市中心很远,平时生活很单调,偶尔举行的文艺晚会对年轻人的吸引力非常大。但因为我们第二天要出国比赛,因此我叮嘱大家务必准时归队。但到了归队时间,17

名出国打比赛的队员里面只有 3 名准时回来,其余的都迟到了几分钟。当晚我什么也没说。第二天早晨按时集合,车已就位。我站到队员前面说:"昨晚谁迟到了?"结果一个个都低着头,于是我说:"3 位准时回来的上车,其他队员,把你们的行李放到车上面。"当把所有行李都搬上车后,我很平静地宣布:"没让上车的队员自己准时到车站。你们走也行,跑也行,爬也行,反正要在火车开动以前到车站!"那个年代能出国比赛是大事,每个队员都打扮得漂漂亮亮的,有的还穿着高跟鞋,不像现在运动员到哪里都穿运动衫、牛仔裤、运动鞋。从基地到秦皇岛火车站近 10 千米。全队的行李都跟车走了,她们就这么一身行头,真有队员是光脚走过来的。我什么都没说,也什么都没问。她们有再大的怨气也不敢发泄,这一次她们明白了不遵守时间的严重后果,时间是平等、严肃且唯一的参照坐标。这次在美国的国际比赛结束以后,难得有机会逛一次商场,到商场后,我通知了集合时间,然后说:"到点儿了,车就会开走!"这对人生地不熟、语言不通的队员来说,是挺瘆人的,这次没有一个人迟到。要将守时真正变成自觉的习惯,是需要强制和时间的。

我带了一拨又一拨的队员,这些事例她们都会传下去,"这个教练员不言不语、不打不骂,但是在严格管理上没商量"。我平时性情温和、讲道理,但在必要时会做得比较绝,反差大,让队员印象深刻。教练员除了有专业本事外,在关键时刻也需要有一点"威慑力"。

## 出奇制胜功在平时

当好主教练首先需要具备带领教练班子和全队的能力、素质和威信。在我国选拔垒球人才苗子并培养成能打国际大赛的垒球队伍绝非易事。因此,主教练要做好队伍构建、选拔和培养队员、每个训练周期的企划、体能技战术训练、实战热身、赛前分析、临场指挥、比赛中的应变和总结分析等工作。

就拿临场分析来说，教练员拿到对方上场名单后，就要分析判断对方的攻守实力、投手特点，需要关注对方重点进攻队员布阵及其特点，只有赛前做好这些分析和预测的功课，临场才能应对自如。

到了赛场，主教练除了具备每场比赛的指挥能力外，还要有把握整场比赛的能力和大局观，有了全局战略部署能力和危机处理能力才能赢在最后。比如，在亚特兰大1996年奥运会垒球比赛中，中国队输给了日本队，按道理来讲很不应该，是战略上不小的失算。输球后，队员们一方面心里不服气，心想我们是亚洲霸主怎么会输给日本队，另一方面又因势在必得的比赛没打好而感到忐忑不安。赛后我马上和大家分析输在了哪里，寻找原因。此刻，最重要的是向前看，把这场失利后的消极因素甩掉，让队员恢复常态，把握住之后更艰难的比赛，把主动权重新夺回来。教练员要引导全队把整个赛会目标和每场比赛的关系处理好，即使输给了日本队也要想办法在其他比赛里找补回来，达到预赛前的预定目标。在奥运会这样强手林立的大赛中，每一场比赛都很艰难，不能赢了一场关键比赛就高兴得忘乎所以，一场没打好就垂头丧气、一蹶不振。队伍如果当时没有及时从对日本队失利的阴影中解脱出来，就有可能出现不可挽回的局面。

在这方面我有很多教训，是"交了学费"后才取得了一些宝贵经验。因为我们没有绝对实力，大赛中会有输有赢，因此场场如履薄冰，如果上一场输了，那么在下一场必须赢回来。这时最考验的是一名教练员平时带队的水平，在平时率领队伍训练时要打下良好基础。除出现事态时的应对和应变能力外，队伍临阵不乱听指挥、相互鼓励不埋怨、核心队员知难而上等，都是在长期训练中磨炼出来的。出现问题是赛场的常态，教练员要见招拆招、善于应变，转被动为主动。教练员必须在平时带队和训练比赛中磨炼自己，培养克服各种困难的自信心。

队伍的战斗力除了靠平时对队员的严格管理和训练外，还要靠日常的作风培养和思想教育，更要靠长期对队员的关心和爱护。我在这方面做得虽然还不够好，但一直相信持之以恒、水滴石穿的道理。

若发现整个队伍训练上不去，比赛没打好，或者队伍的士气、作风出现不好的苗头，教练员要首先反省自己，也要毫不客气地追究团队的问题和责任。之前我讲过让队员在昆明海埂体育训练基地训练场深夜跑圈，参加国际比赛罚迟到队员从秦皇岛训练基地徒步走到火车站等的例子，正是因为这是关系到整个队伍纪律和士气的问题，个别人即使做得好也要和团队集体承担责任。教练员要和队员讲清楚，我们现在关心的是团队的战斗力、成绩和荣誉，既然是这样就要同甘苦共患难。尤其是队伍在爬升期，教育、管理和鼓动要跟上，主教练关键时刻就要一言九鼎，令行禁止，不允许对管理中的惩处、训诫的合理性和正当性等进行非议。

在1986年世锦赛临赛前开准备会时，我们采取先开小组会让每人谈谈自己想法的方式。投接手组5个人、内场6个人、外场6个人，我让队员在小组会上畅所欲言，李念敏、王来娣等老队员就站出来发动队员、要求队员，她们自己来做年轻人的工作，组长过来汇报讨论的结果，在这个基础上开个尽量简洁的准备会。我就知道她们提了什么意见、在想什么。我们开正式准备会时说明赛会形势、讲解针对性的技战术要点、可能遇到的困难和解决办法，更多的是协调和鼓动，这样队伍就在准备会上团结起来了。

每个队员的潜力是无法估量的，我曾多次在重大比赛中亲身体验过意外的惊喜。亚特兰大1996年奥运会开场赛对澳大利亚队的比赛，就是因为赛前情报分析、技战术准备、赛前鼓动等各环节都做得较好，最终形成合力让队员发挥出意想不到的潜力，对手被我们以6∶0的悬殊比分击溃。全队上下能团结一心、相互激励，激发每人的潜力，这是我们教练员最期望的，也是对教练员的最大奖赏。队员的潜在能力在比赛中爆发，是教练员最有成就感的时刻。

不得不承认，不少教练员工作很认真，各方面做得也都不错，但就总是恨铁不成钢，不善于鼓励和发挥队员的积极性，缺少启发引导，习惯用强制性言辞，在训练和比赛中看到的更多是队员的缺点，总批评队员这个不行、那个也不行。若队员总处在被否定甚至是被挖苦、讥讽、训斥的氛围中，最终将会产生很大的负面效应。过去我也曾有过看队员缺点多、说缺点多的时候，后来慢慢领悟到，要在肯定其长处的基础上指出不足才能有效果。

人人都需要肯定和表扬。虽然队员的缺点需要明确指出，但如果总被别人否定，就会自责为什么自己有这么多缺点，要么变得畏畏缩缩，要么开始抵触逆反。当然，对于那些太自以为是的队员，教练员需要在适当的时机，有根有据地指正。

社会、经济和科技都在不断进步，教练员也要跟上时代的变化，在教育上体现柔韧性、应变性。比如，"60后""70后"和"80后"的队员，心理思维、价值观和知识面都各有不同，这时教练员就要善于分析，要保持年轻的心态和好奇心，及时吸收各方面的新鲜事物。教练员只有心胸开阔，容得进、放得下，即便遇到不负责任的评论甚至诽谤，一想到领导的信任、同行和队员的期许，就可以鞭策自己坚持下去。

## 带好队伍，智慧与坚韧缺一不可

记得20世纪80年代在昆明冬训的时候，有位体育杂志记者写了一篇采访我的文章，题目是《谋略在先》，对于所热爱的垒球事业，我确实对一些事情是有谋略的。1974年垒球项目恢复以后，不少教练员来自学校，之前不一定是学体育的，但知识水平都较高。这些知识分子出身的教练员善于思索问题，也愿意和各队教练员进行交流，在理论和实践相结合方面也就做得好一些。因为棒垒球运动本身的特点，特别是战略、战术布局要求教练员和队员具备较高的情商和智商。若教练员光会喊"给我练，给我冲！"，而不让队员读书，甚至担心队员知识增加了、知道得多了、脑子活了就不好管，这样做首先出发点就不对。若教练员将队员当成自己的工具，只要求"你给我练、给我出成绩"，不把她们看作同战壕的战友，这种共同奋斗的情感纽带就建立不起来。

队员既要执行命令，也要发挥自主性和潜力。1986年我们首次参加世锦赛就以9∶1打败上届冠军新西兰队，以及亚特兰大1996年奥运会首场以6∶0大胜澳大利亚队，对于垒球来说，这么大比分差赢球很难做到。但主教练一旦把全队队员的竞技状态、情绪都调动起来，一到赛场上队员之间就有可能相互激发、相互促进。当每个队员的技战术潜力凝聚在一起时，就会汇聚成一股战无不胜的巨大力量并迸发出来，这也与平时的教育和训练的积累密切相关。我的理想就是带出这样的有潜质、有爆发力的队伍，她们在需要的时候发现和实现自我价值、在关键的时刻变潜力为实力。

虽然中国女垒已经在国际上长年保持着较高的水准，但我们还不能做到像美国队那样牢牢坐稳霸主的交椅，我们在奥运会和世锦赛两大赛事里都没拿下美国队，美国队在垒球发展历史和群众基础上有着巨大优势，她们的各级赛事争夺激烈，国家队的选拔异常严苛。在国际新形势下，我们凭借体制优势靠少数精英队员打天下的方式已经过时，我们要重新探索路在哪里，这就要靠指导者和运动团队共同努力，我深信只要我们执着追求，一定能找到中国垒球的新道路。

从技战术层面来说，我们和美国垒球的差距主要表现在各级教练员水平上。与我配合的教练员换了不少，我的想法就是国家队主教练相对固定，其他教练岗位尽量请有一定水平和特长的教练员，让他们亲自参与国家队的训练和比赛，了解国际比赛的要求和世界垒球运动的发展情况，同时也给国家队带来地方队的好经验。

我当教练员时给人留下比较平和的印象，和我合作过的教练员很多，我不是那种唯我独尊、听不进别人意见的人。我是改行当教练员的，体育界像我这种经历的还比较少。我从儿时海外生活的经历到回到祖国后通过各种磨砺，形成了自己的思维和判断模式，整体上还比较现实客观，我也不去刻意唱反调，有时要学会妥协，甚至委曲求全，要以完成任务为前提。担任主教练，身心消耗都很大，要在国际上打硬仗，还要经得住一些冷言冷语，甚至有些人还希望你打不好，把你拽下来。我也曾听到过有人说风凉话："李敏宽，旱涝保收。"意思是打好打坏我都在国家队主教练的位置上。听到这话我就想：别人只看到我带队取得好成绩的光鲜一面，却看不到背后的艰辛付出。我真想对着这种人说有能耐你来干啊！在国际垒球大赛长期保持在前2名，只有试了才知其中的艰辛。

在我从事教练工作的时代，教练员的社会地位并不高。所以教练员必须有一定的水平，队伍有像样的成绩，才能在本项目、在队里有威信，而在体育界和社会上有了名气才能争取到一些话语权。

我离开国家队的时候，也就两三百块钱的工资，这些钱在其他地方也能挣出来。记得 1991 年我们的队伍离开秦皇岛训练基地转到国家奥林匹克体育中心时，我的工资单上也就百十来块。1963 年，我大学毕业开始工作，大家一律 56 元工资，一年后转正，后来很长时间都是 62 元工资，这是当年中国知识分子的标准待遇。1992 年，我被评为国家级教练员并享受国务院政府特殊津贴，这是国家对我专业水平和能力的肯定和鼓励。中国女垒夺得过奥运会亚军、世锦赛亚军、国际杯亚军、亚运会冠军和多次亚锦赛冠军，这项冷门的球类集体项目能多次夺得奖牌其实很艰难。快要离队时，领导叫我填一张表，填表就有可能获准得到我国体育领域的更高荣誉。荣获过这个奖项的垒球运动员只有李念敏，但我认为，因为我没有拿下奥运会冠军，所以我还没有资格去填这张表。

## 捉襟见肘中选拔好苗子

1986 年春，中国国家女子垒球队有了正式编制后，首先要考虑的是人才选拔和培养的问题。

经过我国垒球界共同努力，20 世纪 80 年代中期中国女子垒球队已具备世界前二的实力，国家队教练带的是从各地方队选拔的尖子队员，其中有一些队员的实力能够入选世锦赛明星阵容，她们相当于垒球专业的"研究生"了，怎样带好这些垒球优秀人才也对我们教练工作提出了很高要求。

因为那个年代垒球项目的地方队最少时只剩下 6 支，有正式青年队编制的队也不多。当时我国垒球发展其实还处在捉襟见肘，吃着眼前的这顿饭，还要找下一顿饭的状况。

根据我们的具体情况，让年轻运动员一起步就在高水平队伍的氛围中训练和生活，不失为一个好办法。因此，我们除了从地方培养的垒球运动员苗子里挑选队员外，还亲自到各地的体校寻找"苗子的种子"。我作为国家女子垒球队领队、主教练，虽然一线业务很忙，但也抽时间直接到辽宁、山东等地篮球、排球和田径水平较高的业余体校物色苗子，接待方听说国家女子垒球队的领队和主教练来了，都赶忙出来接待。那些年中国女子垒球队成绩上升，被体育报刊和电视宣传的机会也不少。我们最主要的是想物色投手苗子。

记得有一次去辽宁体校，我们在推荐的孩子中没有找到投手的苗子，却在考察的学生中看中了一个身体素质好、特别灵动的姑娘，但学校没答应输送。听说后来她成了全国田径项目纪录保持者，说明我们选材的眼光还是不错的。

那年头我们到各地找苗子时没有什么测量仪器，只带上秒表、尺子和相机，多年锻炼出来的眼力和经验是最好的尺子。我们一看人的精神面貌，二查看球性，三测形体、体能和专项素质。第一步通过聊天查看眼神，在问答中了解对方的性格特征、心理素质和兴趣爱好，其中眼神是否机敏、精气神是否充足极其重要；第二步通过拿球做各种动作、步伐看其协调性和球性；第三步要观察形体，如身体各部位的比例，以及髋、膝的形状和脚踝粗细等。被物色的人的手指和前臂是重点查看部位，通过手指反弓、双手握棒过肩等简单方法可以查看肩、臂和手腕的灵活性。

当然，对垒球运动员来说，爆发力是重点查看的素质，其中很重要的是观察上下肢的爆发力。业余体校的学生一般都没有摸过垒球，拿起垒球能投30多米就算不错，这时主要看投球初速和手指的拨力。下肢爆发力、协调性和机敏性，可以通过立定跳远、折回跑等评测。这些虽是选拔体育人才的基本内容和方法，却很考验教练员的眼力和经验。

但比较遗憾的是，我们看中的孩子往往校方不愿意输送给垒球队，其主要原因是地方体校的教练员不太了解垒球项目，此外，各体育项目已形成固有的"人才培养链"，不熟悉的外人很难介入。虽然我们常无功而返，但这个"勇敢幼稚"的尝试还是有意义的。

如果在选队员时有条件指哪个要哪个，一定可以组建更强劲的队伍。当年之所以能够挖掘和培育出李念敏、孙月芬和王丽红等世界级的好投手和优秀运动员，各地方队的教练员在选材、育才、培养和输送运动员的系统工作中作出了不懈努力和重要贡献，功不可没。

在一些棒垒球运动开展较好的国家和地区，很多体能好、脑子灵的体育少年第一志愿常常是打棒垒球。当职业棒球球员是美国、日本男孩的梦想，而打棒垒球的第一志愿就是当投手，因为投手对于比赛胜负是决定性的，是场上的英雄。第二志愿是当游击手，那是防守要冲，是最吸引观众眼球的防守位置。在中国队里也是这样，对投手和游击手，大家都更佩服。但他们那里的棒垒球校队队员即使打得再好也得从捡球开始，有的一直到毕业都轮不到上场，但他们无怨无悔。

在选拔队员时，有的教练员易陷入光看体格、体能和技术等外在条件，而忽视或不注重心理素质、智商和情商的误区。但一个队员爱不爱学习、有无进取心、能否自律等心理素质和精神方面的因素，在运动生涯的整个成长过程中时刻起着重要作用。

## 新老队员的运动量要适配

在基础体能训练方面，我们因地制宜形成一套自己的体系，也重视发挥年轻教练员的积极性和创造性。训练上我不受太多传统条框的限制，只要理论上正确，就敢于付诸实践，如果有效果就大胆实施，及时总结。

什么叫一视同仁？在哪些方面一视同仁？这些都有讲究。就拿运动量来说，有的教练员简单地去理解严格要求，主张对老队员和年轻队员在运动量要求上一致，说是不这样要求不好管教队伍。实际上，这种做法只看到整体的统一，而没有看到个体的差异，没有注意到量和质之间的关系，更忽视区别对待的意义。教练员不能忽视老队员在体能、技术、经验和教养方面的长期积累，而且要正视年龄和伤病带给她们的痛苦和能力的下降。比如，1986年前后的李念敏和孙月芬两位主投年龄差8岁，体格、体能上差别也明显，孙月芬年轻练习量大些，要是李念敏为做表率也按孙月芬那样练就会顶不住。年轻队员洗个澡、睡一觉第二天就缓过来了，老队员本身伤病多、体能恢复慢，运动量过大第二天的状态就差些。但老队员有能力在实战中以技战术和经验的优势来弥补自己的体能不足。这时候就要跟年轻队员讲清楚，为什么她们可以练得比你少，这是遵循科学训练的规律。要让年轻队员明白，老队员们过去打下江山，现在还在坚持为团队作贡献，就应该格外受到尊重和保护。比赛中争胜是运动队的宿命，教练员和运动员为争胜而存在。争胜实际上是相互比较谁强谁弱，但我们要引导她们明白什么时候该去争和比较。

对老队员既要严格要求，又要尊重和保护，也要通过平时宣讲让新队员了解老队员是如何一步一个脚印打拼出来的。中国女子垒球队在国内外有如今的地位，正是靠她们努力拼搏才得来的。这样能让老队员看到自己的付出和过去的功劳都被记得，年轻队员也懂得今天的大好江山是靠一批又一批前辈艰苦奋斗打下的。教练员脑子里要装着老队员的功劳簿，要记住她们的伤病情况和存在的困难，也要清楚她们的长短。她们有困难时，教练员要给予照顾和关怀，如果她们提出不合理要求就要耐心讲道理进行说服。

依我看，队里老队员和年轻队员的比例调配，对队伍的战斗力有密切影响。老队员的经验和技术、年轻队员的冲劲和爆发力，两者结合就能形成强劲的战斗力。这个过程里也许会出现新老队员相互不服气、配合不协调等矛盾和问题。在队里我们提倡学习、传承老队员的优良传统。实际年轻队员也在利用自身特有的优势在追赶，老队员稍不留神，主力位置就会被抢走，她们也不敢怠慢。队内出现合理竞争，是团队提升实力的重要因素，这就要看教练员怎样引导和把握。

## 怎样带好、用好主力队员

我们的队伍经过长期的训练和比赛必然形成主力阵容，其作用好比全队的尖刀，在比赛中往往会发挥重要作用。她们能带头挑重担，队伍就有战斗力。每个队员都希望自己成为主力队员并以此为荣，一个团队出现这种内部竞争是很正常的事情。李念敏、孙月芬、王丽红等主战投手个个都有特点，有个性，也有脾气。教练员要正视和珍惜她们的个性和特点，不能压制，要扬长避短。

有时候上进心强的主力队员很可能有自己的想法，也可能不大听话，有的队员能力较强，自以为是，看不上教练员的水平。每每遇到不听指挥、不服管的队员，我总会对自己说："耐心点儿，我们首先是老师，是指导者，之后才是带她们训练和打比赛的教练员。"若对有能力但不听指导的队员束手无策，最后无法让这个队员发挥应有的作用甚至放弃，只能说明这个教练员的能耐还不够。

当然，如果主力队员的做法在集体中产生了消极作用就不能迁就，要批评和约束。比如，出现以主力自居不认真训练、和其他队员闹矛盾等情况，会引起大家的关注，队员也会关注教练员对此怎样处理。这时若教练员熟视无睹或不敢管，就会影响整个队伍的士气。当然教练员还需要未雨绸缪，平时就多培养随时能顶上来的后备力量。

教练员要让主力发挥作用，就要让她们产生身为主力的自豪感，但更重要的是让她们懂得身为主力的责任和示范作用。当一些主力队员发飘或脱序的时候，教练员要及时给她们指出问题所在，必要时还要严肃批评，但一定要拿捏好什么时间、在什么场合和到什么程度的分寸。

教练员光具备训练和技术能力远远不够，归根结底要靠教练员自身修养和综合水平。我们要以自身的影响力带动队员自觉提高文化和教养水平，让她们成长为既有技术又有修养的队员。所以教练员始终不能放松对自己的要求。

能否带动、带好主力队员，是衡量一位教练员水平的重要尺度之一。当教练员和主力队员出现摩擦并引来全队关注时，需要及时慎重地对待。一旦主力队员和教练员顶牛儿，教练员又对主力队员失控，这个队伍就不好带了，教练员的工作也就不好做了，搞不好还会出现成绩下滑。出现这样的事态，主要归咎于教练员。

　　教练员和一些主力队员之间出现矛盾是常有的事，的确很伤脑筋，关键是怎么处理这些矛盾，有些教练员在这个问题上更多地想到的是自己的威信和面子，不倾听队员的诉求，也不懂得讲道理和做必要的妥协，最终效果不可能好。对此我并不着急。一是因为训练中教练员和队员是要求与被要求的关系，矛盾自然永远存在，要想办法把它转化为对自己的要求；二是我们要有打胜仗的共同目标和同甘共苦的历练，有了这个前提，什么问题都好解决。我们有共同的奋斗目标，就能正视矛盾而不躲闪。比如，当教练员和主力投手由于某种原因闹僵了，考虑到会对比赛产生影响，打好比赛是首要任务，这种情况下如果有技术较好、作风不错的后备投手，暂时让主力投手坐观比赛也是不错的选择，这样能触动她和所有的队员，重新认识团队的力量及个体与团队的关系。对于一名主力队员，在重要比赛上不能上场一显身手就是最大的痛苦，甚至等同于惩罚。

　　20世纪80年代，在北京女子垒球队一次重要比赛前的训练中，时任队长的任彦丽在赛前精加工训练阶段的一次防守配合练习中，没有按要求呼喊鼓动士气。一般训练时，我要求队员们随着训练动作的节奏喊起来，这有利于提振士气。于是我提醒任彦丽说："你是队长，应领头鼓劲，这样哪儿行？"可她还是不肯喊，那股拧劲儿上来了，连传出的球都带着气。我看她这副样子可能会影响到全队的情绪，就没有让她继续练，而是让她到旁边坐下，结果她掉头就走了。面对这种情况，我立刻开始考虑在没有她这个队长的情况下，如何部署打好这次比赛，并立刻加强了候补三垒队员的练习。同时我叫赵杰教练转告她，等她冷静下来做个书面反省。队员们看到队长、主力队员在大赛前被教练员停训，都感觉事态严重，练习起来更加不敢怠慢。停训第一天，任彦丽没有动静，第二天赵杰告诉我她在外面跑步呢。她是在部队大院长大的孩子，自尊心很强，有个性，要点儿脾气不足为怪，但她不想让别人看见，所以自己偷着练习。又过了一天，赵杰告诉我，她认识到自己不对的地方了。我就叫赵杰转告她，觉得什么时候合适就找我谈吧。眼看就要出发打比赛了，全队都很着急。我很清楚对她这样身为队长又有一身本领的队员来说，不能参加比赛其实是最痛苦的，她想要恢复训练参加比赛，就要明白自己应该怎么做。所以有些事情就看教练员怎么去处理。这次让她停训反思是非常必要和及时的。最终这次比赛，北京队夺得了冠军，她的表现也不俗。

如果某次比赛确实需要这个主力投手或队员，教练员也可以开诚布公地跟对方协商，将矛盾、问题暂时放一放，耐心说服她理解自己的团队，教练员和其他队员都是和她一样为战胜对手而聚集在一起。当一个主力投手在比赛中处在困境时，听到团队说"没关系你放开投！我们给你守住"，她会倍感温暖。有时，队员之间的相互鼓励和宽慰，比教练员训话的作用大很多。

对于主力队员，教练员在平时的管理和训练中就要提出高于普通队员的要求。主力队员在关键时刻掉链子往往是教练员造成的，教练员应该自我反思。主力和非主力，虽然在人格上是平等的，但有些地方确实需要区别对待。所以不管是带北京队，还是带国家队，我都很重视主力队员的引领作用并用心做好相应的思想工作，所幸大家因为有"为团队、为祖国争光"的共同目标都尽心合作。这也是我在 20 余年执教生涯中一直能比较稳健地取得好成绩的重要原因之一。平时我们的领队和教练班子一直共同努力抓好思想教育和制度建设，为打造出刻苦训练、思想团结的优秀的女垒团队不懈奋斗。

另外，女运动队的管理与男队有所不同，不能粗粗拉拉，直来直去，教练员的思考和言行都要更细致入微。执教期间我涉猎过不少心理学的书籍，受到诸多启发，虽然学得不系统，但活学活用，在实践中还真能发挥作用。有的时候队里出现了一些小事情，不解决的话，消极情绪就会在队里蔓延。比如，队员出现思想和技术上的波折，或者主力队员之间出现不和，遇到这种情况我都用心摸索解决办法，及时沟通。什么事情都要入情入理，作为主教练自己心里有底，说话才有说服力。

表扬和鼓励是一件好事情，但为什么表扬、怎么表扬、表扬谁、在什么场合用什么方式表扬等，都要事先考虑周全，否则可能会出现副作用。若总是表扬表现好的队员，别人会觉得你怎么总表扬她，认为教练员偏心了。那些摆在明面的技术上的，记录上能明确看出来的事情，可以在全队面前表扬，但有些情况还是个别表扬更有效。批评队员时也得分人分时间，有时要在全队范围批评，有时要个别提醒，批评的方式不合适则效果也不好。

教练员要带好队伍、打好比赛，核心的主战队员起到很大作用。有些"不听话的队员"有自己的想法和能力，我们要想方设法让她们在比赛中发挥自己的特点和潜力。当她在训练中练得好、比赛中发挥得好的时候，她的心就顺，教练员抓住这个时机鼓励表扬，同时指出她的一些问题，用耐心讲道理的方式批评，从而改正她们的缺点，教练员和队员思想上的沟通是一件很重要的事情。

我在北京队当教练时有个很不错的队员董玉雪，在北京队和国家青年队打接手位置。球打得好的都有点儿小脾气，一次她一时不冷静和领导顶撞，后来心理上没顺过来，遗憾离队了。实际上这个队员若能通过沟通继续留在队里，将会有更大发展。她酷爱棒垒球，离队后到私立中学当了体育老师，在中学开棒球课，培养了不少棒球运动员和爱好者，她的弟子遍布国内外，在北京她算是最早把棒球引入体育课堂和组织少年棒垒球俱乐部的女教练员。

有的队员因球打得好而清高自满，认为自己技术好、能耐大，队里没有她不行，对同伴和教练员都习惯性地以自己的尺度去衡量，比自己差的看不上，比自己强的不服气还嫉妒。因此教练员的综合能力要强过她们才能带动这些队员。

我身为主教练，虽有上级委任的职责，但能否管到队员的心里，让她们心服口服，要靠我在比赛成绩、品格、人生阅历、文化教养、技战术水平及经验等方面表现出的智慧与能力。教练员一定要有在某些方面让队员服气和敬畏之处，同时让队员感觉到我们和她们是同一个战壕的战友，一旦到冲锋的时候，我们是她们的司令员，让队员明白这个教练员言出必行。但教练员也是凡人，犯错在所难免，做得不对就要勇于承认，还要在适当场合做自我批评，在真理面前，教练员和队员是平等的，这样做并不会影响我们的威信,坦诚反而能获得她们的尊重。

## 比赛场外也有收获

为提高水平,国家队总在积极争取参加各类国际比赛的机会,但若队员生活适应性差,在赛场上会出现问题影响发挥,因此对运动员的要求是全面的,从选材阶段开始就要重视培养队员的国际比赛适应性。

20世纪90年代初,在国家体委的支持下,为了提高队伍整体水平、开阔眼界,队里邀请了美国教练组到昆明海埂体育训练基地指导交流。其中担任投手教练的是曾培养出美国名投手丽莎·费尔南德斯的著名教练员。教进攻的是来自加州的一位中年教练员。这位教练员第二年邀请我们去美国加州回访。比较新颖的是这次没让中国队住饭店,而是让中国队员3人一组,分别住到了当地的垒球队队员家里,而我们官员和教练员集中住在汽车旅馆。早上所有人集中到那位教练员家里吃早餐,教练员的夫人给我们二十几人准备早餐,面包、黄油、饮料和水果摆在桌上供大家各自选用,队员们一边吃饭,一边叽叽喳喳地聊天。白天要出去打比赛时,好几个家长自愿开着中型家庭轿车把我们送过去,有的车还去掉了座位、铺上地毯,好让家里的孩子们出远门比赛时躺着休息。我们在那里待了两三天,比赛的同时体验了一下美国爱好垒球运动的加州家庭生活,这段经历很难得。队员们也了解了美国球员的家庭生活,增添了不同经历并开阔了视野。

有一次在新西兰打比赛,我们住在当地一个中专的校舍,校园的学生宿舍条件较完善,每层都设有烹调区和洗衣区。早餐时每人面前都有个小碟子盛着冰淇淋球大的一块黄油,在当地人的早餐里,黄油是补充热量的好食物,他们全吃掉还不见得够,而我们有的队员因不合口味,面前的黄油剩下很多。

1990年夏天第7届世锦赛时,我们住在美国伊利诺伊大学学生宿舍。大学位于开放的街区,没有围墙,学校里有棒球场、垒球场和高尔夫球场等各种设施。勤工俭学的学生早上来修剪棒球场的草皮，食堂也有不少学生打工。参加各种体育项目俱乐部的孩子吃住在大学里，参加各种集训，充分利用暑假"充电"。

芝加哥是美国数一数二的工商业大城市，是世界上棒垒球最盛行普及的城市之一，据说全市有5000个棒垒球场。接触各地的文化和生活习俗，这些都是帮助队员认识世界、提高素养的好机会，若能多见识，就能丰富学识，打球时也会更聪明、更灵活。但这次从驻地到芝加哥市内，每个人要花60美元车费，因出国比赛经费紧张，衡量再三只能放弃了让队员开阔眼界的机会。到外面世界，除了参加比赛，到处多看看、多学习，这些都会潜移默化地变成她们人生的精神营养。20世纪中国的经济与世界发达国家相比还有较大差距，出国经费有限，我们到国外比赛一般就是驻地和比赛场地两点一线，每次打完比赛就匆匆回国了。虽然在北美比赛时乘飞机飞越千山万水，往返时飞越过太平洋、阿拉斯加，但队员们对世界的具体而真实的体会还是太少了。

在一些垒球盛行的国家，他们把体育运动当作文化生活的组成部分，对体育的热爱是自发的，是生活的需要。在学校里大家都仰慕有体育特长的学生。前面提到的1984年洛杉矶国际杯赛，观众中很多是队员的家人和真正的棒垒球爱好者，甚至还有孕妈妈来看球。刚刚能走路的两三岁的小孩也拿着球和手套，满地乱跑。小孩从小看棒垒球赛长大。到美国、加拿大，我看到不少公园内设置有4个场地的圆形配置棒球场，有的场地浇水、灯光都是由电脑控制的。当地人放学、下班后都有打球的地方，加上中学、大学都有草皮场，组织比赛也很方便。

在那个年代，国家队的成员是被羡慕的对象，因为能由国家出经费到国内外进行比赛。只是我们由于专注于比赛，没有更多的时间和经费去体验异国他邦的风土人情。虽没有更多的体味生活和文化的时间和经费，但到过见过也算是很好的体验。我们通过国内外的各种交流和比赛在各地都结识了一些朋友。我已经不当教练员了，仍有些老朋友每年寄贺卡互致问候，甚至通过国际电话讨论技战术问题。每次见面都还是一如既往，老对手、老朋友之间沉淀下来的友情真的是难能可贵。

## 居安思危，埋头苦干

教练员在搞好训练、打好比赛以外，还要处理好队务。例如，对队员奖励的事宜一定要处理好，奖金分配不仅是金钱层面的事情，还关系到对一个人工作和努力的评价。我每次都和领队一起商量，根据队员的成绩贡献、日常表现提出分配方案，并和教练组商议确认队员奖金按主力队员、候补队员、立功程度，一个一个打分。教练员奖金的多少不影响自己的身份，其最高奖金不能超过队员的最高奖金。我们的教练员们日夜辛苦，带着这么多队员往前冲，但大家身正、说话硬气，所以在这事关个人利益的问题上没有出现过很明显的不满和纷争。

早些年出国比赛机会难得，每次垒球队出国比赛时，上面会派来团长、领队和翻译，队里出主教练、内外场两位教练员加上一位队医，队员的名额也很紧张，更谈不上科技情报人员和工作人员了。我不大了解训练局的队伍，但我们派出的人员结构不能满足参加奥运会等重要赛事的需求。我们的干事、科研人员和医生在队里勤勤恳恳地辛苦工作，但一到出国比赛，本队领队就成了留守领队，工作团队也没有了参与的机会。他们从来没在我面前抱怨过，但即便他们觉悟再高，总是这样难免会心理不平衡，工作积极性也受到影响。因此后来我们需要的人也都留不住了。

垒球项目的处境一直以来都不乐观，从事该项目的教练员和队员很自然地意识到要用实力给自己争气，也就是一种奋发精神。我国从1959年至1979年共举行了4届全运会，其中除了1965年第2届全运会外，其他3届都设有棒垒球项目。但到了1983年第5届全运会，棒垒球项目却莫名其妙地被取消了，而我们正是在这一年香港国际邀请赛上击败了第5届世锦赛冠军新西兰队夺得冠军。当时我们很着急，我和王明晨领队赶到国家体委正在开全国体工会的会场，直接找领导递上了希望全运会保留棒球和垒球项目的申请报告。

虽然棒垒球从全运会项目中被剔除了，但我们没有气馁，保留下来的6支专业队暗暗地使劲。终于，1985年的夏天我们在国际赛场上打出了小高潮，国家青年队获得了世界青年女子垒球锦标赛的冠军，国家队在家门口获得了第2届中日美女子垒球锦标赛的冠军。后来到1987年在广州举办第6届全运会时，棒垒球项目被恢复了。这次广州全运会垒球赛，队员们享受到了首次在草皮加红土的正规垒球场上打比赛的待遇。20世纪80年代中国女垒的战绩可谓辉煌，但我们仍居安思危，埋头苦干，因为垒球项目仍然处在随时可能被砍掉的危机中。

外人并不知道国家女子垒球队除了"为国争光"的目标和口号外，还有个其他热门体育项目很难体会的口号，那就是："为垒球的生存、为省队的生存而战！"国家女子垒球队在国际上取得了好成绩，可以为国内的姐妹们撑腰。所以当时我经常对来自各地的队员讲：你们到国家队一是为国家，二是为自己家乡的姐妹。我经常提醒队员，在国家队谁不好好训练，不珍惜每场比赛，首先对不起的是地方的队友。在国家队放假回家乡队时，我也常常叮嘱队员："第一，不要因为在国家队待过而摆架子，要听从家乡队教练员的指挥，与队员们和睦相处；第二，回队以后，我会时时去跟教练员了解你们在地方队的表现，你们回国家队后，我一眼就能看出你们回地方队时是在耍大牌、偷懒，还是认真地好好练过。"提出这样的要求后，她们都不敢怠慢，整体来说各省市队教练员的反映都比较好。

另外，我也一直跟国家队教练班子强调：没有各省市队教练员的支持和协作，就没有国家队的成长、壮大和成绩，他们是我们的大后方和根基，是藏龙卧虎的地方，要尊重各地的教练员，不要觉得在国家队当教练员就比他们高，国家队和地方队只是分工不同，没有高低之别。所以各地方队和国家队的关系一直比较和谐。

我有自信，也努力，说起来我的资历和成绩都还算可以，但我从来没有趾高气扬过，平平实实做人是我坚持的信条。

## 吐故纳新，从困境中再燃希望

对垒球队员的选择，每位教练员都有自己的标准，一般由攻守均衡的队员组成主力阵容会稳妥些。队员如果在重要位置上防守特别好，进攻稍差也可以用。垒球项目恢复后，各地出现了一些很有特点的队员。

其实，20 世纪 70 年代的教练员，如上海队的张国伟、天津队的俞昌和等带队水准都很高，技战术上各有特点，他们年轻时是打棒球和垒球的好手。上级领导把我推选为国家队主教练，原因之一是北京队的成绩好些且国家队主力位置有不少北京籍队员，另外这也是对我作为教练员的综合能力的认可。后来基本上形成俞昌和主抓青年队，我和张国伟教练一起抓国家队的局面。

中国女子垒球队第一拨队员是 1957 年前后出生的学生队员，由于没有受过棒球、垒球项目的专业训练，这些队员经过一年多的训练就能参加 1975 年第 3 届全运会真是不容易。那时很多参加过第 1 届全运会的老队员加入了各省市的教练队伍中传授技艺、训练队伍。20 世纪 70—80 年代时，比赛用球不太规范，一般球的弹性不及现在，但仍出现了不少强打手，如北京的杨岱进，天津的陈玉香，上海的金黎华，甘肃的锁澄丽、魏家莲，还有攻守兼备、安打率领先的邓晓娟等。

1979 年，中国女子垒球队李念敏等 4 位投球风格各异的投手和能攻能守的场员，通过艰苦的训练，齐心协力，以顽强的作风和整体实力打开了国际垒坛的大门。在 1979 年对战号称世界职业女子垒球冠军的猎鹰队时和在 1981 年第 1 届中日美锦标赛上，几乎没有任何国际大赛经验的中国女垒姑娘们在老牌劲旅美国队面前毫不示弱。1982 年第 5 届世锦赛在中国台北举行，遗憾的是很多位第一拨国家队员未能参加这场盼望已久的大赛，带着遗憾的心情陆续退役了。

到了 1983 年和 1984 年国家女子垒球队组队时，9 名上场进攻队员，其中 7 名队员具备打本垒打能力，打好了就是长打、本垒打，进攻颇具威慑力。在这个团队里，教练员可以组织有长有短、快速跑垒、强劲多彩的进攻战术。在防守方面，一垒的史闽越、三垒的任彦丽、二垒的蒋双玲、游击手华杰，她们的臂力都很强，可以胜任积极防守战术，"杀掉"前位的跑垒员，尽量不让跑垒员进到二垒和三垒。因此1985年第2届中日美锦标赛出现了中国队以6∶0胜日本队的精彩局面。美国队顺访兰州时，中国队又以11∶3赢了美国队，体现了队伍的整体实力、个人能力和冲击力。

之后，李念敏、王来娣等老队员带着20世纪60年代中期出生的第二拨队员，以崭新面貌出击国际垒坛。总体来看，这拨队员体格、体能都优于第一拨老队员，进攻上强打能力强，防守上传杀能力和防守速度都有较大提升。1983—1986年的中国队因攻守实力强劲而威震国际垒坛，其豪华阵容并不比美国队逊色，投手孙月芬、一垒史闽越、三垒任彦丽、游击手华杰，以及天津的蒋双玲和王宏欣、湖南的李红、四川的彭陵虹和李春兰都很强。1986年中国女子垒球队以两个老队员带着中青两代队员的阵容首次参加了世锦赛，取得了亚军，从此铸就了每次大赛都与美国争冠的强势地位。

1987年底，孙月芬、任彦丽、华杰等第二拨主力队员打完第6届全运会后受出国潮的影响纷纷出国打球。她们寻找自己未来的心境虽能理解，但我仍觉得她们在运动能力的顶峰时期离开国家队太可惜，同时也感到她们的离开大大影响了国家队的实力。最为遗憾的是，这几位悍将没能拿下国际大赛世界冠军的桂冠就各奔东西了。

时任国家体委球类司司长吴寿章问我："主力队员几乎都走光了，你行吗？"他在天津当过体委主任，到国家体委后多次担任奥运代表团的秘书长，很了解各个项目的情况，是位很有号召力且组织能力很强又接地气的体育官员。我说："实力当然暂时会受影响，但我们也讲究吐故纳新，我并不觉得事情有多么严重。"我更想以积极的心态应对，将困境看作展现自己主教练专业水平的考场，索性吐故纳新，推倒重来。关键在于自己有没有信心和能耐。

我们对此只能务实面对，最后也在质疑声中渡过了难关。我为新队伍塑造新的技战术风格，让新队伍开辟了新天地。这又是一段在困境中直面现实、开拓和奋发的过程，是考验全队、指导者和队员的艰难历程。

第三拨就是王丽红当主投的时期，投手有稳健的刘雅菊，还有8字投法的谢映梅，左投马英、张卫红和有气势的甘肃队投手何丽萍。队里来了安仲欣、徐建两位接手后，为发挥长打的能力，让原来打接手位置的王颖排第四棒，改当一垒手。二垒有了智多星阎仿，进攻有长有短，多了战术变化。在华杰离开以后，曾在1986年第6届世锦赛获得金手套奖的柳絮青从二垒手转到游击手并以牢靠锐利的进攻把住第三棒的位置，之后10年间中国队阎仿、柳絮青的二游搭档傲视群雄。三垒手是陶桦，左外场手陈红也能兼三垒。中外场手张春芳防守范围大，在国际比赛中其安打率始终排在前十，是中国队进攻的开路先锋。右外场手魏嬬可兼打游击位置，长打也有威力，还有快腿右外场手雷霹、重炮欧敬柏等有特点的代打。有人认为从第二拨队员更替为第三拨后全队实力有所减弱，而实际上由于队伍中有了不少有潜质的队员，不管阵容怎么变，中国女垒都努力保持着世界前二的水准。

　　就靠这第三拨骨干队员，中国女垒从1987年坚持到1997年，有的队员的球龄甚至超过了10年。

　　竞技体育的评价标准就是比赛成绩。我任教的20世纪八九十年代，国际大赛有四年一度的世界锦标赛和亚运会，还有不定期的国际杯赛、中日美锦标赛、南太平洋精英赛和加拿大杯赛等。在国内有4年一次的全运会、一年一次的锦标赛和冠军杯赛，有时还举行全国青年比赛。全国性大学生比赛时有时无，学校比赛少是一件憾事。我们需要顺应这个具体情况把目标和指标都定好，并培养和成就新上来的队员。一般地方队以4年为一个周期进行部分吐故纳新，从其他项目改项的运动员只要适应性强、有进取心，进步也会比较快。有才华、有目标、刻苦训练的运动员十八九岁就能脱颖而出，在省市队或国家队承担一线任务。1986年第6届世锦赛获亚军的中国队中有29岁的李念敏、28岁的王来娣，还有4名20岁左右的年轻队员。若当年未受出国潮的影响，我国垒球的人才积累可能会更稳固丰厚。

　　1992年底开始进入亚特兰大1996年奥运会备战周期。1994年按计划拿下了亚运会冠军和世锦赛亚军，中国女垒很荣幸地成为所有中国奥运参赛项目中第一支通过世锦赛拿到亚特兰大1996年奥运会入场券的队伍。

奥运会和世锦赛等大赛考验的是教练员有没有把握全局的能力。参加亚特兰大1996年奥运会的队员基本上是1987年底大换血之后的阵容，这拨队员也打了将近10年的球，已经不再是盛年，体能下降，伤病也多，因此如何妥善处理训练的量和质的关系，在现有基础上提高一步冲击奥运，是需要我认真思索的问题。

在亚特兰大1996年奥运会输给美国队得了亚军之后，很多为争夺金牌奋斗了十几年的队员哭得很伤心，因为这一期的部分队员再也没有夺取奥运金牌的机会了。

我从垒球一线退休后，1998年中国垒协曾邀我到日本观看了第9届女子垒球世锦赛，队伍中有王丽红和张艳清两位好投手，场员基本保留了亚特兰大1996年奥运会的人马（柳絮青在美国学习没能参赛），可惜中国队止步于第4名。2000年刘雅明教练带队出征悉尼奥运会，投手有王丽红、张艳清，场员有安仲欣、王颖、阎仿、陶桦、张春芳、魏嫱等，基本上也是亚特兰大1996年奥运会的老班底，确实有实力，还赢了美国队一场，最后止步于第4名确实有点可惜。我觉得在好不容易赢了美国队后，应给在兴头上的队员降一下温，让大家保持清醒冷静，这样可能效果会好一些。主教练是带队的领头人，赛前赛中要处理好各种问题与矛盾，否则队伍条件再好也冲不上去。到底是哪个环节出了问题，我非当事者不可妄论，但大赛就是教练员的考场，就靠结果说事。身处以胜负论英雄的竞技体育世界，作为主教练有时有难言之苦，但除了总结经验、吸取教训外，也需要重新审视自己。

在雅典2004年奥运会周期，我在奥体中心看到不少优秀新手在训练，和我一起战斗过的队员基本都已退役了，连当初湖南小接手郭佳也成长为老队员兼强打手，上海的张爱还当上了队长，四川的周怡进攻出色，我看这些队员还是可以打上去的。教练员分析阵容，进攻一般看一到五棒，防守先看投手和接手、二垒游击和中外场等组成的中轴线，而更为重要的是指导机构的造血能力，一个队伍一定要在竞争和不断的新陈代谢中向上走才有希望。

在把专业运动队纳入体育运动学校后，专业运动队基本上还是训练为主，学习为辅，这样完全有条件和时间按专业运动队的目标和思路组建和发展队伍。中国的垒球姑娘们确实有志气，她们长期在相对简陋的条件下艰苦奋斗，即使在垒球被置于奥运战略框架外、客观条件较差的情况下，也从来没有懈怠过。有了这么好的队员，要拿成绩就看领导和教练员的管理和专业水准了。

## 怎样面对赛场的不公正裁决

竞赛的直接参与者一般有运动员、教练员、竞赛和裁判人员，还有观众和媒体等间接参与者。随着竞技体育水平的提高和对决的日益激烈，裁判工作的重要性也日益凸显。理论上说，教练员首先要相信裁判员的公正性，在赛场上教练员和裁判员不能为友，也不能为敌，教练员只求其判罚公正。对中国垒球的裁判队伍的工作我没有太大发言权，只希望年轻一代继承老一代裁判队伍的优良传统，深入理解这项运动蕴含的体育精神，同时跟上国际垒球规则的最新发展。

在此从我较熟悉的教练工作的角度谈一下应对裁判判罚的问题。垒球发达国家，如美国队在被判错的情况下，会立即申诉、抗议或有不服的表现，但也能保持理智而很少被感情左右，无论裁决结果如何都不会影响到其后程的技术发挥，他们很快就会理智地调整好心态，想办法继续拼争，表现出较强的遵守规则的意识、自制能力和自强精神，裁判员也熟悉规则并拥有足够的威严。反观我们在赛场上出现判罚上的问题时，会更多地凭自我的判断去评判公平性，一旦不如意，容易失去自控能力。由于垒球比赛规则中对提出申诉的人员、权利和内容有细致的界定，因此教练员对规则的学习、对现场的把控及对待裁判员的态度和行为都很重要。关键时刻很考验教练员的水平、素质和修养。

比赛中对裁判判罚的应对，有时重要的不是争真理在哪一边，而是时下遵守规则的问题，激战中大多时候没有时间去理论公平还是不公平。多年来参加国际比赛的经验告诫我们，比赛只能靠自身强大的实力去赢。美国垒球队本来就实力强，他们还会控制和影响相关比赛组织者，这就要求我们的队员以加倍的实力去拼搏。我常和队员说："想打败美国队，我们要额外多拿几分，因为裁判会让我们少拿几分。"

但不得不承认的是，美国等国的垒球裁判员的业务水平和权威性比较高。这些国家的球员面对裁判判罚的积极态度源于自小培养的法治观念，也来自她们对自己的能力和精良技术的自信。

在国内垒球比赛中，当出现对本队不利的局面时，有些教练员不管对错就去找裁判员理论，稍有问题就抓住不放，导致影响比赛正常进行。队员是看着教练员的身影成长的，若教练员每次都因为一点儿小问题就不顾比赛大局冲上去和裁判员申诉或抗议，队员自然也会跟着上去理论，并容易养成将问题归因于外的习惯。固然国内的一些裁判员缺乏经验，水平有待提高，但平时我们的教练员和队员对规则的学习和钻研也需要加强。不少裁判员反映一些教练员和队员不深入学习竞赛规则，更不会灵活地应用规则争取有利于自己的结果。不管是社会还是球场，我们的行动都随时受到各种规则的约束，我们在竞赛中也不可丢失遵守规则的观念。不得不提的是，在我们的运动员培养机制下，运动员在上学时靠老师和家长，到了运动队平时什么事都靠组织，队员有什么事一般都由领队和教练员帮着处理，造成了一些队员缺少独立解决问题的能力且心理承受能力不够强。

我们在不少方面确实存在不足，如果不正视、不改进，就无法进步。亚特兰大1996年奥运会垒球决赛上输给美国队，终归是由于综合实力的差距。到底什么是实力，也是令人深思的问题。亚特兰大1996年奥运会冠军赛的关键时刻，美国队第一棒队员击出一记有争议的本垒打时，裁判员判定为本垒打，夜空中的荧屏上不断地重播击出这记本垒打的画面。

遇到这一突发事件，即使历年国际大赛遭遇过诸多不公正判罚，赛前我也对队员提出了要求，但她们想到多年的付出可能因为这个不公正的判罚顷刻化为泡影，便无法控制住情绪而伤心流泪，要上去提抗议。垒球发源且兴盛于美国，是他们主动增设了奥运项目，这是在美国的土地上和东道主拼争，我心里非常清楚，再怎样争辩美国籍裁判长也绝对不会改判。当时我一心想的就是怎么尽快从这个局面里解脱出来，下一步如何一分一分地扳回来，想办法先扳到平局再去争胜。

比赛中遇到判罚不公时，队伍容易出现负面情绪，主教练这时真正要做的是避免队员因情绪失控而影响比赛大局。棒球、垒球的队员席比场地地面低约1米，因此我们叫它"战壕"，这个"战壕"能保护队员不被球打中，也能让观众在更接近球场的好位置观看比赛，摇旗呐喊。因此在一个战壕里战斗的教练员和队员能更为深刻地体会到共同奋斗的甘苦。当出现裁判员明显错判和偏袒时，若教练员还无动于衷，会被认为和队员不同心、不是同一个战壕里的人。

当比赛中出现裁判判罚问题时，教练员既要从战壕里冲出来与主裁据理力争，又要安抚队员让她们尽快冷静下来，尤其要以清醒的头脑盘算下一步棋。这么短短的一个过程，便能看出这个教练员是否有应变能力和考虑全局的洞察力，这个时刻对教练员来说是极大的考验。比如，当裁判判罚问题对我方不利时，教练员是爆粗口指责裁判，还是预先做好队员工作，向队员交代好："我们对裁判员可能错判的不利因素预先考虑好，就算给对方几分，之后再从对方手中多拿分，凭真本事赢下比赛。"

亚特兰大1996年奥运会垒球决赛，最终裁判员判美国队队长、游击手多特·理查森打的球不是界外球而是本垒打。我至今认为我们与美国的决赛不只输在她这记本垒打上。通过奥运大战的实践，我认识到我们和美国队在各方面都还存在不小差距，事情并没有那么简单。中国国家女子垒球队经过那么多年的艰苦努力，在亚特兰大1996年奥运会垒球决赛中有了夺冠的希望，但因为一记本垒打的判罚问题而引发的情绪，队伍的节奏完全被打乱了，干扰了全队的情绪和实力发挥，最终大家心有不甘地结束了这场对决。这也在一定程度上说明我们抗误判的能力、抗不公正裁判的能力、逆境中勇往直前的斗志还远远不够。这次的教训确实值得认真总结。当今每一场比赛都要求裁判公正并非易事，这就要求我们在任何情况下都要沉着应战，凭实力赢得比赛，这不是阿Q精神，很明显我们所说的实战包括怎样应对裁判不公正这项考验。在比赛中遇到判罚问题，教练员要冷静下来按规则办事，对属于申诉范围的问题据理力争。如果判罚出现一些问题，教练员就带着情绪上去申诉抗议，甚至带动队员，不仅会输掉比赛，还将失去教练员的威信和高度。对于这类问题，教练员平时就要在队里提出严格要求。

# 第十四章

# 科学巧练才能实现超越

## 垒球中国风的光彩与价值

20世纪80年代初,中国垒球在世界垒坛崭露头角,并显示出自身技战术打法的特色与风采。国际上认为中国垒球的风格异于主流,其表现之一是积极防守。垒球盛行的国家如美国、日本等在防守上注重成功率。举例来说,他们通常在一垒有跑垒员、无人出局的情况下,防守方接了牺牲触击球后,除非跑垒员跑得慢时封杀二垒,都会稳稳地把球传到一垒,将击跑员传杀掉,先拿下一个出局,再想办法对付下一个击球员,因为传杀二垒不一定能保证让跑垒员出局,反而可能形成无人出局,一、二垒有人的局面。

中国队凭借队员练就的强劲臂力和高超的传接球技术,会尽可能在二垒上传杀前位跑垒员,并把它作为常规战术,使对方进攻处于被动状态。在无人出局、一垒有人的情况下,常规打法是后面的击球员用牺牲触击球把一垒跑垒员送到二垒。在一个出局后,进攻方不宜再使用牺牲触击球战术。一般认为对方用牺牲触击球战术时,将跑垒员在二垒封杀掉的成功概率低,打好了也只有50%的战术成功率。

积极防守首先是积极的防守思维与意识。我们把二垒上的争夺看得很重，因为二垒也被称为得分垒，对方一支安打，二垒跑垒员很有可能跑回本垒得分，因而我们不计较这个成功概率而积极地传杀二垒跑垒员，即便是封杀不成功也无非一、二垒有跑垒员，在下个局面仍可以在三垒和二垒两个垒上封杀跑垒员。

其次是如何看待垒上的跑垒员的思路问题。本来垒上多一个跑垒员被认为是对防守方不利，但如果把它理解为垒上多一个人就多了一个传杀和封杀的机会，也就可以泰然处之了。可见我们的积极防守战术源于积极的防守意识。

当然能实现这种积极防守的前提是投手控球能力强，内场防守队员具备快速移动、强有力传杀的能力和很好的配合意识。中国队的主投手李念敏、孙月芬和王丽红的投球控点准、防守好，一垒手史闽越、王颖，二垒手阎仿、三垒手任彦丽、陶桦，游击手华杰、柳絮青，拉出哪个技术都是世界一流，传球能力都有70多米甚至80多米，这种专项素质是多年训练的结晶，只要有胆量、动作快准，积极防守的战术就会成功，且防守威慑力甚大。

积极防守概念中还有一个是投手的防守问题。在引领国际垒球技战术的美国，投手的任务单纯、分工明确，就是集中精力对付击球员，对方打出触击球时，即使是触到投手方向的球，也让一垒或三垒手去处理，而我们的积极防守把在场地中间的投手也包括进来。中国垒球的积极防守思维的价值与效果得到了客观的肯定与印证。

## 我的垒球技战术思路

中国女子垒球队在补充每一期新队员以后，都要根据国际比赛的需要对新队员进行技术动作的改进和位置的调整。主教练要把握主线即打国际比赛需要什么，明白带队的方向和目标。

球类项目中主张"积极进攻"的教练员不少，但很多流于空泛的口号。

本来有关进攻和防守之间的关系及两者作用就因项目而不同，而且教练员各有主张。我从1979年开始兼任国家队主教练到1996年打完亚特兰大奥运会，中国队基本上保持着世界前2名的战绩。这十几年间队员大致换了三拨。根据垒球项目的特点，我一直坚持"防守是胜利的基础，进攻是胜利的条件，攻守兼备才能赢"的主导思想。有人不理解我为何始终强调防守的重要性，我说："因为比赛的目的就是胜利，先以防守打下基础，再以进攻拿下比赛，猛攻打下很多分但防守差，最终还是会竹篮打水一场空。"

一场垒球比赛胜利的基本条件是得分比对手多一分，最为可贵也最难做到的胜利是以1∶0取胜。仅胜一分的比赛说明对方投手进攻和防守的强大及得分的艰难，守住零分表明我方投手和防守固若金汤，显示出防守的绝对优势，在此基础上进攻得一分是一个创造。上述关于1∶0的描述是根据我执教的年代与经验得出来的。

正式垒球比赛一般先打单循环赛排出名次，前4名可进入佩奇制决赛圈，之后再争夺冠军。为确定各队排名，先比胜负场次，如果出现两个或3个队胜负场次一样的情况，哪个队的失分少，哪个队的名次就排在前面。因此1∶0比10∶1取胜更有价值。这更加证明了垒球是重防守的项目。例如，单循环赛后，若中国队、澳大利亚队都是8胜2负，中国队得了50分，失分为5分，澳大利亚队得了60分，失分为6分，则中国队的排名在澳大利亚队之前，尽管他们的净胜分比我们多。在现实国际大赛中，澳大利亚队进攻强劲，但防守粗糙，中国队的防守比她们严密，所以在我执教的时候总是比较有把握以较少的失分击败澳大利亚队。

1986年参加第6届世锦赛时，中国队9名上场队员中有六七名队员都具备打出本垒打的能力，但我们并没有一味地强攻求胜，而是在稳固防守的基础上采用多样性进攻并最终获胜。当然需要时，我们也会发挥本垒打和安打猛攻显威，击垮对手。在这届世锦赛的佩奇制复赛与上届冠军新西兰队第三次对垒中，中国队竟以9∶1的比分击垮了东道主队。对战上届冠军胜出这么大的比分，且防守这么坚固，这一精彩战绩威震国际垒坛，证明了中国垒球的独特战略思维和技战术的成功。

从进攻的角度讲，第四棒是队里进攻核心。一般来说，第一棒是能打能跑、上垒率高的球员，第二棒要技术全面、有牺牲精神，第三棒进攻跑垒能力强，第四棒和第五棒是强打手，得分要靠她们，第三、四、五棒俗称扫垒组合，所以当第三、四、五棒轮到强棒时就需要得分，如果这几名击球员发挥不佳，那这场比赛会陷入被动。一般擅长防守的球员会被安排在第七、八、九棒。垒球比赛主教练排击球顺序时要动脑筋，要知己知彼，根据每个击球员的状态和对方上场投手的情况机智灵活地安排棒次。比如，第二天与美国队比赛，预测美国队可能派投上旋球为主的投手，若我们的进攻主力不会打上旋球就要考虑调整棒次。但一般击球顺序的决定以我为主，以不变应万变的时候多。这是对进攻核心队员的信任和尊重，加强她们的责任心的同时，鞭策她们努力克服自己的短板。因此不能这场出现一次没打好的情况，就把第四棒换到第七棒，这会导致队员产生各种想法而影响战斗力，因为队员一般把教练员对自己的评价看得比较重，所以比赛阶段主要靠教练员的排兵布阵，同时还需要考虑运动员的技术发挥和心理等综合因素。

如前所述，垒球项目是防守性竞技项目，因此在世界强队之间的相争中得分难上加难，我们的要求就是把自己的队伍打造成"能得一分，守住这一分，珍惜这一分，不让对手得分"的队伍。道理很简单，因为进攻达到全队三成安打率难上加难，而防守可以通过努力达到100%。实际上多年来，我们对美国、澳大利亚、日本的比赛，差一两分的情况居多，且防守率都接近100%，这也客观地说明中国女子垒球队的防守达到了世界较高水准。

为了加强垒球项目的观赏性，进入21世纪后，国际垒联在竞赛规则上做了修改，如将投手投球距离加长，使击球员击球时有更多的判断时间，比以前更易击出球和得分。规则的变化降低了击球的难度，比赛双方的比分差就变得大了一些，但实力同等队之间的分差还是不会拉开。此外，原来的DH（指定击球员）变为DP（指定队员），使攻守中换人更为灵活。

因为垒球的规则和赛制，不管别人怎样说，我一直恪守"防守是基础，进攻是取胜必要条件"的战略思维，只有在防守稳固的基础上积极主动进攻才能真正取胜，才有可能把队伍练到输多少分都能用强攻赢回来的水准。

## 好队员身心素质都要过关

选拔队员不能光看容易观察到的体格、体能、技术和以往的成绩等，还要审视其智商和情商，这些都要通过实战才能评判。美国队中常有小个子队员，整队体格不如澳大利亚队。日本投手高山树理是矮胖小个儿，性格沉稳、球风坚韧，其球速不过 95 千米每小时，但以控点和两种不同路线的上升球为武器，竟成了制胜美国队的专业户。日本队的左外场手井上和一垒手田中也都是一米五几的小个子，她俩负责第一、二棒，很难对付，经常给我们的防守出难题，看来日本垒球早就悟透了身材和实力这类基本问题。若按中国选拔投手的身高、球速等要求，像她们这样的选手难以成为国家队选拔对象。我们的教练员在选拔队员的问题上有时出现偏差，这是需要认真反省和思考的问题。

一个队员爱不爱学习、有什么爱好、有无进取心、能否自律等心理和精神方面的因素在她成长过程中起着重要作用。有时候上进心强的队员很可能有自己的主意，有的队员能力较强但自以为是，也可能不大听话。如何对待和管理这样的队员对教练员来说也是个考验。

教练员要带好队伍、打出好成绩，就要想办法让队员在比赛中发挥自己的特长和潜力。在训练中练得好、比赛中发挥得好的时候，她的心就顺，教练员抓住这个时机在鼓励表扬的同时指出她的一些问题，讲道理、指方向，这样她也容易听进去。

我们选队员要考虑方方面面，除了看体能和专项技术指标及战绩外，尽可能挑选心理素质较好的队员。我在执教国家队时，在不拘一格选用人才方面做得并不好。我们挑选投手人才时很容易注重外在条件，没有给像河南宋嫚丽、甘肃张延萍等体格不魁梧但作风顽强、投球有特点的队员更多的机会，其他位置也有不少好手没有机会到国家队展现她们的才华。

我们更多地看到外在因素，而没有看到或没有能力透视队员的实战能力和临危不乱的潜力，尤其是心理和精神层面的因素，以致在遇到最困难、最较劲的局面时阵中没有能顶上去的队员，这是对我自己在选用人才方面的问题迟来的反省，值得引以为戒。

我想起1991年在意大利俱乐部执教时，在争分区冠军的比赛中的一个局面。对手的俱乐部有个身高不到一米六的小个子队员，她原是加拿大国家队队员，是在欧美队员中少见的小个子。就是这样一个不起眼的队员，外场防守范围大、臂力好、进攻强、跑垒快，是典型的外场手和第一棒的料儿。她一上垒就偷二垒，还老窥视着三垒，扰乱我们不成熟的防守，我们俱乐部队员拿她没办法，比赛也常因她而输。后来我想了个对策——把对方本来上不了垒的第八棒或第九棒的弱棒队员保送上一垒，这样即使她上了垒，前面还有自己队的跑垒员堵着她，让她一肚子气发不出来，我这个智取的招儿果然起了作用，我们队员直叫好。

## 练基本技术要有理论支持

一支队伍的技战术风格是为战胜对手而制定的，但注定会被打上主教练的烙印，至于是什么样的烙印，取决于主教练自己描绘的本队目标愿景、技战术理想及自己所带队伍的队员条件和实力等，因此可以说它是动态的、发展的。在现实中，队伍的技战术风格往往受制于客观条件，取决于战胜对手的需要，可谓无胜无风格。因此我们队伍的实际技战术风格最终是主观和客观的融合，是理想和现实的妥协。

在技战术风格问题上我没有提出过撩人的口号。"稳固防守，灵活进攻"这个最朴素的表述，是符合我国垒球项目规律的，也是在当年条件下我坚持的技战术基本风格。这8个字的含义既深广又具有针对性，要在比赛中把它体现出来是一件不容易的事情。我们要现实地考虑几个因素：第一，教练员带队就是为了取胜；第二，垒球比赛的胜负主要看投手和防守；第三，提高防守能力易，提升进攻技术和能力难。一支队伍在一场比赛中防守率可以做到100%，而安打率30%就已算上乘，再加上进攻技术中的击球球感、跑垒速度、临场判断等，需要运动员具有一定的天赋。我所指的灵活进攻里面还有一个受制约因素，就是队中现有进攻队员的组成和能力，有什么样的队员就会组织什么样的进攻战术。但实际上在我组队时，因为没有足够的人才，往往变成拥有什么样的队员就会打造什么样的技战术风格，遗憾的是我们在人才选择上受到很大制约，因此确立和实现自己理想的技战术风格很艰难，具体实施中妥协无处不在，这也在所难免。但这不是说教练员没有塑造自己的技战术风格的可能性。

实际上我们的教练员稍微复习一下过去学过的牛顿运动定律、杠杆原理、直线运动和旋转运动、动量和冲量等物理知识，再补一补初级的流体力学，就能对队员讲清楚棒垒球中的很多理论和技术问题，我们最起码要当"知其所以然"的人。

譬如说基本技术中最基本的接地滚球，教练员应该讲明白在什么位置接是合理的，为什么；怎样拨球使球得到不同的旋转，下旋球和上旋球碰到球棒之后，球的旋转方向又如何。这些都要给队员讲清楚并激发队员的求知欲，当队员在心里产生无穷的问号时，她投入训练才会有更多思考、动力和进步。

即使教练员曾经是非常优秀的运动员，但转换角色以后不努力学习和钻研，靠自己那点儿经验和认知一味让队员"给我这样练"也是远远不够的。教练员说服具备一定水平的队员时，光凭自己技术好而说不出道理，也不大可能让人信服。把自己"当年勇"当作本钱是不够的，看看周围，再看看国外，比你强的人有的是。关键是说明和展现给队员每项技术的理想状态，告诉她们为什么要这样做并让她们往这个方向努力。教练员要先教队员规范的技术，也要讲清楚其理论根据，要通过学习和实践改变知其然而不知其所以然的状态。自己不会不要紧，也谈不上什么丢人，但要自尊就得学，然后我们可以通过各种手段把国际和国内优秀运动员的技术动作介绍给队员，再给她们讲理论，争取做有说服力、文武双全的好教练员。

就说击球，击球员要有能应对各种投手投出的不同球的打法，当然不可能针对每个投手来练，只能掌握比较规范、合乎理论的技术去应变。我在教队员一个技术动作时，首先要让她在道理上懂得我教的是共性的规范技术。我教动作不要求队员做得跟我一模一样，因为教练员本身做的动作不一定很规范，并且队员的体格、体能不完全和我一样。她也可以先模仿打得最好的队员的动作，然后和较规范的技术进行对照，待技术动作合理规范后再慢慢寻找和发展自己的风格和特点，练出比别人更高的技术水平，这就是从共性到个性发展的过程。有的教练员要求所有队员都按他自己想象的动作去"规范"，这是省事却无益的做法。比如说，一个教练员带的队里所有投手投球动作大同小异，那比赛中怎么换投手都压不住对方打线。投手就是要攻击球员的弱点，所以从投球风格、动作、节奏和球种等方面都要有一些自己的个性和特长。

我在参加第6届女子垒球世锦赛时选了4个投手，前两个投手很知名，后两个在国内名气和实力都还不是很高，其中一个以上升球和慢球为武器，另一个以下垂球为主，这样4个人形成了很好的风格互补的投手群，出色地完成了任务。击球员也一样，若所有击球员动作都差不多，就会形成第一个击球员不会打某种球，其他击球员也都不会应付的局面。若真这样，对方投手看到后，就会用这种球通吃你的第一棒到第九棒，你也只能坐以待毙。

我对队员的基本技术抠得非常细，这也是我的训练特点之一。我先讲最基础的动作要领，在初步实践时按动作规范严格要求，同时开始讲授基本技术理论。没有实践就先讲太深的理论，效果不一定好。动作有了一定基础后，队员自己就会琢磨怎么做更好、更顺。同时也可以先模仿别人的好动作，不管是国内的还是国外的，哪个队员做得好，动作流畅、好看，就先模仿谁，动作准确、顺畅、打得好就说明其动作有合理性。人的模仿能力很强，只要把模仿对象挑对了，有时比教练员做示范的效果还好。讲理论、打基础、模仿好的动作和巩固适合自己的技术动作，四者相结合不失为掌握基本技术动作的好办法。社会上流行追星，学明星的穿戴，我们的队员没有追星的机会，但她们有自己的技术偶像，可以学习她们帅气的动作和精妙的技术，并渐渐超越她们，到那时，女垒姑娘们就会感受到不可名状的成就感。

初步掌握基本技术后，要学习和深化基本理论。技战术水准就是在这种实践和理论螺旋式上升中提高和发展的。我们都知道自己学的技术比别人教的更为牢固，应该让队员知道自主学习的重要性，用行话说这就是"偷技术"。我很重视传球这一环，教队员传接球的时候，首先讲最基本的道理：棒球、垒球的传球目的就是让自己的同伴接好、接舒服，还要又快又准地达到接杀的目的。既然这样，就要争取让传出的球在与地面平行的轴上有规律地旋转并往前推进，让传出去的球又正又好接，这就要求下肢、躯干、上臂、前臂和手指都相应有序、有节奏地协调配合。每个人体格、体能不一样，不要求所有人的动作完全一样，要针对每个人的特点塑造出合理的动作，能传出合乎要求的球即可。

入门时我们学的实际是共性的东西，但每人的情况不同，另外根据防守位置、进攻顺序，其防守和进攻技术又有不同要求，因而此时还要在个性方面求发展。拿最简单的传球动作来说，初学时大家都学规范的上手传球动作，等到定了防守位置，内场手和外场手摆臂幅度的要求就有所不同，根据防守位置的需要还要学侧手、下手、跳传、抛球等各种传球动作。

技术动作是需要不断修正和改进的，以传球动作为例，若上肢动作不对，则可跪着做传球动作练习，上肢动作做好了再站起来原地做站立传球动作，原地动作做好了再做迈步传球并进行步伐练习，学会接完球后向各个方向传球，经过反复练习练出自己最顺畅合理的动作，做到传球准确、快速。我有时要队员做向各方向传球的假动作后再传球，就是为了检验其身体重心转移和动作节奏合不合理。

我再次强调教练员要避免让队员必须按照教练员自己的动作做。我们希望队员学到符合理论、实战中用得上的基本技术，这样才能为将来的发展和展现自己的技术风格打下牢固基础。

基本技术要在战术配合练习时体现出来。如果队员在全场配合练习中达不到技战术要求，教练员有时有必要从最基本的技术开始检查并补上短板。归根结底，大多数比赛的成败一是取决于教练员的能力，二是取决于队员的基本功。

有经验、有水平的教练员一看对手的准备活动、投手赛前练习、队员接传球就能估算出队伍防守进攻的整体水平，再通过赛前全场练习就能分析出对方的技战术水准。这主要看动作是否规范、节奏对不对、传球能力和配合的默契程度，还有很重要的是从对手赛前练习的认真和投入程度侦察对方士气和教练员对队伍的掌控能力。当然，教练员还要观察在做防守配合时技术动作时间符不符合实战要求。我还特别留心观察对方做攻守技术动作时身体重心的转移，因为它关系到动作节奏、发力及传球的准确性。传球节奏和进攻节奏一样，一般情况下是一二三的节奏，所以从传球动作中还能观察到击球能力，主要看的是动作节奏和重心转移的合理性。若发现对方传球动作重心转移和节奏不好的队员，就让我们的投手用快慢结合的投球来对付她，如此往往能取得不错的效果。

在竞赛的世界里，停步意味着坐以待毙，我们的每个对手都在进步，因此在4年的训练周期中体能要逐年提高。有的年龄较大的队员提高一点儿体能都感到很困难，可以考虑因材施教，但要求不能放松，让她们以相应的体能为基础，更多地发挥技术和经验的优势。以前每年冬训我都要求队员先查往年指标，定出今年冬训自己的体能和专项技术指标。我会仔细查阅每个队员交上来的指标，有的定得很低给自己留了很大的余地，有的定得很高却华而不实很难实现。这些训练指标不是给别人看的，是自己定、自己去完成的契约性的计划，定得不合理的，我都会退回去叫队员修改，叮嘱她们要对自己负责，也要对全队负责。年年交，年年检查，队员都明白了不认真定指标不仅过不了主教练的关，更是对自己和全队不负责任。体能和专项技术指标，年年都要留下记录，这样教练员就有所参照，便于有的放矢、有针对性地进行指导。如果教练员不动脑子、不负责任，不设目标，没有考核，只凭粗略的计划走一步算一步，不重视训练的每一步和每个细节，最终他将会被糟糕的比赛成绩重重地教训一把。比如说，传球的能力，练得好的就是传得远、传得快和传得准，我也会总结哪种训练方法效果好。一场比赛由于关键一球传杀掉对方跑垒员而取得胜利的情况屡见不鲜。

我虽然没有机会上体育大学系统学习体育专业，带队之初也没有当专业教练员的经验，但是我只要有机会就虚心学习，始终把自己放在很低的位置，这样眼前到处是我想要挖掘的宝藏。另外，我有在大学学工科、在研究院搞机械研究设计的基础，体验了企划、设计、制造和实践的过程。我从事垒球事业20年来至少学习了与垒球相关的体育基础理论和专业知识，培养了理性思考能力。理工科方面的知识对做教练工作的益处非常大。虽然有些垒球的技术动作我自己做不了，但对常见的技术问题，如攻守技术的动作结构、重心移动、挥棒轨迹、传球和击球时球的旋转等，可以通过物理和力学的角度去分析并判断出哪些是符合理论的正确动作。又如比赛攻守中的时空概念问题，我们为了赢得比赛积累双方攻守数据，再通过理论分析可以得出战胜对手的技战术指标。基于实战的需要，在合理的技战术指标要求下提高专项体能和反复进行准实战训练后，我们知道了战胜对手所需的体能和技战术数据，实战训练也就有了具体目标。这对缺乏国际性实战的中国垒球的发展和提高来说很重要。

我曾给队员举例说："看看徐悲鸿、毕加索这些名画家，他们在成为画坛巨匠前的基本功是很扎实的，我看过他们的炭笔素描，确实很棒。凡事都要在打下深厚的基础之后，才能发展自己的风格，成为独具特点的大家。大家熟知的油画《蒙娜丽莎》的作者达·芬奇是文艺复兴时期最负盛名的艺术家之一，实际上他是精通自然科学、医学、工程学甚至军事等学科的通才。他年轻时向意大利米兰大公自荐当军事顾问的逸事，也证明了他的能力和自信。当我们想做成一件事情时，第一要打好坚实的基础，第二要培育全面的能力，这样才能在你所从事的领域里顶天立地。"

任何体育运动的技战术和训练方法都在不断地改进和发展，而基本技术规范只要有理论根底且合乎实战要求，在器材场地没有很大变化的情况下，没有过不过时的概念。不要把基本技术与训练方法、手段及战术组织等不断改进发展的东西混为一谈。教练员要不断地探索新的有效的训练方法，但不能异想天开地用什么新的基本技术。我们要在给队员讲清楚什么是正确的技术之后，让她们在此基础上根据个人的智力、体格、体能、特长和比赛的需要，逐渐发展出自己的技术特点，逐渐形成自己的技术风格。为了掌握正确的技术动作，训练方法由我们创造。但教练员不搞清楚正确的基本技术，没有教好正确的技术动作，不管用什么方法练都不会有好的训练效果。我们必须努力提高体育理论水平，打牢基本功。若教练员总是自我感觉良好，不学习基本理论、不虚心向别人学习，将会在激烈的竞争中落伍。

棒垒球击球技术是所有球类运动中最难的技术之一。关于击球技术的理论和说法很多，而且跟随投球技术的发展不断变化。但我们要坚持根据基本的力学原理讲清理论，让队员通过无数次的练习懂得和掌握以下3个理论，时时反复检查自己的动作，并在实践中检验和总结。

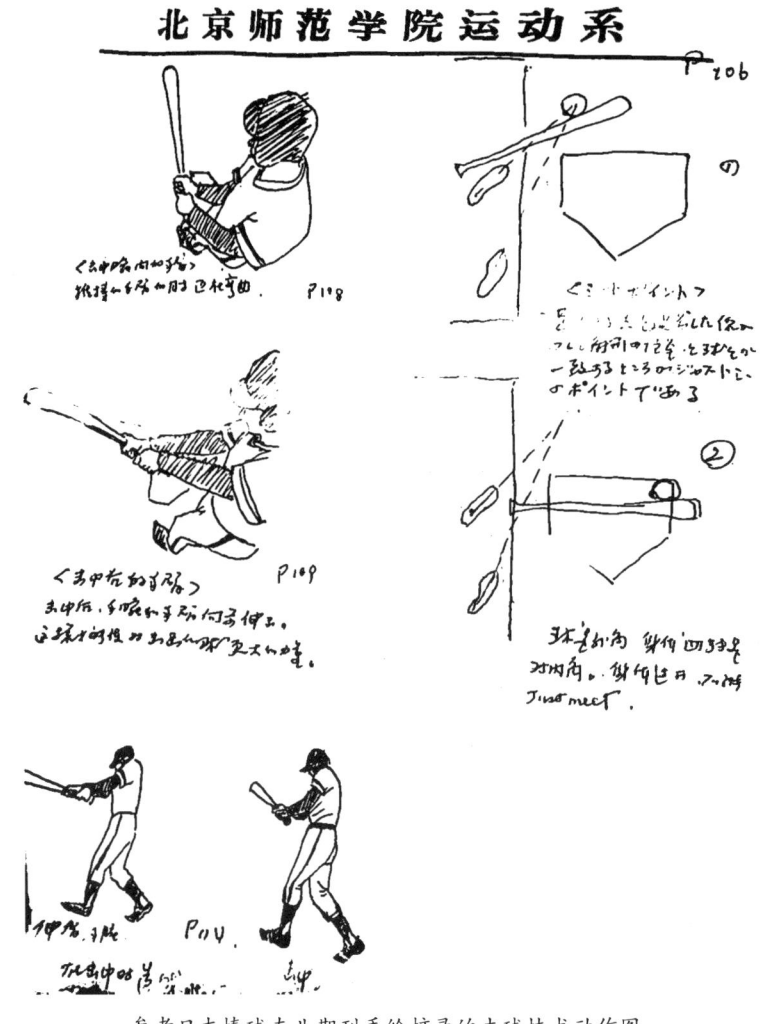

参考日本棒球专业期刊手绘摘录的击球技术动作图

一是击球时球棒的轴线与球的来路形成直角时，机械效率最高，练习中尽量在保持球棒和球的来路形成直角的情况下击球。

二是正确认识和掌握击球中关键的机理——击球点。从时空观念来说，若强调"时"它就是击球时间，若强调"空"它就是击球点。考虑到击球员击球和投手投球的各种因素，击球点有无数个。记住当你决定击一个对方投手投来的球时，最理想的击球点从理论上来说只有一个，早一点儿或晚一点儿打都不是最佳的击球点。我们队员用无数次的练习寻求那个无数点中最佳的一点，着实不易。

三是击球时怎样用爆发力击球的问题。在击中球的一刹那，球棒的中球点要有足够的旋转速度（平时称为棒速），这样才能产生足够的爆发力。要搞清楚这里说的是中球点。

只要谈击球，谁也绕不开以上3个问题。击球姿势、挥棒轨迹等都要服从上述3个理论要求。我经常和队员讲，大家进行大量的各种击球练习时，如果能按正确理论要求去练习一定会有进步。但若不动脑子，即便练上百、上千次的抛击球、挥击球，也不可能形成正确的动力定型，不仅到实战时用不上，还会练得胳膊和腿都粗了，爆发力也没了。教练员如果给队员只布置练习击球的数量，不观察、不指导击球的关键技术，就等于失职。

如果教练员讲授的理论正确，体能、技术训练都合理，经过实战的磨炼，队员的水平应该有所提高。美国、日本等国家的优秀队员不断涌现，其主要原因一是他们有一套经过实践考验的棒垒球训练理论体系，而且这些已成为常识；二是在学校和基层拥有较高水平的教练员；三是队员通过大量比赛实践，不断得到锻炼、检验和提高。

棒垒球的项目特点、竞赛制度、竞争机制带来的高难度，逼得我们的教练员和队员除了训练还要从专业书中寻找提高自己的路径，也要虚心向国内外同行学习。在国外，教练员和队员有条件随时看到高水平的棒垒球比赛，而且能从繁多的录像和平面专业资料中找到自己想要的专业知识。国外有些教练员的电脑中积累的情报丰富且精细，都是由专门的情报人员收集的。目前就打情报战这一点来说，我们可能已被他们甩得很远了，因此我们教练员任重道远。

## 垒球关键技战术的几个认识误区

一是对快投垒球属性的认识。在此探讨的是快投垒球问题（本书中的垒球，除了明确标明"慢投垒球"外，都指快投垒球）。有些人一被问到快投垒球项目的进攻和防守哪个重要时，往往不明确表明自己的态度。在当今每个专业体育项目都标榜积极进攻的形势下不免产生一些顾虑，担心说"防守重要"可能被人说你是消极的防守型教练。实际上快投垒球项目的属性就是防守，防守是胜利的基础，在此我要特别强调我指的防守是投手和场员组成的防守体系。在坚固防守的基础上想取得胜利当然要进攻得分，进攻不得分没有胜利可言，因此进攻技战术不想练也得练，毋庸置疑。在这里讨论的是对防守重要性的认识问题。在实际比赛双方进攻都很强的情况下，哪一方多了一个关键性失误，哪一方就败下阵来。垒球竞赛制度也决定了防守的重要性，比如，规定在预赛中同等胜负数时，总失分少者名次在前。

中国队防守较好，一般预赛中失分较少，在我们参加的国际大赛上基本能保证预赛打进前2名。但到了决赛阶段，在一些强队的强攻面前，我方防守的关键投手往往显得势单力薄，尤其与拥有超强投手群的美国队相比更是有较大差距。

目前受美国职业棒球大联盟（MLB）比赛的影响，本垒打定胜负的观点也波及快投垒球项目，教练员一定要以内行的眼光和思维进行分析和取舍。MLB的队员宁可吃三振出局，也要追求更多的本垒打，是因为职业棒球在美国已经形成了规模宏大的体育产业，本垒打容易出彩并吸引观众眼球，利于拉升人气和球票收入。很显然，非职业的快投垒球赛也渴望球员打出更多的本垒打来提气，但目前来说垒球主要还是以多样进攻和长打相结合的手段争夺胜负，没有能力完全效仿MLB的做法。从历次男女世界棒球赛的成绩来说，日本、韩国等占据前位，说明亚洲人的技术完全能打好棒球和垒球，大可不必照搬体格和体能都完全不同的美国人的打法。亚特兰大1996年奥运会本垒打总数的排名是日本、中国、美国，说明了击出本垒打时技术成分的重要性。

二是对安打的认识。教练员对技战术的认识应该高于和先于队员，在这一点上必须对自己严格要求。按我的认识，安打就是进攻方击出防守方不易防守的球，在防守方没有失误的情况下安全上一个垒或多个垒的进攻手段。我常和队员解释，不少安打是防守方能力缺失或防守布局失策造成的，也就是说，比赛记录上的安打中有一部分属于防守能力不到位或防守位置不当而送给对方的。

投手投出了容易打的球，对方就容易打出安打，反之投手投出的球足够厉害，就有可能让击球员击不好球，安打就减少。

在内、外场手在防守中，判断更准确些，跑得更快些，臂力更强些，把防守局域再扩大几米，就可以减少对方的安打。

赛前充分做好关于参赛对手的情报研究，对击球员的击球习性了解透彻，投手投球到位，防守有针对性，对方安打率就会降低。我们防守练习的目的不是按部就班地接杀和传杀，而是减少对方安打尤其是关键安打。教练员只有以这种认识练防守，思考更高层次的防守练习，才能带出更高水平的队伍。这就需要情报、布阵、防守技战术等综合能力的提升。反过来从进攻方的角度分析这个问题，教练员会对本队队员提出更高的进攻技战术要求。

三是对击球的好球区的认识。常说的好球区的定义有3种说法。按规则，裁判员在击球员后面判断好球区是本垒板上和击球员腋下到膝盖的区域。但是每个击球员都可以有自己认定的好球区，这是可以根据自己的击球能力和特点进行判断和感觉的，如你爱打眼前高球，即便在裁判员眼里是坏球，但你只要有把握，就可以把它当好球来打。你的好球区和裁判员、投手的不一定完全相同，我喜欢、我能打好的球就是我的好球。投手也有自己对好球区的认识，但要根据裁判尺度去调整。教练员也要认同和鼓励队员这样认识好球区。澳大利亚垒球队中曾有兼打板球的垒球队员，如果投给她内角底球，即使在裁判员、投手和一般人眼里都被认为是坏球，她也有可能打出一个边线长打。这也是垒球项目的特殊性。对于一名优秀的垒球运动员而言，赛场上有不少规则留给你进行个性化判断和理解的空间，这也是我重视和强调队员的球感、垒球意识和学好规则的原因。

四是投球距离加长后对投手的训练。垒球竞赛规则不是一成不变的，从以往情况来看，规则的修订调整常常有利于美国等垒球强国的选手，因此我们要做出有针对性的应对和训练。在此我只能以1976—1997年执教年代的经验和记忆来叙述。比如，按当时投球距离12.19米、投球球速达到100千米每小时的投手，在新规则投球距离加长约1米后，球的飞行时间会增加约0.036秒，也就是比原规则多出约10%的时间。在新规则投球距离加长后，击球员有更多时间判断好坏球，增大了投手被打的可能性。若要使球出手到击球点的飞行时间相当，则原规则下100千米每小时的球速在新规则下就要提高至109千米每小时。所以新规则对投手投球动作幅度、摆臂速率提出更高要求，投手的上下肢力量、背肌力量显得更为重要。教练员也要在加强投手力量和掌握球种方面想出有针对性的对策。

加长投球距离对投手也有好处，投手会有更多的防守反应时间，而更大的好处还在于只要球的旋转足够，旋转型变化球更能发挥其威力，球到击球区时的变化幅度就会增大。爆发力好的投手投出的球飞行后程的速度和变化不减，让击球员难于应对。在采用新规则时，能用手指让球产生强力旋转的投手就会有优势，只拼快球的投手则会变得被动。

五是对中轴线防守重要性的认识。这里的中轴线指的是接手、投手、二游间到中外场的一条线。比赛出现安打概率最高的方位在哪里？答案就是在中路。把球打穿投手就是安打，右棒也好，左棒也罢，把投手最愿意投的外角球一拉打就是中路。所以进攻也好，防守也好，中轴线是命门。

诚然，棒垒球的很多技战术处理和应用没有标准答案，要靠我们在实践中不断提高技术水平和应变能力去应对。

## 投手的重要性与专项练习

20 世纪 70 年代，在美国活跃着一支只有 4 个人的特殊的职业垒球队。这支垒球队的成员不是常规的 9 个人，而是只有投手、接手、一垒手和游击手，并且还是男女混合队，他们到美国各地与当地的强队打表演赛，备受欢迎。

这个 4 人组成的队伍敢和任何队挑战，凭的是什么？他们的投手投球技术好到让对方打不出球，因此除了接手外，其他人没有防守任务，甚至表演赛时一垒手和游击手还背对着击球员，他们就是依仗投手厉害，就这么牛。这个例子足以说明投手之重要。

没有好投手就别想在全国比赛上争霸，没有出色的投手群就更别想在国际大赛中问鼎冠军。优秀的投手并不惧怕向前移动重心用力击球的大块头的击球员。有一年在加拿大杯国际女子垒球邀请赛前，为提高赛场热度，曾安排了一场趣味性的本垒打比赛，让各队都派出强打手争高低，且让自家投手来喂球。有些队员知道自家队的投手会投给她最喜欢打的球，也知道用什么样的击球办法容易击出本垒打，所以用重心前移的高尔夫球式的打法，自然打出的本垒打也多。但真到正式比赛她就不能用这种打法了，因为对方投手会想方设法不让她对准击球点，不让她打得舒服。实战时对方投手投球的速度和路线变化不定，击球员要考虑如何调整好击球时间及击球点，只要有爆发力并抓住击球点就有可能击出长打。击球员根据投来的球准确判断何时前移重心、移动多少，掌握好击球点才是关键。

棒球、垒球的防守局面首先从投手投球开始，投手不仅要善于动脑，还要具备良好的专项体能和相关技能及经验，而这只有经过长期大量的训练和实战才能习得。投手是垒球这项运动的台柱子。因垒球投手位置的重要性，所以选材至关重要，训练也一定要科学、缜密、专业。目前在中国垒球发展的大环境下，想要培养出类拔萃的、在国际赛场上能大显威力的投手非常困难，甚至保证每一个时期连续有一位优秀投手都做不到。从 20 世纪 70 年代垒球项目恢复至今，中国垒坛只出现过少数几位高水准投手。她们能站在国际大赛的投手板上，和世界上最优秀的投手勇猛对垒。20世纪70年代李念敏是冲上国际垒坛的开路先锋，80年代有李念敏和孙月芬，后来又冲出了王丽红，那时的中国队敢于和世界任何垒球劲旅比高低。但因中国投手群体单薄，新老交替期间，新人上升的同时，难免伴随着老将能力下降。中国女垒在世锦赛和奥运会上没能坚持到最后夺冠都是因为没有高水平的投手群，无法实现无缝衔接。

缺少高水平的投手导致的投手荒是阻碍我国垒球水平提升的致命问题。究其原因，我认为一是垒球项目不普及、竞技人口太少，而且好人才轮不到垒球项目去选；二是垒球教练人员少，好的投手教练更少；三是比赛少、交流少，锻炼和发现人才的机会少。

投手刘雅菊备战亚特兰大1996年奥运会进行投球训练

我们也做过投手培养的尝试，希望在投手这样的关键性位置，找到几个心理素质好、专项体能强的人才，正规地培养六七年，我们就可以和美国队拼个高低，可惜这样的人才很难被吸引到垒球项目中。20世纪80年代国家队曾设想搞个"投手一条龙培养模式"，但很遗憾由于种种原因，我们的想法没能实现。

我除了负责国家队主教练工作外，还具体负责投接手组的训练。我不会投球，更不会做投球示范，但硬要抓这项工作，因为我深深懂得投接手在比赛中的重要性，更清楚投手群体实力是夺冠的必要条件。于是我从书本上学，对世界优秀投手、投球分解连续照片进行分析，抓住国外专家来讲学的机会和队员一起学习，参加国际比赛时也提醒队员多观察学习外国优秀投手的投球技巧。由于我大学学过力学，能从力学角度判断投球动作结构的合理性，不至于误导我们的投手。我努力让我们的投手去其弊、存其优，让她们发挥个人优势，成为有特点的好投手。经过长期揣摩，我对投手的体能训练、防守方面的理解及训练都有自己的见解和做法。

我通过各种方式提高投手的心理素质，指导投手开展体能训练、投球练习和实战。垒球投手的技术和训练的专业性非常强，根据我们投手的条件和能力，让她们达到能出色完成国际比赛任务的水平并非易事。这逼得我在理论上下苦功夫钻研，弄懂投球技术原理，观察和分析国内外优秀投手的技术、动作及其在实战中的应用。另外，决定开场投手和投球战术应用都考验教练员的水平。好在我从小打棒球，进攻是强项，也打过接手位置，加上当击球员时也经常琢磨投手投球，因而在当教练员后比较容易换位思考，知道好投手应该是什么样子。我通过带队参加国内、国际比赛，以及长期实战和训练的摸索，渐渐地懂得了投手的心理、体能和投球技术原理及训练方法，因此能引导投接手进行具有针对性和有效性的训练。

投球是垒球技术中很专业的核心技术，投球规则对投手的上臂、肘和手腕动作及踏板和蹬板等都做了相关规定和限制。到了比赛的时候，对投手的考验又是综合性的，这些都对投手教练提出很高的要求。

在美国，优秀垒球投手不断涌现，投球的动作百花齐放，投球技战术引领世界，这就是美国人在国际垒坛上保持传统优势地位的重要原因。她们有优秀的投手教练，又有雄厚的群众基础，凡是棒垒球打得好的人都最渴望打投手位置，因而国家队选投手人才时能做到优中选精。此外，美国人控制了修改投球规则的决定权，他们知道投手在防守中起决定性作用，因此垒球的投球规则和其他规则一样，怎么对美国队有利就怎么改，他们为争霸垒坛在各个方面都做足了文章。

从投球基本技术来说，投手要明白怎么握球，怎么捻球，怎么让球转得快、转得慢或不转，顺时针转还是逆时针转，还要掌握直线球和各种在球路上或球速上产生变化的投法，在此基础上学会应用自己能掌控的球进行配球。对击球员观察分析是针对性配球的必修课。现在我们可以借助资料、录像给队员作说明，教练员和队员在比赛中观察学习优秀投手的动作、手法及实战配球，通过摸索和反复练习发展属于自己的球种并在实战中运用。我虽然不能亲自示范投球，但通过钻研，能在理论上讲清楚，能带着队员边理解边提高。

被选到国家队的投手都是地方队的尖子，在体能技术方面都有较好的基础。我带投手组练习时主要观察4个方面：一是投手投球动作符不符合运动力学原理；二是有没有自己的投球风格，有没有自己拿手的球；三是投球速度和控点能力有没有提高；四是实战中心理和技战术表现如何。我不管美国人投曲线球是怎么握球的，也不管澳大利亚人投下垂球是怎么投的，我都会引导队员观察和学习她们的技术，在此基础上琢磨、发展自己的技术。每个人的体格、素质和灵气都不一样，就是投一个下垂球都有不同的握法、不同的摆臂、不同的出手方法，你投得出来不让击球员打好的球就行。我不希望队员丢掉自己的投球风格，更忌讳动作千篇一律。在我们共同的努力下，我国投手技术得到了很大的自由发展空间，她们自己琢磨和开发出有中国特点和个人特色的球种，让对战的外国击球员伤透了脑筋。

举一个较极端的例子，投手在7局里拿下对方21个三振，一场最少要投63个球。若对每个击球员投6个球（全都投三击三球）全拿下三振则要投126个球，对方击球员多打几个界外球，投球量还会变得更多，这种"硬投"很辛苦。投手平时的练球量要很大才能完成上述任务。如果投手有能力每局投3个球就拿下一局，7局共投21个球就可以打完比赛，也就是投手只给每个击球员一个球让她打出来接杀或传杀掉，这从理论上是有可能的。这是情报、配球和防守三结合的"软投"巧取的极品战术，比上述硬夺三振的方法高明很多。垒球人一旦动脑子，就会创造出无限的可能和乐趣。

在投手教练训练任务中，很重要同时也是最难的一点就是要在大赛时让主力投手和投手群的竞技状态达到最佳。为此，投手教练要预先分析清楚主投和投手群在大赛中的投球强度，包括主投上场的场次、对手进攻情况等，根据上述客观情况推演，再制订投手的训练计划，以达到大赛的要求。通过带领中国投手群体训练和比赛，我对投手的训练形成了自己的想法和一套具体的方法，这对我来说是很大的收获。

垒球教练员一定要深刻认识投手的重要性，没有好投手很难争雄。我们要采用各种方法提高投手的专项素质、技术水平和实战能力，既要讲明白基础理论和实战理论，又要加强在投手专项素质方面的教学能力，还要组织好训练课、安排妥当的训练量。

我的一些训练方法可能跨越了国际上棒垒球训练的雷区。直到20世纪70年代，国际职业棒球的投手仍然保持着为避免受伤和受凉而不提重物和不游泳的习惯。但中国垒球投手训练采用各种重球练习。所谓重球就是用各种重量的铁球和特制的不同重量的垒球。我采用的铁球训练花样不少。我认为投球爆发力的第一个来源就是蹬地的反作用力，因此如果投手腰腿没有爆发力就得不到更大的蹬地反作用力，投球出手时的爆发力就无从谈起，因此我特别重视投手腰腿和背脊爆发力的各种训练。有些教练员不熟悉投手技术及其训练方法，训练前布置训练科目和训练量后，就不再设置细致的具体要求，基本上放任自流，导致投球练习没有实战性和针对性，这样的练习质量将大打折扣。

中国的投手从李念敏、孙月芬的时代到王丽红当主投的时代，技术和训练上都各有衔接、交叉和发展，她们各有各的特点。然而没有好的专业投手教练确实是中国垒球的大问题。在这种情况下，教练员若不懂投球再不去虚心学习，还班门弄斧或照猫画虎地盲目练习，将会影响我国垒球投手水平的提高和发展。

在采用指定击球员规则后，中国投手基本变为专投不攻，这样做的好处是可专注投球，但失去了从击球员角度琢磨对方投手的心理和审视投球配球的机会。反观美国的米歇尔·史密斯、丽莎·费尔南德斯等著名投手，不仅投球好，进攻也强，还兼任重要防守位置，这说明攻守的技战术本是相通的，且是能相互促进的。拥有这样的通才投手，教练员安排上场队员和换人时才游刃有余。

我的投手专项练习中特别重视投手防守练习，我们平时有5～6个投手，足够组成一套内场阵容。我让每位投手体会每个位置，让她们感受各个位置的防守特点，她们对这种练习的兴致也很高。这时我会打一些投手近边的地滚球和触击球，目的是让她们熟悉内场范围的防守分工。例如，右投投手一般情况下不要去接较难的反手球，毕竟三游的防守更专业。但一垒有人时，对于近身正、反手地滚球，投手能接住就可打双杀，接还是不接的分寸需要亲身体验才能记得更牢。一般右投手的顺手球可以多接一些，尤其一、二垒间慢地滚球很容易形成一垒、二垒投手三不管的内场安打。在进行全场配合时，一定要把投手作为重要的防守人员加进来，让她熟悉在全局中的防守和补位补垒。垒球比赛凸显防守的重要性，要牢记投手是防守的第一关。因此要谙熟投什么球会打出什么球、可能会打到哪个方向，以此发动本队的防守战术，投手要让防守带有主动性。

投手位置是最容易实现双杀的位置，做好了还可实现三杀。我国优秀投手李念敏、孙月芬、王丽红等的防守极好。投手的好防守有时可能会救投手自己，也就是救一场球。1986年世锦赛上，在新西兰队领先美国队的情况下，新西兰队主投麦金德接地滚球后传本垒时爆投失误，让美国队得1分反败为胜。由于对投手防守有正确的认识，我们的投手不会出现新西兰投手的场面。

在投手体能训练方面，我们虽然在器材设备方面没有优势，但在训练上有自己的一套办法。例如，重球练习我们会做得更详细、更多样一些。我们在球厂定制比标准球重20克、50克或100克的球，各做200个，在专项素质训练时让投手投不同重量的球，其目的就是练手指和前臂的爆发力。为避免投完重球后只长力量，在投完重球后要再投正常球，做到充分放松，这时投手会有轻松自如的感觉，利于其恢复正常投球感和增加爆发力。为提高腕力和手指的专项素质，我还用1～3千克的铁球，让投手用手指拨球、抓垂落的球，还要在地上转球。我有时让她们在400米跑道采用下手掷铁球的办法，跑步捡起来后又掷球，球掷得越近，弯腰捡球的次数就越多。有些队员想掷得远、掷球次数少些，有的队员小点劲儿就要多投几次。显然每次扔得远效果会好些，因为需要更大的爆发力。练习下来，我就和她们讲解："用各种方法掷和跑，费的力气和做功都是一样的。但既然是训练，我们就要讲效果，使劲掷、快速跑，尽快完成一圈的掷和跑，我们的爆发力和速度耐力也就练出来了，达到一箭双雕的效果。"我们也自己缝制沙袋进行辅助力量训练，在做快速绕环沙袋的动作时，沙袋长度等于加长了回转半径，能获得更大的切线速度，对加强肩背爆发力和肩部韧带有较好效果。通过有效的上下肢尤其是下肢专项体能训练，投球速度会有较大提高。我用一种下肢的爆发力测验方法和下手远投速率，可以预估投手投球速度的大致涨幅，对自己训练效果的检验有所帮助。我们的比赛少，如果投手练习除了投球就是力量和跑步，总是机械地练习、再练习，她们看到一筐一筐的球就可能失去练习的欲望，很容易产生精神疲劳。而且经过大量的相近强度的运动，投手的肌肉容易形成记忆定型，这样就很难提高速度和投球质量。例如，教练布置的投球数量为250个球，投手的大脑习惯性地对躯体发指令："投这么多球啊！悠着来，别累着，别受伤。"这样的投球练习就不会有突破性提高。对大运动量练习，我们要有正确的认识，避免无质量、无目的的训练。

在投球练习时，我要求队员要动脑投球，有指标和目标地去练习，不要泛泛地完成计划中所制定的投球数。投手常用的10个球1组，3个球8分速，3个球全速，4个球投准为主的分组投球练习，不失为好办法。每组球都有其要求，因而肌肉被刺激的程度不同，这样也可以提高爆发力、耐力和手指控制能力。投球练习时，我要在不同的训练阶段进行测速和配球准确性测验，检查训练效果。进入比赛季，假想对方击球员配球练习也很重要。我对不同的投手在不同时期采用不同的练习方法。我也鼓励投手自己开发特有的球种，使投手在实战中发挥其威力。

棒球历史长的美国、日本等都有一些老规矩，这些老规矩有时反而会束缚其手脚。我们中国垒球是后发起步，学他们好的但不会学不合理的，我们琢磨自己的办法，走自己的路。我们历史短、经验少，反而一身轻，敢于挑战和革新。一般说来，我们队员的身体条件不如美国、澳大利亚等队但强于日本队，我们要根据自己的情况发展有中国特色的垒球。外国人总觉得中国的打法不同于美国和日本，美国队就算赢我们也觉得打中国队非常艰难，这就对了。我自信我们的教练水平不会输给美国队。

美国投手在训练场上的练习量较少，做一下拉伸、跑跑步，正式投球也就100多个，投得少但质量高，其质量高体现在实战性上。她们从小崇尚运动，什么都玩，体能上较全面，基础打得好，加上她们比赛多，打得赢的就有机会上场，投得好的就有可能当明星，因此从小就在残酷的优胜劣汰的竞争中磨炼如何战胜对手的本领。因此，认为美国投手投球练习量少的想法比较片面，因为没看到她们为了争取第一投手的位置，除常规训练外甚至还自费到体能房加练体能。相比之下，她们对队内竞争的激烈及赛场角逐的残酷有着更为深切的体会。

很多运动员忽视练习前后的准备活动和整理活动，尤其练习后的放松和拉伸活动若不充分，将导致肌肉得不到放松。因为人的惰性使然，在不提要求的情况下，没有自觉性的运动员练得累了恨不得拎包就离开训练场，这时候教练员需要亲自上去指导她们做整理活动，让她们的身体充分放松。整理活动要天天坚持做、耐心地做，要成为习惯。这样才能保证第二天身体状态好、训练欲望强，更有效地练习和提高水平。

我们稀缺的、宝贵的投手人才，要在严格而科学的训练中健康成长，但也要特别避免在没有训练积累和未成才的情况下就拔苗助长，最怕技术到手时队员已浑身伤病而断送了运动生涯。

在日复一日的训练中，如果教练员不严格要求，运动员就想偷一点懒、练得轻松点。但比赛时不能偷懒，一松劲就输了。我平时就要求她们"自找苦吃"，让队员明白，要获得就要付出。如果现在不按实战要求练习，赛场上必受惩罚。所以教练员作为指挥员首先要和自己的惰性斗争，才可能让队员学会自觉克服惰性。

## 投手就要磨炼关键一球

投球练习中量和质的关系，是我常和投手交流的问题。一般情况下，一年当中除去不打比赛、不练习的100多天，还有200多天可进行训练，一天就算投球150次，一年就要投3万多个球。投这么多的球就是为了参加十几场比赛。实际上练的就是为赢一场重要比赛中关键的那几个球。再聚焦说，我们以投手为核心的防守，不能让对手得1分，我们练的就是制胜的那一个球。我们领先1分，或者1∶1时，若此时场上两人出局，对方第四棒上来击球，这时你作为投手是拿下三振还是挨对方的本垒打？你此刻练的就是这一个拿下三振的关键球。所以你要总是主动地瞄准这个关键球去练，而不是教练员让你练投多少个球就投多少个球，那样练很难掌握杀手锏。一个投手，不动脑子被动完成投球数量再多，最多只能做到熟练地投球而已，无法成为一个关键时刻发挥重要作用的好投手。

有一个非常典型的例子，而这对我国一个优秀的投手来说，是最不愿意提起的一场比赛。在1997年上海举行的第8届全运会垒球项目决赛时北京队和上海队对垒，那时上海队选入国家队的队员一般是2~3个人，而北京队有6名国家队队员，而且上海队投手实力也不如北京队，但上海队拥有柳絮青、陶桦等国家队主力进攻队员。这场比赛，北京队进攻很猛，频频击出外场高飞球，但都被上海队在外场接杀，上海队士气高昂，防守如铜墙铁壁，让北京队的强力进攻见势不见分，北京队越打越急。北京队王教练曾在国家棒球队打过棒球，当教练员的时间也不短，在强攻不下的情况下，作为教练员就应该改变进攻战术。打到最后一局双方还是0∶0，第7局下半局上海队攻，垒上有人，轮到强打手陶桦击球，这时北京队主投已经拿到两击占主动，再想点办法就可以渡过难关，就能结束这局，从而谋划下面如何进攻得分，打破僵局。反之，若球没控制好，让对方击球员打出本垒打，赛局将就此逆转。我在挡网后面密切关注，当时我对北京队的应对感到很意外。这时作为守方北京队的教练员必须果断叫停，然后授意本队投手给对方击球员四坏球以防出现最该避免的典型的得分局面。哪怕不叫停比赛，在场外喊"给四坏球"提醒投手一下也可解决问题。比赛打到这样的局面，哪怕是强劲的美国队，甚至美国职业棒球大联盟的强队也都会教科书式地采用给四坏球而避免出现万一击出本垒打的意外。

我分析当时北京队主投的心理状态和好强自信的优点反成缺点，采取了硬拼的方式。但教练员在这个关键时刻，就要分析这个局面中的各方面因素，尤其要根据投手的心理活动进行适时的正确指导。可惜当时北京队有位高参在，王教练也没敢按自己的对策进行部署。投手可能也很自信，认为自己有能力投好这个关键球，但她一较劲，投出的球跑到外角腰部的高度，这是陶桦最喜欢的击球点。陶桦平时性格温和，但是她有代表中国队参加国际比赛本垒打表演赛环节的实力，在自己的队被逼到两击的情况下狠心一挥棒，击出一记中左外本垒打，这简直是戏剧性的"再见本垒打"，主队队员席和看台一片欢腾，而此时北京队因为是先攻，再也没有挽回的机会了。之前很长一段时间，上海队一直打不过北京队，这回全队队员都得到了全运会冠军队的嘉奖。

北京女垒是原定确保拿金牌的队，但因少了这枚金牌，整个北京团没完成任务。北京女子垒球队姑娘们哭成泪人。

其实我也犯过错误，经常反省自己。离开教练员岗位这么长时间了，有时午夜梦醒，我还是会想起某个比赛场面，心里冒出念头：如果那时那个局面那样处理，我们可能就不会失手。教练员时常反省自己是有必要的，有的教练员在队伍打赢时将功劳归自己，打输时将责任全推到队员身上，对这样的教练员，队员不会服气，教练员自己也不会进步。

## 进攻最重要、最难的环节——击球

棒垒球的进攻技战术是典型的动态博弈，我们要在驾驭所有动态因素的基础上完成自己的技术。棒垒球的击球技术被认为是所有体育运动中最复杂、制约因素最多、最高深的技术之一。为此衍生的相关击球理论和各种技术动作不计其数，著名教练员和击球员主张的击球理论和技术也是各具特点。但这些经验和各种理论是否有效，还要通过运动员的实践来检验。我们还要重视技术分析和技术数据。20世纪80年代的中国队强攻队员任彦丽、史闽越和华杰等的击球初速接近120千米每小时。以当时使用的器材来看，能够达到这个指标相当可观。在美国职业棒球的强打手打本垒打时，球的初速可达180多千米每小时，击球距离有140多米远。他们还能测出击本垒打时最佳抛物线角度。美国棒球投手莱昂1963年创下最快投球速度162千米每小时的纪录，现在这个球速已不稀奇。

实际上教练员在队员掌握正确的挥棒动作后，指导队员击球技术的关键就是两个要点，这也是击球技术永远的课题和追求，如果队员理解这些要点并在训练中动脑筋琢磨实战中如何打球，将取得事半功倍的效果。当然前提是要有"一球一心"的认真钻研态度和锲而不舍的韧劲。

第一要点：击中球时，球棒轴线和投过来球的路线呈直角并以球棒的最佳点击中球心。这是机械效率最高、省力而有效的打法。为什么要求顺着球来的方向打回去，就是强调球棒轴线和投球的路线形成直角。经常说的"哪来哪打"就是这个道理。这也是队员检查自己击球练习成效的一个标准。

第二要点：找最佳击球点把球击出去。依我理解，击球点是时空概念。所以对这个概念出现两种解释方法，实际道理是同一个。有人强调击中球的时间观念，所以就把它说成击球时间；有人强调击中球的空间观念，就把它说成击球点。对一个击球员来说，就对方投手投出来的某一个好球，从力学上分析只有一个点是最佳击球点。球棒击中球的位置差一点、击中球的时间早一点或晚一点都不是最佳击球点。我们和队员说："大家整年累月地挥棒、击球就是为了掌握这个击球点。"击球范围是高度从膝盖到腋下，宽度大约62厘米，前后半米的立体空间。这个空间能摆放多少直径约10厘米的垒球？也就是说从那么多的点中挑出最佳的击球点，并把它击出去，要下多少功夫啊！

比赛中队员打出本垒打立了功，回队员席她兴奋地和大家说："刚才那一棒我没怎么使劲就击出去了呀！"实际上这就是抓到了最理想的击球点，体现出了技术的合理性。实战中每场比赛应对的投手不一样，投手们又掌握各种球和控点来对付你，所以掌握击球点是棒垒球中至难的技术，是击球练习时永远的追求。目前棒垒球的器材发展很快，新型球棒的弹性极佳，因此只要挥棒速度快、击球点抓得好，小个子队员照样能打出本垒打。

我们的队员一年有可能在练习中打上几万个球，教练员在击球练习中可以提出严格要求并悉心指导，也可以"放羊"到旁边闲聊。队员可以动脑筋找最佳击球点用心地去打每个球，也可以不动脑筋地应付教练员。时间和实践将会证明一切，有人种瓜得瓜、种豆得豆，有人颗粒无收。练习在比赛中的成效关系用"秋后算账"打比方再恰当不过了。

在这里我讲讲柳絮青练击球的例子。她是上海队员，1985年入选国家队，守二垒位置，年仅19岁就在1986年世锦赛获得了金手套奖。1988年华杰出国后，她在国家队改打游击手位置，她没有前任游击手华杰那样高大的体格和优异的身体素质，但她爱钻研动脑，训练时也能吃苦，还有一点很重要就是她爱看书、爱学习，后来她成长为国际上数得上的攻守兼备的优秀游击手。

当年接受《中国体育报》资深记者张耀光采访时，柳絮青说："我防守练到一定程度要偷一下懒，防守属于被动性技术，防守教练把球一个接一个地打过来，我不得不接和传杀，但在防守练习中把体力都耗光了，在下一步练习进攻的时候没有了体力怎么能练好呢？"我也问过她此事，她就嘿嘿笑着说："击球可是需要主动性、要精气神的技术啊。"你看她这个队员多有主意。她在击球练习时对自己的要求很高，每一个球都打得全神贯注，很带劲。她在世界大赛里打出来的本垒打能平直地打进看台，观众都不敢相信这是一个精瘦的小个子中国姑娘打出来的。

1996年和柳絮青身着奥运代表团正装合影留念

反观有些教练员让队员训练的观念与方法，就很值得商榷。比如，有的教练员会跟队员说："你给我打1000棒！"让一名队员一堂课要完成1000棒抛击球，队员就会被动地为完成数量而去磨洋工，效果在哪里？这时队员的心理常常是：不完成任务怕挨剋，为完成数量怎么省力怎么打。抛击时两脚站立应该接近平行，可若她们累了，身体就不由自主松懈变成外八字站立；原则上要求球棒握点高，但队员打得多了、累了，握点就下来了；挥棒为了省力也变成了抢棒，谈不上正确挥棒轨迹和爆发力了。这样的练习等于进行错误的动力定型，还不如不练。可教练员写总结时就会写"打了多少抛击，完成了大运动量训练"，这样事倍功半的训练，只能蒙外行。我问过一些体能和技术都不错的队员："你要是全神贯注地打抛击球，一组能打多少？"她说："连续打50个还算可以，两个人轮换着打最多一人10组，打500个抛击球还算可以，再多就只是对付了。"这种上下抛击球只适合初学者，或在冬训期间用来加强力量、固定正确动作、击球前暖身，算是一种强度、密度较高的训练方法。但在赛季不应还在那里"嗨、嗨、嗨"地打抛击球。我不提倡在一场比赛只轮击3～5次的赛季应用这种实战性不高的练习方法。

一般来讲，在没有人提出要求的情况下，自然会怎么省力怎么做事。但实战的要求完全相反，对方投手投球时，想法子让你打得不舒服，不让你打到，所以平时那种应付教练员而练出来的、非实战的错误的技术动作，不仅在比赛中完全发挥不了作用，还会有害。为了提高技术和体能，教练员和队员可以采用很多种练习方法，但一定要明确练习的目的。任何技战术都有实战的检验在前面等着你。

## 赛少练多，设定实战情境很重要

在全场配合打教练棒时，要设定比赛的局面，比如，设定在两个出局、对方队某某在一垒的情境，若打出一个右外边线长打，这是一垒跑垒员拼到本垒争分的典型局面。不让她一举得分就要考虑各方面因素来做好防长打的防守，既要知道对方的跑垒速度，还要了解对方教练员的进攻战术风格。我们的防守队员要熟练地掌握快速跟进拿球、合理分段接力、进垒补垒和场上相互指挥。我在场外一直拿秒表掐时间，这个球打到外场挡网要多少时间、防守队员何时起动、跑过去拿到球要多少时间、传给跑过去接力的二垒手要多少时间、二垒手传给三垒或本垒要多少时间，再把对方队员跑垒速度考虑进去，反复掐表、做记录，拿下第一手资料。通过这种演练，教练员和队员对防守技战术的时间要求能做到心里有底，搞清对垒球防守的时空概念。

因为我们练习多，比赛少，所以只能靠假想的情境设定来演习防守。美国队、日本队都会有类似的演练，但她们参加比赛的机会多很多，主要靠比赛找感觉并积累经验。就此类练习来说，她们没有我们练得这么细、这么精。由于我大大学学习理工科，习惯探寻事物的因果关系，大学、科研阶段积累的数学、物理等理论知识虽忘了很多，但仍对我较好地理解棒垒球运动技术理论和技战术的内在规律起到很大帮助，我也要求自己在教练工作中努力做到训练有理论依据，技战术练习的组织符合实战要求。

## 教练棒里有学问

教练棒从字面上看指的是教练员在队伍练习防守时使用的球棒。但它被攥在一个教练员手里便有多种意味和分量。它可表现出教练员的指挥和技战术能力和威望，是技战术练习甚至队伍的指挥棒。一般观众在赛前两队全场防守练习时喜欢看教练员打教练棒打得利索、漂亮，看队员防守熟练、场上活跃、斗志昂扬。不得不说在教练棒操作方面，日本队、中国台北队教练员的教练棒技术比较到位，值得学习。美国主教练雷蒙德单手握垒球棒到投手板处打外场教练棒是一景，也是美国的传统。对他来说，赛前全场练习中表现出他的统帅地位就足够了。只是我不明白平时美国队是怎么练防守的。

打教练棒很有学问，我们的教练员要不断研究提高教练棒的技术和艺术。我们要研究训练中怎么打教练棒，要掌握哪些技术，但最重要的是教练员本身懂得打教练棒的目的。教练员打教练棒让队员学会用最合理的动作在有限时间内接球并进行传杀。这就要求队员学会在移动中接球，练的是移动的步法、接球和传球的正确技术。其中练习处理正面地滚球很重要，要根据其速度和弹跳判断好到底是向前迎还是等着接。例如，快速正面地滚球不能向前迎也不能死等，要用脚步对节奏；争取看准起弹时接大蹦球。教练员就要打各种速度和弹蹦的球，让队员培养接球的球感。像柳絮青、阎仿这样的优秀内场手，向前迎球的意识很强，慢地滚球跑动中接传的动作快速飘逸。教练员在各种防守战术练习中的教练棒不是只凭力气打出来的，而是要有方位、落点、强弱、不同旋转和球性等技战术内涵，力争接近实战要求。我们还要通过教练棒努力提高队伍整体的联动和互补。

在关键局面练习时，我还是愿意亲自打教练棒。主教练打教练棒会让场上氛围、队员重视程度都不一样，我管它叫"精加工"。精加工必须讲质量，不能妥协。我把打教练棒练习防守当作很严肃的事情，让队员感受到实战的紧张和压力。如果配合上出现问题，我会把队员集中起来进行讲解，让队员懂得问题在哪儿，应该怎么做，对个别队员还可能课后留下来补练，以达到和全队同步。

在内场防守练习时，教练员要打各种实战中可能出现的球，有些是单个练习，有些是要联防。打快速地滚球、多蹦球、大蹦球，其中正好过投手头顶的中路大蹦球是要让二垒手或游击手来处理的球，越过投手头顶的大蹦球，若教练员没有两下子还真打不出来。还有投手前区联防短击时的教练棒也很有讲究。在进行内场前区防守练习时要打出让一垒手、二垒手、投手和接手4个人猜不出来是谁该接的球，位置要比较刁钻，不能被轻易预判出来，这就要求教练员用正常挥棒动作去切球，打得不好就变成一般地滚球，要使球旋动一会停在一个位置，这就需要点技术。

教练员要会打外场的不高不平的球、内场和外场之间的"德克萨斯"安打球（侥幸变成安打的小飞球，因在在得克萨斯州的一场美国职业棒球大联盟比赛中出现而得名）。在练习处理牺牲打局面时（一个出局、三垒有人），哪些界外球要接，哪些不能接，要用教练棒来反复练，否则到比赛时会导致虽然拿下一个出局，却反给对方牺牲高飞球而得分的大礼的局面。对于对方击出长打滚到挡板处一般要多少时间，教练员和队员都要知道。教练员要学会打4秒到4秒多能进看台或到挡板的高飞球，因为好的外场手会把本应本垒打的球接杀在挡板处而扭转乾坤。每当出现这种场面时，观众往往会为外场手的精彩表现喝彩。殊不知教练员为给外场手练出这种绝杀技能，给她打过多少技巧至难的教练棒，观众也不知道队员为此经历过多少次摔撞。接手接高飞球的练习也很重要。接手要练正后、偏左、偏右和靠后挡网的界外高飞球，要让接手练扑接或跪滑接球，并让她分别应用各种接球动作。我为了练接手高飞球的技术和提高落点的准确性，在训练结束后留下来反复练习，把球打上去后让球掉落到本垒垫上，球在空中画出一条鱼的形状，鱼尾部分正好是本垒板就对了，这不容易做到。教练员拿球棒打接手高飞球时，球棒与地面形成的角度和打出的接手高飞球角度之间有一定关系，还要掌握球棒和球接触部位，所以就打接手高飞球的教练棒技术来说，其技术含量并不低。教练员作为指挥者，把技术和战术意识体现在教练棒之中，是我的追求之一。

现在室内棒球馆已不稀奇，据说最初在设计室内棒球场顶板高度时叫来最能打教练棒的人打高飞球，结果他打了60米高的球，后来一般的棒球馆顶板高就定为62米。

我到60岁的时候打高远的教练棒已经力不从心了。年轻教练员的教练棒技术已达到相当高的水平，能打出刚好到外场网边的高远球，球在空中飞行用3.5～4.0秒，要求外场手全速跑20米左右的距离到挡网边把将要飞出去的球靠网或撞网接住。根据规则，如果接完球身体失去重心摔倒在挡网外不算本垒打，只要没掉球还是算出局，这时外场手就立大功了。这样的高难技术是摔打出来的，外场手既要有很好的判断力和接后身球的技术，还要有不怕撞挡网和摔出挡网外的勇气。

我们根据投手群的实际情况，从实战出发反复练习接网边球的高难度技术。记得当年刘雅明和霍忠明教练一边鼓励队员，一边打出将近70米的高远网边球，如果手头没有力量和招数是做不到的。

1984年7月4日在洛杉矶举行的首届国际杯垒球赛上，中国队对美国队的决赛中，打到了延长局10局还是0∶0。当时美国队高大的三垒手打了左外场过顶高飞球，快腿左外场手王美英飞速跑到挡网边靠网接住了球，但没有料到那块挡网是进出拖拉机的活动门，王美英靠网接球时由于挡网没被锁住，一下子被撞开，她重重地摔倒在挡网外，球从手套里被震掉而成了本垒打，美国队幸运地获得再见本垒打。如果那个挡网锁住的话，谁胜谁负、冠军归属都是未知数，真让人不甘心。

　　教练员每堂防守课都要打出大量的教练棒，好的教练员打出的每一个球都有目的和要求，这能表现出教练员的水平和精神面貌，对队员训练质量有很大影响。训练期的防守练习密度要大些，一般开始练习防守时，要内外场分开，除了刘雅明、霍忠明教练外，队里经常请刘利明、陈昭华等左棒教练配合右棒教练进行高密度防守练习，意在让队员们熟练应对各种球。要知道左右棒打出来的球，其球性是不同的。一到赛季教练要打出在比赛中有可能出现的各种地滚球、平球和高飞球，这都需要娴熟的技术，更重要的是能促进队员球技和技战术意识同步提高。

　　不得不承认，在培养队员的自信心方面，适当地使用西方爱用的"你真棒"的鼓励策略，的确能起到积极作用。

## 技术借鉴也要务实巧思

　　我从小在日本玩棒垒球，但没有受过正规训练。回到祖国后，有幸遇上好教练员的精心指导，高中时就有机会参加全国性的棒球和垒球比赛，大学二年级时参加了第1届全运会。一名大学生能成为全运会冠军队北京棒球队的一员，是让人深感自豪的事。后来改行当专业教练员对我来说是更大的挑战。20世纪70年代，中断了14年后重新起步的中国垒球本身几乎一片空白。

　　那时美国、日本等样本摆在我们眼前，我们在很艰苦的条件下如饥似渴地学习、苦苦思索、勤奋实践、艰难探索，不断改进、创造和发展。这就是中国垒球能很快跟进世界的原因。我认识到对美国、日本厚重的棒垒球历史传统及技战术理念等，如果不去研究分析而全盘接受，可能会让我们消化不良甚至走弯路。

于是我就利用会日语和英语的优势，找各种机会和资料，学习垒球发达国家美国、日本的经验，先向他们学习，然后琢磨出自己的特点和优势，想办法超越他们。所以在训练方法方面，对于美国和日本垒球训练和比赛的经典方法，我会重新评估，为我所用。比如，垒球项目很多技术动作需用肩背力量，要求队员投掷又远又准又快，为此美国队、日本队认为胳膊受凉后容易受伤，所以不让运动员游泳。但我对此是质疑的，我主张有条件就什么都尝试，滑冰、游泳、打篮球、踢足球、打乒乓球和网球，愿意练什么就练什么，在球类项目之外会得越多，就越有优势。比如，队员在垒球场上使用一个足球的动作，那是别人没有的东西，别人用手传，你用脚传过去了不是也很好吗？美国垒球队认为即便为增加臂力，也不能通过拿重物的方式，但我让中国队队员拿铅球，从最小的到最大的，一次一次地循序渐进，反复练习，果然中国队的传球能力大有提高。我同意"实践是检验真理的唯一标准"的说法。这样下来，队员各方面的身体素质练了，球性也提高了，是综合性的提高。善打各种球类的人，就有灵性，比如得过世锦赛金手套奖的柳絮青打过排球，还喜欢打台球。优秀二垒手阎仿踢足球、打网球和高尔夫球样样像样，球感极好。

队员们总问我："李教练，你白天那么累，晚上很晚还挑灯夜战干什么？"我先天不足就要想办法后天弥补。我们教练员对训练、比赛时遇到的问题只能向实践和书本求教。还好我向来能放低身段，求知欲也比较强，喜欢浏览各方面的书刊，我称之为"杂学"。脑子里有像图书馆里分类书架，当需要深入地读其中感兴趣和有益的部分时，这个"杂学"就能帮我引路。我们要重温和复盘的战役太多，那都是我们的宝藏。学习也让一个人保持精神上的饥饿状态，因为越学越觉得未知的事情太多，反过来促进我的求知欲。我们学到的知识汇集成智慧，会在你需要的时候闪烁，变成点子和决断的依据。古希腊哲人苏格拉底说:"我知道我什么都不知道。"人们说得好,童心是一种要求知的心态,我觉得作为教练员爱幻想、好奇心强是件好事。

中国女垒外场手一般习惯在离本垒51～52米处防守。美国队外场则一般在48米左右处防守,美国投手强,被打出来的概率低,比较注意前位外场球,她们就怕对方打出那种内外场接壤地区的安打,在美国俗称为"德克萨斯安打",上海懂棒垒球的人戏称它为"龌龊安打"。亚特兰大1996年奥运会中国队和美国队决赛时,阎仿打了个游击和左中外之间的小飞球,果然美国队游击手理查森去抢身后高飞球,左外和中外也凑过来抢球,结果没接着成了安打。这也是美国人过于自我、过度自信的表现。

外场最难接的是什么球?有人说是背后高远球。不偏不倚的背后球是不好处理的,但背后高远球一击就能感觉出来,队员立即转身按其方向使劲跑,判断落点后再做微调就把球接住。若落点很远,队员确实跑不到、接不住,再做后续操作。对于前面的高飞球,球落在内外场之间,尤其是比较平的球,队员要主动、准确判断是直接接还是一蹦后接,这种球也很容易出现防守队员相让甚至相撞的情形。所以我说最难处理的是正对你击过来的较平直的高飞球。它需要你准确判断球的高低、飞速,要判断是直接接还是一蹦后接。好的防守队员争取接住,直接接不到则在球一蹦后再接,不让跑者多进一垒。若教会队员一边跪滑一边接球,如果垒上有人,跑垒员以为这个球不好接,就离开垒准备向前跑,但如果外场手接住球,她必须回垒,如果误以为是安打而跑得远了,就可以来个双杀。这样防守方变被动局面为主动局面,因此高难度防守很可能会救活一场比赛。但对于左右外场的边线快速球,队员若没有把握,就不能扑接,若扑漏了,自己起来再追球或中外场过来补救都将耗费太多时间,这9秒多的时间,是击跑员可以跑到三垒所用的时间。

"用腿接球"步伐移动很重要,争取在身体正面接球是基本。垒球垒间距离仅18米多,专业队女队员跑到一垒只用3秒多一点,因此防守要求就是接和传的动作迅速连贯,尽可能把身体移动到与击出来的球路形成正面直角的地方接球。以内场为例,能正手接的球尽量避免反手接,因为反手接球后转入传球动作的零点几秒就会成为跑垒员安全上垒的活命时间。接外场牺牺高飞球时预估球的落点，从离落点三步处助力跑接球后传出去，这就是高飞球的三步接传球技术。棒垒球防守铁则"用腿接球"的重要含义就是忠实执行"接球就是为传球"，接球后很快能转入传球动作。有些内场手养成不好的习惯性动作，即接了地滚球后还要把球和手套接触一下才能传出球。这可能受了某些棒球内场手或老队员的影响，这个动作对垒球来说是很忌讳的。

## 合理训练避免伤病

在我执教时期，体育训练的主旋律是"三从一大"。"一大"是大运动量。对大运动量，我有自己的理解，无谓地加量不一定有好效果。有些教练员为了应付检查，在训练计划上打擦边球，把运动量定得很大。我认为垒球队队员来源很受限制，我们不可能大进大出地筛选人才，所以我们要采用科学合理的训练，争取让每个队员的运动生命更长些，让她们经验更丰富些，打球更智慧些，避免让她们没练几年就因伤病退役。比如美国的投手三十七八岁了还能当国家队的主力，她们懂得怎么练、怎么调整、怎么保持状态和比赛，而不是一味地进行大运动量训练，她们的经验是可以借鉴的。

成为一名优秀运动员需要经过艰苦的磨炼，要接受比赛中激烈的对抗和连续作战的考验。一旦受伤、生病，体能就会断崖式下降，技术也受影响，无法担当重任，时间长了就要坐板凳。教练员让队员懂得以较好的身心状态积极面对艰苦训练并投入比赛，其基本保证是积极进取的心理和健壮的身体。我们教练员想培养和训练出抗伤病能力强的队员，关口还要前移到选队员，即在选人时就要留意相关方面的因素。掌握棒垒球的教练技术要长期学习、积累和磨炼，教练员只有了解运动生理、人体解剖学等基本理论，同时拥有丰富的教练经验，才能科学合理地指导队员练习和比赛，让队员了解基础的避免受伤的方法。

此外，教练员对队员的饮食作息的调整，要给予足够的重视。判断一名队员的情况通过观察她们的生活就够了，生活中能观察到其进队的目的性、自律性、自我管理能力等很重要的运动员需要具备的素质。

在这些事情的应对和处理上能体现出教练员的理论水平与训练水平，往往时间会给出正确评判。训练周期、训练计划、体能训练和技术练习在各阶段的分配要周全。训练课安排、顺序、间隔、强度和难度等要合理。要特别重视准备活动和整理活动，其中拉伸活动必不可缺。赛前检查好全队器材、服装和用具。队员伤病频发时，教练员首先要从自身查找主观原因，如日常队伍管理是否科学，施教的技术动作是否合理，训练量和强度安排是否适当等。

对受伤队员要关心爱护并及时治疗，对"轻伤不下火线"、责任心强的队员更要多加爱护，科学用人。队医也是不可忽视的重要岗位，要多方物色，争取聘请责任心强、懂体育的医生当队医。教练员要经常和队医沟通了解队员伤病情况和情绪，医务室也是队员情绪和健康状况的情报来源。

## 外国队的一些优势值得借鉴

中国垒球在追赶、超越中达到了一定的水平。我们在多次国际大赛的决赛上与美国队苦苦拼到延长局，最终还是让美国队抱走了冠军奖杯，我一直在思考这是为什么？中国垒球确实在历史、普及、经验和队员条件等方面明显薄弱，但我们在国家集中条件办体育的优势下，也想尽各种方法弥补和跟进。在发挥专业队的优势加强训练，合理安排训练周期、训练量和训练强度、训练精度等方面并不输给美国队。特别是专项技术，更是细细分解，比美国队练得更细，体能和专项素质训练也并不少。但很明显我们还要在对国际比赛的适应能力、应变能力及积累国际比赛经验等方面加大力量。垒球的赛制设计有极高的难度和强度，单循环每日双场，复赛有复活制，有可能一天打3场高难度比赛，如果不具备很强的综合实力，则很难夺冠。

我认为差距是在综合实力上。首先是垒球意识，由于垒球发源于美国，垒球的普及和热度，让美国队队员从小就有机会接触棒球、垒球，她们的父母往往就是爱好者，形成代代相传的热爱体育运动的家庭传统。因此美国的球员从小就有好的环境熏陶，能按自己的兴趣自主地选择体育项目。随着她们的成长，她们在兼顾学业和职业的同时继续坚持打球。特别是能被选到国家队打球的队员，每个人都是体格壮、体能好、技术优，且内心真心喜爱并坚定地认同垒球运动。她们以从事棒垒球项目为荣，这就让美国队队员在场上自主、自信、果敢，进攻积极，全力以赴，这与她们从小的家庭和学校教育密不可分。

美国社会里诱惑年轻人的东西也是五花八门，但这些突破重围和考验的运动员，坚守自己的志向，一门心思地为提高自己的垒球水平而努力，因此他们一到赛场拼抢起来作风凶狠、泼辣。有的年近40岁的队员还很有自信地与年轻队员争美国国家队的席位。很多时候，她们取胜是赢在气势和劲头上。可当她们参加交流聚会时，也会打扮得漂漂亮亮，你很难把她们与刚刚和我们在赛场拼争过的队员一一对上号。

平时在大学执教的美国老牌教练员拉尔夫·雷蒙德，只要有国际垒球大赛请他出山，凭他的号召力就能立刻召集全美最优秀的队员，组成十拿九稳能夺取冠军的豪华阵容。美国垒协和这位老教练员组队时很有特色，通过实战考核选出国家队队员，一不论年龄大小，二不看个头高低，只要有实力、符合队伍的技战术要求就可以进队。雷蒙德根据他自己强攻固守的技战术风格去挑队员，他挑选的每个投手都各具风格，且个个都很强势。美国队投手的优势还体现在主力投手的一专多能方面，例如，参加亚特兰大1996年奥运会的美国女子垒球队5名投手中，主要投手丽莎·费尔南德斯可兼三垒手，可打第三棒；左投米歇尔·史密斯可兼一垒手，还是左打强棒；其他3名投手虽是专职投手，但也各有绝招，但因为投手团队人员充裕，所以只专心投球就可以。她们这5名投手能以充沛的体力应付单循环和佩奇制复赛。主教练雷蒙德在赛前就可以预告每位投手上场和休整的场次，每位投手赛前也可以自主进行充分的技战术和体能的准备。美国队进攻上配备了善打安打、跑垒好的得分手，能巧打快跑、扰乱防守的多面手，以及能硬攻打本垒打的强攻手等多类型的进攻队员。他们的队员攻守的整体作战和小战术意识都很强，只要上垒就总是瞄着下一个垒,进攻欲、抢垒意识极强,显示了"美式垒球"的特色。

从1979年开始我参加的大部分国际大赛决赛中面对的对手都是美国队教练员雷蒙德,他比我整整大10岁,我比较尊重这位不张扬的矮个白发绅士。他以他的统率力把那些个性外露、相互不服气、比他高出一头的美国垒球队队员凝聚成一个强势的团队。我认为他的威信不仅来自骄人的战绩,也来自他让副手和队员服气的能力、素养和个人魅力。我还记得在一次大赛结束后的联欢会上,他高歌一曲《我的旧金山》(*My San Francisco*),委婉动听的高音着实有魅力,这表明他是一位很有文化内涵的教练员。我们在赛场互为劲敌,平时交往中我们则不近不远、不冷不热、相互尊重,我们凭借中国垒球人的实力,让美国队的教练员不敢轻视。

但雷蒙德之外的欧美教练员们,与中国教练组的综合水平相比,要略逊一些。因此其他自诩垒球强队的洋教头们若想在我们面前摆谱,我们会不屑一顾,中国垒球已用自己的艰苦奋斗和实力,在国际赛场上赢得了尊严和自信。

亚特兰大1996年奥运会女子垒球决赛后与美国队主教练雷蒙德(左一)互相签名留念

垒球的进攻，简言之就是靠击球和用其他手段上垒之后，靠各种方法抢占下一垒，达到得分的目的，防守就是靠投手投球和全场防守不让对方打出有效安打并制止跑垒员抢占前面的垒。

进攻上，我们与美国队最大的差距就在于要得分时的关键进攻的成功率，这是关乎技术的问题，更是关乎心态和意志力的问题。防守上两队的差距，主要表现在投手群体的实力和经验上。美国队 100 多场的连胜纪录是最有力的证明。世锦赛、奥运会等决赛上，亚军中国队与冠军美国队的比分只差那么一两分，但我们在决赛的防守失误比美国队多，每每导致我们与冠军无缘。综合实力不是完全能用分数差来讲清楚的，垒球历史、垒球文化和精神面貌、竞技人口数量、比赛经验、技战术水准等的差距都凝聚在这分差之中。

听说亚特兰大 1996 年奥运会前，美国女垒曾经专门到西点军校培训，滚泥潭、越障碍、炼意志。据说当年塞林格教练也曾带美国女排爬山，经受住了生死考验。

亚特兰大 1996 年奥运会我们输给美国队获得亚军，我们前线作战的教练员和队员都清楚，我们垒球对决的战场不仅在垒球比赛场上。起点高、条件比我们优越的美国队，队员斗志旺盛，确实很难对付。直到如今，我还对自己过往的执教过程经常进行反思，我们需要总结的经验和吸取的教训还有很多。

## 知己知彼，科研情报很重要

随着现代体育科研技术的发展，体育科研情报发挥着越来越重要的作用。教练员在赛前和比赛过程中的技战术分析非常重要。泛泛地算我们赢了多少场、打了多少安打、对方主投投球速度是多少等，只能说是一般性战局和技战术评估。我们在比赛时需要的是去伪存真的、有针对性的进攻和防守的精确数据，这些才能成为分析每个人的攻守特点及对方教练战术指挥特点等的有用情报。就拿安打和本垒打来说，还要分析是哪一场比赛、从哪个投手手里打出来的、是打到哪个方位。教练员可以通过细致的分析统计数据，做出有针对性的战术部署。但若只借统计数据做些文章、应付总结或自我安慰，这对专业教练员来说没有参考价值。

我在做技战术分析的时候，只把实力相当的队伍的数据作为分析双方技战术水平的依据，与弱队比赛的数据只作为参考。很明显双方技战术水平和竞赛强度相当的情况下的数据较为真实可靠。当然如果我们有对方将要上场的投手和我们与她对阵时的资料就更好了。

比如，1986年的世锦赛，预赛时打十几场，进入佩奇制复赛又打3场。我在进入决赛圈进行技战术分析、考虑对策时主要挑出和强队比赛的资料作为依据，重点看美国队、日本队、澳大利亚队、新西兰队和加拿大队等队伍的技术指标。其他那些较弱队的技术指标只作为参考。

这次世锦赛进入佩奇制复赛时，打败澳大利亚队后中国队确保了前3名的位置。紧接着进行与新西兰队争亚军的比赛，我们对对方主投麦金德的球风和路数摸得相当熟，没有几局就把她打垮了，我们把接着上来的3位投手打得溃不成军，以9∶1的悬殊比分战胜新西兰队争取到决赛权。可是要知道这次大胜是在预赛中两次以1∶3输给她们的代价换来的，预赛中新西兰队教练员不敢掉以轻心，让主投麦金德投了整场。我们以输两场换来的宝贵情报资料，对我们在最后决赛关键时刻的大翻盘起到很大的作用。

有些人喜欢夸口自己的某场比赛打得多好、技术指标多么高，却往往不说对手是谁，这样做只能是自我安慰、蒙外行、取悦他人，不能正确估计自己和对手的真实实力，对本队和自己的长远发展都没有益处。

我们要正视我们在科研情报工作方面的滞后，垒球强国在工作架构、人员投入、设备研发使用、情报收集分析等方面都下了很大功夫。亚特兰大1996年奥运会开幕赛大胜澳大利亚队的战役前，我们教练团队和队员共同努力在备战阶段做了朴实踏实的情报分析工作，这一成果得以在比赛中呈现。我们对澳大利亚队分析得比较透彻。我们和这一支1965年第1届世锦赛就取得冠军的、桀骜不驯的劲旅，从20世纪80年代开始就频频交手，后来这支争胜心强、体态威猛、打法粗犷的队伍在不少国际大赛中多次把美国队打翻，但最终还是不及美国队和中国队，因此较长时间内一直屈居老三。

但中国队出国比赛时，我们优秀的情报调研人员都不能跟队出国，因而不能临场实时地给我们分析资料和提供建议，其中的问题所在恐怕是多方面的。棒垒球项目搞情报战由来已久，像美国、日本职业棒球的情报搜集和分析很受重视且手段先进。我们也在努力去做这方面的工作，但还远远达不到要求。

当年搜集的日本垒球专业刊物刊登的中国队队员体力测定分析数据

我们有出色的老中青相结合的业余情报和科研队伍，他们来自国家及地方体育相关部门的科研机构。他们克服重重困难，做了值得钦佩的基础工作和科研工作，一直默默地为我国垒球事业发展作出贡献。1982年英特尔公司研制出286微处理器，而就在1985年初司徒壁双、肖嘉珣、张寿萱等人即合作研制了垒球现场记录统计和调研数据的软件，研发和跟进是及时有效的。还有不少体能和医疗的随队专家护航我们的队员正常训练。他们都是幕后的英雄。

根据我的体会，尽管我们的经济科技发展水平与发达国家相比有差距，但我们国家的垒球记录和技术统计方法与国际相比毫不逊色，就看我们教练员如何将这些数据分析并运用到自己的训练和比赛中。在1983年第2届香港国际邀请赛、1985年第2届中日美锦标赛的赛中和赛后，以司徒壁双老师为首的科研人员提供的记录统计资料、技战术分析资料和总结，对我们教练员来说如同在沙漠中幸遇甘泉，对我们的训练和比赛有着极大的帮助。当然，我国垒球在情报搜集的手段、设备，以及人员配备、培训方面还要下大力气。

我们要正视教练队伍在搜集和分析情报方面的不足，更要认识到情报科研工作的重要性。在举行重要赛事时还希望有关部门派干练内行的科研情报人员随队前往，一方面为运动队提供技术资料，另一方面亟须了解、探查棒垒球科研和情报工作的发展和走向。现在的世界垒球科技情报水平，已远远超出测投手球速、了解球种、记录击球员击球方向和安打率多少那种简单的范围了。

国际上对体育技术资料档案一贯予以珍惜和重视，百年前职业比赛的个人技术资料都能查到，它既是情报资料，又是该项目的文化积淀。在这些方面我们还是比较落后的。

我当教练员的时候，对赛会记录组给各个队提供的比赛记录和技术统计材料都非常珍视，将这些资料积攒下来，用来分析、评估本队和对手，成为比赛中技战术应用的依据。后来当我以国家队教练员的身份观看全国比赛时，记录组的同仁知道我重视这些资料，每次都专门给我留送一整套记录，我非常感激。这个工作很繁杂，原始数据采集整理时间紧迫，又需要做到精准。我们教练员要尊重科研人员的辛勤付出，要有感恩之心。我们在一线取得一些成绩，功劳簿上有科技情报人员的一份功劳。1983年第2届香港国际邀请赛和1985年第2届中日美锦标赛，两次走向国际的重要比赛我都有幸与上海体育科学院的司徒壁双老师合作，司徒壁双老师统计总结的资料准确丰富、分析精辟科学，对我们训练、比赛及开展情报资料工作有很好的参考和指导价值。我们教练员都愿意和像她这样的内行人合作、交流。

20世纪80年代由肖嘉珣教授领衔在昆明海埂体育训练基地制作了一部垒球技术教学录像，几十年后回看穿着朴素球衣的柳絮青、阎仿、房秀芬等队员的训练，感觉当年她们的基本技术还是很扎实。我们对一直为垒球默默付出的科研和情报资料人员心存深深的敬意。

1996年初夏，台湾省来了一个摄制组，他们认为国家队基本功规范扎实，态度诚恳，要拍摄国家队的基本技术。当时我们虽正忙于备战亚特兰大1996年奥运会，但经请示批准仍答应了对方的要求，并请王丽红、刘雅菊、安仲欣、阎仿、柳絮青等队员作拍摄示范。这也算是中国垒球为促进两岸体育文化交流和垒球运动发展作出的一点儿贡献吧！

队员们为录像示范垒球基本技术动作并辛苦加班

科研人员提供的情报分析让我们如虎添翼,作为在一线指挥的教练员,制订计划、写训练和比赛总结是必修课。周期总结、年终总结、比赛总结、训练总结林林总总,都是为总结经验、吸取教训,为迈出下一步指出方向。因此教练员应写清楚做了什么,做对了什么,重点要说清楚为什么没做好,将来怎么做。总结不是结束,而是开始。我们要让常说的"从零开始"的"零"有更深层次的内涵。实际上制订计划和做总结是螺旋式上升的循环,教练员做好资料积累和每个环节总结评估以后,才能找到问题所在和努力方向。

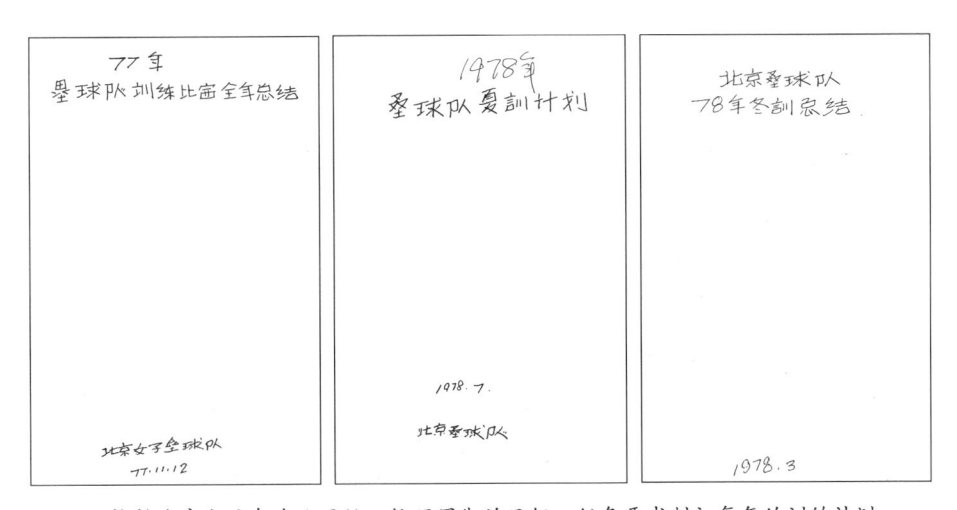

从执教北京女子垒球队开始,按照周期的目标、任务要求制订每年的训练计划并进行总结

若在写总结时感到无从谈起,这说明平时没有养成记录、分析和思考的习惯,没有及时收集和积累数据和资料。有准备会提的要求,有准确、详尽的记录,有赛况综述和对比赛和队员的点评等资料,写比赛小结就有骨有肉。我觉得如果能在常规的比赛记录之外,每场比赛都用术语记下赛况和主要问题,之后再来回顾和分析比赛会方便很多。这些务实的工作积累对教练员水平的提高起着不小作用,但也往往容易被人忽视。

此外,对数据的收集与分析要严谨、科学、认真并实事求是。例如,不能为了应付,总结的技战术部分经常引用技术数据的平均数,如对美国队的比赛难打,全队安打率只有15%,而对弱队则能达到65%,其安打率平均后达到40%。这对三成安打已称得上高安打率的棒垒球来说是相当高的技术数据，若这样呈现数据显然是障眼法、遮羞布。我们应该着重研究为什么对美国队安打率只有15%。我们教练员要始终保持清醒的头脑，对待数据也要抱有严谨的态度，自欺欺人终归会受到惩罚。我还要强调正确引用技战术数据的重要性。有些教练员把和弱队比赛的进攻数据作为衡量本队或某个队员进攻能力的依据。弱队之所以弱主要就是没有好投手，从它那里打多少本垒打无法说明你的队或队员的长打能力。

我们要搞清楚技战术的制订靠大数据，更要靠去伪存真的有针对性的数据，如果教练员凭经验、凭感觉带队，那么队伍是上不了档次的。

## 北京和各地的垒球训练场地

1959年举行了第1届全运会，棒球和女子垒球被列为正式项目，分区赛参赛队伍多、争夺激烈，是值得回忆的大赛事。在中华人民共和国成立后，棒垒球运动曾在各省市及不少大中学校内得到了较好的开展。1960年后棒垒球经历了沉寂，20世纪70年代再度恢复时，最早成立的是天津女子垒球队，1972年在汉沽成立，所以那时天津队的主力队员基本都是来自汉沽的姑娘。随后北京女子垒球队在1975年第3届全运会后在先农坛体育训练基地正式成立。1975年一年之内，上海、辽宁、吉林、河南、四川、湖南、陕西、甘肃等地相继成立了专业垒球队，但都处于起步阶段，各个队的条件都不是太好，没有一支队伍拥有正规的垒球场地。

1979年第4届全运会垒球决赛使用的场地条件很差。决赛选在北京体育师范学院进行，但外场没有围网，只在本垒打距离处画上了白灰弧线，这相当于冰球比赛场没有挡板，会导致外场防守队员的站位很难拿捏。尽管全运会是中国国家级的顶级赛事，但受条件限制，比赛也只能在这样简陋的场地上进行。

从20世纪80年代开始，垒球国际赛事渐渐多起来，因为国家女子垒球队还没有垒球专用场地，比赛一般在大学的运动场举行。在这里比赛优点是观众多、场面热烈，还能让更多的年轻人了解这项运动。国际上的垒球队都习惯在草皮场穿短裤打比赛，而我们多是在田径场里临时画出一个垒球场比赛。由于大学田径场不够平整，也没有草皮，土场还有小石子，队员滑垒时容易受伤，而且一垒、三垒两侧接外线也没有挡网，界外球飞出去很危险。当时比赛的外国队员曾问我们："你们哪儿有垒球场？"我如实回答："还没有正规的专用场地。"他们觉得不可思议，又问："那你们怎么练球啊？"外国队员无法理解中国女子垒球队还在艰苦奋斗阶段。当时中国能维持各省市有一支垒球队，就已经很不简单了。因为北京女子垒球队获全运会冠军次数多，境遇算是很不错的了，但也只能在北京先农坛体育训练基地西南角的土场上，与北京足球二队共用一块场地。每天训练开始前，我都要和队员一起去平整被足球鞋踩得坑坑洼洼的场地，再浇上水、画上线，才能开始这一堂训练课。

　　1981年初秋，为了让北京女子垒球队有更好的发展，根据北京市体委对先农坛体育训练基地的规划，垒球队从先农坛体育训练基地搬到了北京四块玉体育训练基地，场地条件好了一些，但生活食宿条件比原先差了不少。至今我还记得第一次训练结束后，走进四块玉灯光昏暗且透着风的淋浴室洗澡时的那股凉意。最初我和队员都很怀念原先的先农坛体育训练基地。

　　北京女子垒球队搬到四块玉体育训练基地后，由于我们是这个基地唯一的室外项目，加上垒球队取得了较好的成绩，在领导的支持下，我们把室外运动场用砖墙围成了正规的垒球场，只留下了300米跑道。我们还从先农坛足球场搬来了足球队不要的老草皮铺在了外场。1982年，我发现在基地东南角、靠近北京自行车厂围墙的地方有块花圃已无人照管，我们就上报申请，在那里建成了全国第一座垒球训练馆，这是值得纪念的事情。这个训练馆虽然面积不足300平方米且外观简陋，设施不全，却培育了很多优秀队员，相信全国各地年纪稍长一些的垒球人都曾在那击过棒、投过球，会记得有过这么一个垒球馆。北京女子垒球队拥有了带围墙的标准垒球场地和中国首个垒球训练馆，让其他省市的垒球队无比羡慕。这些有赖于北京市体委领导的重视和远见，已故原中国棒垒球协会主席魏明非常重视棒球和垒球在北京和全国的发展，四块玉体育训练基地的各级领导也一直给予积极支持。无论是在国际还是在国内，竞技体育中没有成绩就没有发言权，这些也都是北京女子垒球队的创业队员用汗水和优异成绩换来的。我暗下决心，为了垒球事业的发展、提高垒球队伍的水平，一定努力为队员们创造更好的训练条件。

我到中国国家女子垒球队担任主教练后，北京女子垒球队又从四块玉体育训练基地转移到了木樨园体育训练基地，再后来又从木樨园搬到位于北京南郊的芦城基地。虽然越搬越远，但垒球场地的条件越来越完善和专业了。虽然大家都不愿意离开城区，但这是垒球队伍发展的需要。所以以大局观看发展，不拘泥于眼前，才能发展得越来越好。

虽然平时我沉默寡言，但是为了改善训练和比赛条件，无论到了哪个训练基地，我都会非常执着地追着有关领导争取应该具备的训练条件，告诉他们垒球队队员习惯在艰苦条件下训练，她们自己从不提过分要求，但是为了中国垒球事业的长远发展，领导要高瞻远瞩，尽可能改善训练条件，给队员提供好的专业成长环境。

现在北京女子垒球队又迁到大兴芦城与北京棒球队做伴，这里已成为北京市最完整的棒垒球训练基地，有两块棒球场和两块垒球场，各自有两块草皮，一块是人工草皮，另一块是自然草皮。场地还算正规，条件大有改善，除训练外还可以在这里进行正式比赛。这里经常举行全国和省市级的比赛，在基地领导的大力支持下，还经常举办慢速垒球比赛、少儿比赛等。

1985年第2届中日美锦标赛在北京先农坛足球场举行，在当时算是国内举办的最隆重、规格最高的一次垒球比赛。但是因为足球场的草皮不平整，更没有设置红土内场，而且临时设置的垒球场的右外场的挡网里面有水泥跑道的牙子，非常危险。因为垒球运动员在高速奔跑中用手套接球时只专注于捕捉头顶上方飞过来的垒球，若脚下有障碍物，会被绊倒甚至受伤。棒垒球的专业球场，看台位置在本垒（扇形场地的扇柄的位置）的后面，而足球场的看台完全不适合看垒球比赛，只能在三垒侧设置观众席。但外国运动员的适应性比较强，也非常务实，对已客观存在而暂时改变不了的事情，他们不太计较，如场地、裁判水平等，而是凭实力打了比赛再说。国际上的专业垒球运动员的这种不拘泥外境、注重凭实力拼争的积极思路和习惯，值得借鉴和学习。

说完了我最熟悉的北京的垒球训练场，再来说说我到过的全国各地的垒球训练场的情况。

1958年第1届全运会举行前，北京棒球队到上海参加热身赛，比赛在上海淮海公园进行。到20世纪70年代，上海的垒球比赛一般在卢湾区体育场或在水电路的少年体校举行。上海女子垒球队的训练条件也相当不错，紧临体校的原摩托车学校搬走后，她们有了更大的训练场地。最近上海棒垒球队迁到崇明岛训练基地，综合条件之优越非其他基地所能比拟，除了拥有两块场地外，还配有带篷的雨天练习场。我觉得崇明岛海风大、冬天温度也不高，曾建议在这个练习场砌墙。刘教练解释说砌墙就要算建筑面积，而建筑面积是受制约的。

20世纪70年代在天津兴建了新中国第一座正规棒球场，是美国职业棒球大联盟传统强队洛杉矶道奇队援建的。据说该队著名领队，也是美国职业棒球著名教练员和老板的奥马里先生原本希望将棒球场建在北京，为此做了很大的努力但未能实现。但这个见证中美棒球交流历史的球场现在已不复存在，真是令人遗憾的事情。

江苏省的垒球队走了专业队与大学共建的新路。在江北的南京工业大学美丽校园里建了垒球场，巧妙地利用了山坳地形，山坡上设了主看台和辅助建筑，尤其外场斜坡草皮看台颇有文化气息。每每举行比赛，大学生观众三五成群走远道到山上占满看台，摇旗呐喊、热情助威，成了这个大学的独特风景线，各队都愿意在这个气氛热烈、充满青春气息的场地挥洒汗水。只可惜垒球场地最重要的部分——队员席和休息室等的设计不大专业，和各地的体育场馆一样，过于重视用来接待贵宾的座席和办公用房。

原来上海、天津、北京的训练条件相对较好，国家队到那些地方就可以借场地练习，很方便。我还有幸到过兰州七里河体育场、河南省体育中心垒球场、广州黄村体育训练基地垒球场、辽宁省水上训练基地垒球场、攀枝花红格训练基地垒球场和中山熊猫纪念球场等。随着国家的强盛，对垒球发展加大了关注和投入力度，各地的比赛训练条件大大改善，不少场地大有后来居上之势。

在国内，我们第一次在正规的草皮场比赛是在1987年广州第6届全运会上，为此华南师范大学用很短的时间打造出了标准的垒球场，真是难能可贵。

建议中国垒协制定标准垒球场地设计规范和样板设计图，也希望承接相关设计和施工人员能多到国外看一看，让中国各地的垒球场建设真正具备垒球比赛所必需的功能，能让运动员心无旁骛地比赛，取得更好的成绩，让观众和媒体更好地观看垒球比赛。

## 参与奥运会垒球场设计方案审查

2001年7月，中国北京获得了2008年奥运会的举办权，那时街头巷尾都在谈论北京奥运会。亚特兰大1996年奥运会中国国家女子垒球队获得了银牌，之后的悉尼2000年奥运会、雅典2004年奥运会都止步第4名，大家都热切期盼着2008年在北京家门口中国垒球能有更好的作为。

1997年，我60岁时离开了执教二十载的垒球教练岗位，转到台盟中央任职，新的工作涉及面广、任务比较重。但出于责任与热爱，我还负责着中国垒协的顾问、教练委员会主任，以及中华全国体育总会顾问等社会工作。中国垒协领导认为我代表中国垒协参加北京2008年奥运会丰台垒球场设计方案的讨论和审查较为合适，我征得台盟中央的同意后积极参与相关工作。北京2008年奥运会的每个项目场馆设计施工都是关乎国家形象和项目水平的工程，北京奥组委的要求很高，投入也很大，为此我也做了精心准备。

参与北京2008年奥运会垒球场地设计，让我不由得想起1990年，我国首次在北京举办亚运会时要在丰台建设新棒球场和垒球场的事。当时我要带领中国国家女子垒球队征战首次在我国举办的亚运会，心里特别期盼能在我国建设的正规垒球场进行比赛。为此我还把珍藏多年的国外垒球场的设计册交给了负责场地设计的设计院，请他们好好地研究一下。之前我曾在北京矿冶研究院工作过13年，做矿山机械的研制和设计工作。因为机械设计要求精细准确，所以我对建筑设计图也能看懂一二。一天，北京亚组委的秘书长叫我去看在丰台体育场西南角新建成的棒球场和垒球场。当时先把我领到了棒球场，眼前展现的是中国自己设计的新棒球场，并介绍说它是"亚洲最好的棒球场"。我环顾了一圈场地，感觉这个场地的规模、外观及不少设计都不符合棒球项目的竞赛要求，还不如美国、日本等棒球发达国家的地方棒球场。然后我又去看了建在丰台体育场南侧靠马路边空地上的垒球场，当下心立刻有点儿凉。因为这个场地也根本达不到进行正式垒球比赛的要求。观众的看台设计得过于简陋且和运动员席之间没有设置分隔带，这样击球员击球后垒球高速飞到这里会产生很大的安全隐患。亚运会级别的大赛应该在正规场地进行，更何况是中国首次承办亚运会，但眼前的实际情况实在难以令人满意。最终垒球作为这次亚洲体育盛会的正式比赛项目，只能敷衍凑合地在已经建好的不专业的场地上进行。

有了亚运会垒球比赛场建设不完善的遗憾，对于北京2008年奥运会垒球比赛场建设的进言与责任，我丝毫不敢松懈。通过北京奥组委初审的6个垒球场方案各有特色，但有些设计人员不了解垒球，因而没能全面仔细地考虑到垒球项目的球员、教练员和观众等主要使用者的需求和功能实现。我提出了很多调整建议，有的被采纳和重视，但建设一座垒球场是一个非常复杂的系统工程，只有政府主管部门、设计者、施工方、相关竞赛委员会、使用者（运动队、观众）和场地管理人，能心气一致，才能达到好的效果，但若意见不统一，最终结果就会达不到要求。

考虑到棒球在国际上的地位，在北京最好的地段建了五棵松棒球场，包括很不错的3块场地，听说比赛整个过程中由美国专业团队维护场地，连红土和草皮都是进口的顶级配置。它是北京2008年奥运会期间最人声鼎沸的球场之一，有一场中国棒球队参加的比赛，我还被叫去给领导做解说。钻石形的棒球场呈现出如此宏大的气势，领导们都没想到赛场的气氛会如此热烈。但甚为可惜的是，中国首次拥有了那么漂亮的棒球场，奥运会比赛一结束，这个专业棒球场就被拆掉了，不仅让大量投入打了水漂，中国棒球人的梦想与伤感更是没被顾及。后来听说曾有一位南方的企业家想把五棵松场地的主要设施连同场地表层的红土层都运走，在那边建一座棒球公园，他们做了努力，但要真正实现很难。

进入 21 世纪，放眼全国，总体来说，北京的棒垒球场地数量和条件都还算不错，现在除北京芦城专业队场地外，清华大学也有不错的人工草皮棒球场地。一般大学棒球和垒球场设在田径场的人工草皮场上。北京的一些棒球俱乐部，如达阵俱乐部、葡萄山庄俱乐部，也都有不错的钻石形棒球比赛场，甚至还有一些棒球俱乐部拥有固定的训练场。在北京能出资兴建场地让爱好者们享受棒垒球的人一般都是棒垒球迷，更是很有远见的拓展者。

# 相关大事记

## 1937 年

10 月　李敏宽出生于日本大阪。

## 1953 年

9 月　高中一年级时回国。
10 月（至 1956 年 8 月）　在北京华侨补习学校学习中文。

## 1956 年

9 月（至 1957 年 8 月）　在天津市第四中学学习。
9 月　代表天津市参加全国棒球表演赛。

## 1957 年

8 月　代表天津市参加全国 14 城市中学生垒球赛获冠军。
9 月（至 1963 年 8 月）　在北京钢铁学院学习。

## 1958 年

1 月（至 1959 年 10 月） 参加第 1 届全运会北京棒球队集训和比赛并获冠军，被评为首批运动健将。

## 1963 年

9 月（至 1975 年 11 月） 任北京矿冶研究院采矿室技术员。

## 1974 年

5—7 月 业余时间带北京西城区棒球队参加北京市运动会。

7—8 月 业余时间带北京棒球集训队准备参加 10 城市棒球赛的训练。

## 1975 年

5—10 月 参加第 3 届全运会台湾省代表团棒球队集训和比赛并获第 5 名。

12 月（至 1986 年 5 月） 任北京女子垒球队主教练。

## 1979 年

5 月 带领北京女子垒球队、中国女子垒球队迎战号称世界职业女子垒球冠军——美国猎鹰队。

9 月 北京队获第 4 届全运会女子垒球冠军。

10 月 兼任中国国家女子垒球集训队主教练，带领中国女子垒球队访日比赛获 6 胜 3 平的成绩。

## 1981 年

9 月　中国队参加在日本举行的第 1 届中日美女子垒球锦标赛获第 2 名。

## 1982 年

5 月　第五届全国人大常委会副委员长廖承志到先农坛接见中国女子垒球队全体人员，宣布不参加在中国台北举行的第 5 届世锦赛。

## 1983 年

12 月　主持全国 8 字投法训练班授课和训练。

## 1984 年

3 月　赴意大利就垒球训练比赛技战术进行讲学交流。
6—7 月　中国队在洛杉矶参加国际杯女子垒球锦标赛获亚军。

## 1985 年

1—2 月　在昆明海埂体育训练基地举办垒球教练员、裁判员训练班，同时还组织了亚洲垒球教练员训练班，皆任主讲。
3 月　中国队获得第 1 届南太平洋女子垒球精英赛亚军。
5 月　北京女子垒球队访日本九州。
7 月　俞昌和教练率中国青年队获得第 2 届世界青年女子垒球锦标赛冠军。
7 月　中国队获得第 2 届中日美女子垒球锦标赛冠军。

## 1986 年

1 月　中国队获得第 6 届世界女子垒球锦标赛亚军。

5 月　中国国家女子垒球队在国家体委秦皇岛训练基地正式成立。

7 月　中国队获得第 2 届"挑战杯"国际女子垒球赛亚军。

10 月　任中国垒球协会副主席兼教练委员会主任。

## 1987 年

8—9 月　率北京队获得第 6 届全运会女子垒球赛冠军。

11 月　中国队获得第 4 届亚洲女子垒球锦标赛冠军；中国首次派队参加亚锦赛。

12 月　在日本举行的亚洲垒球联合会会议上当选亚洲垒球联合会副主席兼教练委员会主任。

## 1988 年

7 月　中国队获得第 3 届中日美女子垒球锦标赛第 2 名。

7 月　入选《体育报》主办的评选党的十一届三中全会以来 20 名最佳教练员。

## 1989 年

2 月　中国队获得第 2 届南太平洋女子垒球精英赛亚军。

9 月　中国队获得意大利洲际杯女子垒球锦标赛冠军（中、美、澳为前 3 名）。

## 1990 年

8 月　中国队在第 7 届世界女子垒球锦标赛获第 3 名（美、澳、中为前 3 名）。

9 月　中国队在北京亚运会垒球比赛获冠军（垒球首次被列入亚运会正式比赛项目）。

## 1991 年

10 月（至 1992 年 10 月）　赴意大利布索林格俱乐部任主教练。

## 1992 年

8—9 月　中国队在日本举行的第 4 届中日美女子垒球锦标赛获第 1 名（主教练刘雅明）；在北京举行的第 4 届"挑战杯"获第 4 名（主教练刘雅明）。

10 月　应召回国，备战 1994 年世界女子垒球锦标赛。

## 1994 年

中国队获得第 8 届世界女子垒球锦标赛亚军，并取得亚特兰大 1996 年奥运会垒球项目参赛资格。

10 月　中国队在广岛亚运会垒球比赛获冠军。

## 1996 年

5 月　北京国际女子垒球邀请赛，中国队负于澳大利亚队，获第 2 名。

8 月　中国队获亚特兰大奥运会女子垒球亚军。

## 1997 年

6 月　应邀执教印尼国家队两个月。

7 月　中国队在第 6 届亚洲女子垒球锦标赛获得冠军（主教练刘雅明）；赴印度果阿邦主持印度教练员训练班。

11 月　担任台湾民主自治同盟中央委员会秘书长。

## 1998 年

8 月　以中国垒球协会顾问身份观摩在日本富士举行的第 9 届世界女子垒球锦标赛。

## 1999 年

12 月　进入国际垒球联合会名人堂，2000 年国际垒球联合会主席唐·波特来京颁发证书。

（至 2018 年）任第六、七、八、九届中华全国体育总会顾问。

## 2009 年

受聘为中国大学生体育协会棒垒球分会名誉主席。

注：所有赛事和有关活动均在中国垒球协会领导和各位教练员、全体队员共同努力和相关部门支持下完成，恕不在此一一注明。